科学出版社"十四五"普通高等教育本科规划教材
普通高等教育体育学类系列教材

# 运动防护学
## Athletic Training

王安利　张恩铭　主编

科学出版社
北京

## 内容简介

本教材介绍了运动防护职业在国内外的发展、工作领域和职责、工作内容、相关专业技术的原理和方法，结合体育运动相关的体能训练、营养管理、环境因素、临场和场外的评估和处理等内容介绍了运动伤病发生的原因及其管理。同时，以运动中常见的各部位损伤为重点，介绍了常见运动损伤的预防、评估、识别和处理以及康复等内容。此外，本教材还特别介绍了中医学中与运动防护相关的运动伤病防治的理论和方法。

本教材适用于运动康复、运动人体科学、体能训练、体育教育等专业本科生和研究生培养课程中与运动防护相关内容的教学，也可作为运动防护师职业培训和继续教育的教材使用。

---

**图书在版编目(CIP)数据**

运动防护学／王安利，张恩铭主编. —北京：科学出版社，2023.11

科学出版社"十四五"普通高等教育本科规划教材

普通高等教育体育学类系列教材

ISBN 978-7-03-076659-5

Ⅰ. ①运⋯ Ⅱ. ①王⋯ ②张⋯ Ⅲ. ①运动保护－高等学校－教材 Ⅳ. ①G819

中国国家版本馆 CIP 数据核字(2023)第 197284 号

责任编辑：张佳仪／责任校对：谭宏宇
责任印制：黄晓鸣／封面设计：殷 靓

---

科学出版社 出版

北京东黄城根北街 16 号
邮政编码：100717
http://www.sciencep.com

南京文脉图文设计制作有限公司排版
广东虎彩云印刷有限公司印刷
科学出版社发行 各地新华书店经销

\*

2023 年 11 月第 一 版　开本：787×1092　1/16
2025 年 9 月第九次印刷　印张：17
字数：389 000
**定价：80.00元**
(如有印装质量问题，我社负责调换)

# 《运动防护学》
# 编辑委员会

**主　编**　王安利　北京体育大学
　　　　　张恩铭　北京体育大学

**编　委**（按姓氏笔画排序）
　　　　白震民　北京体育大学
　　　　李雪梅　北京体育大学
　　　　李豪杰　温州大学
　　　　汪敏加　成都体育学院
　　　　汪黎明　安徽中医药大学
　　　　张　新　北京体育大学
　　　　张　璐　国家体育总局训练局
　　　　张展嘉　北京大学
　　　　周敬滨　国家体育总局运动医学研究所
　　　　尚学东　国家体育总局运动医学研究所
　　　　郑　尉　天津体育学院
　　　　赵　鹏　国家体育总局体育科学研究所
　　　　侯世伦　北京体育大学
　　　　黄　鹏　北京体育大学
　　　　崔新东　郑州大学
　　　　矫　玮　北京体育大学
　　　　廖远朋　成都体育学院

# 前言

随着我国社会经济的快速发展,运动对疾病预防和健康促进的作用已得到社会的广泛认同和接纳,参与运动的人数也不断增加。党的二十大报告指出:"广泛开展全民健身活动,加强青少年体育工作,促进群众体育和竞技体育全面发展,加快建设体育强国。"国家体育总局局长高志丹指出,体育战线要以习近平新时代中国特色社会主义思想为指导,全面贯彻落实党的二十大精神,高质量推动体育各领域发展,加快推进体育强国新实践,推动全民健身再上新台阶。主动对接国家重大需求,是体育工作者的使命和责任。

在全民健身领域,随着参与体育运动人群数量的增加和水平的不断提升,人们对科学运动的知识和服务需求也日益增多。在竞技体育领域,随着比赛和训练水平的不断提升,运动员对相关运动伤病的预防和康复的要求也逐渐提高。由于运动伤病的影响因素较为复杂,涉及的学科领域也较多,这就需要多学科的协作和融合发展,以满足各类人群参与运动的不同需求。运动防护学正是专门针对运动伤病预防和管理的理论和方法进行研究和实践的一个重要交叉学科。运动防护师作为我国的新兴职业,已成为全民健身和竞技体育健康发展的重要支撑。

不同的国家和地区在针对从事体育运动人群的科学保障工作方面都有着不同的发展历史和经验成果,虽然我国运动防护师职业的设立时间较短,但针对运动伤病的预防和管理已具备一定的基础。在 2008 年北京奥运会举办前后,北京体育大学借鉴北美地区运动防护专业的教育体系,并结合我国在运动防护方面的自身特色,创设了运动康复本科专业。

近年来,国内运动康复的办学规模得到较大发展,人才数量也得到增长,运动防护的理念和方法进而得到广泛的传播和应用,越来越多的专业运动员和运动健身爱好者从中受益。在竞技体育领域,在国家体育总局的管理下,每年都有一定数量的运动队的医务工作者在运动防护师职业序列中进行职称的评定。然而,目前国内运动防护相关课程的专业教材还较少。

本教材将西方运动防护学方面的理论和方法与我国运动防护工作的经验和特色相结合,在系统介绍现代运动防护学理论和方法的同时,也介绍了中医学治疗理论和技术在预防和治疗伤病中的广泛应用,为我国运动防护人才的培养提供了更多的理论和实践指导。

在本教材的编写中,我们邀请国内从事运动防护相关课程教学和在运动队从事运动防护工作的多位专家组建了编写团队,以丰富的教学和实践经验为基础,参考国内外大量运动医学、运动防护学、运动医务监督及中医学方面的专业书籍。鉴于编写时间和篇幅的限制,不足之处欢迎各位专家和学者批评指正,以期本教材再版时能更加完善。

编者

2023 年 10 月 29 日

# 目录

绪论 \ 1

## 第一部分　运动防护的管理与技术

### 第一章　预防损伤的体能训练 \ 8
第一节　损伤预防概述 \ 9
第二节　柔韧性训练 \ 10
第三节　关节稳定与动作控制(协调)训练 \ 11
第四节　耐力训练 \ 16
第五节　力量训练 \ 17
第六节　速度训练 \ 19

### 第二章　运动营养及相关运动性疾病的管理 \ 22
第一节　比赛期间的营养 \ 23
第二节　运动性疾病与营养管理 \ 24
第三节　体成分和控体重 \ 27

### 第三章　环境因素及相关运动性伤病的管理 \ 30
第一节　体温调节 \ 31
第二节　高体温症的预防和处理 \ 31
第三节　冷相关性损伤的预防和处理 \ 34
第四节　高海拔环境下运动伤病的预防和处理 \ 36
第五节　雷电击伤的预防和处理 \ 37
第六节　晒伤的预防和处理 \ 38

### 第四章　临场损伤的评估及处理 \ 39
第一节　临场评估与处理的原则和方法 \ 40
第二节　应急预案的编制与落实 \ 43

## 第五章 场外评估及处理的理论和方法 \ 47
第一节 场外评估的基本知识要求 \ 47
第二节 场外评估的流程 \ 49
第三节 记录损伤评估信息 \ 53
第四节 场外处理的原则和方法 \ 54

## 第六章 常用运动损伤急救技术 \ 56
第一节 心肺复苏 \ 57
第二节 呼吸道异物阻塞的现场急救 \ 62
第三节 绷带包扎技术 \ 63
第四节 出血的处理 \ 65
第五节 关节脱位的急救 \ 71
第六节 骨折的急救 \ 73
第七节 搬运技术 \ 78
第八节 休克的急救 \ 82
第九节 晕厥的急救 \ 84

## 第七章 常用运动损伤治疗技术 \ 86
第一节 常用的物理因子治疗技术 \ 87
第二节 常用的手法治疗技术 \ 96
第三节 常用的运动治疗技术 \ 100

# 第二部分 各部位常见运动损伤

## 第八章 肩部常见运动损伤 \ 106
第一节 肩部损伤的预防 \ 107
第二节 肩部损伤的评估 \ 108
第三节 肩部常见损伤的识别和处理 \ 112
第四节 肩部损伤的康复 \ 122

## 第九章 肘部常见运动损伤 \ 127
第一节 肘部损伤的预防 \ 127
第二节 肘部损伤的评估 \ 131
第三节 肘部常见损伤的识别和处理 \ 134
第四节 肘部损伤的康复 \ 141

## 第十章 前臂、腕、手部常见运动损伤 \ 143
第一节 前臂、腕、手部损伤的预防 \ 144

第二节　前臂、腕、手部损伤评估　\ 144
第三节　前臂、腕、手部常见损伤的识别和处理　\ 147
第四节　前臂、腕、手部损伤的康复　\ 155

## 第十一章　大腿及骨盆周围常见运动损伤　\ 157
第一节　大腿及骨盆周围损伤的预防　\ 158
第二节　大腿及骨盆周围损伤的评估　\ 158
第三节　大腿及骨盆周围常见损伤的识别和处理　\ 162
第四节　大腿及骨盆周围损伤的康复　\ 176

## 第十二章　膝部常见运动损伤　\ 177
第一节　膝部损伤的预防　\ 177
第二节　膝部损伤的评估　\ 178
第三节　膝部常见损伤的识别和处理　\ 182
第四节　膝部损伤的康复　\ 187

## 第十三章　踝和小腿常见运动损伤　\ 188
第一节　踝和小腿损伤的预防　\ 188
第二节　踝和小腿损伤的评估　\ 189
第三节　踝和小腿常见损伤的识别和处理　\ 192
第四节　踝和小腿损伤的康复　\ 197

## 第十四章　足部常见运动损伤　\ 199
第一节　足部损伤的预防　\ 200
第二节　足部损伤的评估　\ 200
第三节　足部常见损伤的识别和处理　\ 202
第四节　足部损伤的康复　\ 212

## 第十五章　脊柱常见运动损伤　\ 213
第一节　脊柱损伤的预防　\ 214
第二节　脊柱损伤的评估　\ 214
第三节　脊柱常见损伤的识别和处理　\ 218
第四节　脊柱损伤的康复　\ 223

## 第十六章　其他常见运动损伤　\ 224
第一节　头面部损伤　\ 225
第二节　皮肤损伤　\ 228
第三节　牙齿损伤　\ 229

第四节　鼻和喉部损伤 \ 230
第五节　耳部损伤 \ 232
第六节　眼睛损伤 \ 233
第七节　胸腹腔损伤 \ 235

# 第三部分　中医运动防护技术与应用

## 第十七章　常用中医运动防护技术 \ 240
第一节　针刺 \ 241
第二节　艾灸 \ 244
第三节　推拿 \ 246
第四节　拔罐 \ 249
第五节　刮痧 \ 250
第六节　正骨疗法 \ 251
第七节　导引疗法 \ 252

## 第十八章　中医运动防护技术的应用 \ 254
第一节　抗运动疲劳 \ 254
第二节　防治运动损伤 \ 257

# 绪 论

运动防护（athletic training）是融合了包括运动训练学、医学、物理治疗学和体育教育学等多个学科知识结构的新专业领域。运动防护师（athletic trainer）是专门从事运动伤害急救防护及运动伤病的预防、诊断和康复的专业人员。在诊所、中学、大学、职业运动队以及其他运动医疗机构中，运动防护师与医生、其他医务人员、管理人员、教练、家长相互合作，组成一个完整的医疗保障团队，为参与各种类型体力活动的人提供医疗服务。虽然现代运动防护师职业形成和相关内容引入我国的时间不长，但是关于运动防护的相关工作在国内外都有着悠久的历史。

## 一、运动防护在国外的发展

### （一）古希腊与古罗马时代的运动医学与运动防护

奥林匹克运动会发源于两千多年前的古希腊，古希腊的竞技体育高度专业化，包括负责涂油防护的"Aleittes"（anointer）、负责按摩恢复的"Paidotribes"（body-rubber），还有对饮食、休息和运动对身体发育的影响方面有所了解的，负责医务监督、调控但不负责专项训练的"Gymnastes"（trainers）运动防护人员。运动防护的发展与体育发展、社会发展密不可分。古希腊有高度发达的体育文化，形成完整的运动防护专业分工。在中世纪经过了启蒙运动、文艺复兴后，体育虽然逐渐得到发展，但运动防护的工作变成由医师处理。

### （二）近代欧洲的体育、运动医学与运动防护

到了19世纪初，比尔·享利克·林（Pehr Henrick Ling）认为体操的任务是以保健和富国强兵为目的的，并由他发展出以解剖学、生理学为基础的瑞典体操（Swedish-gymnastics）。林氏将体操分为：教育体操、兵士体操、医疗体操、健美体操。瑞典体操从欧洲大陆流传到英国、美国、日本，对全世界的教育、卫生领域产生深远的影响。

除了在体育领域的发展，林氏也被认为是现代物理治疗的先驱。随着林氏的瑞典体操、瑞典按摩技术在世界范围的流传，结合体育运动的发展需要，逐渐形成现代运动防护基础。

### （三）现代运动防护在美国的发展

现代运动防护学起源于美国。伴随美国大学竞技体育的发展，特别是随着美式橄榄球

的流行,完善竞技体育训练、提升运动表现、减少运动伤害开始获得社会关注。

20世纪30年代,美国各大学的运动防护师组成全美运动防护师协会(National Athletic Trainer's Association,NATA),但因第二次世界大战而中断,直到1950年才重新成立。1959年,NATA通过第一个受认证的运动防护专业课程,1969年NATA开始推动运动防护师职业鉴定,1991年运动防护师被美国医学会(American Medical Association,AMA)认可为卫生专业的一员。美国保险公司支付运动防护服务费用,夏威夷州更是立法通过"公立学校必须聘用运动防护师"。运动防护师也逐渐成为各级学校维护运动安全、照顾运动员的标配。NATA的会员数已从1970年的4 500人,增长到2020年的45 000人。在早期与现在的运动防护室(Training Room)中,伤害评估、贴扎、手法治疗、仪器治疗、运动治疗都是主要服务内容(图0-1)。

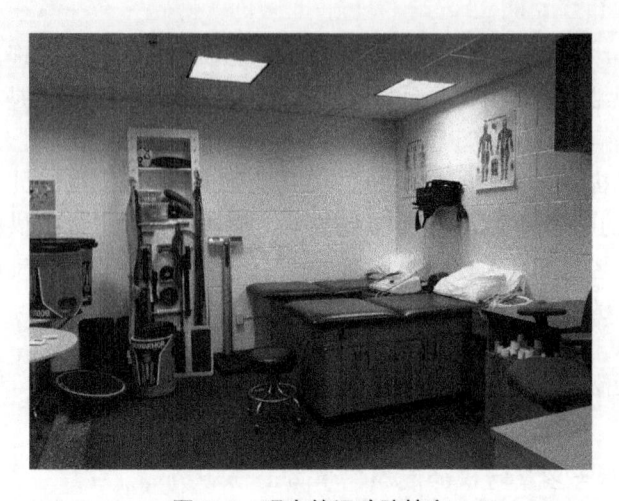

图 0-1　现在的运动防护室

1998年,NATA立项进行全世界运动防护教育、认证和发展的调研。当时除了NATA,只有加拿大运动防护师协会(Canadian Athletic Therapists Association,CATA)被认为有完整的培训与认证体系。在加拿大,运动防护被称为"athletic therapy",运动防护师被称为"athletic therapist",而美国惯用"athletic training"和"athletic trainer"。为避免与教练(coach)、健身教练(fitness trainer/personal trainer)的名称混淆,美国曾经也有过更换为"athletic therapist"的设想,希望能更凸显运动防护师的医疗卫生专业特征,但因"athletic trainer"在美国体育领域已是惯用名称,至今未能改变。

(四) 现代全球化的运动防护

2000年,世界运动防护联合会(World Federation of Athletic Training & Therapy,WFATT)成立,其使命是发挥其领导作用,以促进成员的利益、实现为体育活动人群提供最佳医疗保健为共同目标。截至2022年,爱尔兰、英国、美国、加拿大已经在WFATT的平台下,完成运动防护师职业资格的相互采认。

各国运动防护专业的名称或许不同,但主要任务都是针对肌骨与运动伤病的预防、评估、急救、治疗和康复,而且体能训练是贯穿预防与康复的重要组成部分。运动防护师与物理治疗师等康复专业人员相比较,相似的部分是肌骨康复,差异的部分是运动防护须结合体育项目特征进行运动伤病预防、现场应急处理,以及重返赛场训练。

## 二、运动防护在我国发展

### (一) 中医与传统体育的运动防护基础

民族传统体育中的武术源远流长,武术训练结合中医所形成的"武医"可谓是中国运动医学的代表。例如,武当山的传统武术训练动作与现代功能训练的动作高度相似,可通过特殊锻炼来预防运动损伤。被誉为"武医宗师"的郑怀贤教授在民国时期已经享有武林盛名,在中医骨伤方面造诣精深。新中国成立后,郑怀贤教授在1958年创建成都体育学院附属体育医院,1960年又创办了运动保健系(1978年更名为运动医学系)和运动医学研究室,可谓中医传统运动医学、运动防护的代表与奠基者。至今,四川省骨科医院、成都体育学院在郑怀贤教授建立的基础上,进一步发扬光大,更好地服务于运动员与大众。成都体育学院的运动医学相关领域毕业生至今仍然是我国队医的中坚力量。

### (二) 新中国建立后的体育医务发展

1952年6月10日,毛泽东同志为中华全国体育总会成立大会题词"发展体育运动,增强人民体质",同年11月,就设立中央人民政府体育运动委员会(1998年改名为国家体育总局)。1958年成立了国家体育科学研究所,1959年,中国第一个运动医学研究所——北京大学运动医学研究所在北京医学院第三医院正式成立,涌现出曲绵域等杰出的运动医学专家。

### (三) 运动防护的发展

随着2001年成功申办2008年北京奥运会,我国的体育发展也进入新的阶段。在此期间,以北京体育大学王安利教授、矫玮教授为代表的运动医学专家们推动运动康复专业的建设和发展,兼容运动防护的人才培养。

2008年中国体育科学学会运动医学分会设立运动防护专科委员会,李国平教授担任主任委员,王安利教授担任常务副主任委员,矫玮教授与詹晖博士担任秘书长。随后在国家体育总局人力资源中心的支持下,启动运动防护师新职业申报。

2013年,在国家体育总局人力资源中心职业技能鉴定管理部的支持下,首届全国体育行业职业技能大赛设立运动伤害防护竞赛,包括港澳台地区在内的全国各地的运动医学和运动防护专家们共襄盛举,成功举办赛事。首届全国体育行业职业技能大赛运动伤害防护竞赛的举行,为运动防护师进入《中华人民共和国职业分类大典》提供有力支持,也促进运动防护在全国范围内的普及。经过漫长的努力,运动防护师终于作为"专业技术人员"列入《中华人民共和国职业分类大典(2015年版)》。

## 三、运动防护师的职责

执业运动防护师(certified athletic trainer)是指接受过运动防护专业高等教育并专门从事该领域工作的专业人员。在美国,成为一名执业运动防护师必须要通过运动防护教育认证委员会认可的大学或学院所开设的运动防护项目的学士学位或达到硕士录取水平,完成相关课程及临床实践,毕业后通过运动防护师认证委员会认证考试。运动防护专业的课程主要包括运动损伤/疾病预防、急救和紧急护理、损伤和疾病评估、人体解剖学和生理学、理疗学、心理学和营养学等。运动防护专业的学生通过临床实践进一步强化课堂学习。执业运动防护师必须在认证期间完成一定数量的继续教育的课程学习以保持和不断拓展其作为运动防护师的专业知识和技能。我国现代运动防护师职业体系的建立时间较晚,相关的认证和责任规范正在逐步构建和形成中。以下以国外执业运动防护师的工作职能为背景,详细介绍该职业的工作职责和内容。

在国外,执业运动防护师的工作职责主要涉及以下五个方面:运动伤病预防和健康促进,运动伤病的检查、评估和诊断,现场紧急处理,运动伤病的治疗干预,医疗管理和专业责任。

(一) 运动伤病预防和健康促进

预防是减少运动损伤发生的最好手段。运动防护师需要通过关注并监控运动员身体、运动环境以及活动进行过程中可能出现的危险因素,尽可能降低运动伤病发生的可能性与严重性。可从以下几个方面进行预防:①赛前体检与评估;②训练计划的制订;③环境监测;④防护装备的选择、安装和保养;⑤饮食和生活方式;⑥药物的使用。

1. 赛前体检与评估

运动防护师应了解运动员的病史,并在运动员参与运动之前对其进行体检。检查的内容除测量运动员的身高、体重、血压和身体成分外,有条件的还应进行医学检查,对心血管、呼吸、腹部、生殖器、皮肤以及耳鼻咽喉等部位进行常规的检查,此外,还可以进行血液和尿液的实验室检查。简单的评估包括活动度、肌肉力量和功能测试。

2. 训练计划的制订

运动员在赛季前、赛季和赛季之间都要保持一贯的高水平状态,这种稳定的体能水平不仅能够提高竞技表现,而且对于防止损伤发生和二次损伤发生都起到至关重要的作用。运动防护师的工作就是要让运动员在周期训练中通过运动后的恢复确保安全的身体条件,以达到最佳运动表现。

3. 环境监测

为了让运动员得到最好的发挥并避免因环境而造成运动损伤,运动防护师要确保运动环境的安全性。例如:清理练习区域周边障碍物,了解恶劣天气的不良影响等。

4. 防护装备的选择、安装和保养

运动防护师应与教练及设备管理人员一起选择防护设备,并负责保持其状态、维护其安全。特定保护矫形装置的设计、制作和安装也是运动防护师的职责。

5. 饮食和生活方式

运动防护师应对营养学有基本的了解,还应该清楚不健康的生活习惯的危害,鼓励和教育运动员选择健康的生活方式。

6. 药物的使用

运动防护师要具备一定的药物使用知识,基于对药物的适应证以及运动员可能会出现的副作用的了解,协助医生对恰当使用药物做出合理的决定。此外,运动防护师还应教育运动员按照处方使用药物,避免药物滥用。

(二)运动伤病的检查、评估和诊断

运动防护师必须熟练地识别伤病的性质和程度,并正确地给予现场急救处理,然后将患者转诊给医务人员。

现场检查应包括:了解运动员的简短病史、观察、触诊、特殊实验(关节活动度、肌肉力量、关节稳定性的测试以及简单的神经学检查)。在初次检查中获得的信息应由运动防护师来记录,一旦运动员被转诊,运动防护师应将其交给医生,医生负责提供伤病的最终医学诊断。初始临床诊断通常可以为最终的医学诊断提供基础和参考。

(三)现场紧急处理

由于训练过程中极其容易发生损伤,但是队医不可能出席每次训练,因此运动防护师必须要做到在现场就能识别潜在的、严重的损伤或疾病,而且要能及时正确处理急性损伤。

(四)运动伤病的治疗干预

运动防护师是运动医学团队的一部分,并在队医的指导下合作开展相关工作。运动防护师通过选用恰当的治疗方法、康复设备和手法或运动疗法,设计出合适的康复方案。

1. 制订康复计划并监督执行

损伤或疾病的评估和诊断结束后,则应立即开始进入康复阶段。运动防护师负责设计、实施和监督从最初损伤到完全恢复身体活动的康复计划。因此,运动防护师对康复训练的各种技术以及这些技术如何能够最有效地并入康复计划中要有足够的了解。运动防护师应该为患者建立短期和长期的康复目标,并阶段性再评估患者的伤病状态,以便能够合理准确地修改和推进康复计划。

2. 给予心理支持

损伤和疾病往往会给运动员带来一定的情绪反应和心理创伤,而心理创伤的治疗是康复过程中至关重要但经常被忽视的方面。运动防护师需要解读运动员受伤后的行为,区分由情绪问题导致的损伤或疾病的各种症状,帮助运动员在严重损伤后完成康复任务,并在有需要时及时转诊,减少可能影响运动员健康和运动表现的心理问题。

(五)医疗管理和专业责任

运动防护师应该对患者的健康和损伤情况记录进行管理,对所在机构的运动防护用品和设备进行订购和库存管理,并制订日常运动防护工作规章。

1. 做好治疗记录

运动防护师要准确而详细地记录,包括病历、预先检查、损伤报告、治疗记录和康复计划。这些记录能够让运动防护师避免医疗纠纷的发生。

2. 订购设备和用品

运动防护师应随身携带各种防护用品,以便处理任何可能出现的情况。在预算经费紧张的时候,运动防护师要基于过去的经验和需求的优先次序对设备和用品的购买做出规划。

3. 指导和监管助理或学生

在进行运动防护的过程中,助理和学生的工作质量和效率是至关重要的。首席运动防护师有责任为助理和学生提供一个可以持续学习和发展专业能力的环境。

**4. 制订日常运动防护工作规章**

运动防护师应建立损伤的应急管理规章，在损伤得到紧急治疗后应使用恰当的渠道进行转诊。另外，必须采用有效的预防措施来减少接触性传染病的发生及传播。

绪论思考题　绪论参考文献

# 第一部分 运动防护的管理与技术

# 第一章 预防损伤的体能训练

【导　　读】

　　预防运动损伤的关键是分析损伤发生的机制,寻找损伤发生的根本原因并进行针对性的处理。良好的体能训练可以很好地预防和减少损伤的发生,作为运动防护师应具备指导运动员或健身爱好者进行有针对性体能训练的能力。

　　本章介绍预防损伤的体能训练,主要包括柔韧性训练、关节稳定与动作控制训练、耐力训练、力量训练以及速度训练的基础理论与训练方法。

【学习目标】

　　掌握关节稳定与动作控制训练、力量训练与速度训练的常用方法与技巧,熟悉体能训练的基本理论框架以及关节稳定与控制能力的测试评估方法,熟悉损伤与体能训练的关系。

【思维导图】

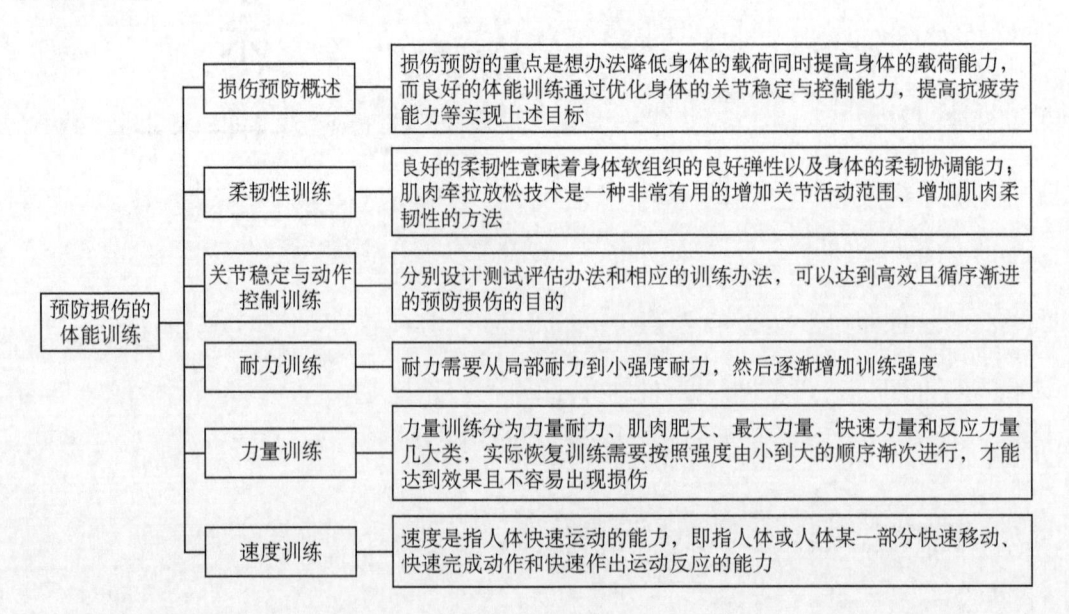

| 预防损伤的体能训练 | | |
|---|---|---|
| | 损伤预防概述 | 损伤预防的重点是想办法降低身体的载荷同时提高身体的载荷能力,而良好的体能训练通过优化身体的关节稳定与控制能力,提高抗疲劳能力等实现上述目标 |
| | 柔韧性训练 | 良好的柔韧性意味着身体软组织的良好弹性以及身体的柔韧协调能力;肌肉牵拉放松技术是一种非常有用的增加关节活动范围、增加肌肉柔韧性的方法 |
| | 关节稳定与动作控制训练 | 分别设计测试评估办法和相应的训练办法,可以达到高效且循序渐进的预防损伤的目的 |
| | 耐力训练 | 耐力需要从局部耐力到小强度耐力,然后逐渐增加训练强度 |
| | 力量训练 | 力量训练分为力量耐力、肌肉肥大、最大力量、快速力量和反应力量几大类,实际恢复训练需要按照强度由小到大的顺序渐次进行,才能达到效果且不容易出现损伤 |
| | 速度训练 | 速度是指人体快速运动的能力,即指人体或人体某一部分快速移动、快速完成动作和快速作出运动反应的能力 |

## 第一节 损伤预防概述

运动损伤的发生本质上都是加载在身体上的应力载荷超过了身体组织的承受能力,而造成了骨骼关节肌肉韧带等的损伤。因此损伤预防的目标包含两个:降低加载到身体结构组织上的载荷;提高身体承受应力载荷的能力。

针对上述两个目标,体能训练都可以提供很好的帮助和支持。一方面,体能训练帮助提高身体的柔韧协调能力,包含肌肉和心肺耐力以提升人体抗疲劳能力等,进而改善动作模式,提高动作效率。在完成同样动作目标时,让身体骨关节肌肉上的应力分布更均匀。另一方面,提高身体结构与组织的耐受能力,例如力量训练提升肌肉弹性和肌腱韧带等的抗拉能力,核心与关节稳定性训练帮助提高脊柱与关节的负荷承受能力等。

预防运动损伤的体能训练应该包括柔韧性训练、关节稳定与动作控制(协调)训练、耐力训练、力量训练、速度训练等几个方面。不同运动项目还需要了解项目的训练规律和生物力学模型,进而根据项目常见损伤的风险模型,设计预防损伤的体能训练方案。训练方案应遵循循序渐进的原则,在前一阶段具备一定能力的基础上再进入下一阶段训练。

关节灵活性与柔韧性的训练是良好身体活动能力的基础和前提,往往是一个体能或康复训练计划的开始部分,为后续的体能康复训练做好准备。关节稳定与动作控制训练是力量与速度类运动的前提和基本保障,也是运动中损伤预防的基础前提,同样也应是体能训练计划的开始部分。

有氧耐力的训练,可以从单纯下肢或者上肢为主导的局部耐力和有氧训练开始,逐步进展到全身的有氧训练。一方面可以改善心肺功能,另一方面也是局部损伤训练恢复的有效方法。同时还可以帮助运动员重建康复信心,改善损伤后的心理压力和情绪障碍。

力量的恢复是速度灵敏训练的必要基础,建立一定的力量基础后再开始速度、灵敏训练会更安全,效果也更加明显。力量训练往往从力量耐力开始,逐步进展到促进肌肉肥大的一般力量,随后是最大力量/绝对力量训练,最后进入爆发力训练和专项力量训练。速度灵敏训练需要从基础速度灵敏素质开始,逐步进展到专项的速度灵敏训练。如从单纯直线启动冲刺制动训练开始,慢慢进展到侧向变速训练,随后进行专项折返停转和启动加速训练。

损伤预防的体能训练对于伤后运动员尤为重要,是预防损伤复发的关键环节。在损伤后康复过程中,随着损伤恢复的过程逐渐增加运动强度,应保证给予机体适应且足够的刺激。若要能够促进组织修复和身体机能恢复,又不会导致损伤,原则上就要遵循金字塔模型(图1-1)。同一个时间段以某一个阶段训练为重点,如关节稳定训练或者动作控制训练,或者力量训练,或者速度灵敏训练。可以同时进行两个阶段的康复训练,一个为主一个为辅。训练过程中出现疼痛应注意分析原因,必要时候降级退回到上一阶段继续训练。

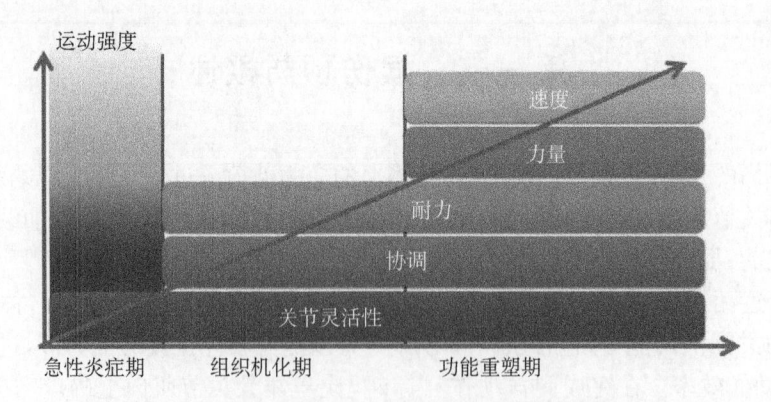

图1-1　损伤恢复过程中体能训练的金字塔模型

# 第二节　柔韧性训练

良好的柔韧性意味着身体软组织的良好弹性,以及身体的柔顺协调能力。这些可以缓冲释放身体的部分负荷,还可以很好地提高身体的载荷能力。肌肉牵拉放松技术是一种非常有用的增加关节活动范围和肌肉柔韧性的方法,可以有效地放松肌肉,减轻运动后肌肉酸痛,促进肌肉疲劳恢复,减少运动损伤。在运动前热身活动中常常使用动态牵拉来完成全身多关节的激活与放松,可以在增加全身柔韧性的同时激活增加关节稳定与身体控制能力,为接下来的运动做好准备。训练及比赛后使用最多的有静态牵拉和本体感觉神经肌肉促进技术两种。一般在筋膜放松后进行,因为筋膜的紧张和扳机点的存在会对牵拉效果有很大限制。因为肌肉单位本身是串联和并联结构,在紧张的串联成分(包括扳机点)没有放松的情况下,静力牵拉主要牵拉串联的松弛部分的肌肉单位,对于整体的肌肉放松效果并不理想。下面介绍运动后进行放松的两种技术。

(一)筋膜放松技术

筋膜放松技术一方面帮助松解筋膜直接放松肌肉,另一方面可以有效地松解肌肉内扳机点,抑制肌肉的紧张反应从而达到放松肌肉作用。该技术是一般性牵拉无法达到的,因为牵拉本身并不能缓解扳机点等引起的肌肉反射性紧张问题。筋膜放松技术主要针对评估过程发现的紧张肌肉,使用按摩棒和泡沫轴进行自我放松。

泡沫轴肌筋膜放松术操作的原则:①使用泡沫轴滚压每个部位1~2分钟,重点刺激放松肌肉起止点和肌腹部位,必要时分段进行;②按压过程中如发现有扳机点(疼痛区域),则持续按压30~45秒;③频率一般为1~2次/天;④滚压时缓慢呼吸,以减轻由不适引起的紧张反射。

(二)静力性牵拉

静力性牵拉主要针对评估发现的紧张肌肉,而且在牵拉过程中,同步进行肌肉紧张度的评估并进行身体双侧的对比,确保身体两侧和前后肌肉紧张度的对称性非常重要。

静力性牵拉的注意事项:①强调缓慢而顺滑的运动,以及配合进行深呼吸,当牵拉到极点感觉到有点微痛的时候深呼气,此时肌肉就会放松下来。②在静力性牵拉的位置保持15～30秒,保持节奏性呼吸,重复进行2～3次。③牵拉时不应该有疼痛的感觉,如果有疼痛感,说明牵拉程度太大。④在机体关节生理范围内进行牵拉。

## 第三节 关节稳定与动作控制(协调)训练

协调能力是在运动的学习、控制和适应过程中,使一个运动行为在不同的情况下、变换的环境中能合理有效地被执行的能力。协调性就是为了达到关节的稳定、一定的姿势以及动态运动过程中的控制而形成的传入与传出神经肌肉的协调互动。

通过系统的评估和训练提高身体稳定性与协调控制能力,可以极大地提高身体载荷的承受能力,减少身体疲劳与损伤的累积。同时这些能力的提高也为运动员技术动作的精准高效等运动表现提供保障。因此关节稳定与全身协调控制能力常常作为运动损伤风险评测的系统指标,而系统的关节稳定与全身协调控制训练则成为损伤预防功能训练的重点内容。

(一)协调控制能力的测试评估

协调能力的评估和训练可以根据其对身体能力的要求和难度分为三个级别,如图1-2所示。ABC表示级别的递进,一般在康复评估和训练过程中,无论什么样的患者都需要遵循从A到B再到C的过程,在各个级别上训练的时间和强度因人而异。

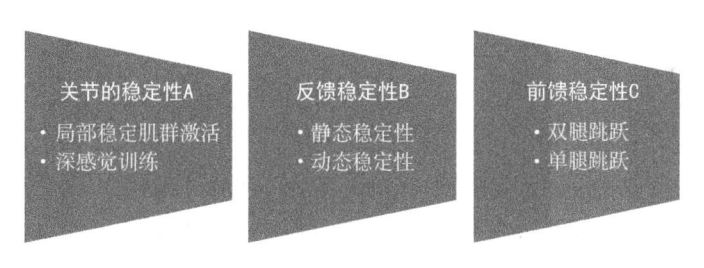

图1-2 协调能力评估和训练的三个级别

A阶段注重单关节稳定性的恢复,包括单关节稳定的肌肉力量和关节位置觉与运动觉的恢复训练。常用测试评估和训练包括关节位置觉与运动觉评估,以及单关节稳定力量的评估与训练。

B阶段则是全身多关节整合协调配合的稳定与平衡控制能力的恢复,对于人体反馈调节机制要求很高,强调动力链的协同工作,也被称为多关节动作模式的恢复训练。常用测试评估和训练包括静态平衡与动态平衡,以及各种动作模式的测评与训练。

C阶段则是在前两者的基础上,在快速动作中保持协调与稳定控制的能力,反馈调节耗时较长时无法满足要求,需依赖前馈调节机制。前馈调节也就是在动作发生之前,核心与关节稳定激活为即将进行的动作做好准备。主要包括各种跳跃与抛球模式的测评与恢复训练。多在伤后重返快速大强度运动前进行恢复训练。

预防损伤的体能训练,多数需要先完成 A 阶段的恢复训练。随后 B 阶段和 C 阶段的功能还需要评估和专门的恢复训练,特别是 C 阶段前馈控制的恢复训练往往容易被忽视。而且进行 C 阶段的训练要求先达标的 B 阶段也是动作控制的基本能力和一定的肌肉力量作为基础。下面介绍代表性的 B 阶段测试和 C 阶段的评估,以及代表性的 A、B、C 阶段的训练,重点介绍 B 和 C 阶段动态控制的训练。

1. B 阶段测试

(1) 站立平衡测试(静态稳定性):一种静态平衡能力的测试方法。它通过不同大小的站立支撑面测试受试者的站立持久性。缺点是这种测试是一种单纯的静态测试,而且在一天中受试者的站立持久性变化相对较大。优点是简单易操作。

如果进行更精准的姿势平衡能力测试就要通过一些辅助器械设备。例如,重心平衡描记训练仪可以测试和比较运动员训练时的重心转移;通过压力感应板可以以图像的形式呈现出足部压力的变化。

(2) Y 平衡测试(动态稳定性):这是一个动态平衡能力测试,原则上主要是针对整个下肢平衡能力,特别是膝、踝关节的功能而设计的。

运动员单脚站立在 Y 状线的中心。站立腿保持足跟不离开地面,足尖不超过 0 刻度处,且双手叉腰。摆动腿从三个方向伸出尽量远距离。计算三个方向距离之和与三倍腿长的比值百分比,此数值大于 95% 为单侧合格。双侧的差异显示左右支撑腿的动态平衡控制能力差异。

2. C 阶段测试

动作加快,超过反馈调节的能力,就需要前馈调节。也就是在动作发生前身体预警做出调整的能力。这些能力测试和评价,涉及前馈调节能力,需在快速动作中观察人体平衡和姿势控制能力。

(1) 跳深测试:从 20 cm 到 40 cm 高的平台向下跳,完成落地缓冲动作。这一测试能很好地评价肌肉群对动作的预判及反应能力,其评判的主要内容是落地瞬间双脚完成着陆动作的质量以及身体负荷在双腿上的分布情况。测试中要注意以下几点:①整条腿的轴线保持一致,髋、膝、踝三点在一条轴线上。②髋、膝、踝三个关节处于轻微的屈曲位,要求屈髋角度大于屈膝角度。③上身轻微地向前倾。

在测试中,膝向内扣是不被允许的。这时膝关节与髋、踝关节不在一条轴线上,偏向了内侧。这一现象产生的原因很可能是髋关节的外展肌群的稳定性不够或者足弓控制力缺失,致使膝盖由于不适应运动产生的冲击力或者压力,躲避性地和代偿性地向内侧弯曲。研究证实这也是女性发生前十字韧带撕裂增多的原因之一。在着陆后身体紧接着会产生相应的肌肉收缩(反馈机制)。所以前馈运动以及前馈练习总是和部分反馈机制相偶联。

因为 C 阶段协调性的要求与其他运动要素的要求会有所交叉或者覆盖(如反应力),所以对于其他相应运动领域的一些测试也适用于 C 阶段协调性(前馈机制)的评估。下面依次介绍不同难度的测试评估方法。

(2) 双脚远跳:测试要求双脚远跳同时双手背在身后。在开始测试前,需要进行热身运动,分别以 25%、50%、75% 和 100% 的主观强度跳跃 4 次。测试时,3 次竭力远跳成绩的平均值将与身高值进行比较。男性跳跃远度的参考值是身高的90%~100%，女性一般是身高的80%~90%。通常情况下最大10%的差值，认为是可以接受的。只有当这一指标到达后，才能进行更高难度的训练。

(3) 单脚远跳：起跳脚和着陆脚都是弱侧脚，同时双手背在身后。只有完全单独靠弱侧脚完成，并且着陆时保持了稳定的一跳才能算完成并被记录成绩。所跳的远度值将会与身高值做对比。在开始测试前的热身运动以25%、50%、75%和100%的主观强度跳跃4次。测试时3次竭力远跳成绩的平均值将与身高值进行比较。男性跳跃远度的参考值是身高的80%~90%，女性是身高的70%~80%。一般平均值允许最大偏差为10%，弱侧腿所跳远度一般要达到强侧腿所跳远度的85%。如果这两个指标都达到了，那么可以进行下一步的训练和测试。

(4) 单脚跳（重返运动的测试）：这个测试由4个单独的测试组成，即单脚远跳、单脚跳计时完成6m的距离、连续3次单脚远跳（记录总距离）、连续3次单脚远跳同时交叉跨越地上的一条直线（记录总距离）。这4个单独的测试可以一起或者单独实施，双手需要背在身后。完成测试的时间需要由有百分位的计时器准确记录下来。为了得出比较有说服力的结果，可以在测试之前进行练习。

有研究显示超过90%的健康人群适用于两侧对比的值，这个结果也符合实际标准。运动员在这个测试中，如果弱侧腿能达到强侧腿85%及以上的测试成绩，那么在排除一些其他身体疾病的影响下，他就可以被允许全面地开展一些有强度的体育活动了。

(二) 协调控制能力的训练

协调性训练的运动处方需要包含以下几个要素：单组次数、每次练习的组数、节奏、休息时间、每周频率等。

1. 局部肌肉激活的训练（A阶段）

单关节稳定控制相关肌肉的训练，往往在损伤后早期的组织修复阶段就开始进行。例如，踝关节扭伤3~5天之后，根据损伤实际情况，多数情况下可以开始一定的踝屈伸肌肉训练。当然在损伤的更早期，临近关节的局部肌肉训练就可以开始了。踝扭伤早期就可以开始进行躯干和髋关节的各种肌肉训练，可以很好地预防和减少不必要的失用性肌萎缩与力量减退。下面介绍了常用的部分大关节周围肌肉训练。在所有这类训练过程中，应该避免出现明显疼痛。一旦出现疼痛，需要检查动作精准情况，或者降低动作难度和强度。

(1) 迷你环双腿臀桥：仰卧平躺，取环形带置于膝盖上方双手置于身体两侧并保持放松，屈膝超过100°或更多，双腿稍分开，抬起脚尖，微微收腹，缓慢将臀部抬起并保持身体和大腿呈一条直线，膝盖向远端延展，维持3~5 s，缓慢落下（图1-3）。

(2) 夹球双腿臀桥：仰卧屈膝超过100°或更多，双手置于身体两侧并保持放松，双腿之间夹一小球，抬起脚尖，微微收腹，缓慢将臀部抬起并保持身体和大腿呈一条直线，膝盖向远端延展，维持3~5 s，缓慢落下（图1-4）。

图 1-3　迷你环双腿臀桥　　　　　　　图 1-4　夹球双腿臀桥

（3）单腿臀桥：仰卧屈膝超过 100°或更多，将一侧腿抬起，保持屈髋屈膝，抬起脚尖，微微收腹，缓慢将臀部抬起并保持骨盆水平，维持 3～5 s，缓慢落下（图 1-5）。

（4）泡沫轴单腿臀桥：仰卧屈膝超过 100°或更多，取一泡沫轴置于足下，将一侧腿抬起，保持屈髋屈膝 90°。微微收腹，缓慢将臀部抬起并保持骨盆水平，维持 3～5 s，缓慢落下（图 1-6）。

图 1-5　单腿臀桥　　　　　　　图 1-6　泡沫轴单腿臀桥

2. 动作控制训练（B 阶段）

动作控制训练需要肢体多关节参与协调工作，损伤关节修复以后除了存在局部肌肉萎缩和力量丢失以外，多数还存在由此关节参与动作的动力链的协调障碍。例如，膝关节损伤修复以后，下蹲动作往往存在髋膝踝关节的协同工作障碍、推拉动作下肢参与不够充分以及重心偏移等问题，需要损伤关节参与的各种动力链出现动作模式障碍。这些都需要循序渐进的动作控制训练来帮助逐步恢复。下面介绍膝踝关节损伤修复阶段，恢复下肢动作模式的训练。

（1）椅子蹲起模式：坐位，双脚贴近椅子，双手平举向前伸展，身体慢慢前倾，然后缓慢站起；重心落在脚正中间位置；缓慢坐下；身体慢慢前倾，吐气，站起（图 1-7）。

（2）弓步蹲起：双腿前后站立，将身体重心前移压在前侧腿上，保持身体直立下落，后侧腿踮脚不负重；伸髋伸膝同步，前腿用力蹬起（图 1-8）。

图 1-7　椅子蹲起模式

图 1-8　弓步蹲起

（3）上下台阶：一条腿在踏板上，重心落在脚正中间位置，双手侧平举保持稳定；后侧腿上台阶，然后下台阶（图 1-9）。

（4）抗干扰训练：在一个稳定或者不稳定平面的装置上进行，防护师指导运动员在平板上或波速球等界面上保持单腿或双腿站立平衡。更进一步的练习有多种形式，如：①从有规律的、有节奏的转变成随机的；②施加的力量从弱到强；③移动幅度由小到大；④双腿站立变为单腿站立；⑤从通过眼睛观察（看着平板）到闭眼或看别处；⑥从注意力完全放在干扰上到做一些分散注意力的运动，如在干扰过程中抛球。

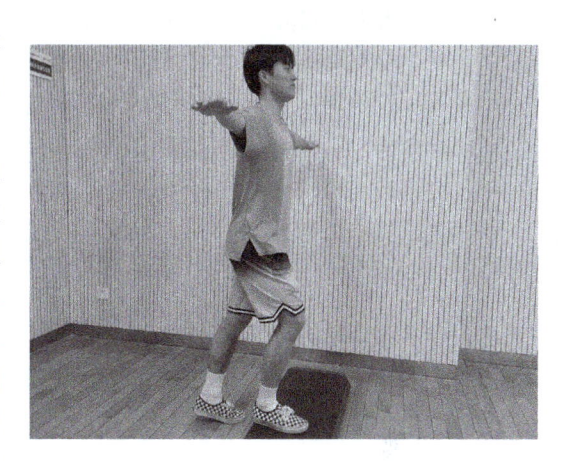

图 1-9　上下台阶

3. 前馈动作控制训练（C 阶段）

损伤修复后期，损伤组织结构进行结构重塑的阶段，运动员可以开始进行一些快速爆发性动作的训练。这些训练的特点首先是运动员需要在动作启动之前做好准备，关节稳定与核心稳定肌肉群的激活，确保安全高效地完成快速爆发性动作，而且前馈控制能力需要进行专门训练才能更好地恢复。很多运动员损伤后缺乏相关训练，往往出现快速动作的启动延迟或停转动作的迟缓，甚至在快速动作时出现疼痛等。前馈训练可以很好地解决这一类问题。其次，这些爆发性的训练可以给损伤组织和关节提供更进一步的刺激，促进其软组织内胶原蛋白等结构进行重排，以更好地增加软组织强度，满足训练的需求。下面介绍如何恢复下肢损伤修复后期的前馈能力，以帮助重返运动之前运动表现的促进和持续提升。

（1）跨越性跳跃：运动员站在画有四个象限的标志上，单腿站立且承重膝关节微屈。单腿跳向斜对面，落到对面的象限内，保持向前的姿势，且在降落时保持深屈膝 3 s。然后单腿跳进旁边的象限内,且保持同样的降落姿势。接着向后单腿跳跃且保持降落姿势。最后单腿向侧方跳跃进入最开始的象限且保持降落姿势。重复这个动作直到达到规定的次数。鼓励运动员每次降落时保持平衡,保持眼睛睁开且视觉注意力从脚部移开。

(2) 三次跳跃加垂直跳跃:运动员先在平板上成功进行3次跳跃然后立即进行1次全力的垂直跳跃。在平板上的3次连续跳跃应以最快的速度进行且达到最大的水平距离,第一次在平板上的跳跃应该为准备性跳跃,可以使水平动能快速有效地转化为垂直方向上的力量。鼓励运动员尽量让第三次跳跃与最后一跳之间的间隙减小,确保尽可能使更多的能量转化进垂直跳跃。运动员进行第四跳时尽量垂直且不要出现水平方向的移动,伸直手臂达到最大的垂直高度。

(3) 180°跳跃:起始姿势为双腿分开与肩同宽的直立姿势。运动员双腿同时向上垂直起跳,于半空中转身180°,双臂于身体两侧保持平衡,落地时迅速往相反方向重复上一动作。重复训练,达到能熟练完成180°转身跳到最高高度,并最好能保持落地位置不变。

(4) 单腿跳停:起始姿势为单腿半蹲,双臂向后完全伸展。双臂向前挥动同时伸髋与膝向上45°方向的跳跃,并尽可能远。落地时,跳跃的单腿须屈曲至90°并维持3 s。应谨慎进行此训练以避免受伤,循序渐进地达到最远距离,并维持落地时的平稳。跳跃过程中视线应远离脚部以避免身体过度前倾。

为预防损伤进行的协调控制训练的重点是动作精准控制质量,而不是数量。控制训练的目标就是能够精准、顺畅、高效地控制身体完成常规动作模式,以及项目特异性的动作模式。

# 第四节 耐 力 训 练

为预防损伤进行耐力训练,可以很好地提高身体抗疲劳能力,尽可能长时间维持身体的良好协调控制能力,为疲劳的快速恢复提供基础,帮助训练中微细损伤的快速修复。

## 一、基本原则

过早、大强度的耐力训练,可能导致严重的肌肉与关节受损。因此耐力训练的强度分级,应符合运动员身体状况与能力,逐步开展耐力训练才是安全可靠的。

考虑到运动员可能有损伤,以及身体能力的实际情况,耐力训练同样按照循序渐进的原则分为几个训练梯度。

A阶段:局部有氧耐力训练,以局部肢体活动为主,心率无明显变化。由于组织结构的负荷强度很小,在有损伤的运动员的恢复训练早期,组织结构的修复期间就可以逐步开始。上肢损伤以上肢活动为主,下肢损伤以下肢活动为主。

B1阶段:整体有氧耐力训练的最大变化为心率明显上升,提高心肺功能。负荷强度为中低,头部微冒汗,稍喘息。

B2～B3阶段:基础耐力训练,负荷强度为中高,会有明显出汗,适合有运动经历的运动员。

## 二、训练方法

损伤恢复过程中,考虑到组织修复的进程,我们往往在组织修复期间开始耐力训练。此时损伤组织难以耐受耐力训练的肌肉软组织或者关节工作的强度。因此,开始耐力训练往往可以从非损伤部位主导的耐力训练开始。例如下肢损伤者以上肢主导的耐力训练开始,上肢损伤者以下肢主导的耐力训练开始。等损伤组织可以耐受一定的耐力训练时,以小强度的局部耐力训练开始,随着组织修复的强度慢慢增加耐力训练的强度和时间。

### (一) 下肢主导的耐力训练

在上肢损伤恢复的早期就可以开始进行下肢主导的耐力训练,以恢复和改善心肺耐力,促进全身血液循环、改善情绪等。训练强度遵循以上原则,常用的下肢主导耐力训练有以下形式:①固定式功率自行车或踏步机,可以适当增加阻力,每次训练 30 min,以心率控制运动强度;②在软质、平稳的表面慢速跑动,跑步时间从 5 min 起,在 4 周时间内逐渐增加至 30 min,与肌力训练交替,隔天进行;③其他变化的练习方式:变速跑训练、划船器训练、踏步机训练、滑雪训练、跳绳训练、健美操训练等。

### (二) 上肢主导的耐力训练

上肢主导的耐力训练主要有:手摇自行车、游泳训练、摆臂训练。

# 第五节 力 量 训 练

## 一、基本原则

肌肉力量是更快更高更强的基础,也是关节稳定与身体控制能力的保障,大量的训练实践与损伤流行病分析都显示力量良好的运动员损伤风险较小。

伤后运动表现促进的训练是在肌肉力量训练的方法和理论上,更加强调根据练习的强度分级,应循序渐进地开始训练。不同病理恢复阶段需要不同性质的力量训练强调不同的内容。肌肉力量分为肌耐力、肌肥大、最大力量、快速力量、反应力量分别对应 ABCDE 五个级别,每一级别对应了测试办法和训练方案,包括负荷强度、频次、组数、每组次数、训练节奏和训练周期等要素。肌耐力强调肌肉代谢上的改变;肌肥大则强调肌肉形态上的变化;最大力量是通过最大随意收缩克服阻力时所表现出来的最高力量;快速力量表现为力量启动的速度;反应力量是肌肉离心后快速向心收缩的能力,表现为落地缓冲以及停转过程中的力量变化。

根据组织恢复过程的需要和承受能力,是机体恢复不同阶段的训练重点。

一般从肌耐力(A 阶段)开始,改变肌肉代谢,同步小负荷训练熟悉动作,不容易受伤,给组织一个循序渐进适应力量刺激的时间;随后进入以肌肥大(B 阶段)为主体的训练,需要更大的刺激强度才能有理想的效果;需要重返运动的患者或运动员还需要最大力量(C 阶段)、快速力量(D 阶段)和反应力量(E 阶段)的训练,才能适应大强度运动的需求,保护关节和机体不会再次受伤,也为达到较高的运动水平做好保障。

伤后运动表现促进的训练需要尽快开始,在组织结构修复基本完成后就可以循序渐进开始了。一般遵循从A阶段到E阶段逐步开展,更加安全有效。

## 二、练习方法与注意事项

不同类型的力量素质有不同的训练方法,基本内容包括负荷强度、组数、组间休息时间、节奏和训练周期等,合理安排才能达到理想效果。

常规训练计划的制订需遵循以下基本原则。①最大重复次数(RM),也就是每组训练动作最多可以重复完成的次数,表示的是负荷强度。在每组最大努力的训练时它也表明训练的重复次数,例如5RM是指一个重量重复到5次就无法再继续。②组数,指每次训练动作完成的组数。③组间休息时间,指两组动作之间的休息时间。④节奏,指动作离心、停顿和向心过程每部分持续的时间。⑤训练周期,是指每个阶段训练产生一定效果常规需要持续的时间。

各种力量训练的方案,包括肌耐力、肌肥大、最大力量、快速力量和反应力量的负荷强度、重复次数、练习组数、休息时间、练习节奏与建议训练周期等见表1-1。

表1-1 力量训练模型

| 参数 | 肌耐力 | 肌肥大 | 最大力量 | 快速力量 | 反应力量 |
|---|---|---|---|---|---|
| 次数 | 15～20 | 8～12 | 1～5 | 1～6 | 10～12 |
| 组数 | (3～4)/(2～3) | 5 | (3～6)/(2～3) | 1～5 | 3～5 |
| 休息时间 | 1 min | 2～3 min | 5 min | 1～3 min | 10 min |
| 节律 | 2—0—2 | 1—0—1 | 流畅—爆发 | 快速—爆发 | 每6～8 s爆发 |
| 周期 | 4周 | 10～12周 | 6～8周 | 4周 | 4周 |

反应力量训练利用牵张反射引发的向心收缩增强作用,肌梭快速侦测出肌肉伸展的速率和长度变化后,激发形成反射性肌肉动作,增加力量输出。反应力量是绝大多数运动专项所需要的力量,因此也是运动员重返运动阶段运动表现训练的终极训练目标。常用方法如下。

(一) 药球训练

借助药球进行快速伸缩复合训练利于对人体上肢、核心躯干以及下肢进行爆发力训练;利于实现对人体整体进行爆发力训练;利于提高不同姿态状态下动力链传递效率。借助药球进行的部分训练还可筛查人体基础力量薄弱环节,还可用于评价人体左右两侧力量的均衡性。借助药球进行训练方便易行,几乎适用于所有运动项目。药球训练还可以作为训练或比赛之前动作激活的重要组成部分,目的是激活整体神经肌肉控制和动力链的高效传递。

(二) 跳深训练

跳深训练对于提高人体利用弹性势能的能力有积极的作用。在跳深运动过程中,肌腱的弹性能量在受到快速牵拉时增高,并被储存起来,在紧接着进行的肌肉向心收缩中弹性势能释放出来。把握跳深训练的过渡阶段的时间至关重要,过渡时间太短弹性势能来不及利用,过渡时间太长则人体无法将弹性势能用于进行的后续动作之中。

### (三) 跳箱训练

跳箱训练包括跳上和跳下，采用单脚跳、双脚跳或换脚跳三种形式。跳箱训练通过短时间调动整体爆发力实现快速改变身体在竖直方向的重心，随之进行高效的缓冲和制动。跳箱训练需要一定的平衡能力作为基础，提高训练的规范性、实效性和安全性。

预防损伤的力量训练应该高度重视动作的精准控制和循序渐进原则，避免在运动过程中出现损伤，同时也为损伤预防提供良好的身体基础。

## 第六节 速度训练

速度是指人体快速运动的能力，即指人体或人体某一部分快速移动、快速完成动作和快速做出运动反应的能力。一般来说，快速移动速度和反应速度都需要以动作速度为基础。各种场地和对抗类项目都需要很好的反应速度，因此动作速度和反应速度训练是损伤康复后期重返运动增强运动表现的关键速度训练。

### 一、概述

不同项目的运动员需要不同的速度训练，需要分析该项目的速度需求，选择针对性的训练方法，逐步完成速度的恢复训练，以达到帮助促进运动能力全面恢复的目的。

#### (一) 反应速度

反应速度是指人体对各种信号刺激（声、光、触等）快速应答的能力。反映这种应答能力的指标主要为反应时。反应时是指从给予运动员信号刺激到开始产生动作为止的时间。人们通常测定反应时来评定运动员反应速度的好坏。由于运动员对不同类型的信号的反应时是不同的，训练中往往根据不同项目的特点测定运动员对特定信号的反应时。如短跑、游泳等周期性竞速项目，运动员主要接受听觉信号，而乒乓球、羽毛球运动员则主要接受视觉信号做出技战术反应。

#### (二) 动作速度

动作速度是指人体完成单个和成套动作快慢的能力。动作速度主要表现在人体各环节完成各种单个和成套组合动作的快慢，以及连续完成单个动作时在单位时间里重复的次数的多少，也称动作频率（动作速率）。因而，动作速度又分为单个动作速度、成套动作速度、动作频率（动作速率）三种。

#### (三) 移动速度

移动速度是指在周期性项目运动中，单位时间里机体快速移动的能力。在训练实践中，常常是以人体通过固定距离时所用的时间来表示其高低。如男子 100 m 跑 10 s、100 m 自由泳游 50 s 等。

对于伤后的运动员，为了预防损伤复发，在损伤恢复过程中常常需要尽快开始反应速度和动作速度的训练，一些主要依靠非损伤部位完成的动作速度和反应速度训练，可以从损伤修复期就开始。这样可以很好地保持并尽快恢复整体的神经肌肉快速反应的能力。等到身体机能恢复到一定程度，往往是进入损伤组织的结构重塑期，在具备足够的动作控制能力的时候,就可以慢慢开始损伤部位参与的动作速度和反应速度训练,以及移动速度的训练。

## 二、训练方法示例

### (一) 坐姿/站姿快速摆臂

动作目的:专项摆臂动作的辅助练习,提高摆臂技术动作质量。

动作步骤:起始姿势为运动员双腿伸直并拢坐于地上,躯干与地面垂直,双臂90°屈曲于体侧,五指张开;练习时,双臂以肩为轴于体侧交替摆动,摆动方向为前后方向;双臂摆动幅度为:前摆手摆至约与耳齐平,肘角相对变小,后摆手摆至臀部之后,肘角自然变大。

指导要点:练习时,双臂屈曲角为90°,前摆时肘角自然变小,后摆时肘角自然变大;摆动方向为前后方向,不要出现左右摆动。

### (二) 原地小步跑

动作目的:发展跑动的专项技术动作,提高跑动频率。

动作步骤:起始姿势为双腿自然站立,双臂90°屈曲于体侧,五指张开;练习时,采用很小的步长快跑,强调大腿主要参与发力,小腿相对放松,前脚掌主动扒地,双臂自然摆动。即抬大腿,带小腿;压大腿,放小腿;前脚掌积极扒地。

指导要点:强调小腿相对放松,尽量减少前脚掌与地面的接触时间。

### (三) 高抬腿跑

动作目的:学习、巩固跑动中上下肢蹬摆结合的专项动作,提高提膝的力量和速率。

动作步骤:起始姿势为双腿自然站立,双臂90°屈曲于体侧,五指张开;练习时,双腿交替完成高抬腿动作,大腿高抬过程中,小腿相对放松,大小腿自然折叠,大腿积极下压过程中,小腿自然打开;练习过程中,双臂屈曲90°于体侧自然摆动;保持躯干与地面垂直,头部正直,目视前方。

指导要点:躯干保持正直,避免前倾或后仰;练习过程中大小腿自然折叠,双臂于体侧前后摆动。

### (四) 撑墙单腿提膝/交替提膝练习

动作目的:学习、巩固正确跑姿,提高蹬摆腿力量与速率。

动作步骤:起始姿势为双脚并拢站立,距离墙体约1 m,身体整体前倾,双臂撑住墙体;双脚提踵,一条腿折叠上提,大腿与地面平行,脚踝背屈勾脚尖,躯干保持正直;运动员听到信号(如击掌),双腿蹬摆迅速交换,同时保持躯干与支撑腿为一条直线;双腿交替练习。

指导要点:在整个蹬摆腿训练过程中保持躯干与支撑腿为一条直线;支撑腿蹬直,避免出现支撑腿弯曲以及屈髋动作;前摆腿摆至大腿与地面平行,踝关节背屈勾脚尖。

### (五) 拖拽跨步走/模拟加速跑

动作目的:发展跑动蹬摆技术动作,提高跑动中后蹬专项力量。提高跑动的专项力量和爆发力,增加步长。

动作步骤:运动员腰间或后背佩戴专项拖拽训练器,起始时拖拽训练器由辅助人员拉住;练习时,运动员身体前倾,双腿交替完成跨步走,后蹬充分用力,双臂屈曲90°于体侧自然摆动;保持躯干与支撑腿呈一条直线,摆动腿大腿与地面平行,踝关节背屈勾脚尖。动作熟悉后,运动员充分蹬地发力,模拟加速跑动过程中努力对抗拖拽训练器提供的阻力。

指导要点:后蹬腿充分用力,强调蹬摆结合;保持躯干与支撑腿呈一条直线。

（六）绳梯训练

绳梯训练利于提高身体在动态中的协调能力、神经肌肉调控能力以及身体的灵敏性。灵敏性是融合速度、爆发力、协调性等的综合表达方式。通过绳梯训练可以提高神经肌肉快速调控能力、提高主动肌和被动肌在快速运动中的协调能力,提高多向速度。

（七）小栏架训练

小栏架训练适用于低强度的快速伸缩复合训练,同时也是进行灵敏性训练、多向速度训练的重要工具。按照训练的需要可将小栏架摆放成不同的形式,进行低强度快速伸缩复合训练、灵敏性以及多向速度进行整合训练。

第一章思考题　　第一章参考文献

# 第二章
# 运动营养及相关运动性疾病的管理

【导　　读】

营养在体育运动中也起着重要作用。合理营养能够促进人体生长发育、改善代谢和身体成分、改善运动器官的工作能力、改善心理状态等。同时,对运动人群来说,合理的营养能够帮助运动员补充能量、调节器官功能、提高运动能力、促进恢复以及防治运动性疾病等。做好运动员的营养管理,是运动防护师能更好地为运动表现以及健康促进做好保障工作的重要方面。

【学习目标】

熟悉比赛期间的营养管理;掌握运动性病症的特点及干预方法;熟悉身体成分的主要评价方法以及评价标准。

【思维导图】

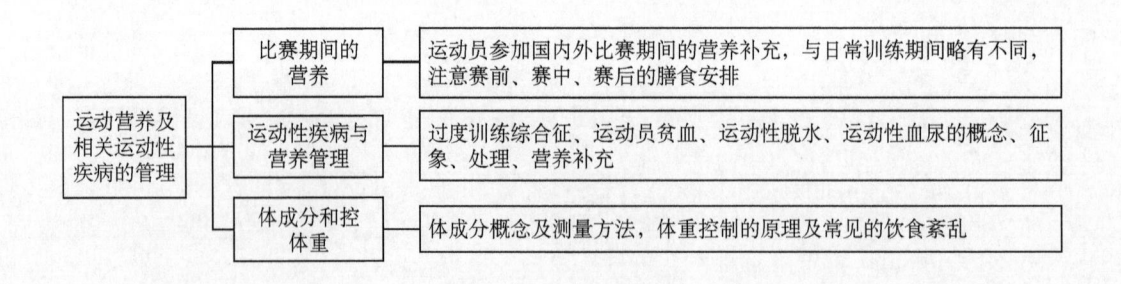

| 运动营养及相关运动性疾病的管理 | 比赛期间的营养 | 运动员参加国内外比赛期间的营养补充,与日常训练期间略有不同,注意赛前、赛中、赛后的膳食安排 |
| --- | --- | --- |
| | 运动性疾病与营养管理 | 过度训练综合征、运动员贫血、运动性脱水、运动性血尿的概念、征象、处理、营养补充 |
| | 体成分和控体重 | 体成分概念及测量方法,体重控制的原理及常见的饮食紊乱 |

# 第一节　比赛期间的营养

## 一、赛前餐

赛前饮食应充分考虑赛事或运动项目、时间安排、膳食和液体成分及运动员的个人偏好等因素,从而最大限度地维持血糖和糖原储备量以及身体中的水和身体状态。

血糖指数(GI)是衡量不同碳水化合物对血糖水平影响程度的指标。赛前建议摄入低、中 GI 的食物,因为这种食物不会引起血糖和胰岛素水平的大幅波动,能够长时间、缓慢释放能量。赛前几天摄入的营养比赛前几小时摄入的营养要重要得多。

赛前几天的营养要求如下:①能够保持适宜的体重和体脂;②饮食多样化、色香味俱全、营养平衡;③减少蛋白质和脂肪的摄入,促进胃肠排空,减少胃肠负担;④多吃蔬菜和水果;⑤纠正体内维生素缺乏;⑥补糖:增加糖原储备;⑦增加抗氧化酶活力;⑧保证充足的水;⑨根据比赛需求调整进餐时间。

赛前一天的营养要求如下:①食物体积小、重量轻、易消化,提供 500～1 000 kcal(1 kcal=4.18 kJ)能量;②在比赛开始前 3～4 h 进食;③不宜换新的食物;④大量出汗的比赛项目及高温环境下比赛时,应在赛前补液 500～700 mL;⑤避免高脂、高蛋白、酒精;⑥耐力项目应进行赛前补糖,补糖时间在赛前 2 h 或 15～30 min 为宜,补糖量不超过 50 g/h,或 1 g/kg 体重。

## 二、赛中餐

对于持续时间超过 45 min 的有氧耐力比赛、间歇运动或一天内有多场比赛的情况来说,赛中保持水和状态有助于预防过热、脱水和中暑,适当补充糖分和氨基酸能保持能量供给,减少肌肉损伤。最佳的运动饮料每升应包含 460～690 mg 的钠、78～195 mg 的钾且碳水化合物浓度为 5%～10%。

参加全天比赛的运动员应少食多餐,食物应含有少量蛋白质和脂肪及大量复合碳水化合物和液体。进餐时间一定要提前,在开始运动前使食物得以充分消化。

## 三、赛后餐

赛后是补充体内能量储备的最佳时机,除注意补液外,运动员应吃复合碳水化合物,推荐食用高 GI 的食物。在碳水化合物补充剂中加入蛋白质能够增强有氧耐力表现,应当在耐力运动后 3 h 内摄入至少 10 g 蛋白质,在大负荷力量训练后应补充 20～25 g 高质量、高亮氨酸含量的蛋白质。

## 第二节 运动性疾病与营养管理

### 一、过度训练综合征

（一）概念

过度训练是一种定义尚不明确的，机体由于多种原因产生的心理-生理不适反应综合征。国外已发表的文献中对过度训练也尚无统一的解释，多数定义为：过度训练是训练与恢复、运动能力和运动表现、应激和耐受能力之间的一种不平衡。除训练因素外，其他非训练因素：如社会的、教育的、职业的、经济的以及营养的等因素，都可增加过度训练综合征发生的风险。

（二）征象

1. 早期征象

早期过度训练的运动员一般无特异性症状，很难与大强度训练后正常的疲劳感觉相区别。后者在充分地恢复后身体素质可改善，运动成绩提高。而前者在正常的恢复调整后依然持续感到疲劳，并常伴随着肌肉酸痛。训练期间感觉非常吃力，训练、比赛中的成绩下降，运动员常伴有以下表现。

一般自觉症状：疲乏无力、倦怠、精神不振。对运动的反应：过度训练的早期表现为没有训练的欲望或厌烦训练，过度训练较严重时表现为厌恶或恐惧训练，而且在训练中疲劳出现得早，训练后疲劳加重而不易恢复，运动成绩下降，动作协调性下降。神经系统方面：出现头晕，记忆力下降，精神不集中，反应易激动，有的运动员反应为入睡困难、多梦、早醒，严重时则表现为失眠头痛，有些运动员还出现盗汗、耳鸣、眼花、体位性低血压，食欲下降等症状。有研究认为，中枢神经疲劳最明显的征兆是消化机能下降和食欲减退。

过度训练主要反映在神经系统和心理方面。如果上述症状出现后未能引起重视，未采取必要的措施，过度训练就会进一步发展。

2. 晚期征象

如果早期过度训练中的各种不良刺激因素持续存在，病情就会进一步加重。造成这种状况的一个重要原因是运动员、教练员往往把不理想的竞赛成绩归咎于训练不足而持续地超负荷训练。这将会导致运动员心理、生理各系统的严重耗竭，以致需要数周，甚至数月的休息才可能恢复。晚期过度训练综合征将出现以下全身多系统的异常表现。

心血管系统：心悸、胸闷、气短、晨脉明显加快，运动后心率恢复缓慢，心律不齐等。举重、投掷等力量性项目的运动员，安静和运动负荷后血压常明显偏高。

消化系统：除出现食欲不振，饮食下降外，还会出现恶心、呕吐、腹胀、腹痛、腹泻、便秘等症状。个别运动员可出现消化道出血症状。

肌肉骨骼系统：常表现为肌肉持续酸痛、负荷能力下降，易出现肌肉痉挛、肌肉微细损伤等。当下肢过度训练时可出现过度使用症状：疲劳性骨膜炎、小腿胫前间隔和小腿外侧间隔综合征、应力性骨折、跟腱、髌腱周围炎。

其他：过度训练的运动员常诉说全身乏力、体重下降，易发生感冒、腹泻、低热、运动后蛋白尿、运动性血尿、运动性头痛、脱发、水肿、排尿不尽等症状。

（三）处理

从过度训练的发病原因可知，运动量、运动强度过大以及恢复不足是造成过度训练的主要原因。因此，对过度训练的处理办法应包括：①消除病因；②调整训练内容和/或改变训练方法；③加强各种恢复措施；④对症治疗。

（四）营养补充

注意加强营养和热能平衡，食物中应含有充足的维生素和矿物盐，食物易消化吸收；对中、晚期或比较严重过度训练者，可采取必要的膳食和药物治疗。例如：①补充复合维生素B、维生素 E、维生素 C；②采用人参、刺五加、三七、枸杞等中药治疗等。

## 二、运动员贫血

（一）概念

贫血是指外周血液在单位体积中的血红蛋白浓度、红细胞计数和/或红细胞比容低于正常最低值，以血红蛋白浓度较为重要。贫血是多种病因引起的一个征象，并不是独立的疾病，各系统疾病均可引起贫血。运动员发生贫血，除一般发病原因之外，由训练因素引起血红蛋白低于正常值的称其为运动性贫血。运动性贫血仅占运动员贫血的 20%～35%。从运动性贫血发生率来看，女性多于男性，年龄小的运动员高于年龄大的运动员。

我国运动员贫血适用于上述临床贫血标准，即运动员血红蛋白值低于临床标准称为运动员贫血。国内运动员理想血红蛋白标准为：男性不低于 140 g/L，女性不低于 120 g/L。

（二）征象

运动员贫血症状的轻重取决于贫血发生的速度、贫血的原因以及血红蛋白浓度降低的程度。运动员心血管系统代偿能力较强，所以当运动员处于轻度贫血时，安静状态和小运动量训练时不出现症状或症状不明显，仅在大运动量训练时才出现某些症状。中度和重度贫血时，由于血红蛋白明显降低，已经影响到运氧能力，这时可出现缺氧引起的一系列症状，主要有以下表现。

呼吸循环系统：血红蛋白水平降低可出现血氧降低，机体出现一系列代偿现象，如心悸、心慌，在活动后加重；还有呼吸急促等表现。

神经系统：可出现头痛、头晕、失眠、反应能力降低等症状。

内分泌系统：女运动员可出现月经紊乱（稀少、周期缩短或经量过多）或闭经。

体征：轻度贫血体征不明显。中、重度贫血可出现皮肤和黏膜苍白（以口唇、眼睑部较明显），舌乳头萎缩。贫血较重时出现反甲现象（匙状指），心率加快，心尖部出现收缩期吹风样杂音，较重者可出现肢体水肿，心脏扩大等体征。

（三）处理

病因治疗：对于潜在缺铁的因素如月经过多或其他慢性失血史要积极治疗。

合理安排运动训练：当女运动员处于中度贫血时，应停止中等和大强度训练，以治疗为主。待血红蛋白上升后，再逐渐恢复运动强度。当轻度贫血时可边治疗边训练，但训练中应减小训练强度,避免长距离跑等。对重度贫血应以休息和治疗为主。应避免运动员在贫血的情况下长期训练,否则会带来不良后果。

药物治疗:口服补铁药物为本病的主要药物治疗。血红素铁与非血红素铁同时服用可增加铁的吸收率。非血红素铁的吸收受膳食影响极大,主要是植酸(谷物、坚果、蔬菜、水果中含量较高,维生素C可部分拮抗这种作用)、酚类化合物(茶、咖啡、可可及菠菜含量较高)、钙等,维生素C、肉、鱼、海产品、有机酸有促进非血红素铁吸收的作用。与非血红素铁相比,血红素铁受膳食因素影响很小。钙是膳食中可降低血红素铁吸收的因素。

(四)营养补充

通过合理膳食补充蛋白质、铁等造血原料,以纠正贫血,主要用于轻度贫血和辅助治疗以及贫血的预防。

铁的主要食物来源有以下几类。①丰富来源:动物血、肝脏、鸡胗、牛肾、大豆、黑木耳、芝麻酱等;②良好来源:瘦肉、红糖、蛋黄、猪肾、羊肾、干果等;③一般来源:鱼、谷物、菠菜、扁豆、豌豆、芥菜叶等;④微量来源:奶制品、蔬菜和水果。

有利于铁吸收的因素:维生素C、肉类、氨基酸等;不利于铁吸收的因素:浓茶、咖啡、植物纤维等。

### 三、运动性脱水

(一)概念

脱水是指体液的丢失。由于水丢失时大多数伴有电解质的丢失,尤其是钠离子的丢失。临床上表现为细胞外液(血液、细胞间液)量的减少。水的丢失多于钠离子等电解质的丢失是运动性脱水的主要特点,单纯失水者少见。

(二)证象

运动性脱水主要是高渗性脱水,根据体液丢失的程度,可分为:①轻度脱水,失水量占体重的2%~3%,出现口渴、尿少,可影响运动能力。②中度脱水,失水量占体重的3%~6%,面部潮红,出现脱水综合征,表现为神经精神症状以幻觉、躁狂、谵妄为突出,还表现出烦躁不安、精神不集中、软弱无力、声音嘶哑、皮肤黏膜干燥、尿量减少、心率一般增快等。③重度脱水:失水量占体重的6%以上。皮肤弹性降低,除有体力和智力减退外,还可出现神经精神症状,严重者意识不清以致昏迷。血压则视血容量减少的程度而有所不同。血容量减少在10%以内,血压尚可维持;血容量减少在10%~25%,则可出现体位性低血压;血容量进一步减少,卧位时血压不能维持正常,出现休克、循环衰竭、少尿、无尿以致肾功能衰竭。

(三)处理

尽快祛除病因,以利于机体发挥自身调节功能。

(四)营养补充

主要治疗措施:及时补充丢失的体液。

补液原则:根据其脱水程度和机体的情况决定补液量、种类、途径和速度。

补液量:按丢失1 kg水需补充1 000 mL液体计算,如体重为75 kg的运动员,轻度脱水需补充液体 1 500～2 250 mL,中度脱水需补充液体 2 250～4 500 mL,重度脱水需补充液体 4 500 m 以上。

补液成分:运动性脱水初期补充水或 5% 的葡萄糖溶液,待血钠回降、尿比重降低后,可适当补充含电解质的溶液,如 5% 的葡萄糖生理盐水。

补液途径:对液体能从消化道吸收的脱水运动员以胃肠道补液为首选。中度脱水常需辅以静脉输液,重度脱水则需从静脉补给。

补液速度:先快后慢。总的来说,补液的速度以恢复循环功能为首要目的,当日先给补水量的一半,余下的一半在次日补给,所需液体总量一般应在 48 小时内完成,此外还要补日需要量的 2 000 mL。

主要注意事项:补液过快可引起短暂的水中毒和抽搐,在重度脱水补给时更应注意。

### 四、运动性血尿

(一) 概念

正常人尿液中无红细胞或偶见个别红细胞,如离心沉淀后的尿液,光学显微镜下每高倍视野 3 个以上红细胞,可称为血尿。血尿轻者尿色正常,须经显微镜检查方能确定,称镜下血尿。重症者尿呈洗肉水状或血色,称肉眼血尿。

(二) 证象

正在训练的运动员或健康人在运动后即出现血尿,其明显程度与运动量和运动强度的大小有密切关系。血尿多见于男运动员,尤以跑、跳和球类项目的运动员居多。出现血尿后若停止运动,则血尿迅速消失,绝大多数情况下运动后 24 h,最多三天尿中的红细胞即完全消失。不少研究者强调血尿迅速消失的重要性。

除血尿外,血液化验、肾功能检查、腹部 X 线检查、B 超检查及肾盂造影等各项检查均正常。不伴随全身和局部特异性症状和体征,半数以上运动性血尿的运动员无任何伴随症状,少数运动员有身体机能下降、腰痛、腰部不适、尿道口烧灼感等症状。

(三) 处理

对出现肉眼血尿者不论有无其他伴随症状均应终止运动;对无症状的镜下血尿运动员,应减少运动量,继续观察。试用止血药,如维生素 K、维生素 C、卡巴克洛等。伴有机能不良者可用 ATP 和/或维生素 B 肌内注射,每日 1 次,10 次为一疗程。器质性疾病和外伤所致的血尿,应针对病因进行积极治疗,一般不能进行正常训练。

(四) 营养补充

可参考运动性贫血的营养补充方法。

## 第三节 体成分和控体重

### 一、体成分概念

根据生理功能不同,常把体重分为脂肪重(体脂)和去脂体重(瘦体重)。瘦体重包括肌肉、皮肤、骨骼、器官、体液及其他非脂肪组织。

## 二、体成分测量方法

### (一) 身体质量指数

身体质量指数(BMI)可以用来表示体成分，BMI＝体重(kg)/身高(m)$^2$。BMI为25～30 kg/m$^2$为超重，BMI≥30 kg/m$^2$为肥胖。

### (二) 皮褶厚度测量法

皮褶厚度测量法是指用皮褶卡尺测量人体几个位点的皮下脂肪层的厚度，代入公式后计算体脂百分比。此方法的准确性相对较低，但比BMI估算更准确。优点在于此方法省时，且测量方法易掌握。常用计算公式为：

体脂％(男)＝(457/身体密度)－414.2；体脂％(女)＝(495/身体密度)－450

身体密度(男)＝1.091 3－0.001 16$X$；身体密度(女)＝1.089 7－0.001 33$X$

式中，$X$＝肩胛下角处皮褶厚度＋肱三头肌处皮褶厚度。

### (三) 生物电阻抗法

生物电阻抗技术是测量通过选定点间的身体的电阻推算身体成分。该方法缺点在于如果身体脱水，体脂百分比的测量结果往往会偏高；设备也相对较贵。

## 三、体重控制

摄入的热量大于消耗的热量时为正能量平衡，体重增加；反之，体重减轻。体重控制包括减体重和增体重。

控制体重首先要了解热量平衡，估算热量需求。人体每天的热量消耗主要分为基础代谢率、体力活动消耗、食物的热效应，而每天所需的热量受多种因素影响，例如遗传、训练计划、年龄等。很多运动员的体重和体成分在正常范围内，但是为了提高竞技能力，有的项目的运动员需要在比赛前快速减轻体重，如举重、摔跤等；有的项目的运动员需要在长期将体重和体脂控制在较低水平，如体操、跳水等。常用的减体重方法为饮食控制和增加运动量。仅通过节食或锻炼来减重非常困难，二者结合才最高效。每周至少增加150～250 min的中等至大强度运动才可能使体重下降，同时，热量摄入也应限制在中等水平。每周减重应为0.68～0.91 kg，若超过1.81～2.27 kg，则可能是由于脱水导致，且不利于身体健康。增体重的目标应为增加肌肉重量，应进行力量训练，同时略微增加热量摄入。随着力量训练强度的提高，应增加膳食中的蛋白质摄入。增重速率应为0.45～0.91 kg/周。

## 四、常见的饮食紊乱

饮食紊乱是指一系列的异常饮食行为，包括偏食症、厌食症和暴饮暴食症等。社会、家庭、生理和心理因素等都会导致饮食紊乱。某些项目的运动员为了提高运动表现需要严格控制体重或体成分，饮食紊乱的发生率明显高于一般人群。主要的饮食紊乱包括神经性厌食、运动性厌食和女性运动员三联征。

神经性厌食是一种自我强迫性饥饿综合征。常见于女子体操运动员、舞蹈演员等。这部分人群过度注意体重，错误地认为自己过胖，往往通过控制饮食来减体重，拒绝正常进食。这可能会造成肌肉骨骼、神经、心血管功能紊乱。

运动性厌食症是运动员特有的情况，特征与神经性厌食症相似。主要表现为：胃肠不适、原发性闭经、月经紊乱、体重减轻、过度害怕变胖、暴食或排空、强制性饮食、限制热量摄入。

女性运动员三联征包括饮食失调（暴食或厌食）、闭经、骨质疏松症（骨密度降低），常见于青少年或高竞技水平的女性运动员。青少年运动员中最常见，主要是因为他们骨骼不成熟，骨密度低，更容易受到身体和代谢刺激的影响。所有的女性运动员每年都应该进行三联征筛查，早期症状包括体重变化、反复骨折；长期症状包括低峰值骨密度、骨质疏松症、肝肾功能障碍，长期疾病过程中产生自杀念头。

第二章思考题　　第二章参考文献

# 第三章
# 环境因素及相关运动性伤病的管理

【导　　读】

　　在许多体育比赛中,运动员需要克服炎热的天气进行运动,比如马拉松、铁人三项以及夏季足球赛等。运动防护师、教练员和运动员应当对环境因素可能引起的风险做好充足的准备。如果处理得当,极端环境并不会给运动员造成巨大的伤害。反之,极端环境则有可能会引起悲剧的发生。在运动引起的青少年死亡原因中,中暑排在第三位,仅次于头部受伤和心脏疾病。运动防护师必须了解极端环境条件对运动的安全性的影响,并做好处理突发情况的准备,减少危险的发生概率。

　　学习环境因素引起的高体温症、低体温症、和高原疾病的处理和预防,即人体在热环境和冷环境中运动会出现哪些生理和心理反应？面对突发情况该如何处理？如何预防极端环境中的运动伤病？本章将对以上内容进行系统的介绍,为之后的学习打下基础。

【学习目标】

　　掌握高体温症的预防和处理、低温症的预防和处理；了解人体体温调节机制、高海拔环境与运动疾病；熟悉雷电击伤和晒伤的预防和管理。

【思维导图】

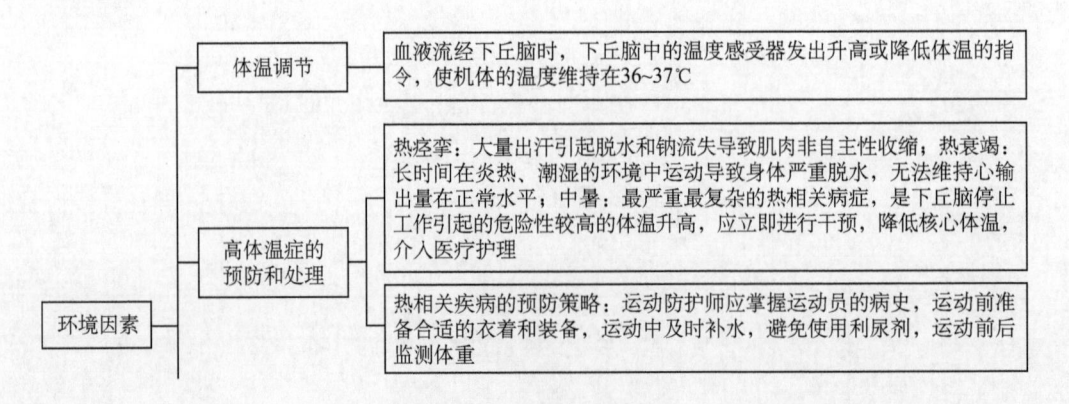

| 环境因素 | 体温调节 | 血液流经下丘脑时,下丘脑中的温度感受器发出升高或降低体温的指令,使机体的温度维持在36~37℃ |
| --- | --- | --- |
| | 高体温症的预防和处理 | 热痉挛:大量出汗引起脱水和钠流失导致肌肉非自主性收缩;热衰竭:长时间在炎热、潮湿的环境中运动导致身体严重脱水,无法维持心输出量在正常水平;中暑:最严重最复杂的热相关病症,是下丘脑停止工作引起的危险性较高的体温升高,应立即进行干预,降低核心体温,介入医疗护理 |
| | | 热相关疾病的预防策略:运动防护师应掌握运动员的病史,运动前准备合适的衣着和装备,运动中及时补水,避免使用利尿剂,运动前后监测体重 |

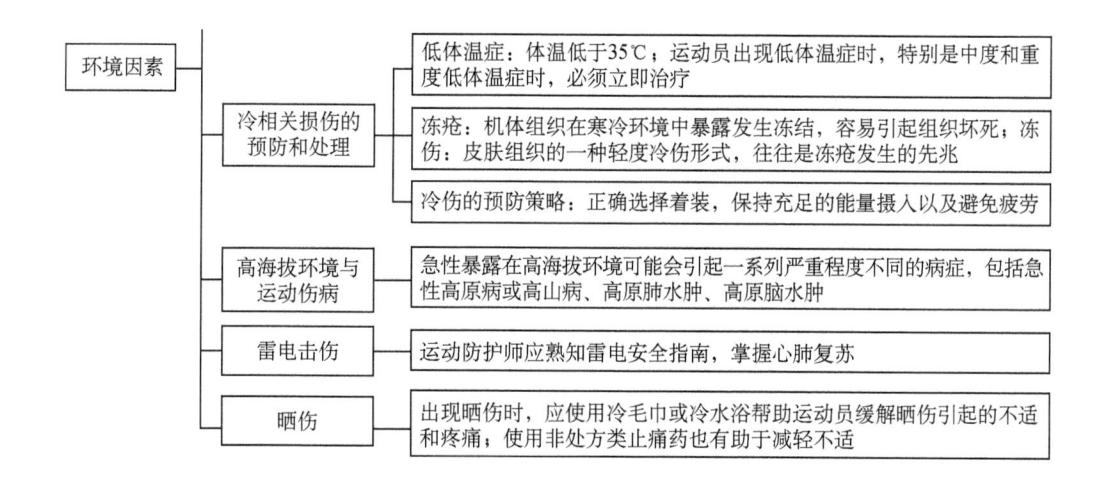

```
环境因素 ─┬─ 冷相关损伤的    ┬─ 低体温症：体温低于35℃；运动员出现低体温症时，特别是中度和重
         │  预防和处理      │  度低体温症时，必须立即治疗
         │                 ├─ 冻疮：机体组织在寒冷环境中暴露发生冻结，容易引起组织坏死；冻
         │                 │  伤：皮肤组织的一种轻度冷伤形式，往往是冻疮发生的先兆
         │                 └─ 冷伤的预防策略：正确选择着装，保持充足的能量摄入以及避免疲劳
         ├─ 高海拔环境与 ── 急性暴露在高海拔环境可能会引起一系列严重程度不同的病症，包括急
         │  运动伤病        性高原病或高山病、高原肺水肿、高原脑水肿
         ├─ 雷电击伤 ────── 运动防护师应熟知雷电安全指南，掌握心肺复苏
         └─ 晒伤 ────────── 出现晒伤时，应使用冷毛巾或冷水浴帮助运动员缓解晒伤引起的不适
                           和疼痛；使用非处方类止痛药也有助于减轻不适
```

## 第一节 体温调节

普通人的正常体温在一天中会多次波动。比如，睡眠时人体的体温要低于清醒时人体的体温。然而，因为运动、炎热、寒冷而引起的体温变化则会触发人体的生理反应来维持体内平衡。相比较于温度升高，人体更加容易忍受温度下降，但极端的炎热或寒冷都可能会导致死亡的发生。人体必须维持体温在一个合适的范围，使人体的各个系统能够正常运行。

人体的下丘脑中存在温度感受器，当血液流经下丘脑时，温度感受器发出升高或降低体温的指令，使机体的温度维持在36～37℃。通常来说，运动员在运动时，只有少于25%的能量被用于身体活动，剩余的能量都转化成为热能。当体温过高时，人体就会触发一系列的生理反应来散发热量。在高温下运动时，人体散热的主要途径是出汗和增加皮肤血流量，体温开始上升时，四肢的血管扩张，使贴近皮肤表面的血液流动增加，以散去多余的热量。

除了气温之外，空气湿度也是影响人体在高温中运动的重要因素。相对湿度会对热蒸发的效率产生巨大影响，当相对湿度增大时，通过汗液蒸发的散热能力下降。因此，在湿度高的环境中，人体排汗增加，在湿度低的环境中，人体排汗减少。在湿度高的环境中，人体对于补水的要求也更高。当在高气温和高湿度的环境中进行剧烈运动时，则更加容易出现危险情况。因此，运动防护师应当密切关注运动场所的气温和湿度。

## 第二节 高体温症的预防和处理

温度过高引起的生理应激和体温调节不佳会导致一系列与热相关的疾病，严重的情况下可能会造成生命风险。运动防护师必须了解这些疾病的症状和体征，便于及时识别和处理。通过合理的监控和预防措施，热相关疾病引起的严重后果是可以避免的。

## 一、热痉挛

热痉挛是大量出汗引起脱水和钠流失导致的肌肉非自主性收缩。热痉挛通常出现在大肌肉群中,如腘绳肌、臀大肌、腹肌、腓肠肌等。尽管热痉挛的机制目前尚不清晰,但热痉挛通常与出汗引起的体液和电解质失衡有关。电解质以酸、碱和盐等形式存在于血液中,它对肌肉的收缩至关重要。出现热痉挛的运动员通常身体状况良好,高温下过度运动是引起热痉挛的重要原因之一。热痉挛导致肌肉收缩出现极度疼痛,运动员无法即刻恢复活动,肌肉的酸痛通常会延续一段时间。

预防热痉挛的最好方法是充足的水和电解质的摄入。在饮食中适当增加盐的摄入,多吃高钾(如香蕉)和高钙(如牛奶)食物,是预防热痉挛的有效策略。当出现热痉挛后,运动防护师应当立即进行处理。主要的方法包括立即补水,按摩以及牵拉出现热痉挛的肌肉以缓解痉挛症状,以及通过冰敷来缓解疼痛。

## 二、热衰竭

热衰竭是长时间在炎热、潮湿的环境中运动导致身体严重脱水的一种病症。由于剧烈运动和高温,无法维持心输出量在正常水平。热衰竭的主要症状包括头晕、头痛、恶心、感到寒冷。热衰竭的体征包括皮肤苍白、体温升高、呼吸急促、轻度意识模糊、血压下降、尿量下降、脉搏微弱。需要注意的是,有些运动员在出现热衰竭之前,并不会出现上述的症状和体征。由于恶心导致的呕吐,热衰竭的运动员可能会出现脱水加剧的情况。

当运动员出现热衰竭时,运动防护师应当要求运动员立刻停止运动,移除运动衣物与装备,将运动员转至阴凉处或室内。运动防护师应对运动员进行降温处理,比如使用冰袋、冷毛巾、风扇对颈部、腋下和腹股沟区域进行降温。运动员应立即补充水和电解质,当补充电解质时,应用水将电解质稀释3~4倍,使其能够更快地被胃肠道吸收并避免出现恶心等不良反应。同时,运动防护师应实时监控运动员的体温,如果运动员失去意识或病情严重,应将其转诊至医生处。为预防运动员再次发生热衰竭,可以让运动员进行热适应训练,并应在每次运动前、运动中和运动后进行充分补液。

## 三、中暑/劳力性中暑

中暑是严重且复杂的热相关病症,它是下丘脑停止工作引起的危险性较高的体温升高。当运动员出现中暑时,应立即进行干预,降低核心体温,并介入医疗护理。中暑意味着人体温度调节机制被破坏,机体散热能力丧失,脱水情况加重,核心体温甚至可以上升到41℃以上,导致内脏器官衰竭,并造成生命危险。因此,中暑是一种紧急医疗情况,中暑引发的死亡率将近10%。尽管中暑通常发生在老年人以及体力虚弱的人群中,但因运动引起的劳力性中暑也常见于身体强健的人群中,如马拉松比赛中,一些运动员会因为长时间在高温中运动而中暑。在劳力性中暑发生之前,运动员可能不会出现热衰竭的症状,但是发生前往往伴随着大量的出汗。无前兆症状以及突然发生是劳力性中暑的特点之一。在中暑出现后,运动员往往会出现精神状况的改变,如思绪混乱;皮肤发红发热;还会出现头痛和头晕等症状。此外,运动员还会心跳加快,呼吸变得急促,核心温度升高。

当运动员出现中暑后,运动防护师必须依据规范的流程,立即采取措施降低患者体温。应脱去运动员的衣物和装备,将其全身浸泡在冷水中 30 min。在冷水浸泡的过程中,可不断加入冰块保持水温,水温应控制在 2～15℃。冷水浸泡通常可以在浴缸或充气儿童泳池中进行,如果没有条件进行冷水浸泡,可以通过冷水淋浴的方法帮助运动员降温,或者使用冷毛巾降温。此外,在冷却体温的过程中,要注意环境的通风和空气流畅。在降温后,应立即拨打急救电话请求急救。在冷却体温的过程中,运动防护师要实时监控患者的核心体温、心率、呼吸节律、中枢神经状态等。当直肠温度恢复到 38.3～38.9℃后,可以停止降温过程。

### 四、热相关疾病的预防策略

在炎热的天气中进行运动时,运动防护师、教练员和运动员必须要采取措施来预防可能出现的热相关疾病。下面我们将介绍一些有用的方法,来帮助运动员应对高温天气中的运动。

首先,运动防护师应当掌握运动员的病史,了解运动员之前是否出现过热相关疾病,热相关疾病病史是热相关疾病发生的风险因素之一。对于高温下的运动,运动员可以逐渐进行热适应,在逐渐加剧的热环境中进行 7～10 天的有氧运动可以使运动员产生良好的热适应。其次,衣着和装备是预防热相关疾病的重要因素。轻便、浅色的衣物有助于身体的散热,而深色的衣物则会吸收太阳的辐射,导致温度上升。如果在运动中大量出汗,应及时更换干爽的衣物。一些运动如果需要厚重的防护装备,需要在充分适应装备后再进行剧烈运动。运动中不宜使用无法排汗的橡胶类衣物和装备。

除了准备好必要的装备,运动防护师、运动员和教练员必须清楚地认识到发生热相关疾病的风险。在每一个训练周期中,热相关疾病最容易发生在训练前期,比如在足球运动中,热相关疾病最容易发生在 8 月份,此外,在同一天多次训练也会增加热相关疾病的风险。

在炎热的天气中运动,时刻关注空气的温度和相对湿度是必不可少的。温度、湿度和太阳辐射可以使用干球温度计、湿球温度计等仪器来测量。运动员必须要及时进行补水,在运动前的 2～3 h,运动员可以摄入 500～600 mL 的水或运动饮料。在运动前的 10～20 min,再补充约 300 mL 的水或者运动饮料。在运动中运动员也要做到及时补水,补水量为每 10～20 min 补充 200～300 mL 的水或者运动饮料,补水的时机应当尽早,不要等到出现口渴症状后才进行补水。此外,补水量还应根据汗液和尿液的流失量进行调节。在运动后的 2 h 内,运动员需要补充充足的水分来弥补运动过程中水分的流失。通常来说,运动后体重每减轻 1 kg,应当补充 1 000 mL 的水或者运动饮料。

使用利尿剂会导致体液流失增加,增加中暑的风险,因此应该避免使用。在使用非处方类营养补剂时,一定要注意成分中是否含有咖啡因等利尿成分。尿液可以用于评估运动员的脱水情况,如果尿液颜色较淡,则说明不存在脱水情况,而当尿液颜色开始变暗变深时,则提示运动员可能存在脱水情况。

监测运动前后的体重有助于帮助运动防护师和教练员评估运动员体液丢失的程度,当经过一段时间的训练后运动员的体重降低超过自身体重的5%,则应立即对运动员的健康状况进行评估,并补充充足的水分。

## 第三节 冷相关性损伤的预防和处理

冷相关性损伤,也称冷伤,常见于在寒冷环境中的运动。一些运动员或健身爱好者常年在寒冷、潮湿、多风的环境中进行运动和训练,使得出现冷伤的风险增加。冷伤的发生取决于两个因素:一是寒冷的气温或者水温;二是暴露在寒冷的环境中机体维持核心体温的能力。冷伤在许多运动项目都会出现,比如冬季运动、户外运动以及军事运动。一些足球、棒球、垒球联赛包含了冬季的赛程,这也会导致冷伤的发生率增加。对于登山运动员,低体温症和冻伤占到了所有损伤的3%～5%,而对于北欧式滑雪运动员,这个比例则达到了20%。

在低温的环境下,人体有两大维持体温的重要区域,即核心区域和外周区域。核心区域包括机体的内脏器官,内脏器官的温度通常维持在37℃。外周区域主要包括皮肤、肌肉和四肢,这些部位的温度波动较大。血液流动和肌肉收缩(如发抖)可以使核心区域的温度维持在正常范围。外周区域的冷伤通常发生在皮肤和皮下组织,而核心区域则可能因为体温过低而受损。随着户外运动和极限运动的不断发展,暴露在寒冷环境中运动的人也越来越多,作为一名运动防护师,必须意识到冷伤发生的风险,采取措施预防冷伤的发生,并在冷伤出现时进行及时处理以减少伤害。

### 一、低体温症

低体温症是指体温显著下降,通常将体温低于35℃定义为低体温症。低体温症根据核心体温的高低,还可以进一步分为轻度低体温症、中度低体温症和重度低体温症。轻度低体温症的范围为32.2～35℃,中度低体温症为26.6～32.2℃,重度低体温症为26.6℃以下。

下丘脑感受到温度降低时,会发出信号引起生理反应,此时四肢血管收缩以减少热量散失,骨骼肌颤抖增加产生热量。寒冷的气温并不是引起低体温症唯一因素,风和湿度也是影响低体温症发生的重要因素。在自然风或逆风作用下,个体的体感温度会降低。风寒指数是用于评价风速与空气温度对人体综合影响的指标。比如,4℃的气温和16 km/h的风对个体的影响等同于−13℃的无风环境。由于风和湿度的因素,低体温症可以在远高于0℃气温的条件下发生。身体产生的热量通过辐射的形式散发,头部和颈部是主要的散热部位。因此,我们经常被叮嘱要在寒冷的环境中戴好帽子和围巾。人体产生的热量同样也通过皮肤和呼吸系统的蒸发散失。在寒冷的环境中,当人体散失的热量超出人体产生的热量,机体的温度无法得到维持,低体温症开始出现。如果此时不能将患者从寒冷的环境中转移并进行适当的复温,则会造成严重的后果,低体温症会导致神经肌肉功能失调、心律异常、昏迷甚至死亡。

运动员出现低体温症时,特别是中度和重度低体温症时,必须立即治疗。运动防护师应当首先拨打急救电话,与此同时,运动防护师需要确认是否有进行心肺复苏的必要性,如有必要,则应当立即实施心肺复苏。当运动员出现低体温症时,应去除其身上湿冷的衣物,用温暖、干燥的衣服或毛毯为运动员保暖,并将运动员转移到温暖的屋子里,运动防护师应尽快使运动员复温,只加热躯干和其他传热部位,比如腋下、胸壁和腹股沟。在治疗和/或运输过程中,持续监测生命体征,并为气道管理做好准备。

## 二、冻疮

冻疮是指机体组织在寒冷环境中暴露发生冻结。冻结后的机体组织产生冰晶,引起组织坏死。冻疮可以分为两类,浅表冻疮和深度冻疮。浅表冻疮包括皮肤和皮下组织的冻结,出现浅表冻疮时,皮肤会变得坚硬、苍白、冰冷、蜡状。当温度升高时,组织会感到麻木,之后会伴有灼烧感和刺痛感。有冻疮病史的个体对寒冷环境会更加敏感,因此需要更加注意预防冻疮的再次发生。深度冻疮是一种紧急医疗情况,需要立即进行处理。深度冻疮是指组织已被完全冻结,该部分组织变得苍白、冰冷和蜡状,并且程度要高于浅表冻疮。冻疮出现后,应使用37~43℃的热水、热敷垫、热水瓶等方式加热冻疮部位,但是需要注意的是,冻疮部位的复温是痛苦的,组织可能会变得红肿,组织的丢失和坏死以及二次感染都是有可能伴随冻疮出现的。

## 三、冻伤

冻伤是皮肤组织的一种轻度冷伤形式,它往往是冻疮发生的先兆,通常发生在面部、手指和脚趾。冻伤发生在皮肤与极低的温度接触时,并且常常伴有多风的条件。当皮肤与金属设备等冰冷表面接触时,也有可能会出现冻伤。冻伤的特点是麻木,以及因为血管收缩而引起的发绀。出现冻伤时,表层组织会感到麻木和灼烧感,但是深层组织并不受影响。冻伤出现时,应当对冻伤部位进行覆盖回温,比如将手插进大衣口袋里。随着温度升高,冻伤部位血流增加,皮肤发红。

## 四、冷伤的预防策略

预防冷伤的重点是正确选择着装、保持充足的能量摄入以及避免疲劳。在穿着方面,应穿多层衣服并尽量保持干爽,贴身的打底层应尽量选择速干的材料,不建议在打底层穿着纯棉的材料,因为纯棉衣物的排汗性较差。衣物的中间层主要的作用是保暖,衣物的最外层主要的作用是防风。除了多层衣物之外,还应戴手套和帽子、穿暖和的鞋子,保持头部和四肢的温暖。

保持充足的能量有助于预防冷伤的发生。当能量不足时,机体产热的能力会受到影响。在寒冷的环境中锻炼,保持充足的水分也十分重要。脱水会导致血容量降低,从而降低血流加热组织的能力。疲劳会增加机体对低温的敏感性,进而增加低体温症发生的可能。在寒冷的环境中进行运动时,要保证充分的休息,避免过度劳累。在运动前进行充分热身也是预防冷伤的重要手段,组织温度较高时,出现冷伤的概率也更低。

运动防护师应对运动员和教练员进行有关冷伤的预防、识别和治疗相关的教育,了解运动员的冷伤病史,对于有冷伤病史的运动员应加强体征的监测。在每次的训练或比赛前,运动防护师应准备好相应的设备,为运动员提供复温的条件,比如热敷袋、毯子、额外的衣服和外部加热器,以及准备温度适宜的饮用水或运动饮料。此外,运动防护师还应准备一支直肠温度计用以监测运动员的核心体温。

## 第四节 高海拔环境下运动伤病的预防和处理

随着海拔的升高,气压下降,空气越来越稀薄。尽管空气中氧气、二氧化碳和氮气的比例保持不变,但海拔升高导致每一种气体的压力下降。由于氧分压显著降低,机体血红蛋白饱和度下降,从而影响体内的氧气运输。血红蛋白在海平面时的饱和度为96%～98%,而在海拔为2 500 m时,这个数值会下降到85%。因此,大多数人在海拔高于3 000～4 000 m时出现高原反应的症状,引起机体急性或慢性的反应。对于急性高原暴露,机体的主要反应是无论休息还是运动的状态,机体通气率增加。通气率增加有助于氧气运输到体内各个细胞,然而,通气率的增加也存在负面影响,当通气率增加时,动脉二氧化碳分压也会升高,血液pH升高,可能会出现碱中毒的情况。此时,肾脏会通过增加排尿量来维持体内的pH平衡。排尿量的增加加上通气率的增加,机体在高海拔地区会出现脱水的情况。血浆容量降低,相应地,静脉回流减少,每搏输出量也降低。因此,在急性暴露于高海拔环境的几天中,最大心输出量也会降低。然而,血浆容量的下降导致血红蛋白浓度和红细胞比容增加,每升血液的携氧能力增加。总的来说,在急性暴露于高海拔环境的几天内,心输出量减少,血红蛋白饱和度的降低,动脉含氧量降低,导致向肌肉供血的能力下降。因此,当急性暴露在高海拔环境中时,机体的有氧运动能力下降。由于海拔而引起的有氧运动能力下降在海拔为600 m时即可观察到。此外,急性暴露于高海拔时,机体释放儿茶酚胺类物质,机体对糖酵解功能的依赖增加。因此,在高海拔环境中进行训练时,运动员应摄入充足的碳水化合物。

急性暴露在高海拔环境可能会引起一系列严重程度不同的病症,包括急性高原病或高山病、高原肺水肿和高原脑水肿。急性高山病是最常见的高原反应,症状包括头痛、疲劳、头晕和睡眠困难,通常在到达海拔2 000 m以上后6～10 h内出现,动脉和毛细血管血压升高以及缺氧引起的血管收缩会导致身体不同部位的液体积聚产生水肿。肺部(肺水肿)或大脑(脑水肿)内的积液可能会危及生命,肺水肿症状包括呼吸困难、持续咳嗽、充血和胸闷,而脑水肿可能引起协调失常、定向障碍、记忆丧失和行为异常等症状,肺水肿和脑水肿的症状在急性高原暴露后的2～4天内最为明显。长期暴露于高海拔地区,机体会产生一系列的慢性反应,这些反应能够使机体更好地适应和应对氧分压的降低。在一系列的慢性生理反应中,最重要的是血液学变化。缺氧会刺激促红细胞生成素的转录,从而增强红细胞的生成,红细胞量的增加提升了血液的携氧能力,进而提高运动表现,降低高原相关病症的发生风险。需要注意的是,红细胞生成需要铁元素,如果机体内的铁不足,则血清铁蛋白水平降低,机体对高原适应的能力下降。

生理适应是提高对高海拔环境耐受性、降低高原病症风险的重要过程。完全产生高原适应的时间以及暴露水平在学界尚存争议,有研究表明人体只需要12~14天就可以适应高原环境,也有研究表明这个过程需要长达数月的时间。事实上,许多因素都会影响我们对高原环境的适应性反应,比如高原环境暴露时间、个体特征、暴露模型(如低住高训和高住高训)、暴露类型(如高压和常压),这些因素都有可能导致研究结果的差异。通常认为,海拔需要达到1 500~2 000 m以上才能观察到有意义的血液学改变。此外,运动员需要每天在高原环境中暴露12个小时以上,持续3~4周,才会产生血红蛋白数量、最大摄氧量以及有氧运动能力的提高。然而,并非所有运动员都会对高海拔环境产生生理适应,对于一些运动员,长期高原暴露不会对运动表现产生影响,甚至有可能降低运动表现。事实上,尽管高原环境暴露可能导致红细胞数量增加,但也会导致血浆容量下降,从而可能减少氧气输送。由于热适应能够增加血浆容量,近期有学者提出,应将高原适应与热适应相结合,最大限度地产生血液学改善,提高有氧运动表现。但同时需要注意的是,高原环境和热环境都会增加运动员损伤和过度训练的风险,在实际训练中应谨慎实施。

由于长期高原适应会增加红细胞生成活动,运动员可能需要通过饮食或营养补剂来补充铁元素,这对于存在贫血风险的运动员尤为重要,例如耐力项目运动员、素食运动员以及女性运动员。运动防护师应监测运动员在高原暴露之前和高原暴露期间体内的铁含量,在需要时及时补充运动员铁元素。高原暴露会给个体带来极大的生理负担,加上高原环境中睡眠时长和睡眠质量的下降,运动员在进行高原训练时,必须要制定十分细致的训练计划。对于一些运动员,在进行高原训练之前的几周需要减轻训练负荷。

## 第五节　雷电击伤的预防和处理

雷电是最常见的气候灾害之一。数据显示,在过去的十年中,美国一年平均有42人死于雷击,而根据我国应急管理部发布的报告显示,我国在2022年上半年死于雷击的人数为26人。雷击伤害最常在夏季的清晨和傍晚时发生,这两个时间段在户外进行活动的人数最多。被雷电直接击中只是雷电引起损伤中的一种,雷电损伤还可能来自间接伤害,比如触摸被雷电击中的物体、紧挨着被雷电击中的目标等。确保雷电情况下安全的关键是预防和教育。体育组织应建立雷电安全政策,为雷电天气时的安全行为提供指南。全面的雷电安全指南通常应包含以下内容:①建立一个完善的指挥系统,指定专业的人员负责人员转移;②使用简洁的标语来总结雷电安全知识的基本信息;③指定专业的气象观测员负责观测天气并在存在潜在雷电风险的时候及时通知指挥系统;④建立监测天气和接收天气警报的方法;⑤摆放清晰的指示牌,告诉赛事观众雷电发生时安全的躲避地点;⑥为体育活动的暂停和恢复制定特定的标准；⑦建立当雷击造成人员伤亡时的急救方案。

当出现雷电天气时，最佳的方案是转移到室内躲避，通常带有管道和电气设施的建筑都可以作为躲避场所。但是需要注意的是，尽量不要使用浴室作为躲避场所，也不要在雷暴期间使用淋浴设备。如果找不到合适的建筑物，带有金属顶棚的车辆也可以作为躲避场所。当运动员被雷电击中时，运动防护师应当立即实施心肺复苏，雷击的电流很有可能会引起心脏停止跳动。

## 第六节　晒伤的预防和处理

长期在户外进行训练和比赛的运动员，有紫外光（UV）过度暴露的风险，从而导致皮肤癌和过早衰老。除了在日晒环境中训练和比赛的运动员，滑雪爱好者和徒步旅行者也要小心晒伤的风险。研究表明，海拔越高的地区越容易造成晒伤。

当出现晒伤时，应使用冷毛巾或冷水浴帮助运动员缓解晒伤引起的不适和疼痛，使用非处方类止痛药也有助于减轻不适。需要注意避免使用油脂类产品，因为此类产品会妨碍排汗和散热，使晒伤的情况更加恶化。同时也要避免使用含有苯佐卡因的急救产品，因为它们会引起刺激或过敏反应。保湿乳液或芦荟凝胶则能够缓解瘙痒，并为皮肤提供水分。皮肤出现水泡是严重晒伤的信号，因为晒伤而出现水泡时，运动员应立即就医。

为了预防皮肤癌，美国皮肤病学会建议所有人使用 SPF 值为 15 或更高的广谱防晒霜。在每天上午 10 点到下午 4 点之间穿着防护衣物，因为这段时间的阳光辐射最猛烈，即便是在阴天也应如此。

第三章思考题　　第三章参考文献

# 第四章

# 临场损伤的评估及处理

【导　　读】

运动防护的核心工作包括预防、评估、急救、治疗、康复。与物理治疗师、作业治疗师等康复技师侧重在医院或治疗室的临床康复工作不同，运动防护师的工作场景除在运动防护室外，大多时候是在运动训练或竞赛的场地。基于在运动场的情景，运动损伤防护技术可以分为临场与场外两大部分。临场主要是指在运动场中与场边进行应急评估与处理，通常有着较为紧迫的时间要求；场外是指在运动防护室或运动医学诊所进行详细检查与治疗，通常有较为充裕的时间、更为完善的设备条件。本章将侧重对检伤分类、临场评估与处理的原则和方法、应急预案的编制与落实这三个部分进行介绍。

【学习目标】

掌握临场评估与处理的原则和方法；熟悉应急预案的编制和落实方法。

【思维导图】

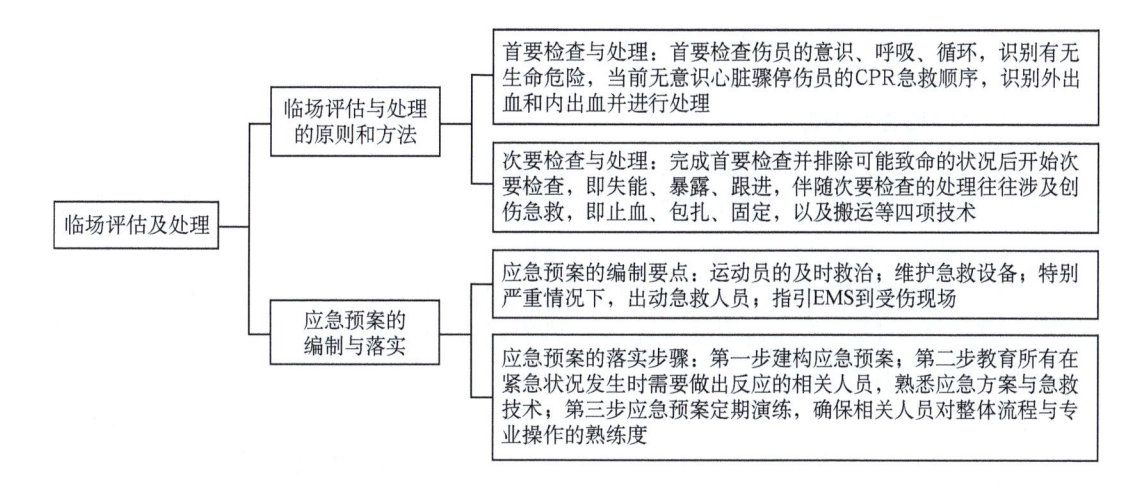

```
                    ┌── 首要检查与处理：首要检查伤员的意识、呼吸、循环，识别有无
                    │    生命危险，当前无意识心脏骤停伤员的CPR急救顺序，识别外出
         临场评估与处理 ─┤    血和内出血并进行处理
         的原则和方法   │
                    └── 次要检查与处理：完成首要检查并排除可能致命的状况后开始次
                         要检查，即失能、暴露、跟进，伴随次要检查的处理往往涉及创
临场评估及处理 ─┤         伤急救，即止血、包扎、固定，以及搬运等四项技术

                    ┌── 应急预案的编制要点：运动员的及时救治；维护急救设备；特别
                    │    严重情况下，出动急救人员；指引EMS到受伤现场
         应急预案的   │
         编制与落实  ─┤
                    └── 应急预案的落实步骤：第一步建构应急预案；第二步教育所有在
                         紧急状况发生时需要做出反应的相关人员，熟悉应急方案与急救
                         技术；第三步应急预案定期演练，确保相关人员对整体流程与专
                         业操作的熟练度
```

## 第一节 临场评估与处理的原则和方法

运动防护的临场评估与处理一般分成预防与应急两部分。前者主要是对于现场环境、设施的评估检查,以及预防性的处置;后者主要是事故后的伤情评定、是否继续参赛的决策,以及配套的应急处理。作为运动防护师必须随时盯着训练场与赛场的状况,这会提供评估的关键信息,减少评估的时间,也利于判断。以下我们将对临场评估与处理的主要方法进行介绍,基本流程可以参考图4-1。在接触伤者前,应该穿戴好医用手套等个人防护设备,避免交叉感染的风险。而且要遵守运动竞赛的规则,听从裁判指示再进入赛场。

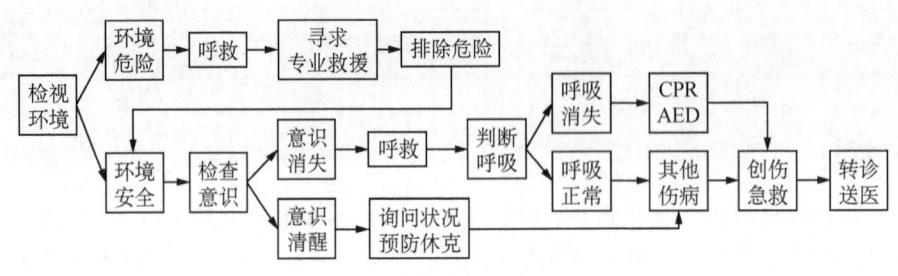

图 4-1 临场急救流程图

依据急救评估的原则,第一步是考虑现场环境是否安全,环境安全才开始对伤者的评估与处理。一般将临场评估分为首要检查与次要检查两部分。

首要检查主要评估是否具有威胁生命的紧急情况,一般检查伤者的生命体征和相关症状。首要检查的目的是尽量找出可能致命的状况和原因,例如发现有呼吸道阻塞或大量出血等。首要检查应正确、迅速地完成,并且立即采取必要措施。

次要检查则是检查其他伤情,主要评估无生命危险的非紧急情况,次要检查要详细、系统,以便对伤病进行正确诊断,选择合适的治疗方法。

可以用"ABCDEF"来记忆:A 是 alert,意识程度;B 是 breath,呼吸状态;C 是 circulation,血液循环;D 是 disable,失能情况;E 是 expose,暴露问题;F 是 follow,跟进处理。其中,ABC 是首要检查,DEF 是次要检查。

### 一、首要检查与处理

首要检查 ABC 包括了美国骨科医学会建议的运动创伤现场检查的四个优先项目:反应、呼吸道、呼吸、大出血。

首先检查伤者的意识,这时可套用"清声痛否(AVPU)"的分类,也就是有意识(alert)、对声音有反应(verbal)、对疼痛有反应(pain)、没有反应(unresponsive)等四类状况。如果没有意识,就必须检查呼吸、循环。

呼吸主要包括两个部分:呼吸与呼吸道,以面部感受是否呼出空气,眼睛观察胸部起伏 5~10 s,并检查呼吸道是否畅通。接着,触诊颈动脉,如果发现心跳也停止,那就要开始心肺复苏（cardiopulmonary resuscitation，CPR），并使用自动体外除颤器（automated external defibrillator，AED）。除了观察有无呼吸，也须留意观察有无呼吸困难、有无异常声音，喘息也表明可能有问题。

循环部分的检查目的在验证心脏和血管的完整性。循环评估应通过观察皮肤的颜色和感受颈动脉脉搏来快速执行，通过观察血液也能快速识别外出血。除了心跳之外，应该关注大出血的状况，严重大出血 1 min 即可造成休克、死亡。皮肤颜色和硬度的变化，以及失血性休克表现都是表明有内出血的迹象。此外，如果运动员在无接触状况下，直接倒地不起，必须考虑心脏骤停等问题，如果有冲撞，那就必须考虑脑震荡、脊柱损伤等问题。千万不要在未保护脊柱时，任意搬动伤者。如伤者呈俯卧姿势，需要翻身检查或进行 CPR 时，也应采取滚木法，妥善地进行翻身。

运动防护师应学习识别伤者有无生命危险，例如运动性卒中、头颈部损伤、运动障碍、心脏骤停、气道阻塞和呼吸停止。如果无人处置，这些情况都可能导致猝死。第一，对于无意识的伤者，首先考虑有无颈髓损伤。在搬运伤者之前，包括有意识的伤者，都要考虑其是否颈部脊髓损伤。第二，伤者可能遭受疲劳性的热应激，应在搬运前实施即刻降温处理。冷水浸泡是首选，也可以使用其他任何降温处理方式。第三，需要知道其是否有贫血特征，并识别下肢痛或腰痛、乏力、呼吸困难或呼吸急促等可能表明有贫血致缺氧症状。要求其立即停止运动，并且接受如吸氧等进阶照护。第四，必须接受有效处理心脏骤停或呼吸问题的培训，包括实施 CPR 和使用 AED，以及清除呼吸道堵塞物并实施人工呼吸等。

外出血在运动中极为常见，但大出血并不多见。无论什么时候有出血或其他体液暴露体外时，应尽可能采取医用手套和护目镜等防护措施，防止血源性疾病的传播。伤口大出血明显的，可以采取正确的急救程序止血，如使用直接压迫止血、抬高患肢、压迫出血点、使用弹力绷带或止血带来控制。在直接压迫止血和抬高患肢都不能停止肢体出血的时候，推荐使用止血带以挽救生命，因此急救培训中应包括止血带的教学。

要检查出内出血往往较为困难，但其极为致命。严重内出血的最早迹象之一是低血容量休克，这是心血管系统内血液量过少引起的。严重内出血的两个重要表现是快速、较弱的脉搏和快速的浅呼吸。皮肤表面状况的改变也可能说明这个问题。皮肤的湿冷，嘴唇和手指甲床颜色发紫，表明发生休克，并立即安排运送到医疗机构。

## 二、次要检查与处理

在完成首要检查并排除可能致命的状况后，应开始次要检查。这个阶段的检查内容虽与生命危险无直接关系，但如果忽略，仍可能有生命危险。

次要检查 DEF，也就是失能、暴露、跟进，跟进的部分与场外检查息息相关。检查失能状况是次要检查的第一要务，如果伤者有意识，就可以直接询问，但要留意其清醒的程度。我们要对其意识状态进一步评估，特别是有疑似头部损伤的情况，一般会以"5W1H 问题"，以及"100 减 7"这类数学题来做测验。"5W1H 问题"具体指：询问伤者是谁？在做什么？什么时间？在哪里？发生什么事？状况如何？此外，还会要求伤者明确指出受伤部位，收集病史的同时也确认伤者意识是否清晰。

除了意识,失能主要关注肌骨关节损伤。如果伤者失去意识,一般从头部开始触诊,向下检查颈椎、躯干、骨盆、下肢,最后检查上肢。过程中,需要注意是否有变形、变色、变硬等可能损伤的状况。再来会考虑暴露身体,扩展检查是否还有其他问题,例如前面提到的内出血。例如左上腹外侧、右上腹、后腰部位的皮肤瘀青、肌肉紧张,可能表示其下的脾脏、肝脏、肾脏挫伤,甚至破裂出血。运动防护师还要跟进处理涉及运动伤害与肌骨损伤的特殊检查等场外检查,同时还要做出包扎、贴扎等后续现场处理以及能否再次上场比赛的评估,或是通报队医、安排转诊等事宜。除此之外,工作还包括现场相关信息的收集整理、病历记录、保险申报。

伴随次要检查的处理往往涉及创伤急救,也就是止血、包扎、固定,以及搬运等四项技术,这些内容在急救培训与认证中都会加以演练与考核。对于运动防护师来说,应掌握运动损伤的基础知识,要有判断威胁生命的重大损伤和轻微损伤的能力。在缺乏医疗人员的情况下,运动防护师必须熟悉应急预案,并能够有效地作为体育医务团队的"第一反应者"来行动。要能为明显的非开放性损伤(扭伤或痉挛)提供应急处理,对开放损伤(割伤,擦伤)进行止血等正确的急救,必要时协助进行骨骼、关节的基本固定。对于运动防护师,我们建议除了一般急救资质外,鼓励其取得应急救援员认证。

首要检查的目的是确定是否存在危及生命的损伤。如果气道无阻塞、呼吸和脉搏正常、未见出血,那么评估的下一步是次要检查。次要检查的目的是针对受伤运动员对首要检查期间未发现的任何其他损伤进行全面评估。为了检查效果,检查必须按应急预案里的顺序方式进行。如果伤处明显,可能会跳过身体检查的某些部分以提供适当的急救。但是,即使在看到明显的伤处之后,还是应尽量完成检查的剩余部分,排除其他状况。典型的例子是篮球运动员抢到一个篮板球后摔倒,如果看到运动员抓住脚踝并且明显很痛苦,正确做法是向运动员确认是否为脚踝受伤,并快速对脚踝进行首要检查,以确定是否有明显的骨折或开放伤口。如果没有这些严重情况,就可以进一步进行次要检查,评估是否继续比赛,或是离场休息。如果继续比赛,可以采取贴扎等方式,帮助运动员加强保护。如果离场可以采用冰敷、加压包扎和抬高来对受伤的脚踝进行应急处理。但若在篮球场出现小腿开放性骨折,那就需要进行止血、包扎、固定,然后才能搬运离场,后送就医。对于现场发生的出血、骨折等损伤,在现场进行出血部位的包扎、骨折部位的固定是很重要的,方便后续的转运。对于急性闭合性软组织损伤,一般可以按照POLICE原则进行处理,有利于减轻疼痛、缓解肿胀、减缓后续康复的时间。POLICE原则具体如下。

P(protect,保护):伤害发生时,第一个处理原则就是保护受伤的部位,将受伤部位固定,以免加重其损伤程度。

OL(optimal load,适当负荷):保持适当的运动负荷,有助于消除肿胀,避免绝对制动带来的肌肉萎缩和关节本体感觉的弱化。

I(ice,冰敷):促使血管收缩,减缓血液循环速率,并减少组织液渗出,控制受伤部位肿胀、疼痛及痉挛的症状。常用的冰敷方式为将碎冰块放入塑料袋或冰敷袋内,并加入少量的水,将袋口系紧后制成简便的冰袋,将冰袋放置在受伤部位的皮肤上或是用湿毛巾包裹冰块后置于伤处。受伤后48h内,每隔2~3小时冰敷一次,每次冰敷时间为15~20 min;冰敷袋每次使用不要超过30 min,以免发生冻伤或神经伤害。

C(compress,加压)：以弹性绷带包扎于受伤部位，进行局部压迫，以减少内部出血与组织液渗出，控制伤害部位肿胀。注意事项：使用弹性绷带做包扎压迫时，要以螺旋状方式平均施加压力，并从肢体远端往近端的方向包扎，当缠绕到受伤部位时可以稍微加点压力；以弹性绷带最大长度的60%～70%即可获得充足的压力，使用绷带时要随时观察伤者的脚趾或手指的皮肤颜色，如果有皮肤变色、刺痛等症状，表示绷带缠绕太紧，应解开绷带重新包扎。

E(elevate,抬高)：将受伤部位抬高于心脏，帮助积聚于受伤部位的组织液回流，避免受伤部位的过度肿胀，可与冰敷、加压同时实施。

要注意伤者的状况，时刻都可能发生改变，因此必须保持随时观察，并做好施救的准备，重点是实施休克的预防与急救。引起休克的原因虽不同，但都存在有效循环血量不足、微循环障碍和不同程度的体液代谢改变。因此，对休克的治疗原则，是尽早去除引起休克的病因，尽快恢复有效循环血量，纠正微循环障碍，增进心脏功能和恢复人体的正常代谢。一般要求尽快控制活动性出血；保持呼吸道通畅；保持病人安静；尽量减少搬动患者；平卧位，头和躯干抬高约20°～30°，下肢抬高15°～20°，以增加回心血量和减轻呼吸负担；保暖，但不加温，以免皮肤血管扩张而影响生命器官的血流量和增加氧耗量；心力衰竭者取半卧位；吸氧。运动中发生休克，应立即启动应急预案、联系紧急医疗系统，针对引发休克的原因如骨折、头颈部严重创伤、脊髓损伤等给予相应的止血、止痛、安抚等处理，意识清醒，可口服补液，如有心脏停搏则应立即实施CPR。

## 第二节 应急预案的编制与落实

运动训练、体育比赛时遭受意外伤害或突发疾病时，实施及时、规范的急救措施，往往可以挽救伤者生命，防止伤势或病情恶化，为后续治疗提供必要的条件。编制应急预案是确保急救措施能有效执行的前提。

### 一、应急预案的编制要点

事故发生后要降低损害，包括启动应急预案（emergency action plan，EAP）与现场急救处理两大部分。应急预案是减轻危机的影响，也就是发生事故后可以提供及时、正确、有效的处理。如无其他意外，现场急救处理应该按照应急预案的脚本有条不紊地进行。应急预案应包括在运动训练、赛会期间提供人员与设备充足的医疗服务。通常，运动员、运动防护师、队医、教练和经理共同组成应对事故的应急团队。

应急预案应包括四项任务：运动员的及时救治；维护急救设备；特别严重的情况下，出动急救人员；指引急救人员到受伤现场。

预案应提前做出以下决定：谁陪同受伤的运动员，谁给急救人员打电话，以及谁将急救设备打开并送到急救的地点？应急团队应提前制定相关信息，如：①提醒急救人员进入现场，必要时给予提示帮助；②提醒队医到现场；③指出现场需要的具体设备。

承办体育赛事或活动的相关人员都必须共同建构、施行、检视应急方案,发生紧急状况时也必须共同承担包含法律责任在内的急救处理的责任。因此方案必须经过行政管理部门和法律顾问的检视。应急方案文件中,除了完整的流程外,还应包括以下的材料:个人与团体在紧急事件中的责任;事后对整个流程的检讨的文件记录;预案演练的文件记录;相关人员训练的文件记录;急救器材与装备维修的文件记录。

美国运动防护师协会提出了关于制定 EAP 的关键因素:

(1) 确定参与的人员,确定执行人员的资格。运动医学专业人员、体育老师和教练都应进行学习使用 AED、CPR 等急救措施和预防疾病传播知识的培训。

(2) 规定紧急情况下所需的各种设备,并标出各急救设备的位置。此外,要保证相关人员经过培训,会使用相关急救设备。

(3) 关于急救医疗服务,在重要比赛中尽可能安排急救人员到场。如果条件限制导致比赛中没有急救人员跟随,则应提供急救电话信息,并让所有工作人员知晓。由于各个部门均有可能会遇到不同状况,所有重要人员都应知道急救电话号码,以及可以打电话的地方,如手机或可用的固定电话。在一些情况下,紧急呼叫装置可以直接传呼急救人员。除通知急救人员外,如果急救人员不能直接进入场地,应急预案也必须确定如何运送伤者到急救车上。

(4) 适用于不同场地。每个运动场所都应该有一个特定的应急预案,应急预案应由单位统一制定。应急预案中应描述每个场地的具体地址,以及从周围各路到运动场地的路线。如果路上有可能阻碍急救的门,还应将门钥匙的位置标记出来。

(5) 能接收伤者的紧急救护场所。在活动和比赛之前,应通知急救中心。如有可能,急救中心的人员应加入到制定应急预案的机构中。

(6) 详细叙述急救预案的实施和评估要求。该文件应该确认急救、急救反应评估和相关人员培训期间各自担负的责任。

(7) 每年进行一次审查和演练,若工作人员变动,则需要更频繁地进行审查和演练。工作人员、急救设施、比赛时间表、急救人员和赛季的变化都可能影响应急预案的效果。年度审查和演练的结果应该记录在案,并且应该说明应急预案有无修改,以及修改内容。

(8) 由管理机构或各单位的行政和法律顾问进行审查。

## 二、应急预案的落实步骤

应急预案的重点在于人与物到位,并且要教育相关人员,明确角色与责任,最后经过演习验证预案可行。由此,落实 EAP 包括 3 个步骤:建构 EAP、教育、演练(图 4-2)。

建构EAP ⟶ 教育 ⟶ 演练

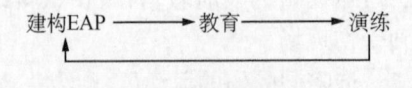

图 4-2 落实应急预案的 3 个步骤

第一步:建构 EAP,首先要和地区性的紧急医疗机构或人员取得联系并共同建立。EAP 必须明确列出紧急事件发生到后送的所有详细流程。不同的场地与场馆必须分别制定专属的 EAP。不同比赛类型所需的 EAP 可能会因为运动装备与该专项常见伤害的不同而有所差异,应突出不同项目特有重大伤害的急救处理,若需特殊急救装备也必须在 EAP 中注明清楚。应急预案最基本的是要准备运动参与者的健康信息与紧急联系信息,健康信息与紧急联系信息可以做成紧急联系卡,在训练或比赛时都随身携带。然后要准备邻近医疗单位的信息,包括电话、地址及提供哪些医疗服务。运动场所应该备有固定电话(座机),贴有明显的场地地址信息、应急联系电话,以及应急流程。此外,急救箱与人工呼吸面罩、球囊,以及 AED 等急救设备应该做好准备与维护。应急方案文件内容需每年重新检视并实际演习一次,以便确认参与人员的相关训练与相关器材装备的维修都达到标准。

在规划时,可采取头脑风暴,在问答中完成方案,形成具体、详细的流程,并经过演练确认,加以验证落实。例如:试着回答以下问题,并形成文字。

(1) 有哪些人员参与其中?责任与分工如何?该具备什么能力?

(2) 紧急处理时需要的装备有哪些?存放在哪?找谁拿钥匙?

(3) 联系与通信系统的工具与方法为何?有没有电?手机或无线电信号好不好?备用方案是什么?

(4) 后送伤者的方式?送到哪里?怎么送?

(5) 什么时候培训?什么时候演练?

特别注意,后送的医院则必须考虑伤害类型和严重程度。另外,活动与赛事前必须事先通知紧急医疗系统比赛与活动的时间,在伤害风险较高的运动项目比赛现场,则必须有救护车在场边待命。

应急预案教育的基本思路是让现场人员解决以下 3 个问题:

(1) 评估:该如何评估现场与伤者?

(2) 紧急通报:该如何启动急救医疗服务系统(Emergency Medical Service System,EMS 或 EMSS)?

(3) 执行:该如何提供急救照护?

每个相关人员应该有应急预案的书面材料,以协助他们了解自己在应急方案中的角色与责任。所有相关人员需要熟悉流程,在紧急状况发生时,进行迅速且正确的反应。应急方案必须打印出来并张贴在场馆中,最好是邻近电话的位置,或醒目的位置,让在现场的参与者都知晓,以备不时之需。

第二步:教育所有在紧急状况发生时需要做出反应的相关人员,包括运动员与教练在内的运动参与者,熟悉应急方案与急救技术,以提供充足的场上急救。不仅要熟悉流程,每个人还必须具备 EAP 的复印本以协助他们了解自己在流程中的角色与责任。EAP 必须打印出来并张贴在场馆中,最好是邻近电话的位置,但现在大家都有手机,所以只要是醒目的位置即可。依国际惯例,体育运动相关专业人员应具备有效的急救资质,持证上岗。同时要提醒,上过课不等于取得急救资质认证。急救训练应包括以下几点:分辨、评估、排序急救的需要;通过使用适当的知识、技术与行为来提供照护;认清局限并于必要时寻求其他的帮助。

到院前的急救技术包括针对呼吸心跳的基础生命支持(basic life support，BLS)，主要是 CPR 和使用 AED，以及处理创伤急救的基础创伤生命支持(basic trauma life support，BTLS)，主要是止血、包扎、固定、搬运四项技术。急救培训应包括：应急评估、呼吸与循环维持、包扎与固定等急救技术，以及轻微运动损伤处理，还有伤患搬运的技术与转诊后送计划。

第三步：应急预案的演练可确保相关人员对整体流程与专业操作的熟练度。为了确保相关人员(包含 AT)对整体流程与专业操作的熟练度，定期的排练相当重要。演练的过程也让运动防护师、教练、运动员有机会与医师、医疗救护员沟通，特别是规范特定操作中的技术与步骤。要明确所有参与组织体育活动的人员必须接受基础急救和心肺复苏训练。除了完成急救技能培训之外，还应接受训练，识别危及生命的情况，并学习导致猝死的因素。由于急救技能可能会遗忘，还应该做一些实践和周期性的模拟急救演练，以验证应急预案的效果。应该定期复习应急方案，必须每年都重新检视并实际演练。建议在每个训练季开始前，都能安排演练时间点，并留下记录。演练的过程如果发现问题，必须详细记录，并及时修正方案。此外，如有修改内容，就需制定新版应急方案。

第四章思考题　　第四章参考文献

# 第五章

# 场外评估及处理的理论和方法

【导　　读】

在上一章中，我们详细介绍了临场的损伤评估及处理的原则和方法，它是在急性损伤后立即进行的，用来排除可能危及生命的损伤，并决定是否立即进行必要的急救、如何将受伤的运动员送出赛场，以及指导如何处理紧急情况的方法。本章将介绍运动防护中场外的评估及处理，在赛场上初步评估及处理后，运动防护师需要在场外进行更详细的损伤评估和处理。

【学习目标】

掌握运动防护中场外评估的原则、方法及处理；掌握运动损伤评估信息的记录。

【思维导图】

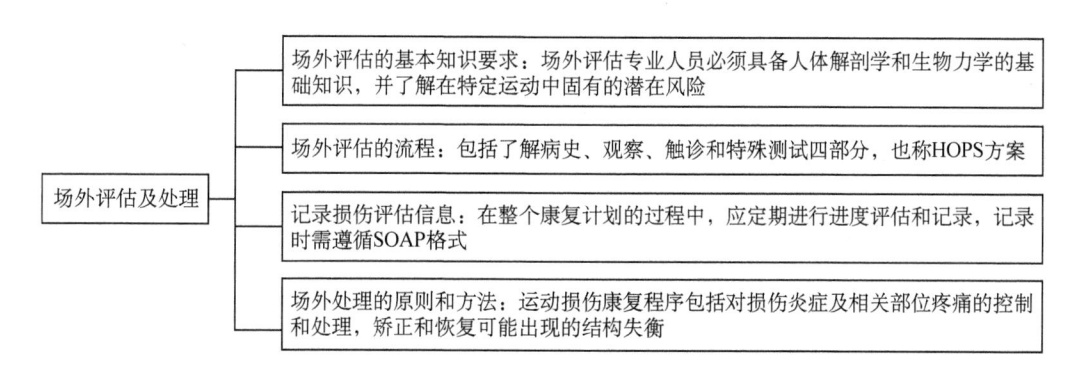

```
                    ┌─ 场外评估的基本知识要求：场外评估专业人员必须具备人体解剖学和生物力学的基
                    │  础知识，并了解在特定运动中固有的潜在风险
                    │
                    ├─ 场外评估的流程：包括了解病史、观察、触诊和特殊测试四部分，也称HOPS方案
  场外评估及处理 ──┤
                    ├─ 记录损伤评估信息：在整个康复计划的过程中，应定期进行进度评估和记录，记录
                    │  时需遵循SOAP格式
                    │
                    └─ 场外处理的原则和方法：运动损伤康复程序包括对损伤炎症及相关部位疼痛的控制
                       和处理，矫正和恢复可能出现的结构失衡
```

## 第一节　场外评估的基本知识要求

损伤评估是运动防护师的一项基本技能。常见的评估情境有以下四种：①赛前损伤风

险评估;②临场损伤评估;③场外损伤评估;④康复治疗过程中定期的进度评估。本节主要介绍场外评估的原则和方法。受伤的运动员从受伤的场地被转移出来后,就需要进行更加详细的二次场外评估。场外评估专业人员必须具备人体解剖学和生物力学的基础知识,并了解在特定运动中固有的潜在风险。

## 一、人体解剖学相关知识

### (一) 体表解剖学

在评估可能存在的损伤时,关键的体表标志可以为检查者提供皮下解剖结构正常或受损的信息。

### (二) 腹部分区

为了有利于描述腹部器官的病变并进行评估、诊断,使用腹部划分象限或区域的方法来定位腹腔内器官或组织的疼痛或异常。通常使用的腹部分区法包括腹部四分区法和腹部九分区法。

### (三) 肌肉骨骼系统解剖学

肌肉骨骼系统损伤的评估人员必须对结构和功能解剖学有深入的了解,包括主要骨骼、肌肉、关节的结构和功能。另外,还需要具备一定的神经解剖学知识,尤其是与运动控制和感觉有关的知识,以及影响浅表和深部疼痛的神经因素。

### (四) 描述身体位置的术语

在评估肌肉骨骼系统时,运动防护师必须使用标准人体解剖学术语将信息准确地传达给其他医疗保障专业人员。

## 二、生物力学相关知识

具备生物力学基础知识是评估肌肉骨骼损伤的基础。生物力学是应用力学原理和方法对生物体中的力学问题定量研究的生物物理学分支。我们应重点关注病理力学,它可能先于损伤发生。病理力学是指结构性身体姿态异常导致身体力线发生错误的现象。病理力学常导致出现过度使用综合征。

## 三、运动损伤专项特点

运动防护师需要了解一项运动是如何进行的,并且熟知该运动对身体各项能力的需求,以及在该项运动中常见的运动损伤机制。了解运动损伤的专项特点,有助于评估人员做出准确的临床判断。

## 四、描述性评估术语

在评估伤情时,运动防护师应使用特定的术语来询问和描述所了解的情况,比如外展、内收、屈曲、伸展等。

在评估伤情时,运动防护师应使用特定的术语来描述和表征所了解的情况。

病因学是指损伤或疾病的原因。在运动医学中,损伤机制一词常与病因学互用。机制是对损伤原因的力学描述。病理是指损伤过程中引起的结构和功能的变化。

在了解损伤原因后,运动防护师会明确症状和体征。症状是指在疾病状态下机体生理功能发生异常时患者的主观感受(即患者向运动防护师或医生所描述的内容),而能被觉察到的客观表现称为体征,是运动防护师或医生进行评估或体格检查时发现的具有诊断意义的征候。在评估后,可以对损伤进行分级。1级、2级或3级分别对应于轻度、中度或重度损伤。

诊断是某种特定疾病的名称。运动防护师必须充分了解患者情况,以确定对其损伤或疾病的诊断。鉴别诊断是一种用于诊断缺乏独特症状或体征的疾病的系统方法。诊断首先猜想最严重的损伤,是一个纳入、排除和按重要性排序各种可能性的过程。按重要性排序是指将可能的损伤按最可能的到最不可能的顺序排列出来。运用鉴别诊断技术,运动防护师首先列出一份可能存在的损伤清单。临床医生可以通过病史采集、观察、触诊和特殊试验检查,纳入或排除一些可能的损伤原因。在收集好所有关于患者病情的信息后,就可以做出预后。预后是对病情发展过程的预测,讨论了疼痛、肿胀或功能丧失的程度,预后也指疾病或损伤的预期结果和完全恢复的预期时间长度。对运动员来说,预后是指"我能重新参加比赛所需的时间"。

后遗症是指疾病或损伤后的状况,是一种由现有疾病或损伤引起的并发症。例如,严重的关节扭伤可能导致骨关节炎。

综合征是指一系列的症状和体征同时存在,共同表明某种特定的损伤或疾病。

## 第二节 场外评估的流程

一旦伤者从最初的损伤地点转移,就会进行更详细的场外评估。这种详细的评估可以在场外进行,也可以在运动训练诊所、急诊室或运动医学诊所内进行。

场外评估的流程包括了解病史(history)、观察(observation)、触诊(palpation)和特殊测试(special tests)四部分,也称 HOPS 方案。HOPS 方案通过收集有关现有损伤或疾病的信息来确定损伤问题。

### 一、了解病史

向运动员详细了解病史是场外评估的关键。在运动员出现损伤后,运动防护师应收集尽可能多的损伤相关信息,为确定损伤性质、制定下一步检查策略提供依据。

在获取病史时,运动防护师应冷静并安抚运动员,对运动员提出开放式问题,让运动员描述损伤相关信息,观察运动员的感受,并记录运动员所说的内容。

(一)主诉

如果运动员意识清醒、说话条理清晰,那么运动防护师应当鼓励运动员详细地描述其损伤情况。

（二）损伤机制

如果运动防护师没有目睹损伤的发生，应尝试让运动员详细描述损伤的机制，如果运动员无法准确描述损伤是如何发生的，应当让场边的教练或其他运动员等观察到损伤发生过程的人进行描述。

（三）损伤位置

运动防护师让运动员只用一根手指对损伤部位进行定位，如果运动员能够指出一个具体的位置，那么说明损伤可能是局部的。如果不能指出确切的部位，则说明损伤可能是全身性的。

（四）疼痛特点

运动员应尽可能准确描述疼痛的特点，包括疼痛的位置、类型、随时间的变化等。

（五）关节稳定性

在损伤发生后，关节稳定性下降可能表明该关节周围肌肉出现松弛，也可能有结构性损伤或病变的出现。

（六）确定损伤的性质

运动防护师应询问运动员症状的持续时间以及症状出现的频率，用来判断损伤性质。

（七）损伤史

在进行场外评估的时候，询问运动员的损伤史是很重要的，其中包括过去是否发生过这样的损伤、损伤时间以及治疗的方法和效果。

## 二、观察

观察通常在采集病史的同时进行。建议具体观察以下内容：

(1) 是否有明显的畸形？
(2) 患者是如何运动的？
(3) 是否有明显的身体不对称现象？
(4) 是否有不自然的凸起或肿块，如发生脱位或骨折？
(5) 是否有不良姿势？
(6) 有无跛行？
(7) 动作是否异常缓慢、生硬和不同步？
(8) 患者是否无法移动身体的某个部分？
(9) 软组织是否出现肿胀或体积减小？
(10) 患者活动时是否有异常的声音，如咯吱声？
(11) 是否有肿胀、发热或发红？

## 三、触诊

运动防护师应该在通过其他评估手段确定了具体的损伤部位后再进行触诊，需要触诊的两个区域分别为骨骼和软组织。运动防护师可以通过触诊评估骨骼和软组织的情况，发现骨骼和软组织存在的异常，如肿胀、肿块、异常间隙、异常的肌肉张力和温度变化等。另外，评估人员在开始触诊时要轻柔，然后逐渐增加压力，触诊通常从远离主诉部位开始，逐渐从远端向近端移动。在询问病史和观察时，不应进行触诊。注意：当怀疑有骨折时，不应移动或施加压力。

### 四、特殊试验检查

特殊试验通常用于证实从评估过程中的病史、观察和触诊部分所获得的信息。

（一）运动评估

运动评估包括主动运动、被动运动、抗阻运动三种运动方式的评估。运动防护师可以通过有选择地对可能产生疼痛的每个结构施加张力，来定位和识别病变。

1. 主动运动范围

运动评估应该从测量主动运动范围（active range of motion，AROM）开始。测试前要确保没有禁忌证。测试主动运动范围时如果出现关节活动度（range of motion，ROM）受限，检查者应继续被动运动该关节，如果被动运动时较容易达到该关节正常运动范围的终点，则提示 AROM 受限。如果患者能够完成全关节活动范围的运动且无疼痛、不适等症状，一般来说不需要进行被动运动范围（passive range of motion，PROM）的测试。

2. 被动运动范围

当测量被动运动范围时，患者处于舒适、放松的体位，运动防护师双手抓握患者肢体，原则上一手固定近端，另一手活动远端，保持力量适度，动作缓慢、均匀，在无痛范围内完成最大限度的关节活动。

在整个被动运动范围测试过程中，运动防护师要发现患者是否有活动受限和疼痛，这可能提示出现软组织挛缩、关节周围组织粘连、关节疾患等病理情况。

3. 抗阻运动测试

徒手肌力测试是运动评估过程中一个不可或缺的部分。徒手肌力测试通过分离单个的肌肉或肌肉群，并施加不同阻力进行全范围的运动测试，对患者抗阻运动的能力进行评估，进而判断软组织的损伤程度。运动防护师可以通过徒手肌力测试分级标准对患者完成抗阻运动的能力进行分级。也可以使用等速运动测试设备客观地测试肌肉力量水平。

4. 测量关节活动范围

测量关节活动度是在康复过程中一个重要的程序，用于测量关节活动度的工具包括量角器、电子量角器、数字式倾斜仪等。

5. 测试附属运动

附属运动指的是关节在自身及其周围组织允许的范围内完成的运动，是维持关节正常活动不可缺少的一种运动。不能主动单独完成，只能被动完成，或伴随生理运动完成。关节的正常运动必须要有正常的附属运动才能进行。关节囊和/或关节周围韧带的紧张会导致附属运动受限。对运动防护师来说，关键是要仔细评估受伤的关节，以确定运动是否因肌肉-肌腱单位的紧张而受限，或因涉及关节囊和韧带的附属运动而受限。

### (二) 神经系统检查

**1. 大脑功能**

大脑功能的测试一般包括评估情感、意识水平、智力表现、情绪状态、思维能力、感觉（视觉、听觉和触觉）和语言能力等。

**2. 小脑功能**

因为小脑控制着有目的的、协调的运动和运动功能，所以可以用手指触摸鼻子、手指触摸检查者的手指、用脚画字母等测试来确定是否有小脑功能障碍。

**3. 脑神经功能**

脑神经功能可以通过评估嗅觉、眼球追踪、模仿面部表情、咬合、平衡、吞咽、伸舌和耸肩的力量来快速测试12条脑神经的功能。

**4. 感觉测试**

感觉是指人脑对直接作用于感受器官的客观事物的个别属性的反应，个别属性包括大小、形状、硬度、气味、声音等。感觉分为躯体感觉和内脏感觉，其中躯体感觉是评估中最重要的部分。躯体感觉由脊髓神经及某些脑神经的皮肤、肌肉分支所传导，分为浅感觉、深感觉和复合感觉。

**5. 反射试验**

反射是指在中枢神经系统的参与下，机体对内外环境刺激所做的规律性应答。通过对反射的评估，可以帮助运动防护师判断患者中枢神经系统的发育和损伤状况，为制定康复计划提供依据。有三种类型的反射：深层腱反射、浅层反射和病理反射。

**6. 牵涉痛**

运动员主诉出现深度、弥漫性疼痛或疼痛区域没有功能障碍的迹象，很可能是牵涉痛。牵涉痛的常见部位分别为关节囊、肌腱、肌肉、韧带和滑囊。

**7. 运动测试**

运动测试是通过评估由特定神经根水平支配的肌肉的力量来测试该神经根的神经功能。本节前面讨论的徒手肌力测试可用于测试上肢和下肢运动神经元的功能。

### (三) 关节稳定性测试

关节稳定性测试提供了有关特定韧带损伤程度的信息，同时可以确定关节功能不稳定的程度。

### (四) 姿势检查

身体姿势是指身体各部分在空间中的相对位置，它可以反映出人体骨骼、肌肉、内脏器官、神经系统等各组织间的力学关系。在场外评估中，运动防护师可以通过观察身体各种姿势，来初步判断患者功能障碍的部位和程度。影响姿势的因素通常有过度使用、神经相关问题、疼痛、肌力不平衡等。

### (五) 体格测量

体格测量是指对人体的整体和各部位的长度、宽度及围度等进行测量。通过测量可以了解因身体发育或伤病而导致的身体形态方面的改变，帮助运动防护师进行功能障碍的判断。

### (六) 功能性测试

功能性测试通常用来确定损伤是否影响患者活动。它也可以用来评估康复计划的进展情况。运动防护师需要基于功能性测试的表现来决定患者何时准备好恢复运动。功能性测试应循序渐进，从最小压力逐步进阶至模拟正常运动情况下的实际压力。功能性测试的主要关注点在于患者是否已经恢复了全面的运动、力量、速度、耐力和神经肌肉控制，并且过程中没有疼痛。常用的功能性测试包括过顶下蹲和单腿下蹲测试、收腹跳测试、功能运动筛查（FMS）和落地错误评分系统（LESS）等。

运动防护师有数百种特殊的评估性诊断测试可供选择。在进行损伤评估时，没有必要使用所有这些测试来确定损伤的诊断。将循证方法作为临床决策过程的一部分是成功实践的关键。运动防护师有两个主要责任：确定损伤的正确诊断；选择正确的治疗方法。运动防护师应该根据患者的损伤史和症状，以及测试在识别损伤方面的可靠性和准确性，选择最合适的测试方法。

### 五、其他检查

在对患者进行医学诊断和确定治疗方法及疗程时，还需要依靠一些其他的诊断测试来辅助做出正确的诊断。这些诊断测试包括X线、关节造影术、关节镜、脊髓造影术、计算机断层扫描、正电子发射断层扫描、骨扫描、DEXA扫描、磁共振成像、超声等。其他检查包括心电图检查、脑电图检查、肌电图检查、滑液分析、血检和尿检等。

## 第三节 记录损伤评估信息

### 一、SOAP 记录格式

SOAP记录格式是用来记录主观和客观评估结果并记录患者当前和未来治疗计划的系统，可以有效地完成损伤的记录。SOAP分别代表主观（subjective）、客观（objective）、评估（assessment）和计划（plan）。SOAP记录格式是记录从现场或临床评估获得的损伤信息的标准格式。此方法记录了患者主诉所提供的信息和评估人员通过观察、触诊及特殊测试所得出的结果。

（一）S（主观）

包括损伤史、运动员的主诉、体征和症状等详细信息。主观评估是其余评估过程的基础。在主观评估期间，运动防护师需要与患者进行有序、连续的提问和对话。除了收集有关损伤的信息外，主观评估还用于在患者和运动防护师之间建立信任。伤病史和症状是主观评估的关键要素。其余评估将侧重于确认从主观评估中获得的信息。

（二）O（客观）

客观评估结果是用于制定治疗计划的可测量或可观察的信息，包括运动防护师通过观察、触诊和特殊测试收集到的损伤相关信息。

（三）A（评估）

对损伤的评估是运动防护师基于所收集到的损伤相关信息做出的专业判断。

### （四）P（计划）

运动防护师应该在该部分写明运动员是否被转诊、治疗或监测，并记录所有的康复程序和治疗目标。康复计划应包括具体的短期目标和长期目标，并且应该为完成这些目标提供指导。

## 二、定期评估和记录

在整个康复计划的过程中，应定期进行进度评估和记录，用来反映康复进度。记录时需遵循 SOAP 格式，记录的信息应包括接受的治疗类型和患者对该治疗的反应、取得的进展、先前治疗计划和目标的变化以及未来几天计划的治疗过程。

# 第四节　场外处理的原则和方法

## 一、运动损伤处理原则

### （一）全面性
全面性体现在进行功能评价、康复方案的设计制订，以及康复手段的具体实施过程中都要全面，不能只针对损伤局部采取措施。

### （二）整体性
整体性是按人体力学结构和解剖结构把人体作为一个整体来看待，而不能只针对局部进行评价和思考康复干预手段。

### （三）个性化
根据每个人的个体差异，因人而异地制订康复方案及实施手段。每个个体都是独一无二的，即使是两个症状完全相同的人，他们问题的根源和所要侧重康复的重点和细节也不是完全相同的，只有做到个性化的运动处方才有更大的实际应用价值和效果，特别是还要考虑到每个人的习惯、生活环境、工作要求等因素。

### （四）主动性康复为主
被动的治疗只是对必要问题的处理，长期的症状改善和预防，以及功能提高都需要主动锻炼。

### （五）以功能锻炼为中心
一切治疗都应该以功能为核心，必须要牢记的理念是"结构决定功能，同时功能影响结构"。

## 二、常用运动损伤治疗技术

物理治疗是运动损伤治疗的主要技术，主要可以分为三大类：运动治疗、手法治疗、物理因子治疗，详细内容将在第七章中进行介绍。

### 三、一般康复程序

运动损伤康复程序包括:对损伤炎症及相关部位疼痛的控制和处理,矫正和恢复可能出现的结构失衡。根据机能检查和评价的结果,发现需要提高的素质,如力量、柔韧性、耐力等,并制订全面的个性化康复运动方案,通过阶段性的康复效果评价,方可重返运动场。根据患者伤病的情况,需要考虑以下几个方面:

(1) 是否需要手法治疗,如果需要,应采取什么手法,具体针对什么问题。

(2) 是否需要物理因子干预(即理疗方式和方法的选择),要明确选择不同理疗手段的依据,使用时采用的剂量、方法和频率等指标,切忌频繁变换理疗手段。

(3) 制订运动处方:运动处方的内容要包含力量、柔韧性及耐力等素质的训练,在训练中,运动的频率(每天或每周几次),每次的运动量和强度,采取什么样的运动方式,使用器械还是徒手以及在锻炼时需要监督和保护的程度等都要充分考虑。运动处方还应包含患者在家中进行自我康复锻炼的家庭作业等。

### 四、重返运动场的标准

建议运动员重返赛场的条件如下:
(1) 没有损伤的症状,并获得医师的书面允许。
(2) 关节活动度完整且不会疼痛。
(3) 恢复完整的肌力、肌耐力与爆发力。
(4) 完成渐进性的功能恢复训练,有返回赛场的心理准备与精神状态。
(5) 完成专项要求的基本动作。

第五章思考题　　第五章参考文献

# 第六章 常用运动损伤急救技术

【导　　读】

在运动场或赛场上，运动者可能会因为激烈的对抗或者过度超负荷而出现心脏骤停、骨折、关节脱位、休克、晕厥等状况，一旦出现这些情况，实施及时有效的急救措施刻不容缓。本章将具体介绍如何有效地进行运动损伤急救？如何转移伤者至安全地带，以及实施急救手段后如何判断施救是否有效？

【学习目标】

掌握常用运动损伤的急救技术；熟悉各类运动损伤急救后的康复方法和注意事项。

【思维导图】

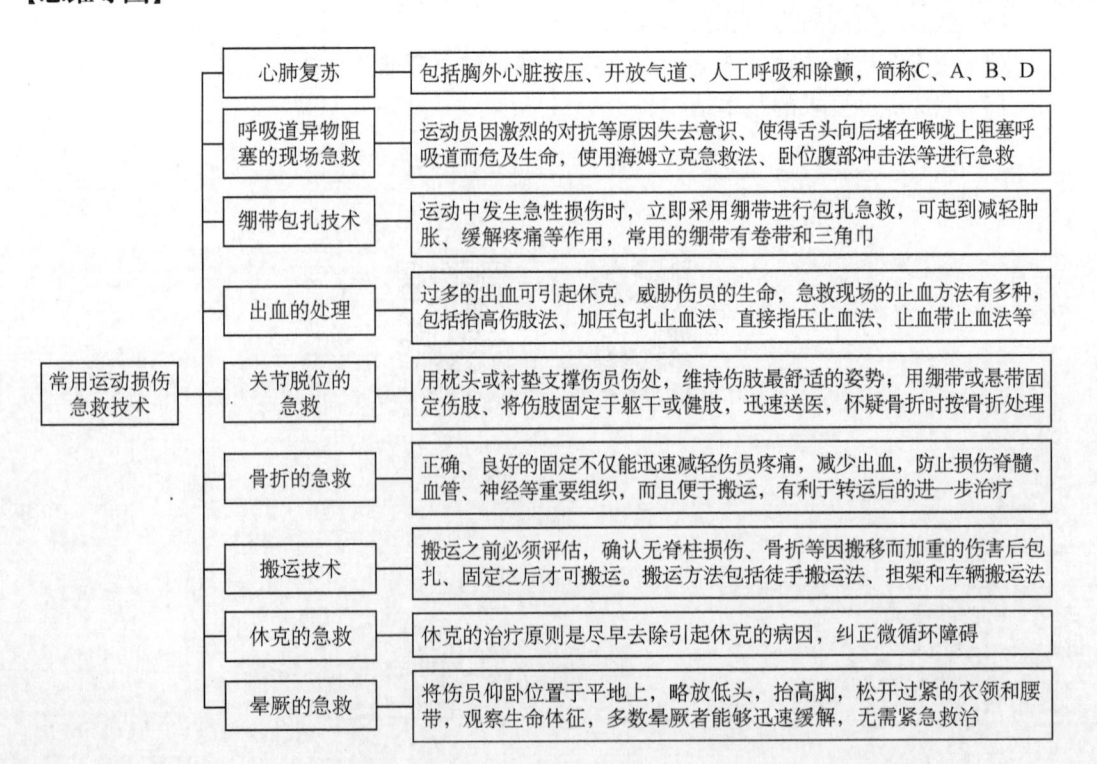

| 常用运动损伤急救技术 | 内容 | 说明 |
| --- | --- | --- |
| 心肺复苏 | 包括胸外心脏按压、开放气道、人工呼吸和除颤，简称C、A、B、D |
| 呼吸道异物阻塞的现场急救 | 运动员因激烈的对抗等原因失去意识，使得舌头向后堵在喉咙上阻塞呼吸道而危及生命，使用海姆立克急救法、卧位腹部冲击法等进行急救 |
| 绷带包扎技术 | 运动中发生急性损伤时，立即采用绷带进行包扎急救，可起到减轻肿胀、缓解疼痛等作用，常用的绷带有卷带和三角巾 |
| 出血的处理 | 过多的出血可引起休克、威胁伤员的生命，急救现场的止血方法有多种，包括抬高伤肢法、加压包扎止血法、直接指压止血法、止血带止血法等 |
| 关节脱位的急救 | 用枕头或衬垫支撑伤员伤处，维持伤肢最舒适的姿势；用绷带或悬带固定伤肢，将伤肢固定于躯干或健肢，迅速送医，怀疑骨折时按骨折处理 |
| 骨折的急救 | 正确、良好的固定不仅能迅速减轻伤员疼痛，减少出血，防止损伤脊髓、血管、神经等重要组织，而且便于搬运，有利于转运后的进一步治疗 |
| 搬运技术 | 搬运之前必须评估，确认无脊柱损伤、骨折等因搬移而加重的伤害后包扎、固定之后才可搬运。搬运方法包括徒手搬运法、担架和车辆搬运法 |
| 休克的急救 | 休克的治疗原则是尽早去除引起休克的病因，纠正微循环障碍 |
| 晕厥的急救 | 将伤员仰卧位置于平地上，略放低头，抬高脚，松开过紧的衣领和腰带，观察生命体征，多数晕厥者能够迅速缓解，无需紧急救治 |

# 第一节 心肺复苏

心肺复苏(CPR)是指当任何原因引起急危重症伤者心跳和呼吸骤停时,在现场徒手维持心跳及呼吸骤停者的人工循环和呼吸的最基本的抢救方法。其目的是保护伤者的脑和心脏等重要脏器,并尽快恢复其自主循环和呼吸功能。

心肺复苏包括四个主要步骤,即胸外心脏按压(circulation)、开放气道(airway)、人工呼吸(breathing)和除颤(defibrillator),简称为 C、A、B、D。实施现场心肺复苏的目的是尽快使伤者的自主呼吸和循环功能恢复。

在实施心肺复苏之前,必须迅速判断伤者的意识、心跳、呼吸是否存在。心跳、呼吸骤停的主要指征是意识丧失、颈动脉搏动消失、呼吸停止、瞳孔散大。心跳、呼吸骤停可由疾病突发或意外事故,如心肌梗死、溺水、外伤、触电、气道阻塞及中毒等原因所致。当确定伤者的心跳、呼吸停止时,应立即呼救和进行现场心肺复苏。

### 一、心肺复苏的意义和作用

心肺复苏适用于抢救各种原因引起的猝死者,即突然发生心跳和(或)呼吸骤停的伤者。心脏一旦停搏,血液循环停止,体内储存的氧在 4～6 min 内即耗竭。当呼吸首先停止时,心脏尚能排血数分钟,肺和血液中储存的氧可继续循环于脑和其他重要器官。因此,对呼吸停止或气道阻塞的伤者及时进行抢救,可以预防心脏停搏。越早开始实施心肺复苏,复苏的成功率就会越高。

### 二、胸外心脏按压

(一)现场检查

胸外心脏按压是通过按压胸骨下段而间接压迫心脏,使血液流入大动脉,建立有效的循环,为心脏自主节律的恢复创造条件。

1. 判断意识

发现昏迷倒地的伤者后,应首先判断伤者是否有意识丧失,轻拍伤者的肩部并高声呼叫:"先生/女士,你怎么啦?"若无反应,即可做出意识丧失的判断。此时可立即向周围呼救,并拨打 120 急救电话。

2. 观察现场

观察现场条件是否可以安全等到急救人员赶到,如果没有就需要移动到安全地方。

3. 体位调整

为使复苏有效,必须使伤者仰卧平躺在坚实的平面上(背靠坚硬地板或垫硬板,头不要靠枕头),解开其衣领及裤带。如果伤者俯卧或侧卧,则应立即使其翻转成仰卧体位。搬动伤者应整体搬动或整体翻转,特别是对怀疑有颈椎外伤者,应防止颈部扭曲。

（1）翻身

抢救者首先跪在伤者一侧的肩、颈部，将其双上肢向头部方向伸直，然后将伤者远离抢救者一侧的小腿放在另一侧小腿上，两腿交叉，用一只手托住伤者的后头颈部，另一只手抓住其肩部，肘部顶住其胯部，使头、颈、肩和躯干呈一个整体，同时翻转成仰卧位。最后将其双上肢放回身体两侧。

（2）抢救者的位置

单人抢救时，抢救者跪于伤者肩部位置，两腿自然分开，与肩同宽，两只膝盖分别位于伤者的颈部和胸部位置，这样有利于进行吹气和按压，而不用来回移动膝部。双人抢救时，两人相对，一人跪于伤者头部水平，负责人工呼吸，另一人跪于伤者胸部水平，负责胸外心脏按压。

4. 检查脉搏

抢救者一手的食指及中指指尖轻轻触及气管正中部位（男子可先触及喉结），然后向旁边滑移2~3 cm，在气管旁软组织处（相当于气管和胸锁乳突肌之间）轻轻触摸颈动脉搏动，此过程应在10 s内完成。若无脉搏跳动，即可判断没有脉搏。经过上述两步，即可以判断伤者心脏骤停。此时，应立即实施胸外心脏按压。

（二）实施胸外心脏按压

人体胸廓有一定的弹性，按压胸骨使胸廓变扁，胸腔内压增加，间接压迫心脏。此时心室受压，引起心室内压力增加和二尖瓣及三尖瓣关闭，同时主动脉瓣和肺动脉瓣开放，使血液流向肺动脉和主动脉，从而建立起人工血液循环。

1. 确定按压位置

取两乳头连线中点作为按压点。也可以用触摸颈总动脉那只手的无名指按压胸骨剑突，将食指与中指并拢，定位于肋弓角顶端之上。将另一只手的掌根从前额移至平放并紧靠在前一只手的食指旁，即胸骨的中1/3与下1/3段的交界处，使手掌根的长轴与胸骨的长轴重合，以保证按压的力量在胸骨上，避免造成肋骨骨折。然后将定位手的掌根放在另一手的手背上，使两手掌根重叠，十指相扣，手心翘起离开胸壁，保持下压力量集中于胸骨上。

2. 用力方法

抢救者的上半身前倾，两肩位于双手的正上方，两臂位于被救者胸骨正上方，双肘关节伸直，两臂与伤者垂直成90°角，以髋关节作为支点，利用上身重量垂直下压，按压深度5~6 cm，而后迅速放松，使伤者的胸部自行复位。但放松时手掌根不可离开胸壁，以免因位置改变而使按压无效或造成骨折损伤。如此反复，按压与放松时间要求大致相等，按压频率为100~120次/分（图6-2）。

3. 注意事项

（1）判断有无脉搏：判断有无脉搏时，应触摸一侧颈动脉，触摸颈动脉不能用力过大，以免颈动脉受压妨碍头部供血，检查时间不能超过10 s。

（2）按压部位：实施胸外心脏按压时，按压部位是胸骨中下1/3的交界处（不可压迫剑突）；手指不应压在胸壁上，否则易造成肋骨骨折。

（3）用力方式：胸外心脏按压时用力要平稳，要有规律地进行，不可忽快忽慢，禁止做

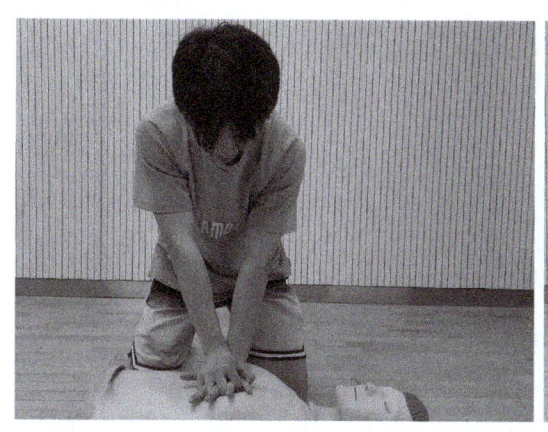

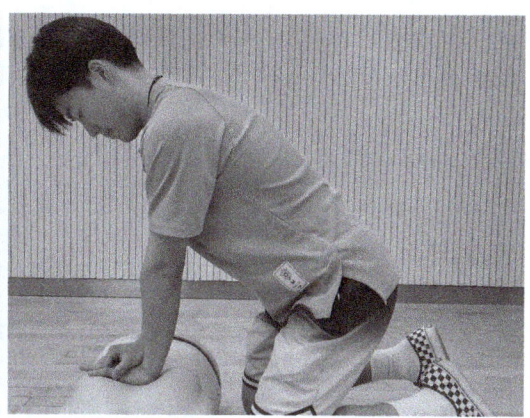

图 6-2 胸外心脏按压

冲击式按压。

（4）掌根紧贴：按压放松时手掌根部不可离开胸壁。

（5）按压深度：成人每次按压的深度 5～6 cm，按压频率 100～120 次/分，按压与放松的时间大致相同，每次按压后应保证胸壁充分回弹。应尽可能减少按压的中断，如果不得不中断按压，则尽可能将中断控制在 10 s 以内。

## 三、人工呼吸

人工呼吸是借助人工方法进行的一种被动呼吸，由此来维持气体交换，以改善机体的缺氧状况，并排出二氧化碳，为重新恢复自主呼吸创造条件。在损伤现场，常用的是口对口人工呼吸。

（一）口对口人工呼吸的方法

1. 打开气道

实施人工呼吸之前首先要畅通呼吸道，常采用仰头抬颏法。伤者仰卧位，松开其衣领、腰带、胸腹部衣服，抢救者一只手置于伤者的前额，用力下压，使其头部后仰，另一只手的食指与中指置于下颌骨近下颌角处，抬起下颌，保持呼吸道畅通。

2. 清除口腔内的异物和分泌物

首先将伤者的头轻轻偏向一侧，然后用纱布将伤者口腔内的异物和分泌物及时清除。

3. 检查呼吸

抢救者可将耳贴近伤者的口和鼻，并观察伤者的胸腹部，通过"一看二听三感觉"的方法来判断呼吸是否存在。一看伤者胸部或上腹部是否有呼吸起伏，二听伤者口鼻有无呼吸声，三感觉有无气体吹拂面颊部。检查时间不能超过 10 s（可在检查脉搏的同时进行）。如果都无反应，则可以判断伤者已无自主呼吸。此时，应立即实施口对口人工呼吸。

4. 吹气

抢救者正常呼吸，用置于伤者前额手的拇指与食指捏住伤者的鼻翼，将鼻孔捏闭，然后抢救者用口唇罩住伤者的口唇部（如有条件，可使用保护隔膜或纸巾、毛巾），将气吹入伤者口中。

5. 呼气

吹气完毕后，抢救者将口移开，放开鼻孔让伤者呼气。然后再按上述步骤进行下一次吹气，如此反复操作。

6. 吹气频率

胸外按压结束后，吹气2次，每次吹气量约500~600 mL。

7. 吹气时间

抢救者每次吹气时间应持续1 s，吹气时应同时观察伤者胸廓有无起伏，有起伏表明人工呼吸有效。

（二）实施人工呼吸的注意事项

1. 避免额外伤害

注意手指不要压迫颌下软组织，以防呼吸道受压；此外也应注意手指不要压迫下颌，否则易使口腔闭合而影响人工呼吸的操作。

2. 频率和吹气量

实施口对口人工呼吸时，应注意每次吹气不要太快、吹气量不要过大，以免引起胃胀气导致膈肌上抬，使肺的顺应性下降，或引起胃内容物反流而造成误吸。此外，实施口对口人工呼吸过程中应注意保持伤者的呼吸道畅通。

## 四、心肺复苏的实施和评价

（一）单人和双人心肺复苏方法

1. 单人心肺复苏

如果现场只有1名抢救者，遵循上述步骤，先进行30次胸外心脏按压，然后再进行2次口对口人工呼吸，即按压和吹气频率的比例是30∶2。抢救者在做胸外心脏按压时应唱数(1001、1002、1003、1004……1030)。如此反复进行，直至专业医务人员赶到或伤者恢复心跳和自主呼吸。

2. 双人心肺复苏

如果现场有2名抢救者，遵循上述步骤，1名抢救者进行胸外心脏按压，另1名抢救者进行口对口人工呼吸，按压与吹气频率的比例也是30∶2。抢救者在做胸外心脏按压时应唱数(1001、1002、1003、1004……1030)，30次胸外心脏按压一结束，另一名抢救者即进行2次口对口人工呼吸。每个周期为5组(30∶2，重复5次)，时间大约为2 min，2名抢救者每2 min交换一次职责，避免因疲劳而降低按压质量。如此反复进行，直至专业医务人员赶到或伤者恢复心跳和自主呼吸。

（二）现场心肺复苏有效的指征

现场心肺复苏是否有效，是否需要继续进行心肺复苏，应根据以下指征来判断：①伤者面色、口唇、皮肤、指甲床等颜色转为红润；②颈动脉搏动恢复；③扩大的瞳孔逐渐缩小；④呼吸改善或出现自主呼吸；⑤意识逐渐恢复，有眼球活动。

当伤者出现明显的生命体征，如恢复心跳和自主呼吸，收缩压在 90 mmHg（1 mmHg＝0.133 kPa）以上，心率在 60~100 次/分之间等，或有专业医务人员赶到现场时，抢救者可停止心肺复苏，转交给专业医务人员继续进行。

### 五、早期心脏除颤

维持全身血液循环的主要动力来自心脏有规律地收缩、舒张。心脏舒张时，血液汇集至心脏；心脏收缩时，血液被挤向动脉并流至全身。有研究资料表明，无论是心源性猝死还是其他原因造成循环骤停，心脏在心搏骤停前几乎都陷入心室纤维性颤动（简称心室纤颤或室颤）状态。

（一）心室纤维性颤动

心室纤颤时，心肌缺乏步调一致的收缩能力，处于杂乱无章的蠕动状态，因而心脏失去了排出血液、维持循环的能力，使得血液循环中断，这个过程大约持续数分钟至 10 min。研究表明，去除心室纤颤是抢救猝死成败的关键，这种抢救方法被称为心脏除颤。

（二）心脏除颤

1. 胸外心脏叩击法

当确认伤者脉搏停止，心脏出现心室纤颤、心脏停搏状态时，抢救者应毫不犹豫地采用胸外心脏叩击法除颤。从机制上讲，每次心前区捶击的机械能可转化为微弱的电能，这种电能对于心肌刚刚发生的心律失常有一种消除作用，从而达到使心脏恢复跳动的作用。叩击方法：抢救者握一空心拳头，在伤者胸骨中段和下段交界处距胸壁 25 cm 左右的高度向下叩击两次。然后检查伤者颈总动脉的搏动情况。如果颈总动脉搏动未恢复，则按照上述方法重复叩击两次。如仍无效，则应放弃叩击，立即改用胸外心脏按压。

2. 自动体外除颤器

自动体外除颤器（AED）又称自动体外心脏除颤器，是一种便携式、易于操作、稍加培训即能熟练使用的专为现场急救设计的急救设备，可在患者出现心室颤动、无脉性室性心动过速或者脉搏停止时使用。机器本身会自动判读心电图，然后决定是否需要电击。全自动机型甚至只需要施救者替伤者贴上电击贴片，它即可自己判断并产生电击。半自动机型则会出现语音及文字提醒施救者按下电击钮。自动体外除颤器通常配置在有大量人群聚集的地方，如购物中心、机场、车站、饭店、体育馆、学校等处及紧急医疗服务点。其使用步骤为：

（1）开启 AED，依据语音和文字提示操作。

（2）在伤者胸部紧密地贴上电极。将两块电极板分别贴在右胸上部锁骨下方和左胸乳头下方胸壁外侧，具体位置可以参考 AED 机壳上的图样和电极板上的图片说明。

（3）将电极板插头插入 AED 主机插孔。

（4）开始分析心律，在必要时除颤。按下"分析"键（有些型号在插入电极板后会发出语音提示,并自动开始分析心律,在此过程中请不要接触被救者,即使是轻微的触动都有可能影响AED的分析),AED将开始分析心律。分析完毕,AED会发出是否进行除颤的建议。当有除颤指征时,不要与伤者接触,同时告诉附近的其他任何人远离伤者,由操作者按下放电键除颤。

(5) 除颤结束后,AED会再次分析心律。如未恢复有效灌注心律,操作者应进行5个周期CPR,然后再次分析心律、除颤、CPR,如此反复直至医务人员到来。

## 第二节　呼吸道异物阻塞的现场急救

呼吸道异物阻塞可发生于任何年龄段,多见于5岁以下儿童和老年人,成人偶见。如果救治不及时,患者易出现窒息、昏迷,甚至死亡。在激烈的体育运动中,运动员可能会因激烈的对抗、过度超负荷或其他原因失去意识,身体无反应使得舌头向后堵在喉咙上而阻塞呼吸道。此时,运动员很可能出现生命危险。

### 一、海姆立克急救法

海姆立克急救法又称海姆立克腹部冲击法,用于治疗由异物引起的上气道阻塞。该急救法是在1974年由海姆立克博士引入的一种急救完全性气道阻塞的方法。其原理为通过快速向上推动胸腔下方即上腹部,挤压肺内空气,使食管中的异物排出,使用合理时效果很好。

如果伤者无法咳嗽并且有明显的喘鸣音,则应立即问他:"你能说话吗?"如果伤者摇头或只是用手捂住颈部,运动防护师应该立即采用海姆立克急救法进行急救。

1. 操作流程

运动防护师站在伤者身后,将脚放在伤者的两脚之间。手臂从伤者的腋下向前抱住其腰部,位置在肚脐的上方。一手握拳,拇指和食指的位置在伤者肚脐的上方,另外一只手握拳,用力向上向内挤压腹部。

2. 注意事项

不要将拳头位置放得太高而压到胸骨下端,可能会导致胸骨骨折或内伤;如果伤者可以说话或咳嗽了,停止进行海姆立克手法,并鼓励伤者说话或咳嗽。否则,继续进行海姆立克手法,直到异物被挤出,通常进行5次即可;如果伤者怀孕,可以在胸骨部位进行推动动作。

### 二、卧位腹部冲击法

伤者仰卧,运动防护师分开两腿跪下,把伤者夹在两腿中间,用两手掌根重叠于腹中线脐上两横指处,向上、向后有节奏地冲击伤者的腹部;或将伤者放在抢救者的半跪大腿上,拍打其背部。一旦异物被迫排至口中,就立即将之取出(图6-3)。

## 三、自救

误吸异物后只有吸入者一个人在场时,用椅子背、桌子角或栏杆突出部位抵压上腹部,促使异物吐出(图6-4)。

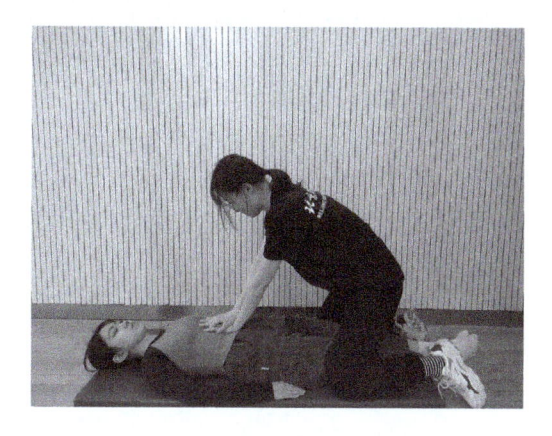

图6-3 卧位腹部冲击法

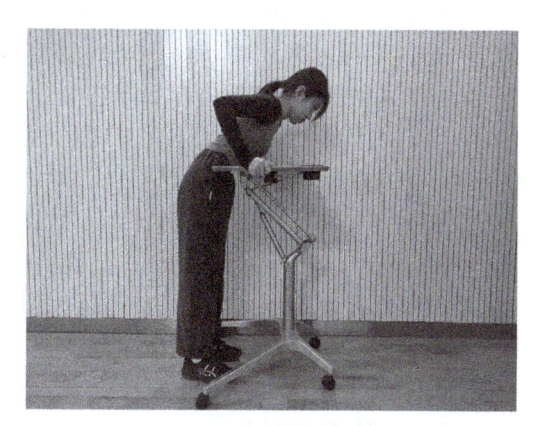

图6-4 自救法

## 第三节 绷带包扎技术

运动中发生急性损伤时,立即采用绷带进行包扎急救,可起到保护伤口、压迫止血、限制肿胀加剧、缓解疼痛、固定受伤部位等作用。常用的包扎工具有卷带和三角巾,现场还可用毛巾、头巾、衣物等代替。主要用于固定敷料,限制肢体活动和包扎伤口。

### 一、绷带包扎的注意事项

(1) 应使伤者处于舒适体位,包扎动作应熟练、柔和,不要触碰伤口,并且尽可能不要改变伤肢的位置,以免增加伤者痛苦。
(2) 包扎的松紧度要合适,过松将失去包扎的作用,过紧会影响血液循环。
(3) 在包扎四肢时,应露出手指或脚趾观察血液循环情况,帮助判断松紧度。
(4) 卷带包扎一般应从伤处远心端开始,近心端结束,末端用橡皮膏或别针固定,如需打结固定,打结处避开伤口。

### 二、卷带包扎法

(1) 环形包扎法:适用于包扎粗细均匀的部位,如额部、手腕和小腿下部,以及其他卷带包扎法的开始与结束。包扎时张开卷带,将带头斜放在包扎处,用一手拇指压住,在卷带环绕肢体包扎一圈后,再将带头斜放的小角反折过来,然后继续环绕包扎,以后一圈覆盖前一圈,包扎3~4圈即可,最后将带头固定。

(2) 螺旋形包扎法:适用于包扎肢体粗细差不多的部位,如上臂、大腿下段。包扎时以环形包扎法开始,然后将卷带斜行向上缠绕,后一圈盖住前一圈1/2~2/3,将伤处完全包住,最后以环形包扎法结束。

(3) 转折形包扎法:又叫反折螺旋形包扎法,适用于包括粗细差别较大的部位,如前臂、小腿和大腿上段。包扎时以环形包扎法开始,将卷带斜行向上时用一手拇指压住卷带将其上缘反折约45°,并压住前一圈的1/2~2/3,每圈的转折线应互相平行。

(4) 8字形包扎法:适用于关节部位的包扎,通常有以下两种方法。第一种,从关节中心开始:包扎时先以环形包扎法在关节中央开始,然后将卷带斜行缠绕,一圈绕关节的上方,另一圈绕关节下方做8字形缠绕,两圈在关节的凹面交叉,反复进行,并逐渐远离关节,每一圈仍然压住前一圈的1/2~2/3,最后在关节的上方或下方以环形包扎法结束。第二种,从关节下方开始:包扎时先以环形包扎法在关节下方开始,然后卷带由下而上、再由上而下来回作"8"字形缠绕,并逐渐靠拢关节,最后在关节上方以环形包扎法结束。

### 三、三角巾包扎法

三角巾一般有两种大小,用1 m见方的白布对角剪开为大三角巾,小三角巾是大三角巾的一半。三角巾以三角形命名,90°角为顶角,其他两个角为底角。三角巾的大小可根据需要选定。常用的三角巾包扎法如下。

1. 前臂悬挂法

(1) 大悬臂带:包扎时将肘关节屈曲90°置于三角巾中央,顶角向外,一底角置于健侧肩上,一底角置于肘下,然后将下底角上折,包住伤肢前臂,在颈后与上底角打结。最后将肘后的顶角向前折,用橡皮膏或别针固定。此法适用于除锁骨骨折和肱骨骨折之外的各种上肢损伤(图6-5)。

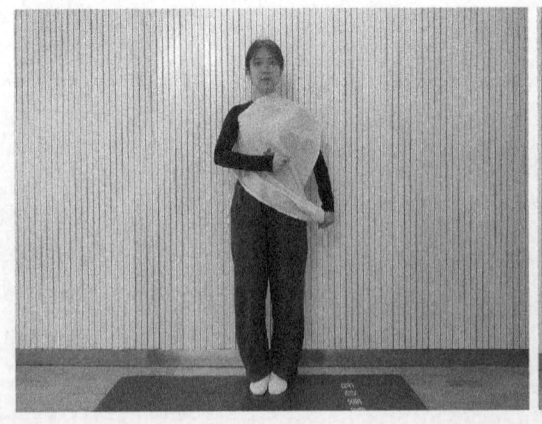

图6-5 大悬臂带

(2) 小悬臂带：包扎时将三角巾叠成四指宽的宽带，中央放在伤肢前臂的下 1/3 处，两端在颈后打结。此法适用于锁骨和肱骨骨折（图 6-6）。

图 6-6　小悬臂带

2. 手部包扎法

包扎时将三角巾平铺，将伤者手掌向下平放于三角巾中央，指尖对向顶角，腕掌关节与底边平齐，先将三角巾顶角向上反折朝向肘部，然后将两底角于手背交叉压住顶角，绕至腕掌面交叉后再绕至腕背面打结。此法适用于手外伤。

3. 足部包扎法

将足平放于三角巾中央，脚趾对向顶角，先将三角巾顶角向上反折朝向踝部盖于足背上，然后将两底角拉向足背，左右交叉压住顶角，绕至踝关节后方交叉后再绕至踝关节前方打结。此法适用于足外伤。

## 第四节　出血的处理

正常情况下，血液只存在于心脏、血管内，如果血液从血管或心腔内流出到组织间隙、体腔或体表，称为出血。出血在运动损伤中较为常见，过多的出血可引起休克，直接威胁伤者的生命。

失血速度和失血量是影响伤者健康和生命的重要因素。突然失血占全身血容量的 20%（约 800 mL）以上可造成轻度休克，伤者脉搏增快达到每分钟 100 次以上；失血 20%～40%（800～1 600 mL）可造成中度休克，伤者脉搏达每分钟 120 次以上；失血 40%（1 600 mL）以上可造成重度休克，伤者脉搏细弱、触摸不清，随时可能危及生命。

### 一、分类

(一) 根据损伤血管的种类分类

动脉出血：动脉血管损伤导致的出血，表现为血液像喷泉样流出不止，血色鲜红，出血量大，出血速度快，危险性大，常因失血过多引起休克而危及生命。

静脉出血：静脉血管损伤导致的出血，表现为血液缓慢不断流出，血色暗红，出血量较大，出血方式为流水般不断流出，危险性小于动脉出血，但大静脉出血也会引起致命的后果。

毛细血管出血：毛细血管损伤引起的出血，表现为血液从伤口渗出，血色鲜红，出血常可自行凝固成血痂，基本没有危险。

临床上所见的出血多为混合型出血，单纯的动脉、静脉出血较为少见。

（二）根据受伤出血的流向分类

外出血：体表有伤口，血液从伤口流到身体外面，这种出血容易被发现。

内出血：体表没有伤口，血液不是流到体外，而是流向组织间隙（皮下肌肉组织），形成瘀血或血肿；流向体腔（腹腔、胸腔、关节腔等）和管腔（胃肠道、呼吸道）形成积血。由于内出血不易发现，容易发展呈大出血，故危险性更大。

（三）根据血管损伤程度分类

小血管损伤出血：位于体表或肢端的表浅伤口，仅损伤小血管和毛细血管，出血速度慢，出血量小。损伤的小血管会很快回缩，并通过自身凝血机制形成血栓而自行凝血。这类出血只需包扎伤口即可达到止血目的。

中等血管损伤出血：较深、较大的伤口，肌肉断裂、碾挫，长骨干骨折，肢体离断等都会损伤中等动脉，导致活动性出血，出血较多，伤者可出现休克。如果救护及时，一般不危及生命。采用指压法、加压包扎止血法可达到止血的目的，必要时可用止血带。

大血管断裂出血：颈动脉、股动脉、腋动脉断裂出血呈喷射状，肝脾破裂、骨盆骨折时出血量均很大。短期内伤者可出现休克，甚至死亡。大血管损伤时，迅速、有效的止血是挽救伤者生命的关键。在对伤者进行现场急救的同时，要拨打120急救电话，并特别说明伤势。

## 二、判断要点

外出血容易被发现，而内出血从外部很难发觉。无论是外出血还是内出血，失血量较多时，伤者均会出现出血性休克的表现，例如面色苍白、口渴、冷汗淋漓、手足发凉、软弱无力、呼吸急迫、心慌气短、脉搏快而弱乃至触摸不清、血压下降、表情冷漠，甚至意识不清。

## 三、止血法

止血方法包括冷敷法、抬高伤肢法、加压包扎止血法、直接指压止血法、间接指压止血法、填塞止血法、止血带止血法、加垫屈肢止血法。

根据不同损伤情况选择不同的止血方法，可选用一种，也可以把几种止血法结合在一起，以达到最快、最有效、最安全的止血目的。止血操作注意事项如下：①尽可能戴上医用手套，如无医用手套，可用敷料、干净布片、塑料袋、餐巾纸作为隔离层；②如果必须用裸露的手处理伤口，在处理完成后，要用肥皂水清洗手，然后用消毒剂消毒；③脱去或剪开伤者的衣服，暴露伤口，检查出血部位；④根据伤口出血的部位与出血量的多少，采用不同的止血方法止血。在大血管损伤时，通常将多种方法结合使用；⑤在万不得已的情况下才可使用止血带;⑥肢体出血时,应将受伤处抬高至超过心脏的高度;⑦不要去除被血液浸透的敷料,而应在其上另加敷料,并保持压力;⑧不要对嵌有异物或骨折断端外露的伤口直接压迫止血;⑨内出血中的体腔出血,如肝脾破裂或血胸多有严重的休克,应立即送往医院处理;⑩临床上常用检查红细胞、血红蛋白以及血细胞压积的方法诊断。一旦发生严重休克,需要及时输血及手术治疗。

(一)冷敷法

冷敷可使血管收缩、减少局部充血,降低组织温度,抑制神经感觉,因而有止血、止痛、防肿的作用。冷敷法常用于急性闭合性软组织损伤,伤后立即使用。冷敷一般用冷水或者冰袋敷于损伤局部,常与加压包扎和抬高伤肢法同时应用,效果会更好。

(二)抬高伤肢法

抬高伤肢法用于四肢出血,通常将伤处抬高于心脏15°～20°左右,使出血部位血压降低,血流量减少,达到减少出血量的目的。此法适用于四肢小静脉或毛细血管出血的止血,常在绷带加压包扎后使用,在其他情况下仅为一种辅助方法。

(三)加压包扎止血法

该法适用于全身各部位的小动脉、静脉、毛细血管出血。用敷料或其他洁净的毛巾、手绢、三角巾等覆盖伤口,加压包扎,达到止血的目的。操作要点如下:①伤者取卧位,抬高伤肢(骨折除外);②检查伤口有无异物;③如无异物,用敷料覆盖伤口,敷料边缘要超过伤口边缘至少3 cm,如果敷料已被血液浸湿,就在被浸湿的敷料上加敷一块敷料;④施加压力直接压迫出血部位,用绷带、三角巾等进行包扎;⑤伤口处如果有异物,如扎入身体导致外伤出血的剪刀、小刀、玻璃片等,应保留异物,并在伤口边缘将异物固定;⑥用绷带加压包扎。

(四)直接指压止血法

用指腹直接压迫出血动脉的近心端,为了避免感染,宜用消毒布料、清洁的手帕或清洁纸巾盖在伤口外,再进行指压止血。

(五)间接指压止血法

间接指压止血法又叫止血点止血法,是止血方法中最重要、最有效且极简单的方法。除大动脉破裂外,在出血点上直接加压可使血管闭塞,产生防御性血栓或血块。压迫时用手指把身体浅部的动脉压在相应的骨面上,阻断血液的来源,可暂时止住该动脉供血部位的出血,适用于动脉出血,但只能临时止血。根据全身动脉的走行分布,在体表有一些动脉搏动点,即为压迫止血点。

操作注意事项如下:①准确掌握动脉压迫点;②压迫力度要适中,以伤口不出血为准;③该法仅用于短时急救止血;④保持伤处肢体抬高。

1. 颞浅动脉压迫点

头顶部及前额出血时,可在同侧耳前对准耳屏上前方1.5 cm处用拇指压迫颞浅动脉止血。头皮血管丰富,损伤后出血多,不易止血,可同时用纱布压在伤口上,用绷带、三角巾进行包扎(图6-7)。

2. 枕动脉压迫点

头部后面出血时,应压迫同侧枕动脉,压迫点位于耳朵后面乳突附近的动脉搏动处。

3. 面动脉压迫点

面部出血时,可压迫同侧面动脉。压迫点位于下颌角前面半寸的凹陷处,须用手指正对下颌骨压迫面动脉(图6-8)。

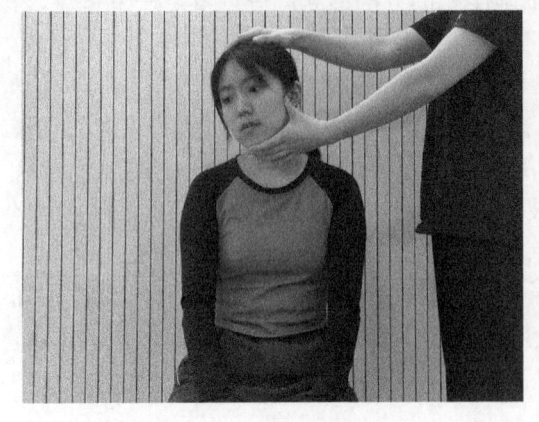

图6-7 颞浅动脉压迫点　　　　　　图6-8 面动脉压迫点

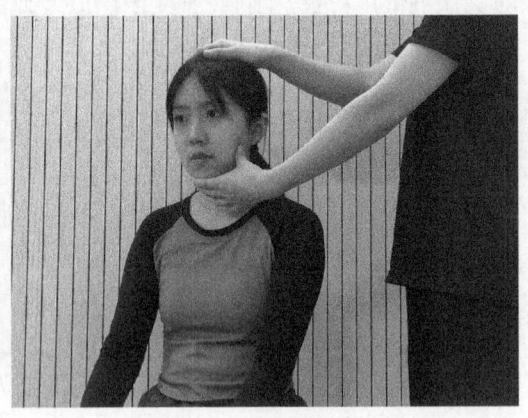

4. 颈总动脉压迫点

颈动脉损伤出血时,首先用指压同侧颈总动脉止血,用大拇指压迫出血的近心端,向中间的颈椎横突压迫,并迅速拨打急救电话。如果转运时间较长,可用无菌纱布填塞伤口,或用大块干净布料或多条三角巾卷成团,压在出血部位,使伤者头部向出血侧侧屈,同侧上臂抬高,压迫颈部,用绷带或三角巾等经头及上臂缠绕固定。但绝对禁止同时压迫两侧颈总动脉,以免引起大脑缺氧而昏迷(图6-9)。

5. 锁骨下动脉压迫点

腋部和上臂出血时,可压迫锁骨下动脉,压迫点在锁骨上方、胸锁乳突肌外缘,用手指向后方第一肋骨压迫(图6-10)。

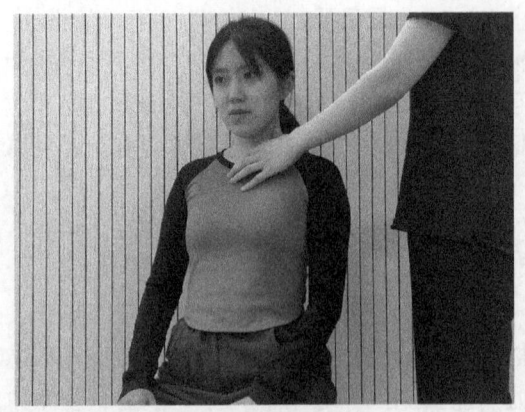

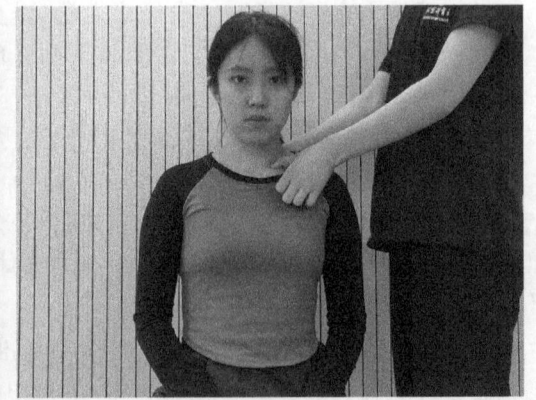

图6-9 颈总动脉压迫点　　　　　　图6-10 锁骨下动脉压迫点

6. 肱动脉压迫点

前臂及手部出血时,在上臂中段的内侧摸到肱动脉搏动后,用拇指按住可止血(图6-11)。

7. 桡、尺动脉压迫点

腕及手掌部出血时,要同时将桡、尺动脉压于桡、尺骨上才可止血,桡、尺动脉在腕部掌面两侧(图6-12)。

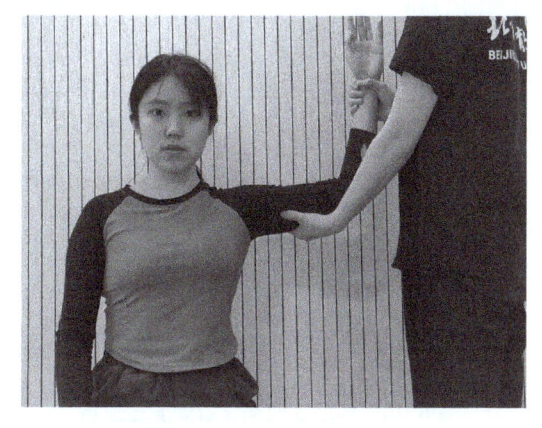

图6-11 肱动脉压迫点

图6-12 桡、尺动脉压迫点

8. 指掌侧固有动脉压迫点

手指两侧有两条小动脉供应,可用对侧手的拇指食指两指紧紧捏住伤指两侧根部的指动脉,再用一小块纱布压在伤口上,用绷带缠绕固定纱布(图6-13)。

9. 股动脉压迫点

下肢大出血时,可压迫股动脉。压迫点位于腹股沟韧带中点偏内侧的下方(腹股沟皱纹中点)股动脉搏动处,用手指向下方的股骨面压迫。如果转运时间较长,可施行加压包扎或止血带止血(图6-14)。

图6-13 指掌侧固有动脉压迫点

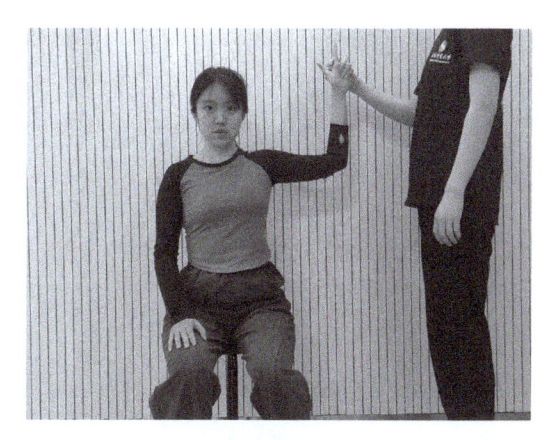

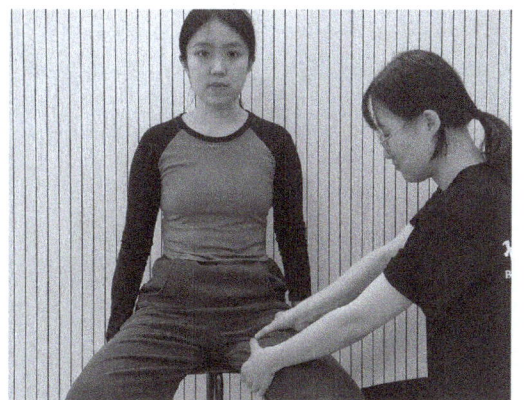

图6-14 股动脉压迫点

10. 腘动脉压迫点

小腿及以下严重出血时,在腘窝中部摸到腘动脉搏动后用拇指向腘窝深部压迫。腘窝处动脉受损时,出血量大,指压止血后可用加垫屈指止血法止血(图6-15)。

11. 胫后动脉和足背动脉压迫点

足部出血时,可用两手的拇指分别压迫内踝与跟骨之间的胫后动脉和足背皮肤皱纹处中点的足背动脉(图6-16)。

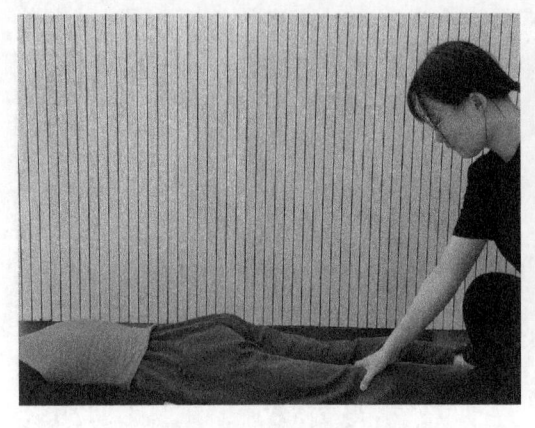

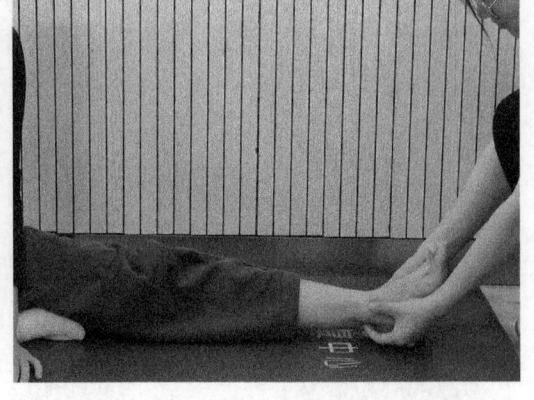

图6-15 腘动脉压迫点　　　　图6-16 胫后动脉和足背动脉压迫点

指压法简单易行,但因手指容易疲劳不能持久,只能临时止血,随后应用其他止血方法。

(六)填塞止血法

伤口较深、较大,组织损伤严重,可能损伤中等血管。出血多时,可将消毒纱布、敷料(现场可用干净的布料替代)轻轻塞进伤口,将伤口填实,用纱布覆盖伤口,然后用绷带绕肢体加压包扎,压迫止血。

(七)止血带止血法

只有在四肢大血管损伤或伤口大、出血量多,采用上述止血方法仍不能止血时,方可选用止血带止血法,此法仅限于紧急情况下临时使用。由于止血带没有弹性,如果缠绕过紧,会造成肢体损伤或缺血坏死,所以要谨慎使用止血带止血法。止血带有橡皮止血带、气性止血带(如血压计袖带)和布制止血带。禁忌用钢丝、绳索、电线等当作止血带使用。

1. 橡皮止血带

分卡扣式止血带和橡皮筋止血带。左手在离带端约10 cm处由拇指、食指和中指紧握,使手背向下放在止血带的部位,右手持带中段绕伤肢一圈半,然后把带塞入左手的食指和中指之间,左手的食指与中指紧夹一段止血带,向下牵拉,使之成为一个活结,外观呈A字形。

2. 气性止血带

常用血压计袖带,操作方法比较简单,把袖带绕在扎止血带的部位,然后打气至伤口停止出血。

3. 布制止血带

将三角巾折叠成带状或将床单等布料撕成三指宽的布带;在出血的近心端垫好衬垫

(绷带、毛巾、平整的衣物等);用制作好的布料带在衬垫上加压绕肢体一周,两端向前拉紧,打一个活结;取绞棒插在带状的外圈内,提起绞棒绞紧,边绞边观察伤口出血情况,直至伤口不再有大量出血,将绞紧后的棒的另一端插入活结小圈内固定;记录止血带安放时间。

4. 注意事项

①止血带应放在伤口的近心端,在上臂和大腿处使用止血带时,应将止血带绑在上1/3的部位。上臂的中段以下的部位不可使用止血带,以免压迫损伤桡神经,引起上肢麻痹。大腿中段以下的动脉位置较深,不容易压迫住。②使用止血带时,必须以平整的衬垫(绷带、毛巾、平整的衣物等)保护皮肤,不能直接绑在皮肤上。③止血带松紧要适度,以摸不到远端脉搏和出血停止为度。不可过紧,以免伤及神经,也不可过松,因为过松时压力不够大,没有压瘪动脉而压住了静脉,会影响静脉血回流,使出血增多,还会引起肢体肿胀和坏死。④注明使用止血带的时间。止血带每隔1 h(上肢)至 2 h(下肢)应松解1次,每次松解1~2 min(此时可用指压法暂时止血)。寒冷季节则每隔半小时松解1次。松解时应慢慢解开,可于松开后移到稍高的位置重新绑扎。⑤应固定好使用止血带的肢体。冬季要注意保暖,以免发生冻伤。⑥严格掌握止血带的使用方法。能用其他方法临时止血时,不要轻易使用止血带止血法。

(八) 加垫屈肢止血法

对于外伤出血量较大、肢体无骨折损伤者,可采用此法。

1. 上肢加垫屈肢止血

(1) 前臂加垫屈肢止血法:前臂出血时,在肘窝处放置纱布垫或毛巾、衣物等,使肘关节屈曲,用绷带或三角巾屈肘位固定。

(2) 上臂加垫屈肢止血法:上臂出血时,在腋窝处加垫,使前臂屈曲于胸前,用绷带或三角巾将上臂固定在胸前。

2. 下肢加垫屈肢止血

(1) 小腿加垫屈肢止血法:小腿出血时,在腘窝处加垫,使膝关节屈曲,用绷带或三角巾屈膝位固定。

(2) 大腿加垫屈肢止血法:大腿出血时,在大腿根部加垫,使髋、膝关节屈曲,用绷带或三角巾将腿与躯干固定。

3. 注意事项

对有骨折和怀疑骨折或关节损伤的肢体,不能用加垫屈肢止血法止血,以免引起骨折端错位和剧痛。使用时要经常注意肢体远端的血液循环。如果血液循环完全被阻断,则每隔1小时左右慢慢松开绷带或三角巾1次,观察3~5 min,以防肢体坏死。

## 第五节 关节脱位的急救

组成关节的关节面失去正常对合关系,称为关节脱位,也称脱臼。关节脱位是由于直接或间接暴力作用于关节,使骨与骨之间相对关节面的正常关系遭到破坏,发生移位所致。

以肩、肘关节脱位最为常见,髋关节次之,膝、腕关节脱位则少见。

关节脱位后,关节囊、韧带、关节软骨及肌肉组织等软组织也会有损伤;另外,若关节周围出现肿胀,可有血肿。若不及时复位,会出现血肿机化、关节粘连,引起不同程度的关节功能丧失。脱位、扭伤与骨折有时很难辨别,因此只要怀疑有骨折,就应按骨折进行处理。

## 一、分类

### (一) 按照关节脱位的原因分类

可导致关节脱位的原因很多,运动损伤时发生的关节脱位主要是外伤性脱位和习惯性脱位。

外伤性脱位:由外力作用而导致的关节脱位。外伤性脱位是关节脱位的常见类型,绝大多数关节脱位都是外伤性脱位。运动员发生的关节脱位,也以外伤性脱位最为多见。

习惯性脱位:常见于首次发生外伤性脱位后未及时治疗或复位后没有进行正确的固定,导致关节囊或韧带松弛,当关节再次受到轻微外力时,即可发生关节脱位,反复发生形成习惯性脱位。常见于肩关节和颞下颌关节。运动员中以肩关节较为多见。

### (二) 按照关节脱位的程度进行分类

不完全脱位:相邻的关节面部分失去对合关系,即为不完全脱位。如脊柱小关节脱位、胸锁关节半脱位。

完全脱位:相邻的关节面完全失去对合关系,即为完全脱位。

## 二、原因

直接暴力:暴力直接作用于关节部位,导致该关节发生脱位。

间接暴力:暴力作用在非关节部位所导致的关节脱位。关节脱位在运动中大多是由于间接外力所致,如摔倒后用手撑地,可引起肘关节或肩关节脱位,这在田径、球类、体操等项目中时有发生。

## 三、表现

(1) 受伤关节疼痛、肿胀和压痛:主要是由于关节脱位时整个周围软组织的损伤,出血或神经受牵扯压迫所致。

(2) 关节功能丧失:脱位后关节面之间失去正常联系,关节周围肌肉又因疼痛发生痉挛,因为受伤关节完全不能活动。如肩关节脱位后出现的杜加氏征阳性,肘关节脱位导致的屈伸范围明显减小。

(3) 畸形:脱位后关节处常出现明显畸形,可在异常位置摸到移动的骨端,正常关节隆起处变塌陷;凹陷处则隆起凸出,肢体形成特殊姿态,伤肢可有缩短或变长现象。如肩关节前脱位时出现的"方肩"畸形,原来空虚的腋窝处可摸到脱出的肱骨头,原来丰满的三角肌处变塌陷。

（4）弹性固定：被动活动脱位的关节，可感到一种弹性阻力，停止被动的活动后，脱位的骨端又弹回原来畸形的位置。

（5）X线检查：关节脱位发生后应进行X线检查，以确定脱位的程度和方向，以及是否伴有骨折，从而为关节脱位的治疗提供依据。

### 四、现场急救

（1）用枕头或衬垫支撑伤者的伤处，维持伤肢最舒适的姿势；然后用绷带或悬带固定伤肢，再将伤肢固定于躯干或健肢。
（2）保持伤者安静。
（3）立即将伤者送往医院救治。
（4）运动防护师或伤者本人可根据关节的伤情判断是否有关节脱位。若对骨骼结构不熟悉，不能判断关节脱位是否合并骨折，就不要轻易实施脱臼复位，以防损伤血管和神经，造成附近组织的损伤。当怀疑有骨折时，应按骨折进行处理。

## 第六节 骨折的急救

骨折发生时，正确、良好的临时固定不仅能迅速减轻伤者疼痛，减少出血，防止损伤脊髓、血管、神经等重要组织，而且便于搬运。如果骨折不固定，在搬运过程中骨折端可能会刺破周围的血管、神经，甚至引发脊柱骨折，造成脊髓损伤等严重后果。

### 一、概述

由于受外力撞击、关节扭曲、肌肉过分牵拉、机械性碾伤、本身疾病等，骨的完整性或连续性遭到破坏，发生骨破裂、折断、粉碎，称为骨折。交通事故、从高处跌下、骨结核、骨肿瘤等均可引起骨折。

骨折固定的目的是：①制动，减轻伤者的疼痛；②避免损伤周围组织、血管、神经；③减少出血和肿胀；④防止闭合性骨折转化为开放性骨折；⑤便于搬动伤者。

### 二、分类

（一）骨断端是否与外界相通
闭合性骨折：骨折断端与外界不相通，骨折处皮肤完整。
开放性骨折：骨折断端与外界或空腔器官相通，易感染，可合并骨髓炎或败血症。
（二）骨折线
根据骨折线形态，可分为横形、斜行、螺旋形、粉碎性骨折等。
（三）骨折的程度
完全骨折：骨折断端完全断开，如横行骨折、粉碎性骨折等。

不完全骨折:骨折断端部分断裂,如疲劳性骨折、颅骨骨折、青枝骨折等。

### 三、原因

(1) 直接暴力:骨折直接作用于骨骼的某一部位,导致该部位发生骨折。例如,在足球运动中,运动员铲球时导致对方球员胫骨或腓骨骨折。

(2) 间接暴力:暴力作用部位以外的部位发生骨折。例如,运动员在运动中不慎摔倒,习惯性地用手撑地,暴力沿着手部向前臂、上臂传导,从而引起上肢骨折,如前臂或锁骨骨折等。

(3) 肌肉强烈收缩:由于肌肉用力收缩,使肌肉附着部位的骨质受到强力的牵拉而发生骨折,以撕脱性骨折较为常见。例如,举重运动员提起杠铃时突然的翻腕动作,前臂屈肌强烈收缩可导致肱骨内上髁撕脱性骨折。

(4) 重复应力作用:长期反复的直接或间接的力作用于骨骼的某一部位导致的骨折。例如,田径运动员在硬地上跑跳过多可引起胫腓骨的疲劳性骨折;体操运动员支撑过多可引起尺桡骨的疲劳性骨折等。

### 四、表现

(1) 疼痛和压痛:因局部骨组织和周围软组织损伤,局部出现明显疼痛及压痛。

(2) 肿胀及皮下淤血:骨折时,骨组织以及周围软组织的血管破裂出血和渗出,导致肿胀和皮下淤血。

(3) 功能障碍:骨折后,因肢体失去杠杆和支撑作用,加上剧烈疼痛、局部肿胀和肌肉痉挛等造成伤肢功能障碍。一般不完全骨折的功能障碍较轻;如果是完全骨折及有移位的骨折,可使伤肢功能完全丧失。例如,在股骨骨折时,出现行走困难。

(4) 畸形:骨折处由于多种原因断端可发生移位,与健侧相比,可发生畸形,如出现成角、旋转、侧突或短缩等畸形。

(5) 纵向叩击痛:四肢长骨骨折后,在肢体两端沿纵轴叩击,骨折处可出现疼痛,是现场诊断骨折的有效方法。例如,肱骨骨折后,在屈肘位下于尺骨鹰嘴处进行叩击可出现疼痛。

(6) 骨擦音或骨擦感:骨折后,两骨折断端相互摩擦时,可产生骨擦音或骨擦感。这是骨折特有的征象,但在检查时不要有意去寻找,以免加重受伤伤者的伤情和疼痛。

(7) 假关节活动:在骨折处出现异常的、类似关节的活动,即为假关节活动。

(8) X线检查:进行X线检查可以确定是否有骨折及骨折的类型、骨折断端的移位情况,为骨折的处理提供依据。

### 五、骨折固定材料

(一) 脊柱板、头部固定器、颈托、夹板等

骨折固定材料用于托扶固定伤肢,其长度、宽度要与伤肢相适应,长度一般要超过骨折

处上下两个关节。现场急救进行骨折固定时,通常不可能达到常规的骨折固定要求,往往只能就地取材。例如,厚 2～3 cm、长宽超过伤者人体高度和肩宽的木板、门板、竹竿、硬纸板等,以及伤者躯干、健侧下肢等,都可作为固定代用品。运动防护师在现场应准备专业固定装备,以确保急救时可用。

（二）敷料

用于垫衬的敷料有棉花、毛巾、布块、衣服等;用于包扎和捆绑夹板的敷料有三角巾、绷带、腰带、头巾、布带等,但不能用铁丝、电线。

## 六、骨折的固定原则

(1) 首先检查意识、呼吸、脉搏,处理严重出血。
(2) 用绷带、三角巾、夹板固定受伤部位。如果有畸形,可按畸形位置固定。
(3) 夹板的长度应超过骨折处的上下关节。
(4) 对于开放性骨折,禁止用水冲洗,不涂抹药物,保持伤口清洁和骨折断端暴露,不要拉动断端,禁止将断端送回伤口内。
(5) 暴露肢体末端,以便观察血运。
(6) 固定伤肢后,如有可能,应将伤肢抬高。
(7) 如果现场对生命安全有威胁,要先将伤者移至安全区再进行固定。
(8) 临时固定的作用只是制动,严禁当场整复,同时预防伤者休克。

## 七、骨折的固定方法

骨折的固定要根据现场的条件和骨折的部位采取不同的固定方法,根据伤情选择固定器材,如以上提到的一些器材,也可根据现场条件就地取材。

骨折固定操作注意事项如下:①置伤者于适当位置,就地施救。为防止骨折断端刺伤神经、血管,在固定时不应随意搬动;②应先止血,后包扎固定;③防止夹板与关节、骨突出部位的皮肤磨损,在骨突处要加衬垫;④先固定骨折的上端,再固定下端,然后固定断端的上下两个关节,绷带不要系在骨折处;⑤对于前臂、小腿部位的骨折,尽可能在损伤部位的两侧放置夹板固定,以防止肢体旋转及避免骨折断端相互接触摩擦;⑥固定后,上肢取屈肘位,下肢取伸直位;⑦固定、捆绑的松紧要适度。过松容易滑脱,失去固定作用,过紧则会影响血液循环;固定时应外露指(趾)尖,以便观察末梢血运情况,如果发现指(趾)尖苍白或发绀,可能原因是固定包扎过紧,应放松后重新包扎固定;固定完成后应记录开始固定的时间,并迅速送往医院进一步诊治。

（一）锁骨骨折

锁骨骨折常因车祸或跌倒时手臂伸展支撑或撞到肩部,使锁骨受到间接暴力所致。通常表现为锁骨变形、有血肿、患侧肩胛下垂、肩部活动时疼痛加重。锁骨骨折的固定方法如下。

1. 8 字形捆绑固定法

判断发生骨折后,可用一条带状三角巾或长布带做 8 字形绑扎将骨折的锁骨固定,然后用三角巾或衣物将前臂悬吊于胸前，即可进行转运。

2. 前臂悬吊固定

如果不了解骨折类型，为了尽量减少对骨折的刺激，防止损伤锁骨下血管，只用三角巾屈肘位悬吊上肢即可。无三角巾时，可用围巾代替，或用自身衣襟反折固定。

### （二）上肢骨折

1. 肱骨骨折

肱骨骨折通常由摔伤、撞伤或击伤所致。其临床表现为上臂肿胀、瘀血、疼痛，有骨折移位时出现畸形，上肢活动受限。桡神经紧贴肱骨干，易受损伤。因此，固定时，骨折处要加厚垫保护，以防止损伤桡神经。肱骨骨折的固定方法如下。

（1）木板固定：①取一块木板，放于上臂外侧；②木板下放衬垫；③用绷带或三角巾固定上臂上下两端；④屈肘位悬吊前臂；⑤使指端露出，检查甲床血液循环情况。

（2）纸板固定：现场如无小夹板或木板，可用杂志或纸板替代。其操作要点是：①将杂志或数十层纸板卷成半弧形，将弧形面放于肩部，包住上臂；②用布带捆绑固定上臂，可起到暂时固定的作用；③屈肘位悬吊前臂；④使指端露出，检查甲床血液循环情况。

（3）躯干固定：现场无夹板或其他可利用物时，可用三角巾或其他宽布带将上臂固定于胸廓。特别是肱骨髁上骨折，现场不宜采用夹板固定，以避免损伤肱动脉和正中神经。躯干固定的操作要点是：①将三角巾折叠成四指宽的布带或用宽布带通过上臂骨折部位绕过胸廓在对侧打结固定；②屈肘90°，将前臂悬吊于胸前。

2. 前臂及手部骨折

前臂骨折可为桡骨骨折或尺骨骨折，或者桡、尺骨双骨折。前臂骨折相对稳定，血管神经损伤发生率较低。前臂骨折的固定方法如下。

（1）夹板固定：①取两块木板，分别置于前臂的外侧与内侧；②在木板下加垫；③用三角巾或绷带捆绑固定前臂；④屈肘位将前臂用大悬吊带悬吊于胸前；⑤使指端露出，检查甲床血液循环情况。

（2）杂志固定：①将杂志卷成半弧形，垫于前臂下方，用布带捆绑固定前臂；②屈肘位将前臂悬吊于胸前；③使指端露出，检查甲床血液循环情况。

手部骨折的固定方法：①用手握纱布棉团或绷带卷；②然后用有垫夹板或木板置于前臂掌侧固定，用大悬臂带悬吊于胸前；③使指端露出，检查甲床血液循环情况。

### （三）下肢骨折

1. 股骨骨折

股骨粗大，骨折常由巨大外力造成，如由车祸、高空坠落及重物砸伤所致。股骨骨折大多损伤严重，出血多，易引起休克。骨折后可出现大腿肿胀、疼痛、变形或缩短。股骨骨折的固定方法如下。

（1）夹板固定：①取两块夹板，将其中一块长夹板置于伤侧腋下至外踝旁，另一块短夹板置于大腿根内侧至内踝旁；②在腋下、膝关节、踝关节骨突出部位放棉垫保护，空隙处用柔软物品填实；③用 7 条宽布带固定，先固定骨折上下两端，然后固定膝、踝、腋下和腰等部位；④伤肢与健肢再固定；⑤用 8 字形绑扎法固定足踝，将宽带置于足底，环绕足背两端交叉，再环绕踝部往返打结固定；⑥让五个脚趾露出，检查甲床血液循环情况；⑦如果只有一块夹板,则放于伤腿外侧腋下至外踝处,固定方法同上。

(2) 健肢固定:①在两膝、两踝及两腿间隙之间垫上衬垫;②用三角巾、腰带、布带等6条宽带将双下肢固定在一起;③用8字形绑扎法固定足踝;④让趾端露出,检查甲床血液循环情况。

2. 髌骨骨折

髌骨骨折的固定方法:在腿后放一夹板,自大腿至足跟,用布带在膝上、膝下和踝部将膝关节固定在伸直位,防止屈曲。

3. 小腿骨折

小腿骨折断端易刺破小腿前方皮肤,造成骨外露,引发开放性骨折。因此,在骨折处要加厚垫保护。出血、肿胀严重会引发骨筋膜室综合征,造成小腿缺血、坏死,因此,小腿骨折固定切忌过紧。小腿骨折固定方法与大腿骨折固定方法有相似之处。小腿骨折的固定方法如下。

(1) 木板固定:①取两块木板,将其中的长木板置于伤侧髋关节至外踝旁,另一短木板置于大腿内侧至内踝旁;②在膝关节、踝关节骨突出部位放棉垫保护,空隙处用柔软物品填实;③用5条宽带固定,先固定骨折上下两端,然后固定膝、踝等部位;④伤肢与健肢再固定;⑤用8字形绑扎法固定足踝;⑥让五个脚趾露出,检查甲床血液循环情况。

(2) 健肢固定:其操作要点与股骨骨折固定的操作要点基本相同。

(四) 脊柱骨折

脊柱骨折可发生在颈椎和胸腰椎。如果骨折部移位压迫脊髓,则可造成瘫痪。

1. 颈椎骨折

头部朝下摔伤或者高速行车途中突然刹车致伤后出现颈部疼痛、四肢瘫痪时,可考虑有颈椎损伤,必须立即固定。颈椎骨折的固定方法:①双手轻轻移动头部,恢复颈椎中立位,使用颈托或自制颈套固定;②让伤者身体长轴保持一致位侧翻,将伤者放置在脊柱板或硬担架上取平卧位固定;③在头部两侧放置书本、沙袋等物体加以固定,将双肩、骨盆、双下肢及足部用宽布带固定在脊柱板上,以免转运途中颠簸、晃动。

2. 胸腰椎骨折

坠落伤、砸伤、交通伤等严重创伤后出现腰背疼痛,尤其有双下肢瘫痪时,应考虑胸腰椎骨折。疑有胸腰椎骨折时,禁止伤者坐起或站立,严禁用徒手搬运法搬运伤者,以免加重损伤。胸腰椎骨折的固定方法:①用一块长、宽分别与伤者身高、肩宽相仿的木板或硬担架作为搬运工具;②动作要轻柔,保持伤者身体长轴一致侧卧,将伤者移至于木板上;③让伤者保持身体平直平卧于木板上;④将头颈部、足踝部及腰后空虚处垫实;⑤将头部、双肩、骨盆、双下肢及足部用宽布带固定于木板上,以免转运途中颠簸、晃动;⑥用绷带将伤者的双手固定放于腹部。

(五) 肋骨骨折

1. 单纯性肋骨骨折

单纯性肋骨骨折指只有肋骨骨折,胸部无伤口,会出现局部疼痛、呼吸急促、皮肤血肿等情况。若按压胸骨或肋骨的非骨折部位会出现骨折处疼痛,直接按压肋骨骨折处会出现压痛或可同时听到骨擦音,手能感觉到骨摩擦感和肋骨异常活动,即可确诊为单纯性肋骨骨折。

2. 多发性肋骨骨折

多发性肋骨骨折伤者会出现多根肋骨同时断裂成数段(浮桥式),吸气时损伤部位的胸壁向内凹陷,呼气时损伤部位的胸壁凸出。伤者胸部多有创口,出现剧痛、呼吸困难等症状。这种骨折常并发血胸和气胸,如果抢救不及时,伤者会有生命危险。

3. 现场急救

单纯性肋骨骨折:在伤者呼气状态下用3条三角巾固定胸部,用大臂悬带托扶伤侧上肢。

多发性肋骨骨折:在骨折局部用多层干净布、毛巾或无菌纱布盖住,用3条三角巾固定胸部,并加压包扎,然后将伤者急送医院处理。

(六) 骨盆骨折

骨盆骨折多见于青壮年,通常由剧烈的直接外力碰撞或挤压所致,如车碾压伤、房屋倒塌压伤等。伤后出现局部肿痛、活动受限,从两侧髂嵴部位向内挤压或向外分离骨盆环,骨折处因受到牵扯或挤压而产生疼痛及骨盆压痛。骨盆骨折可并发出血性休克或尿道、膀胱、直肠损伤。骨盆骨折的固定方法:①伤者取仰卧位,膝部屈曲(以减轻骨盆骨折所引起的疼痛),在其两膝下放置软垫;②用宽布带或三角巾从臀后向前绕骨盆牢固捆扎,在下腹部打结固定;③伤者的两膝之间加放衬垫,用宽绷带捆扎固定;④随时观察伤者的生命体征。

(七) 开放性骨折

开放性骨折的固定方法:①用敷料覆盖外露骨及伤口;②在伤口周围放置环形衬垫,用绷带包扎固定;③用夹板固定骨折处;④如果出血多,就需要使用止血带;⑤禁止将外露的骨质还纳,以免污染伤口深部,造成血管、神经的再损伤⑥对于开放性骨折,禁止用水冲洗,不涂药物,保持伤口清洁。

## 第七节 搬运技术

由于运动损伤发生时,比赛或练习现场多是一片混乱,运动防护师必须保持清醒的头脑,并在损伤评估中保持客观态度。除非有紧急危险,例如现场危险、呼吸心跳停止、中暑昏迷,否则运动员不应该被移动。一般情况下,我们建议由医护人员与EMT处理伤者的转移与搬运,但现场如果仅有运动防护师受过运动急救的专业训练,就必须承担起相关任务。

注意搬运之前必须完成评估,确认没有脊柱损伤、骨折等会因为搬移而加重的伤害。如果有,必须完成包扎、固定之后才可以搬运。虽然必须迅速地做出处理,但千万不要在赛场的压力下,轻率地搬动伤者,造成彼此的终生遗憾。

伤者在现场进行初步急救处理后和随后送往医院的过程中,必须经过搬运这一重要环节。搬运伤者的方法很多,根据不同条件和情况,大致有以下几种方法。

## 一、徒手搬运法

徒手搬运法是指搬运伤者过程中凭借人力和技巧,不需要任何器材的一种搬运方法。该方法适用于伤势轻和搬运距离短的伤者。徒手搬运法又可分为单人、双人和多人搬运法。

(一)扶持法

传统急救中教授的搬运方法很多,但是在运动场上未必都适用。单人或双人扶持行走法,是最常见的帮助伤者离场方式。

单人扶持行走法:防护师位于伤者的体侧,一手抱住伤者腰部,另一手握住其腕部,伤者的手绕过防护师颈后至肩上,两人协调缓行。指导伤者在步行时可将重心靠在防护师的身上。适用于伤势轻、意识清醒而又能自己站立步行的伤者(图6-17)。

双人扶持行走法:两位防护师分别站在伤者两侧;将伤者双手绕到两位防护师肩上,并指导伤者以双手支撑身体重量。两位防护师以手环绕伤者腰部,协助伤者缓慢走向场边。防护师必要时可用手抓握伤者手腕,避免忽然发生晕眩时跌倒。

(二)抱持法

防护师一手抱住伤者的背部,另一手托住伤者的大腿及腘窝,将伤者抱起,伤者的一侧手臂挂在防护师肩上。此法适用于伤势轻、意识清醒但体力较差或虚弱的伤者(图6-18)。

图6-17 扶持法

图6-18 抱持法

(三)托椅式搬运法

当防护师足够强壮,可以使用二手抬式。两名防护师站立于伤者两侧,各以一手伸入伤者大腿下方,相互十字交叉紧握,另一手彼此交替支持伤者背部。伤者坐在防护师互握的手上,背部靠在防护师的另一手臂上,伤者的两手分别搭在两名防护师的肩上(图6-19)。

如果防护师力量不足,可以使用四手抬式。两位防护师分别站在伤者两侧;两人将四手互扣,作为伤者座位,伤者的两手分别搭在两名防护师的肩上。此法适用于意识清醒、足部损伤且行走困难的伤者。

图 6-19　托椅式搬运法

（四）三人和四人搬运法

三人搬运适用于身体较重、昏迷或肢体骨折后没有担架等情况的伤者，三名防护师同站于伤者的一侧，第一个人以外侧的肘关节支持伤者的头颈部，另一肘置于伤者的肩胛下部，第二人用双手自腰至臀托抱伤者，第三人托抱伤者的大腿下部及小腿上部。三人行走要协调一致。四人搬运主要用于怀疑颈椎骨折的伤者，需重点保护头部。

## 二、担架和车辆搬运法

当不能徒手搬运伤者时一般应采用担架或车辆搬运。

（一）担架搬运法

在体育场馆设施中，配置合适的急救设备是不可或缺的。扶持法、抱持法、托椅式搬运法等徒手搬运方法虽然是常见的急救搬运方法，但出现在体育训练或赛会的场景中，往往就凸显了应急准备不足，显示运动防护与运动急救的观念的落后。特别是下肢严重损伤时，固定后如果没有担架，搬运非常不稳定，会增加二次伤害的风险。

使用担架看似简单，但也常见使用不当而发生二次伤害的情况，最常见的是未固定伤者或担架使用者失误使伤者跌落，训练不足与程序未落实是上述情况的主要原因。伤者需要固定在担架上，使用担架者需要有一人发号施令，分步骤平稳抬起、行进、放下。一般担架行进方向是伤者脚朝前，但在上楼（坡）、进救护车时头朝前。

特制的担架可用棉被或毛毡垫好，将病人放入，并盖好保暖。若伤者意识不清，需用宽带将其固定于担架上。如有脊柱骨折或不宜使用特质担架时，可采用床板、门板等临时担架。

（二）车辆搬运法

当伤者伤势严重、运动路程较远时，最好采用救护车搬运，车宜慢行，避免震动。

例如：足球场等大型体育场所应该配置电动救护车，滑雪场应配置救援雪橇与救助车辆，这些设备的使用需要经过专门培训。

### 三、特殊伤者的搬运

**(一)脊柱骨折伤者的搬运**

脊柱骨折和脱位是常见伤害之一,骨和脊髓伤情较严重、复杂。脊柱骨折是指由于各种暴力因素,导致颈椎、胸椎、腰椎、尾椎骨折或错位以及脊髓损伤。对脊椎损伤的伤者应用木板或门板搬运,其搬运方法如下:①伤者保持平卧位,两下肢伸直,两上肢垂于身体两侧。②3~4人扶伤者躯干,使用"滚木法"使其成一整体滚动移至木板上,或3~4人用手臂同时将伤者平拖至担架或门板上放下。③避免伤者躯干发生扭曲,切忌使用搂抱等姿势,可一人抬头一人抬足,同时禁用凉椅、藤椅之类的工具运送伤者。④用枕头、沙袋、衣物垫堵腰和颈两侧。如果颈、腰脱臼错位或骨折,应将颈下、腰下垫高,保持颈或腰处于过伸状态。

**(二)颈椎外伤伤者的固定及搬运**

在怀疑伤者颈椎损伤时,首先要固定伤者颈部,其搬运方法如下:①伤者的头颈与躯干保持直线位置。②使用颈圈和头部固定器,或用棉布、衣物等,将伤者颈部、头两侧垫好,防止左右摆动。颈托有尺码、方向之分,需要视伤者状况加以选择,并正确使用。③将木板放置于身下,然后用绷带或布带将额部、肩、上胸和臀部固定于木板上,使之稳固。④在搬运颈椎损伤的伤者时,要有专人托扶其头额部,沿纵轴方向略加牵引,并使头颈部随躯干一同滚动,也可由伤者自己双手托住头部后再缓慢搬移。严禁随意搬动头部,伤者躺在木板上时,应用沙袋或折好的衣物放在其颈部的两侧加以固定。

**(三)合并截瘫的伤者搬运**

在运送截瘫伤者时,木板上应铺一层柔软的褥垫,伤者衣物里的坚硬物件应及时取出以防压伤。禁用热水袋或盐水袋等进行保暖以免发生烫伤。

### 四、搬运伤者注意事项

(1)在搬运之前,运动防护师要保持冷静,应先了解伤势。除非环境情况紧迫,否则须加以初步急救处理后才能搬运。

(2)搬运前最好事先对伤者进行解释及说明。

(3)运动防护师在两名以上时,由一人统一指挥,动作应整齐,步伐均匀;如时间许可,宜先稍作练习。

(4)凡是头部、大腿、小腿、手臂、骨盆、背部骨折者不宜直立搬运,须先固定后才可搬运。脊椎任何部位发生骨折,应使用平板(门板、木床等)搬运,不得使用帆布担架搬运。

(5)应该先找担架再接送伤者,而非搬动其找担架。

(6)搬运伤者最理想的方法是使用车辆(救护车)及标准担架。

## 第八节 休克的急救

休克是指机体受到各种有害因素的强烈侵袭而导致有效循环血量锐减,主要器官和组织血液灌注不足所导致的严重的全身性综合征。常见的致病因素包括大出血、创伤、感染、过敏、中毒、烧伤、窒息、心脏泵功能衰竭等。休克的发生和处理与其直接诱因、患者原发疾病和健康状态有着密切的联系。休克处理不积极或处理不当均可能导致包括多器官功能障碍、多器官功能衰竭在内的严重后果。

### 一、损伤原因和原理

引起休克的原因很多,运动损伤中多发的休克主要是创伤性休克和出血性休克。除上述两项原因之外,还有由于大面积心肌梗死、急性心肌炎等导致心肌受损引起的心源性休克;由于某些药物(如青霉素等)或食物引起机体发生过敏反应导致的过敏性休克;以及感染、中毒、烧伤、窒息等原因引起的其他类型休克。

(一)创伤性休克

创伤性休克主要见于损伤或损伤引起的剧烈疼痛,导致神经反射性外周血管扩张,造成有效循环血量相对减少,引起休克。严重损伤如脊髓损伤,可以阻断血管运动中枢与外周血管之间的联系,使外周血管扩张,有效循环血量减少,引起休克。

(二)出血性休克

出血性休克是由于损伤引起大量出血,如腹部挫伤导致肝脾破裂引起的腹腔内出血,股骨骨折合并大动脉损伤引起的大出血,导致有效循环血量减少,引起休克。

### 二、运动性休克

运动性休克常因运动损伤引起,可见于内脏器官破裂、严重骨折等所导致的失血性休克或创伤性休克,以及因剧烈疼痛导致的神经源性休克,或因剧烈运动,负荷量超过心脏的承受能力而引起的心源性休克。在运动损伤中,并发休克的原因主要是剧烈疼痛和大量出血:骨折、脱位、严重软组织损伤、睾丸挫伤等,由于剧烈疼痛可引起周围血管扩张,使有效循环血量相对减少,以及大血管破裂出血、腹部挫伤合并肝脾破裂等,但这种情况较少见。此外,心脏病、严重感染、中毒、药物反应等,也可引起休克;疲劳、饥饿、寒冷、酷暑等,都会诱发休克或加重休克程度。

### 三、判断要点

(一)临床表现

休克发生、发展过程中,由于主要的器官和组织血液灌注不足,致使组织缺血缺氧、细胞代谢紊乱、器官功能受损,出现如下表现。

1. 休克早期

休克早期又称代偿期。休克早期由于机体的代偿作用,交感神经兴奋性增强,患者表现为精神紧张或烦躁、面色苍白、手足湿冷、心率加速、过度换气等。血压正常或稍高、脉压缩小、尿量正常或减少。

2. 休克期

休克期又称失代偿期。此期由于组织显著缺氧,致使毛细血管前括约肌开放,大量血液进入毛细血管网,造成循环瘀血,血管通透性增加,大量血浆外渗。白细胞在微血管壁黏附,形成血栓,使血压下降(收缩压在 90 mmHg 以下,脉压小于 20 mmHg)。患者出现表情淡漠、反应迟钝、面色苍白、口唇和肢端发绀、四肢厥冷、全身冷汗、脉搏细速,以及尿量减少和血压下降。严重时患者昏迷,甚至死亡。血压下降是判断休克严重程度的重要标志。

(二)判断标准

休克的判断标准:①有诱发的原因;②出现意识异常;③脉搏细速,超过 100 次/分或不能触知;④四肢湿冷,皮肤有花纹,胸骨部位皮肤被压迫后再充盈时间超过 2 秒,黏膜苍白或发绀,尿量少于 30 mL/h;⑤收缩压低于 90 mmHg;⑥收缩压和舒张压差小于 20 mmHg;⑦原有高血压,收缩压较原水平下降 30% 以上。

## 四、急救

引起休克的原因虽不同,但都存在有效循环血量不足、微循环障碍和不同程度的体液代谢改变。因此,休克的治疗原则是尽早祛除引起休克的病因,尽快恢复有效循环血量,纠正微循环障碍,增进心脏功能和恢复人体的正常代谢。

(一)紧急处理

尽快控制活动性出血,保持呼吸道畅通,保持患者安静;尽量减少搬动患者,使其保持平卧位,头和躯干抬高 20°～30°,下肢抬高 15°～20°,以增加回心血量和减轻呼吸负担;保暖,但不加温,以免皮肤血管扩张而影响相关器官的血流量和增加氧耗量;心力衰竭者取半卧位,吸氧,必要时注射镇静剂。

(二)补充血容量

积极扩容是治疗休克的根本措施。输液的原则是先盐后糖、先快后慢。一般可以根据监测指标估计血容量和微循环情况,以调节输液的速度和量,根据休克的病因选择适当的补液。

(三)积极处理原发病

在休克治疗中,消除病因与恢复有效循环血量一样重要。体育运动中常见的休克多由创伤引起,失血常伴有剧烈疼痛,应及时有效地止血,并给予适当镇痛治疗。对于感染性休克,清除病灶方能有效治疗休克。

(四)运动中休克处理

运动中发生休克,应立即启动紧急医疗系统,同时应快速正确地将伤者搬运至安全地带,针对引发休克的原因,如骨折、头颈部严重损伤、脊髓损伤等,应给予相应的止血、止痛、安抚等处理,意识清醒者可口服补液,如有心脏停搏则应立即进行心肺复苏。

## 第九节　晕厥的急救

### 一、概述

晕厥俗称昏厥,是指突然发生严重的、一过性的脑供血障碍,从而导致的短暂意识丧失。其特点是发生迅速、持续时间短暂、有自限性、可完全恢复。发作时患者因肌张力丧失,不能维持正常姿势而就地摔倒,通常在几十秒钟后恢复意识,有时会出现逆行性遗忘。有些晕厥者有先兆症状,大多数患者是突然发生意识丧失,无先兆症状。晕厥可能为心、脑、肺诸脏器器质性病变的症状之一。

### 二、病因及分类

晕厥可分为心源性晕厥和非心源性晕厥两大类。心源性晕厥是由心脏射血功能障碍引起的晕厥,后果通常比较严重,甚至会造成死亡。非心源性晕厥常见的类型有血管减压性晕厥、直立性低血压性晕厥、颈动脉窦性晕厥、排尿性晕厥等。

（一）心源性晕厥

心源性晕厥由心脏射血功能障碍引起,常见于严重的心律失常以及器质性心脏病或心肺疾病,如窦房结功能障碍、房室传导系统疾病、药物等诱发的心律失常,急性心肌梗死,梗阻性心瓣膜病,肺栓塞等。心脏骤停引起的最严重晕厥可致猝死。

（二）非心源性晕厥

1. 血管减压性晕厥

该类晕厥最常见,是由外周血管突然扩张造成血压急剧下降所致,多见于年轻体弱女性,多因情绪紧张、悲伤、疼痛、饥饿、疲劳、闷热拥挤、站立过久等引起。

2. 直立性低血压性晕厥

该类晕厥是由从蹲、卧位突然快速直立引起血压迅速而显著的降低所导致的,贫血、低血糖患者易发生此类晕厥。

3. 颈动脉窦性晕厥

该类晕厥发生于颈动脉窦发射过敏者,患者多为中老年男性,可在急剧转颈、低头、刮脸及衣领过紧时因血压骤降而发生晕厥。

4. 排尿性晕厥

少数青壮年睡醒后起床小便时可发生排尿性晕厥,患者由于心率缓慢及体位骤变,突发意识丧失而跌倒。

5. 其他原因引起的晕厥

少数人在剧烈咳嗽、大笑、哭泣时亦可引发晕厥。

## 三、判断要点

晕厥现场判断的主要依据是病史、查体、心电图等。要注意与癫痫、休克、眩晕等类似或相关发作的疾病相鉴别。按病程可将晕厥分为以下三个阶段。

(一) 前期(先兆晕厥)

伤者常有头晕、乏力、面色苍白、黑蒙、心悸、出汗、视物模糊等前兆症状。

(二) 发作期

伤者发生意识丧失、肌张力消失、就地跌倒等,部分患者可有脉搏微弱、血压下降、瞳孔散大和大小便失禁等表现。

(三) 恢复期

伤者意识恢复,之后部分患者可有嗜睡、头晕、恶心、胸闷、出汗、疲乏等症状。

## 四、现场急救

从专业的角度出发,对不同原因引起的晕厥有不同的救治措施,但在现场急救时难以辨明患者是何种晕厥,一般采取以下措施:

(1) 立即将伤者仰卧位置于平地上,略放低头,抬高脚,松开过紧的衣领和腰带等。

(2) 用拇指末端压迫伤者的人中穴位 1~2 min。

(3) 保持空气流通、清新。

(4) 观察伤者的意识、呼吸、脉搏、血压、体温等生命体征,检查患者有无摔伤。

(5) 多数晕厥者都能够迅速缓解,无须紧急救治,但若伤者清醒后有下述情况则提示病情严重:大汗淋漓、持续头痛、恶心呕吐、胸闷胸痛、脉搏过快过慢或脉率不齐、血压明显高于或低于平时。此时应该立即拨打 120 急救电话,呼叫救护车。

(6) 晕厥大多与血容量暂时相对不足有关,可让伤者喝适量的水。对可疑低血糖伤者,给予含糖饮料或食物。

(7) 不要急于让伤者站起来。确认伤者的意识完全恢复并有能力站起来时,要先帮助其缓缓坐起,给一个适应过程,以免其再次摔倒。

第六章思考题　　第六章参考文献

# 第七章

# 常用运动损伤治疗技术

【导　　读】

　　运动防护师的治疗技术包括了物理治疗的三大类技术(3M)：物理因子治疗(modality therapy)是指利用天然或人工物理因子作用于人体的治疗方法，以（电、声、光、磁、冷、热、水等）为主要手段，又称为理疗；手法治疗(manual therapy)是以骨关节活动的功能、解剖和生物力学特点为原理，通过对骨关节的推动、牵拉、旋转等被动活动进行治疗的手法操作技术；运动治疗(movement therapy)是指应用徒手或器械进行运动训练，恢复或改善功能障碍的方法。本章将详细介绍上述三种物理治疗的常用技术及方法。

【学习目标】

　　掌握常用的运动损伤治疗技术；掌握常用治疗方法的适应证和禁忌证。

【思维导图】

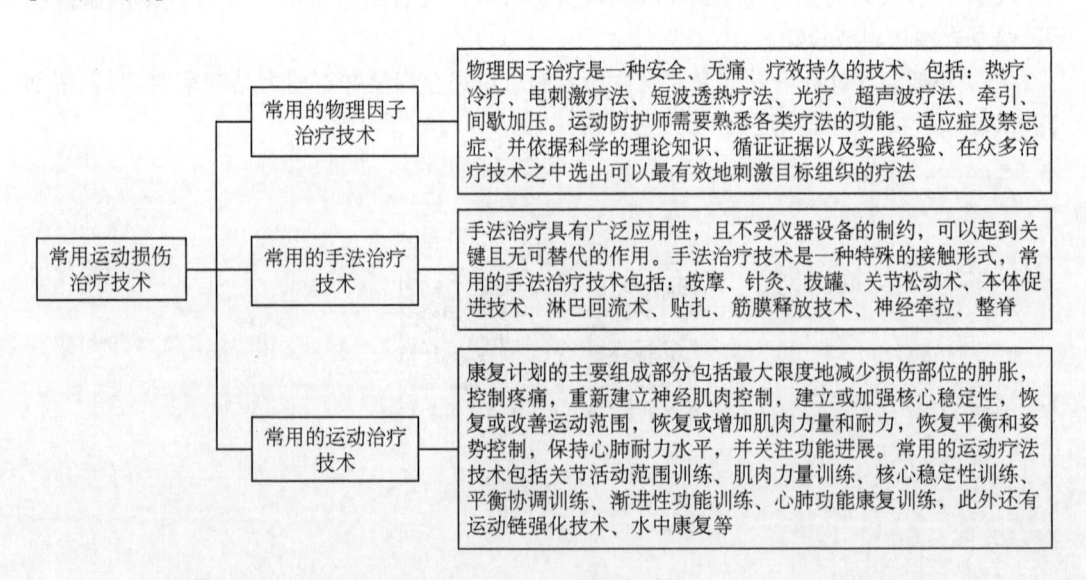

| 常用运动损伤治疗技术 | 常用的物理因子治疗技术 | 物理因子治疗是一种安全、无痛、疗效持久的技术，包括：热疗、冷疗、电刺激疗法、短波透热疗法、光疗、超声波疗法、牵引、间歇加压。运动防护师需要熟悉各类疗法的功能、适应症及禁忌症，并依据科学的理论知识、循证证据以及实践经验，在众多治疗技术之中选出可以最有效地刺激目标组织的疗法 |
|---|---|---|
| | 常用的手法治疗技术 | 手法治疗具有广泛应用性，且不受仪器设备的制约，可以起到关键且无可替代的作用。手法治疗技术是一种特殊的接触形式，常用的手法治疗技术包括：按摩、针灸、拔罐、关节松动术、本体促进技术、淋巴回流术、贴扎、筋膜释放技术、神经牵拉、整脊 |
| | 常用的运动治疗技术 | 康复计划的主要组成部分包括最大限度地减少损伤部位的肿胀，控制疼痛，重新建立神经肌肉控制，建立或加强核心稳定性，恢复或改善运动范围，恢复或增加肌肉力量和耐力，恢复平衡和姿势控制，保持心肺耐力水平，并关注功能进展。常用的运动疗法技术包括关节活动范围训练、肌肉力量训练、核心稳定性训练、平衡协调训练、渐进性功能训练、心肺功能康复训练，此外还有运动链强化技术、水中康复等 |

# 第一节　常用的物理因子治疗技术

## 一、物理因子治疗分类

物理因子治疗是一种安全、无痛、疗效持久的技术,包括:热疗、冷疗、电刺激疗法、短波透热疗法、光疗、超声波疗法、牵引、间歇加压。运动防护师需要熟悉各类疗法的功能、适应证及禁忌证,并依据科学的理论知识、循证证据以及实践经验,在众多治疗技术之中选出可以最有效地刺激目标组织的疗法。

物理因子治疗使用的能量形式包括:导热能、电能、电磁能、声能和机械能。每种治疗方式的作用机制取决于其应用过程中使用的能量形式,当这些不同形式的能量与人体组织接触时,它们会被反射、折射、吸收或传递。

## 二、热量传导疗法

(一)热疗

热疗的功能及生理机制:热疗具有增加胶原组织的延展性、减少关节僵硬、减轻疼痛、缓解肌肉痉挛、促进血液和淋巴液循环、减轻水肿、加速炎症消退等作用。

热疗和冷疗都通过疼痛调控的闸门控制理论来缓解疼痛。除此之外,热疗通过升高温度、增加新陈代谢,降低氧分压和pH,增加毛细血管通透性的机制促进组织愈合。

热能通过传导、对流、辐射和转换四种形式传递。热能从较热的物体转移到较冷的物体为传导,如石蜡疗法和冰敷。对流是指通过液体或气体的运动来传递热量,漩涡疗法是使用对流的典型例子。辐射是指热能在某一空间内从一个物体传递到另一个物体的过程,短波透热依靠辐射过程传递能量。转换是指以另一种能量形式产生热能。例如,高频超声波产生的机械能在组织接触面转化为热能。

1. 化学热袋

常用的化学热袋中含有硅酸盐凝胶,化学热袋可以减轻疼痛,但由于皮下脂肪起到隔热的作用,因此仅皮肤表层被加热,而肌肉等深层组织不会被显著加热。

使用方法:使用前将化学热袋浸泡在75℃左右恒温的热水中,取出后排干表面水分,盖上干毛巾后放在治疗区域上15~20 min。当温度降低时,去掉毛巾继续加热,每个化学热袋可以维持恒温20~30 min。使用时患者不应将治疗部位压在化学热袋上,并确保患者在治疗时的舒适性。

2. 漩涡疗法

漩涡疗法包含水箱和涡轮喷水装置。涡轮喷水器可以全方位自由移动,并可在任意角度固定。它通过排放空气调节水的流动,排放的空气越多,水的流动就越多。

(1)作用机制及功能

漩涡通过传导和对流的方式加热。皮肤与较高的水温接触时发生热传导,而当水在皮肤表面旋转时,就会发生对流。

漩涡疗法通过减少肿胀、减轻肌肉痉挛和疼痛来帮助组织恢复。同时由于水的浮力,关节可以在水中进行辅助性的主动运动。

(2) 使用方法

水温介于 12~40℃ 之间。身体浸没体积越大,水温应越低。当进行全身浸泡时,水温不应超过 40℃。涡轮喷水器不应直接贴近皮肤,而应与治疗部位保持 20~25 cm 以上的距离,这在急性损伤的早期阶段尤为重要。治疗时间通常为 20~30 min。

(3) 注意事项

对于皮下脂肪较厚的患者,应适当提高水温以降低脂肪的隔热作用。当患者大部分身体浸入水中时应观察患者是否存在晕眩症状。每次使用后应对漩涡池及时清洁并消毒,防止交叉感染发生。

3. 石蜡浴

石蜡疗法是一种对远端肢体加热的方法,可保持 55~60℃ 的温度,热作用深而持久。

(1) 作用

石蜡疗法具有消炎、润滑、温热和促进愈合等作用。由于石蜡具有良好的可塑性,这种疗法对于治疗身体棱角较多区域发生的慢性损伤特别有效,如手、腕部、肘部、脚踝和足部。

(2) 使用方法

石蜡浴可以通过多种方式进行,其中最常用的为重复浸入和持续浸入两种方式。

治疗前,将要治疗的身体部位彻底清洁并干燥,待蜡温度冷却到 50~60℃,患者将患处迅速浸入并迅速抽出,重复数次直至蜡壳厚度约为 1~2 cm,此时可选择使用塑料袋和毛巾包裹。

对于持续浸泡技术,患者应将患处浸泡 15~20 min,过程中避免移动,然后抽出使石蜡凝固。当从患处刮除石蜡后,油性物质会残留在皮肤上,为按摩提供极好的表面。

(3) 注意事项

避免在有开放性伤口的部位进行石蜡疗法。患者在治疗前必须彻底清洁治疗部位,以免污染蜡池。每 1~2 周更换一次石蜡。

4. 桑拿浴

桑拿分为干蒸和湿蒸两种方式,在封闭房间内用蒸汽进行治疗。

(1) 作用:桑拿浴具有扩张全身毛细血管,改善血液循环,提高表皮细胞通透性,缓解疼痛,降低关节僵硬等作用。

(2) 使用方法:患者在淋浴后进入桑拿室,温度以个人耐受为宜,通常为 80℃ 左右,停留 5~10 min 后出来进行一次温水或冷水淋浴,将以上步骤重复 2~3 次。

(3) 注意事项:每次桑拿浴的总时间不能超过 40 min,饭后及酒后禁止蒸桑拿。蒸桑拿前后应补充足够液体,保持人体的正常水合状态。

5. 热敷贴

热敷贴主要用于颈部、背部和腰部,可有效提高 2 cm 深度的肌内温度。打开包装后,热敷贴立即开始加热,在大约 30 min 内达到恒温,并可保持该温度至少 8 h。

## （二）冷疗

冷疗是一种应用比人体温度低的物理因子（冷水、水、蒸发冷冻剂）刺激治疗伤病的方法，通常在冷疗过程中，患者会逐渐感受到寒冷-灼烧-疼痛-麻木。在损伤的急性期内，通常使用保护、适当负荷、冷疗、加压和抬高患肢的治疗原则（POLICE）。

冷疗的作用和生理机制：冷疗具有减轻炎症反应和镇痛的作用。组织被冷却的程度取决于介质类型、冷疗时间和被冷却部位的传导性。损伤后立即冷疗可以通过减慢损伤周围细胞的代谢速率来降低其缺血性损伤的程度，减少对氧和营养物质的需求。同时，冷疗会合并引起血管收缩，从而减轻急性炎症反应中的肿胀程度。冷疗可以提高痛阈并抑制神经末梢的兴奋性，以达到减轻疼痛的目的。

注意事项：对于皮下脂肪较厚的患者，肌肉温度被冷却的难度更大，因此应适当增加冷疗时间；不宜进行过长时间的冷疗，尤其是在极低的温度下可能会发生冻伤；注意患者是否对冷疗过敏，是否出现荨麻疹和肿胀等症状。

**1. 冰按摩**

冰按摩是指利用凝固在纸杯中的冰块对肌腱、肌肉、滑囊或激痛点进行按摩的方法。

**2. 冷水浴**

冷水浴是指在装满冷水或冰水混合物的容器中对治疗部位进行冷疗的方法。

作用及注意事项：冷水浴可以缓解肌肉疲劳，镇痛以及提高神经兴奋性。但温度过冷或时间过长可能会导致冻伤或引发过敏反应。

**3. 冰袋冷敷**

冰袋有多种类型，其中湿冰袋（即冰水混合物）的冷却效果最优，因为融化冰块需要吸热，而且接触的表面积更大，传导效应被增强。将片状冰或碎冰用湿毛巾包裹起来，放在需要治疗的身体部位。或者将碎冰放入一个自动密封的塑料袋中，这种形式的冰袋很容易贴合治疗部位的轮廓。

（1）使用方法：临床实践中通常使用可重复利用的化学冰袋或一次性使用的碎冰冰袋，碎冰冰袋的优点在于其更容易贴合治疗部位的轮廓。使用冰袋时，都应使用保鲜膜来固定冰袋。

（2）注意事项：避免冰敷时间过长；可以先将毛巾覆盖于皮肤上，减轻冰敷的刺激；当患者出现任何对冷过敏或异常疼痛的反应时，应立即停止治疗。

**4. 冷喷**

冷喷利用容易蒸发的物质接触体表，吸收热量而使局部温度迅速降低。

（1）作用：冷喷能够减少肌肉保护、增加关节活动范围，缓解肌筋膜和激痛点疼痛。

（2）使用方法：瓶口距离皮肤 20～30 cm，并与皮肤呈 30°锐角，喷射包括肌肉起止点的整个肌肉长度，每次约 10 s。当使用冷喷处理激痛点时，首先应通过按压重现疼痛的方法对其定位，然后使该处肌肉处于被拉伸的位置，在此位置下交替进行冷喷和被动拉伸，重复 2～3 次。

**5. 冷热交替浴**

（1）作用及使用方法：交替进行冷水浴和热水浴可以减轻水肿、僵硬和疼痛。治疗时间应至少为 20 min，以冷疗或热疗为主视具体情况而定，时间比例通常为 3∶1 或 4∶1。

（2）生理机制：冷热交替浴通过交替血管收缩和血管舒张来诱导一种类似于泵血的作用，但缺乏临床证据。

6. 全身或局部超低温冷冻疗法

全身冷冻疗法与局部冷冻疗法均利用液氮进行治疗，治疗时间为 2～3 min。液氮的温度很低，最低可达到零下 170℃，看起来会造成很大的伤害，但实际上，在身体接触液氮的瞬间会被气化的氮气包裹，而且液氮的比热容很小，挥发速度很快，能保护皮肤免受伤害。

（1）作用机制：当身体暴露在液氮中时，皮肤会迅速冷却，导致外周血管收缩，从而增加返回心脏的静脉血量。静脉压力增加会刺激压力感受器并增加副交感神经系统活动，从而降低心率，增加每搏输出量以提高心脏效率，并导致去甲肾上腺素释放产生幸福感。

（2）作用：超低温冷冻疗法可以减少关节疼痛、减少肌肉酸痛和疲劳。但对于运动后肌肉力量、耐力和爆发力的恢复是否存在积极影响，目前没有足够的临床证据支持。

7. 低温动力学

低温动力学是一种将冷疗与主动运动相结合的技术。低温动力学的目标是先使受伤部位麻木到镇痛点，然后通过渐进式的主动运动达到正常的运动范围。

（1）使用方法：该技术首先对治疗部位冷疗一定时间直到出现麻木，麻木感通常会持续 3～5 min，在此期间患者进行疼痛耐受范围内的主动运动，麻木感消失后继续冷疗，直到麻木再次出现。重复以上步骤 3～5 次。

（2）注意事项：患者应在无痛、稳定的前提下积极进行主动运动，并逐步进阶。但运动强度的变化也应根据组织愈合阶段的性质和患者对疼痛感知的个体差异确定。

## 三、电疗法

电疗法是指通过一定的强度和持续时间施加电流到神经组织以达到该组织的兴奋性阈值导致该神经的膜去极化或放电。运动防护师可以通过调整治疗参数来刺激感觉神经或运动神经，从而产生不同的生理反应。

（一）作用和机制

经皮神经电刺激可以通过附着在皮肤上的电极传递三种不同类型的电流，包括：直流电、交流电和脉冲电流。通过调节电流类型、波形、电流强度、持续时间、频率等参数，产生感觉神经或运动神经的去极化，达到减轻疼痛或引起肌肉收缩的目的。

1. 疼痛调节

神经电刺激可以减轻与损伤相关的疼痛。与疼痛调节相关的神经生理机制——包括闸门控制、下行通路疼痛控制和阿片类疼痛控制。

2. 引起肌肉收缩

随着刺激频率、电流强度和持续时间的增加，更多的运动单位被激活，肌肉会产生更多的张力，直到达到强直性收缩。通过电刺激肌肉收缩可以增强肌肉力量、延缓肌肉萎缩以及对肌肉再教育。

（二）离子导入

离子导入疗法是一种通过直流电流将离子导入组织的治疗技术。临床上，离子导疗法用于镇痛、疤痕修复、减轻水肿、治疗钙沉积和多汗症。地塞米松和氢化可的松是最常用的两种离子。治疗时间为 10～20 min,具体取决于电流强度或活性电极上的电流密度、电流持续时间以及溶液中的离子浓度。

注意事项:针对特定的病症,运动防护师需要选择最合适的离子,并注意避免化学灼伤的发生。

（三）干扰电

干扰电通过输出两个不同频率的电流,并将两对电极以方形图案排列,使电流相互交叉,在刺激中心点产生干扰模型,以产生更大的刺激区域。干扰电用于治疗疼痛、关节肿胀、神经炎、骨折后骨痂形成延迟以及活动受限。

（四）微电流神经电刺激

微电流神经电刺激是指以低频和低强度向患者输送微弱感觉的电流,模拟正常单个细胞中的正常电场来刺激软组织和骨骼的愈合过程。它的主要作用是调节疼痛和促进伤口、骨不连骨折,肌腱和韧带的愈合。

（五）经颅电刺激

经颅电刺激使用电流对大脑进行非侵入性刺激,通过改变与疼痛处理相关的大脑区域的活动来治疗慢性疼痛。包括以下四种类型:经颅直流电刺激、经颅微电流刺激、重复经颅磁刺激和低阻抗无创皮层电刺激。

## 四、电磁能量疗法

磁疗是一种适应证广,疗效较好,且安全无痛的治疗方法,其作用包括改善血液循环、镇痛、消炎消肿、镇静、止咳平喘等。电流运动以及介质被磁化均会产生磁场。磁疗主要有四种磁场类型:静磁场、交变磁场、脉冲磁场、脉动磁场。本章主要介绍短波透热疗法。

短波透热疗法是指通过引入高频电流来加热深层的组织的方法,主要用于治疗滑囊炎、骨关节炎和肌肉拉伤。短波透热疗法主要通过两种方式使用:通过电容型电极进行静电场加热和通过感应式电极电磁场加热。使用电容型电极时,患者成为电路的一部分。而感应式电极本质上是感应线圈,直接加热被环绕的身体部位。相比之下,感应电极的加热深度更高。

1. **透热疗法的生理机制**

短波透热疗法发射电磁能,利用其较强的穿透能力,升高位于皮下脂肪下的肌肉温度。但脂肪的厚度仍会对肌肉温度的升高程度造成影响。

2. **使用方法**

当目的为提升表面组织温度时,使用电容电极。当需要提高深层组织温度时,应使用感应电极。治疗时间为 20～30 min。

3. **注意事项**

(1) 当治疗区域较大时,透热疗法比超声波更能有效加热。

(2) 当患者感觉丧失时,不应使用短波透热疗法。

(3) 如果患者身上有金属物体,例如起搏器、宫内节育器、衣服上的拉链或眼镜,则不应使用短波透热疗法。

（4）患者出血、怀孕、有开放性伤口或佩戴隐形眼镜时避免使用。

（5）避免加热眼睛、睾丸、卵巢、骨突起和骨骼生长区域。

（6）治疗过程中若患者出现剧痛感可能表明温度过热。

### 五、光疗法

光疗法指应用日光、人造光源中的可见光线和不可见光线防治疾病的方法。日光受地理气候的限制，应用性较弱。随着人类发明了人工电光源，光疗的应用变得普遍。目前常用的光疗方法包括红外线治疗、紫外线治疗、低强度激光治疗和LED治疗。

（一）红外线治疗

红外光是一种不可见光，波长比红光长，分为近红外线与远红外线。相比之下，近红外线穿透能力较强，可直接作用于血管、淋巴管、神经末梢等组织。红外线的治疗作用主要包括：改善血液循环、促进肿胀消退、降低肌张力、缓解肌肉痉挛、镇痛、干燥脱水。

（二）紫外线治疗

紫外线同样是一种不可见光，波长200～400 nm。波长不同，作用也不同。一般而言，波长越短，穿透性越差，作用范围限于皮肤角质层。波长越长，穿透性越强，可作用在皮肤棘层和真皮层。紫外线通常用于治疗银屑病等皮肤疾病，以一定剂量的紫外线照射皮肤后，经过一定时间，照射皮肤上会呈现出边界清楚且均匀的充血反应，称为红斑反应。

（三）激光

激光器可以在电磁光谱的红外或可见光部分产生光，并且可在任意强度下运行。由于其热效应，高功率激光在手术中用于切开、烧灼血管和热解。低强度激光治疗产生很小的热效应，但可能对软组织和骨折愈合以及疼痛调节产生一定的光化学效应。

激光在物理因子治疗中的应用包括：通过加速胶原蛋白合成、减少微生物和增加血管形成来促进伤口愈合；减轻疼痛；减少水肿和炎症；减轻激痛点疼痛。

1. 使用方法

激光垂直于皮肤表面，在目标区域上形成网格，并且在预定时间对每个方格施加激光。通过改变脉冲频率和治疗时间调整剂量以引发所需的特定反应。

2. 注意事项

在癌组织、眼睛和在怀孕的前三个月禁止使用激光。激光治疗时，运动防护师和患者均需佩戴护目镜以避免直接接触眼睛而导致视网膜灼伤。

（四）LED疗法

LED疗法是另一种可以利用光作为治疗干预的手段。LED通过半导体转换电能产生光，能够使用包括整个可见光谱的多种波长的光，因此运动防护师可以针对不同深度的特定组织选择合适的波长的光。LED不仅可以促进伤口愈合，也有证据表明LED可有效治疗各种皮肤病，并对衰老有一定的影响。

## 六、声能疗法

**（一）治疗性超声**

超声波是一种应用于许多损伤的康复治疗手段，可能产生热或非热生理效应。超声波穿透组织时，能量会逐渐衰减，通常用半价层或半吸收层表示超声波的穿透能力。超声波的能量衰减随着频率的增加而增加。

1. 频率

大多数超声波发生器的频率设置在 1～3 MHz 之间。1 MHz 产生的超声波主要在 3～5 cm 深度的深层组织中被吸收。3 MHz 时，能量被较浅的组织吸收，穿透深度在 1～2 cm 之间。

2. 强度

超声波的强度由传送到声头的能量决定，通常情况下强度范围为 0.1～3 W/cm$^2$。

3. 脉冲与连续超声

连续超声是指强度在整个治疗过程中保持恒定，并且 100% 的时间都在产生超声波能量，常用于产生热效应。使用脉冲超声时，能量输出会定期中断。产生超声波的时间百分比称为占空比。例如，如果脉冲持续时间为 1 ms 且总脉冲周期为 5 ms，则占空比为 20%。因此，传递到组织的总能量仅为使用连续超声时传递能量的 20%，主要用于产生非热效应或机械效应。

4. 超声波的热效应

超声波的加热效果与前面部分讨论的加热效果相似。治疗的时间长度由组织所需的升高温度、治疗频率、治疗强度决定，一般为 5～10 min。

5. 超声波的非热效应

超声的非热效应归因于空化和声学微流的机制。空化解释为超声引起组织液的压力变化，形成膨胀和加压的充气气泡。空化导致这些振动气泡周围的流体流动增加，流体沿细胞膜边界的单向运动称为微流。然而，现阶段仍需更深入的研究证明该假设的正确性。

另有假设称非热效应会改变细胞膜对钠和钙离子的渗透性，以及改变细胞增殖并产生更多与炎症和损伤修复相关的蛋白质。这意味着超声波可以改变炎症反应，从而促进愈合。

6. 治疗频率

急性损伤需要在受伤后 48 h 内使用低强度超声进行治疗，每天一次或两次，持续 6～8 天，直到疼痛和肿胀等急性症状消退。而慢性损伤需要在较长时间内进行相对较少次数的治疗，可以隔天进行治疗，共进行 10～12 次治疗。

7. 使用方法

（1）直接应用于皮肤：由于声能不能通过空气传播并被皮肤反射，因此必须使用耦合介质涂抹于皮肤，填充声头与皮肤之间的空隙，从而减少声能的损耗。

（2）水下应用：对于手、肘、膝、踝、足等体表不规则的部位，应选择进行水下超声。治疗部位完全浸没在水中，然后将超声头浸入水中并放置在距要治疗的身体部位约 2.5 cm

的位置,水作为一种介质提供了气密耦合并允许声波以恒定速度传播。

(3) 声头的移动:在治疗期间移动声头会使治疗区域内的能量分布更均匀,并且可以减少出现局部过热的可能性。声头通过画圈或直线往返的方式缓慢移动,并应保持声头与皮肤的最大接触。

8. 注意事项

(1) 治疗麻醉区域时必须小心,避免强度过大。

(2) 不得将超声波应用于眼睛、耳朵、睾丸、大脑、脊髓和心脏。

(3) 孕妇避免使用超声波。

(4) 可利用超声波的非热效应处理急性损伤。

(5) 儿童骨骺区域避免进行超声波治疗。

9. 超声与其他物理因子疗法结合

超声波经常与其他物理因子治疗技术一起使用,包括热敷、冷敷和神经电刺激。

热敷与超声波结合的效果较好,因为热敷产生更多的表面加热,而超声波可以加热更深层的组织。

对于急性损伤,可以在利用非热效应超声治疗前使用冰袋。

对于激痛点治疗,通常将超声波与神经电刺激组合使用。超声波增加了流向深层组织的血流量,神经电刺激产生肌肉收缩或调节疼痛。

(二) 超声导入疗法

超声导入疗法是一种利用超声波发生器产生的机械振动通过皮肤输送药物的方法。超声导入主要用于将氢化可的松和麻醉剂导入组织。这种方法用于治疗激痛点、肌腱炎和滑囊炎。

1. 使用方法

首先将药物均匀涂抹到肌腱炎、滑囊炎或其他慢性软组织疾病区域的皮肤上,然后将耦合剂涂抹在药物上,并应用超声波。

2. 注意事项

超声导入和离子电渗疗法经常被混淆,超声导入疗法使用超声波形式的声能将整个分子穿过皮肤输送到组织中,而离子电渗疗法使用电流将离子输送到组织中。与离子电渗疗法相比,超声导入疗法对皮肤的危害较小,而且穿透力更强。

(三) 体外冲击波治疗

体外冲击波治疗是一种脉冲、高压、短时声波,通过介质将能量传输集中于直径为 2～8 mm 的区域,且几乎没有能量衰减。每次治疗持续 15～30 min,治疗强度应在患者耐受水平内缓慢增加。冲击波疗法最初主要用于治疗肾结石,目前已用于治疗网球肘、足底筋膜炎和骨不连骨折,并具有镇痛作用。现有的研究表明,体外冲击波的作用机制可能归因于代谢、循环和血运重建的增强。

## 七、机械能疗法

(一) 牵引

牵引是施加在身体上的一种拉伸力,常用于颈椎和腰椎。

**1. 生理效应**

牵引常用于治疗脊神经根压迫,通过拉伸脊柱韧带、关节囊、脊柱肌肉和椎旁肌肉,增加小关节的分离,从而减轻神经和神经根的压力。

**2. 使用方法**

可以通过使用手动技术或机械牵引对脊柱施加牵引力,包括台式牵引装置、壁挂式牵引装置和倒置牵引技术。

(1) 手动牵引:运动防护师用双手对患者的颈椎施加牵引力,并可以随时调整力量大小、方向、持续时间和患者位置。

(2) 机械牵引:对于机械腰椎牵引,首先需要将防滑牵引带固定于治疗部位,以便将牵引力舒适地传递给患者,并提供稳定性。

(3) 壁挂式牵引:颈椎牵引可以通过壁挂式牵引完成。选择木板、沙袋或水袋充当负重。

(4) 体位牵引:体位牵引是指让患者处于某一特定位置以达到牵引的效果。例如,将有腰椎间盘问题的患者置于仰卧位,髋关节和膝关节屈曲90°并处于有支撑的位置。这可以增加椎间孔的开口并减轻椎间盘的压力,从而最大限度地减少疼痛。

(5) 倒立牵引:使用专用设备或简单地将人置于倒立的位置,利用躯干的重量将脊柱拉长。

**3. 注意事项**

对于初次使用牵引的患者,应采用间歇式和渐进式牵引,逐渐增加牵引力,使运动员能够慢慢适应牵引并帮助保持放松。对于大多数腰椎间盘问题,则应首选持续牵引。对于腰椎,牵引力不宜大于患者体重的二分之一。颈椎的牵引力可在 9~23 kg 之间调整,具体取决于患者的舒适度和反应。

**(二) 间歇性加压**

间歇性加压是一种使用充气套筒包裹受伤肢体的技术。套筒可以充气至一定压力,迫使积聚在组织间质的过多液体进入血管和淋巴管,促进淋巴液的运动,帮助消除损伤产生的废物。间歇性加压装置主要减轻水肿,治疗期间应抬高患肢。

间歇性加压装置具有三个可调节参数:开/关时间、充气压力和治疗时间。应以患者的舒适度作为主要的参考,调节上述参数。

动脉毛细血管压力约为 30 mmHg,因此任何超过此水平的压力都能促进水肿的吸收和淋巴液的流动。通常建议上肢压力设置为 30~50 mmHg,下肢压力设置为 30~60 mmHg。临床研究表明,30 min 的治疗时间似乎可以有效减少水肿。

一些间歇性加压装置能够将冷疗和加压结合起来,从而更有效地减少水肿。

## 八、注意事项

(1) 运动防护师在使用物理因子疗法时应详细记录治疗参数,这对于建立患者个人病例档案十分重要。

(2) 运动防护师应遵循各治疗仪器的使用方法,并定期进行维护。

（3）除了按照仪器生产商提供的治疗方案，运动防护师更应该遵循最佳的循证证据，针对特定的问题选择最合适且最具有科学性的治疗方式。

## 第二节　常用的手法治疗技术

作为3M治疗中的组成部分之一，手法治疗具有广泛应用性，且不受仪器设备的制约，可以起到关键且无可替代的作用。手法治疗技术是一种特殊的接触形式，这种形式高度代表了治疗师的能力，可以表现出治疗中所蕴含的人文艺术，它最明显的特征是包含有物理及情感特质。作为中国的运动防护师，常用的手法治疗技术通常综合了国内外多种手法，包括：按摩、针灸、拔罐、关节松动术、本体感觉神经肌肉促进技术(PNF)、淋巴回流术、贴扎、筋膜释放技术、神经牵拉、整脊等。本节简要介绍PNF、关节松动术及贴扎技术，关于中医类手法治疗技术在第五部分进行详细介绍。

### 一、本体感觉神经肌肉促进技术

本体感觉神经肌肉促进技术(PNF)是利用牵张、关节压缩和牵引、施加阻力等本体刺激和应用螺旋、对角线状运动模式来促进运动功能恢复的一种治疗技术。该技术已被推荐并广泛应用于运动医学，用于增加力量、灵活性、协调性、平衡以及神经肌肉控制能力。PNF的原理和技术主要基于牵张反射的神经生理机制。收缩-放松和保持-放松技术可以增加灵活性；反复收缩和慢速反转、节律性启动和节律性稳定可以增强力量。

（一）肌力增强技术

为帮助患者发展肌肉力量、肌肉耐力和协调能力，可使用以下技术。

1. 节律性启动

首先进行被动运动，然后进行主动辅助运动，最后通过主动肌模式进行主动抗阻运动。

2. 反复收缩

某一块肌肉或肌肉群的反复收缩可应用于全身无力或某一特定肌肉无力的情况。患者对抗运动防护师提供的最大阻力进行等张运动，直到患者感到疲劳。

3. 慢速反转

患者在对抗最大阻力下完成全关节运动范围。运动防护师在患者活动的一个方向上施加阻力以刺激主动肌，达到活动末端时，防护师发出准备改变方向的指令，并换手在远端新的运动方向上施加阻力，整个过程不伴有停顿或放松。

4. 慢速反转保持

患者首先使用主动肌进行等张运动，到达活动范围末端时立即进行等长收缩。

5. 节律稳定

节律稳定首先进行主动肌的等长收缩，然后进行拮抗肌的等长收缩。反复收缩主动肌和拮抗肌以促进肌力增强。

（二）牵拉技术

为了增加关节活动范围，可以使用以下PNF技术。

收缩—放松：将患者受限的肢体部位被动运动至末端，防护师施加阻力使患者拮抗肌等张收缩 5~8 秒，然后重新被动活动至新的受限位置，重复 3~5 次。

保持—放松：将患者受限的肢体部位被动移动末端，防护师施加阻力使患者拮抗肌等长收缩 5~8 秒，然后重新被动活动至新的受限位置，重复 3~5 次。

### （三）PNF 模式

PNF 运动模式涉及三个方向上的运动：屈曲伸展、内收外展和内旋外旋。

PNF 运动模式从肌肉群处于拉长位置开始，然后肌肉群收缩，将身体部位移动到肌肉群缩短的位置。

上肢和下肢都有两个独立的对角线运动模式，称为对角线 1（D1）和对角线 2（D2）模式。根据发生在肩关节或髋关节的运动，这两个对角线模式被细分为 D1 屈曲，D1 伸展，D2 屈曲，D2 伸展。

## 二、关节松动术

关节的运动包括生理运动和附属运动。附属运动对于维持关节的正常活动非常重要，但只能被动完成。关节松动技术是通过徒手的被动运动改善生理运动和附属运动，从而治疗关节运动障碍的方法。关节松动技术的作用包括：减轻疼痛、减少肌肉保护、拉伸关节周围组织，增加本体反馈。

### （一）松动技术的分类

摆动：骨的杠杆样运动叫摆动，即生理运动。

滚动：一块骨在另一块骨表面滚动，通常伴随关节的滑动和旋转。

滑动：一侧骨表面的同一个点接触对侧骨表面的不同点，滑动方向取决于关节面的凹凸形状。

旋转：移动骨在静止骨表面绕旋转轴转动。

牵引：外力作用使构成关节的两骨表面呈直角相互分开时，称分离。外力作用于骨长轴使关节远端移位时，称长轴牵引。

挤压：使关节腔内骨与骨之间的间隙变小。

### （二）Maitland 分级

根据关节的可动范围和操作时防护师应用手法的幅度大小，将关节松动术分为 5 级。

Ⅰ级：在关节活动起始段的小幅度松动。

Ⅱ级：在关节活动允许范围内，大范围、节律性地来回松动关节，不接触关节活动的起始和终末端。

Ⅲ级：在关节活动允许范围内，大范围、节律性地来回松动关节，接触关节活动受限的末端。

Ⅳ级：在关节活动的终末端，小范围、节律性地来回松动，接触到关节活动受限的末端。

Ⅴ级：在关节活动受限位置，向生理受限位置小幅度但快速地松动。

在 Maitland 体系中，Ⅰ级和Ⅱ级主要用于治疗疼痛，Ⅲ级和Ⅳ级用于治疗关节僵硬。在实践应用时，应先治疗疼痛，然后再治疗僵硬。

### （三）注意事项

(1) 关节肿胀、骨折未愈合、骨质疏松禁止使用关节松动技术。

(2) 选择对于患者和防护师均舒适的体位进行操作，每种手法进行 30 秒～1 分钟。

(3) 手法操作要平稳，有节奏，利用身体力学优化发力。

## 三、贴扎

贴扎技术是指将各种类型的贴布、绷带贴于体表产生力学及生理效应，以达到保护肌肉骨骼系统、促进运动功能或特定治疗目的的非侵入性治疗技术。贴扎技术是运动防护师的基本技术之一，要求较好的肌动学知识与正确的评估，以及对运动项目规则与技术的深入了解。

### （一）贴布分类

#### 1. 肌内效贴

肌内效贴，简称肌贴，是一种有着双向弹性与水波纹涂胶的贴布。肌内效贴具有伸缩性，这是其发挥治疗作用的重要机制。肌内效贴可以增加皮肤与肌肉之间的间隙，促进淋巴和血液循环，起到消肿镇痛的作用，而且其收缩张力可以减轻肌肉疲劳，保护较弱的肌肉。肌贴适用于消除急性期的组织肿胀；缓解长时间的急慢性疼痛；改善神经引起的肌张力失衡与动作模式；促进感觉统合与姿势调整训练；运动指导的感觉提示。根据使用目的的不同，可以将肌内效贴裁剪成不同形状，如 I 形、Y 形、X 形、O 形、爪形等。贴扎时采用不同大小的拉力也会产生不同的治疗效果。在使用肌贴之前应进行评估，确定贴扎的目的和方法。对于有开放性伤口，存在皮肤病的部位或对肌内效贴过敏的患者，不宜进行贴扎。

#### 2. 白贴

相较于肌内效贴，白贴没有弹性，主要起到限制关节的过度或异常活动，固定受伤部位的保护作用。常用于限制踝关节内翻，预防踝关节扭伤。通常搭配皮肤膜使用，隔绝皮肤和白贴，避免皮肤过敏或皮肤损伤。

### （三）主要贴扎方式

#### 1. 运动贴扎

运动贴扎是最基础也是最常用的贴扎技术，使用多种贴布与垫片进行搭配，用来限制关节活动度、加压改变用力方式，可以说是为运动员量身定制出的专门的一次性护具。可以用以下想法来理解这些运动贴扎材料，保护膜用来打底，保护皮肤；没有弹性的运动贴布又被称为白贴，可以想象成韧带；延展性好的轻弹贴可以当成表皮；略有弹性的重型贴布可以当成肌肉与肌腱；蕾丝垫相当于滑囊；各种垫片相当于脂肪垫。当单一贴布的拉力或多条贴布的合力作用在关节上，就会发挥特定的限制效果。以标准的踝关节编篮式贴扎为例，保护膜避免贴布对皮肤的拉扯刺激，蕾丝垫避免脚踝前侧与跟腱部位过度的摩擦。马镫、马蹄的 U 形交叉位置，限制足踝内外翻，正好可以保护踝外侧的韧带。加上 8 字形贴扎，进一步限制关节空间，增加了稳定性，而锁跟则进一步固定了跟骨。

## 2. 麦康奈贴扎

麦康奈贴扎由于使用的是特别强韧、无弹性的雷可贴布,所以也有人称之为雷可贴扎。除了雷可贴布,还需使用配套的低刺激性无纺布敷料贴布打底,避免强大拉扯力量刺激皮肤。麦康奈贴扎研发之初多用于关节动作矫正,例如帮助髌骨软化症患者调整髌骨位置,改善向外偏移等。但由于其特性,用来补强韧带损伤、松弛的部位也十分便捷,非常适合临场使用。

## 3. 动态贴扎

动态贴扎是新兴的贴扎方式,使用莱卡材质的四面弹性贴布,弹性比肌贴更好,常被误认为肌贴。但不同于使用肌贴,动态贴扎单纯强调生物力学效果,也不以肌贴的回缩方向为作用力方向,采取传统运动贴扎一样的施力方式,也就是需要往哪用力就往哪拉。

### (三)贴扎的临场使用

在临场的情境中,需要进行预防性或特殊处理的运动员都应该完成了贴扎与包扎。但在热身中,可能还会发现一些运动员动作有问题,或运动员自己感知不适,这时可能就会采取手法治疗或动作激活的方式处理,并视需要以贴扎的方式来辅助。当然,在临时使用贴扎的情况下,也必须意识到贴扎可能带来的不良影响,所以临场临时使用贴扎,应该是不得不为时才为之。临场使用贴扎仍然是建立在准确评估的基础之上,由于可能的状况不胜枚举,自然也没有固定的贴扎方式。以下介绍5个基本思路作为参考:避免撞击、增加压力、限制活动、改变动作、干预感觉。

针对挫伤、压痛点,可以采取避免撞击的策略。放上垫片、加以固定是经常采用的方法。一般会将高密度垫片剪成甜甜圈的形状,把痛点放在中间挖空的部位,让撞击力量通过垫片分散到四周,减少对原有伤处的刺激。可以采用运动贴布进行固定,然后再以弹性绷带或轻弹贴包扎,尾端以运动贴布固定。

对于网球肘、跳跃膝,以及足踝扭伤的加压处理,需要使用垫片进行加压。网球肘与跳跃膝会将垫片剪成长条形,垂直放在痛点前方的肌腹或肌腱上,然后用运动贴布固定,外层再以轻弹贴包扎,最后以运动贴布固定收尾。由于内外踝的凸起,直接采取弹性绷带包扎的效果不够好,因此可以剪裁U形垫片,对外踝周边加压。如果没有垫片,也可以利用袜子卷成衬垫。外面直接使用弹性绷带进行包扎,需要从远心端向近心端螺旋缠绕,每圈约交叠1/3~1/2,不需用力拉扯,最后可以将剩余的绷带往前一圈的绷带固定。包扎完,需要检查血液循环,看看脚指甲血液是否能正常回流,避免因过紧影响循环而造成其他伤害。

遇到韧带扭伤与肌肉拉伤的情况,需要限制活动,减少动作拉扯伤处造成的疼痛。一般采取运动贴扎就可以完成这项工作,但实际上,在肩关节、躯干、大腿等处,运动贴扎效果不理想,特别是容易因出汗而造成贴布脱落。此时如果是出于限制动作的需要,补强或代偿韧带功能,可以考虑使用麦康奈贴扎来完成。如果在肌肉上,使用肌贴贴扎或动态贴扎的效果可能会更好。韧带或肌腱的支持要大于50%的张力,关节矫正则需要75%以上。

若运动员反应动作不顺畅,这时可以使用动态贴布或肌贴来微调。这比较像在特定角度给予额外的力,帮助运动员顺利完成动作。这种方式需要对运动员做出完整、细致的动作分析,结合技术动作特征,小心地摆位与贴扎。作为以调整动作为目的的贴扎,主要考虑筋膜与肌肉,施加的力量不必太大,只要撕开离型纸,顺势贴上去的力量就足够了,一般低于50%的张力。

如果运动员临场感觉异常或不舒服,一般采用肌贴,以爪形、灯笼形、细长条的EDF技法,在感觉异常的部位贴扎,并搭配肌贴颜色与语言暗示,转移注意力、增强其信心,以发挥临场表现。但需注意,这些感觉是否是其他原因所造成,要谨慎检查,并与医师确认,不能排除其他伤病造成的感觉异常。

## 第三节 常用的运动治疗技术

### 一、基本的运动治疗技术

#### (一) 关节活动范围训练

关节的活动范围包括生理和附属两类。关节活动范围训练是指利用各种主动或被动运动的方法,来维持和改善关节活动功能。进行关节活动范围训练的目的是维持现有的关节活动范围或改善已经受限的关节活动度,起到防止关节挛缩、畸形,增强关节本体感觉,维持肌肉的伸展性和增强血液循环的作用。关节活动范围的维持与改善可以利用徒手或器械,通过良姿位摆放、体位转换、主动活动、被动活动、牵拉、牵引、关节松动术等形式实现。

牵拉作为运动防护师的基本技能是改善身体柔韧性,增加关节活动范围的重要技术。一般分为震荡牵拉、动态牵拉、静态牵拉等。震荡牵拉是指在震荡动作中主动肌重复收缩引起的拮抗肌的快速牵拉。震荡牵拉虽然能显著提高关节活动度,但是在过去饱受争议,关节活动度的提高是通过对拮抗肌的快速牵拉达到的,如果快速牵拉产生的力比组织的延展性更大,肌肉就可能会受伤。因为快速牵拉会引发牵张反射,牵张反射产生保护性的肌肉收缩,在收缩时被动快速拉长易造成损伤。动态牵拉是指关节和肌肉在全关节活动范围内的主动运动。动态牵拉可能会引起疼痛。因为动态牵拉与运动员参与的项目类型密切相关,也更具有功能性,所以建议运动员在活动之前进行常规的动态牵拉。静态牵拉是指被动牵拉特定的拮抗肌,即把特定的拮抗肌摆放在能牵拉到的最大的位置并保持一段时间。保持在牵拉体位的最佳时间为30~60秒,每个肌肉的静态牵拉应重复3~4次。由于静态牵拉的可控性更高,因此静态牵拉中涉及的关节过伸的危险性更低,也更不容易引起疼痛,所以静态牵拉通常应用在疼痛或紧张的肌肉损伤康复中。

#### (二) 肌肉力量康复训练

肌肉力量康复训练,指的是在康复过程中,通过主动运动或被动运动的方式,采用不同的肌肉收缩形式恢复或增强患者肌肉力量的训练。肌肉力量康复训练在康复医学中,具有防治各种肌萎缩、促进神经系统损害后肌力恢复以及矫治关节畸形、维持关节稳定等重要意义。肌肉力量训练也是预防运动损伤的基础。肌肉力量康复训练从人体运动力量来源的角度可以将人体的运动分为被动运动和主动运动两种。常用的肌肉力量康复训练方法包括辅助主动运动、主动运动、抗阻力主动运动和等长收缩运动等。

#### (三) 核心区稳定性训练

核心区稳定性训练是近年来在康复治疗和体能训练领域研究和讨论的热点之一,是一种有别于传统力量训练的全新的方法与训练理念,其主要应用于体能训练和运动损伤的预防与康复。核心稳定性训练能提高人体在非稳定状态下的控制能力,增强平衡能力,激活深层小肌肉群,协调大小肌群的力量输出,提高运动表现,预防运动损伤。强有力的核心肌群对运动中的身体姿势、运动技能和专项技术动作起着稳定和支持作用。核心肌群在所有需要力量、速度的运动中,都起到稳定重心、环节发力、传导力量等作用,同时也是整体发力的主要环节,对上下肢体的协同工作及整合用力起着承上启下的枢纽作用。同时,核心稳定性训练可以充分地调动神经肌肉控制系统,通过不稳定的支撑面练习,提高核心肌群的力量,改善神经肌肉的控制效率,顺利地完成对运动的控制。

核心稳定性训练的积极意义在于其建立了一种新的力量训练理念,弥补了传统力量训练在提高协调、灵敏、平衡能力方面的不足,创新了力量训练的方法与手段。常见的核心稳定性训练包括以桥式运动为主的徒手核心训练、瑞士球核心稳定性训练、悬吊训练等。

(四)平衡协调功能康复训练

平衡协调功能是人类运动的基础之一,良好的平衡协调功能可使人体维持姿态稳定与精确完成动作。平衡协调功能的训练是康复训练中的重要组成部分,平衡功能的好坏能直接或间接地影响患者身体控制和日后的生活自理能力,协调功能的好坏决定了患者动作的流畅性和精确性,直接影响患者的日常动作。

1. 平衡功能训练

平衡是指人体所处的一种稳定状态,以及不论处在何种位置、运动或受到外力作用时,能自动地调整并维持姿势的能力,主要包括:保持体位、在随意运动中调整姿态、对外来干扰做出安全有效的反应。当人体重心垂线偏离稳定的支持面时,能立即通过主动的或反射性的活动使重心垂线返回到稳定的支持面内,这种功能就称为平衡功能。恢复平衡功能的训练是指为提高患者维持身体平衡能力所采取的各种训练措施。通过这种训练能激发姿势反射,加强前庭器官的稳定性,改善平衡功能。

平衡训练可以加强关节的本体感受,刺激姿势反射,常用于因神经系统或前庭器官病变而引起的平衡功能障碍患者。根据平衡功能的分类,可将平衡训练分为静态平衡训练和动态平衡训练两种。

平衡训练的基本原则包括:支撑面积由大变小、从静态平衡到动态平衡、身体重心逐步由低到高、从维持平衡到平衡被破坏时的姿态维持、在注意集中下保持平衡和在不注意下保持平衡的训练、破坏前庭器官的平衡来保持身体的平衡。

2. 协调功能训练

协调训练是让患者在意识控制下,训练其在神经系统中形成预编程序,自动的、多块肌肉协调运动的记忆,使患者能够随意再现多块肌肉协调、主动运动形式的能力,而且比单块肌肉随意控制所产生的动作更迅速、更精确、更有力。协调性训练的基础是利用残存部分的感觉系统以及利用视觉、听觉和触觉来管理随意运动,其本质在于集中注意力,进行反复正确的练习。主要方法是在不同体位下分别进行肢体、躯干、手、足协调性的活动训练,反复强化练习。协调功能训练的基本练习方法可以概括为:明确要完成的运动或任务,不断重复这种行为,同时纠正出现的错误,直到形成恰当的感觉印象和运动模式。

(五)渐进性功能训练

渐进性功能训练是基于功能性训练的方法和渐进性运动疗法的应用原则的一种新兴

的运动康复技术。在功能性训练中,训练肌肉、发展肌肉力量的目的是使日常活动变得更容易、更平稳、更安全和更有效率。功能性训练可以独立地改善人体在日常生活中的功能能力,也可以帮助专业运动员提高竞技表现。在渐进运动疗法中,术语"渐进"是指机体的各个系统逐渐地超负荷使机体逐渐地承受更高水平的生理压力,相应的机体会通过达到特定的机能适应对要求做出反应。

渐进性功能性训练基于一种人们熟悉的训练原则——SAID原则(Specific Adaptation to Imposed Demands),即机体对施加的负荷要求有专一的适应性。根据SAID原则,机体会因为适应特定的需求而发生改变,在渐进性功能训练中,通过增加练习的难度,肌肉会逐渐地、适应性地变得更强壮,发展到更高的力量和耐力水平,达到更强的神经肌肉控制、协调和功能能力。

(六) 心肺功能康复训练

保持心肺耐力水平对运动员来说是至关重要的。运动员通常投入很多时间来进行心肺功能的储备,以便能够在竞技比赛中有更好的运动表现。当损伤发生后,运动员停止训练,心肺耐力水平可能会迅速下降。因此,运动防护师必须设计其他替代活动,使运动员在康复期间保持现有的心肺耐力水平。

康复过程中,适当的有氧训练能够在运动员准备重返赛场的过程中提高其心肺耐力。目前ACSM建议每周进行3~5次有氧训练来改善心肺耐力。运动强度应使心率提高至最大心率的60%~90%,并且运动强度可以随着其运动能力的提高而增加。为了达到最佳训练效果,每个训练环节的时间应在保持适宜运动强度的前提下控制在20~60 min。运动时间一般随着运动强度的逐渐增加而缩短。

选择改善、保持或重建运动员心肺耐力的运动形式取决于很多因素。在理想条件下,我们选择能够动员大肌肉群并能持续进行的节律性运动。另外还需要考虑的是仪器设备和运动员损伤的类型。比如运动员踝关节出现损伤,下肢无法进行过多的负重,就需要使用上肢功率车进行上肢有氧运动。

## 二、其他运动治疗技术

(一) 运动链强化技术

运动链的概念涉及上下肢存在的功能解剖关系。在负重状态下,下肢运动链涉及足、踝、小腿、膝、大腿和髋之间的力量传递。在上肢运动链中,手作为承重面将力传递到手腕、前臂、肘部、上臂、肩和腰部。

开链运动是指肢体远端不固定且不承受身体重量所进行的运动,原动肌和协同肌兴奋,但拮抗肌不同时收缩。闭链运动是指肢体远端固定并承受身体重量所进行的运动,原动肌、协同肌和拮抗肌同时兴奋。

使用闭链强化技术已经成为许多运动防护师选择的康复治疗方法。由于大多数运动都涉及脚与地面接触或手处于负重位置的某些方面的负重,闭链运动比开链运动更具功能性。闭链运动更具有运动或活动的特异性,涉及的运动更接近于所需的活动。必须向运动员强调训练的特殊性,以使他们最大限度地延续运动场上的功能运动模式。

在运动训练中,闭链运动已经得到普及,并被纳入到康复计划中。常用于下肢的闭链运动练习包括深蹲、腿举、向前和向侧方迈步、站立位弹力带抗阻膝关节伸展,以及使用设备的练习,如爬楼梯或踏步机、滑板和固定自行车。俯卧撑和药球上的重心转移练习是两种比较典型的上肢闭链运动练习。

（二）水中康复

水中康复为开始运动疗法提供了一个良好的环境,而且它适用于康复计划的所有阶段。水的浮力和阻力为患者提供了一个多功能的锻炼环境,并且可以根据个人需要进行调整。通过适当的技术,病人可以放松紧张的肌肉、增加关节活动范围、重新建立正确的运动模式,以及最重要的——增加力量、爆发力和肌肉耐力。

水中运动的优势体现在其可以减小对机体的冲击,帮助提高练习者的平衡性、灵活性、核心稳定性,肌肉力量与耐力,并起到放松身心的作用。在陆上训练时,受重力的影响,无论走、跑、跳,身体的肌肉、关节、韧带都承载很大的压力。水的浮力可以帮助身体从重力中释放出来。水中运动由于表面张力、黏滞阻力、涡流、波浪阻力等影响,每个动作都需要更大的肌肉力量和消耗更多能量来克服阻力。水的阻力是天然的抗阻训练器,可以完成在陆上难以完成的多方向、多角度的动作,可以减少抗阻训练中肌肉、骨骼、关节损伤的概率,另外,水的黏滞性也可以避免练习者因失去平衡而导致摔倒或骨折的风险。

除了进行特定的练习,病人还可以在水中练习运动技能。例如,可以练习投掷技能以恢复正常的运动模式。水中运动可以通过增加肢体在水中的移动速度或增加水的阻力来提高运动强度,比如在水中运动时使用脚蹼或手蹼,或使用漂浮板、浮条等。

第七章思考题　　第七章参考文献

# 第二部分 各部位常见运动损伤

# 第八章

# 肩部常见运动损伤

【导　　读】

　　肩部损伤是最为常见的运动损伤之一，在运动中因外力刺激、肌肉功能障碍或神经肌肉控制障碍等因素造成的肩部损伤将会对运动表现和肢体功能产生巨大影响，并同时带来疼痛、关节活动受限和功能障碍等问题。对肩关节进行系统评估，识别常见的运动损伤，进行现场处理并进行康复干预，是运动防护师针对肩部损伤开展有效的预防与管理的基础。

【学习目标】

　　熟悉肩部损伤的预防措施及评估方法；掌握肩部常见损伤的识别与处理方法；熟悉肩部损伤康复计划的内容。

【思维导图】

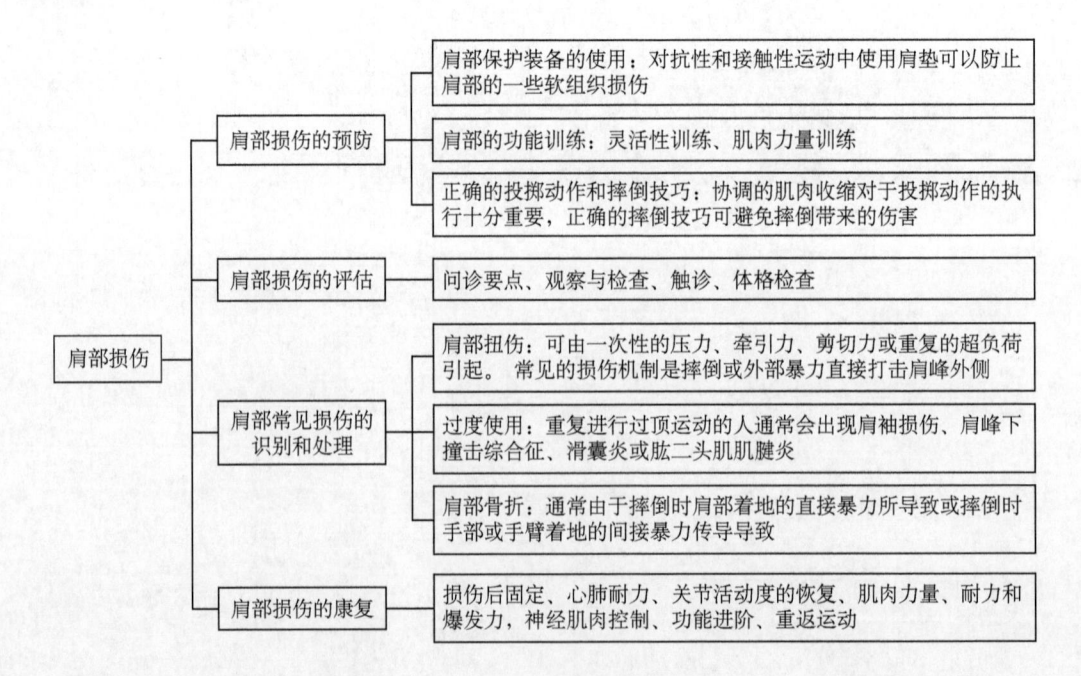

```
                    ┌─ 肩部保护装备的使用：对抗性和接触性运动中使用肩垫可以防止
                    │  肩部的一些软组织损伤
         肩部损伤的预防─┼─ 肩部的功能训练：灵活性训练、肌肉力量训练
                    │
                    └─ 正确的投掷动作和摔倒技巧：协调的肌肉收缩对于投掷动作的执
                       行十分重要，正确的摔倒技巧可避免摔倒带来的伤害

         肩部损伤的评估── 问诊要点、观察与检查、触诊、体格检查

                        ┌─ 肩部扭伤：可由一次性的压力、牵引力、剪切力或重复的超负荷
                        │  引起。常见的损伤机制是摔倒或外部暴力直接打击肩峰外侧
肩部损伤─┤
         肩部常见损伤的  ┼─ 过度使用：重复进行过顶运动的人通常会出现肩袖损伤、肩峰下
         识别和处理      │  撞击综合征、滑囊炎或肱二头肌肌腱炎
                        │
                        └─ 肩部骨折：通常由于摔倒时肩部着地的直接暴力所导致或摔倒时
                           手部或手臂着地的间接暴力传导导致

         肩部损伤的康复── 损伤后固定、心肺耐力、关节活动度的恢复、肌肉力量、耐力和
                         爆发力，神经肌肉控制、功能进阶、重返运动
```

# 第一节　肩部损伤的预防

肩部的急性和慢性损伤在运动中很常见,在许多对抗性和接触性运动中多发生急性损伤,而在一些过顶运动中多发生慢性损伤。错误的生物力学因素,如肩部活动度、协调性和错误的投掷动作等均可能导致运动中肩部受伤。适当的功能训练对于预防许多肩部损伤是十分重要的,与所有预防性训练方案一样,肩部训练方案应针对机体整体发育以及依据专项特征进行特定身体部位训练。肩部保护装备的使用、肩部功能训练(灵活性、肌肉力量等)和正确的技术动作是降低肩关节损伤风险的主要因素。

## 一、肩部保护装备的使用

对抗性和接触性运动,如足球、长曲棍球和冰球等运动项目,需要肩垫来保护暴露的骨突以免受冲击。尽管肩垫确实可以防止肩部的一些软组织损伤,但它们并不能保护盂肱关节因过度运动导致的损伤。

## 二、肩部的功能训练

### (一) 柔韧性训练和肌肉激活训练

灵活性不足会使人容易出现关节扭伤和肌肉拉伤。任何参与过顶运动的人(如运动员、建筑工人等)都应该在运动之前进行适当的热身,这种热身包括提高机体的温度,然后是特定肌群的拉伸。

投掷运动员通常使用弹力带抗阻训练作为投掷前热身的一部分。以下抗阻训练对投掷者在热身过程中是有益的,包括90°位外旋,投掷减速期进行肩关节屈曲、肩关节伸展、肩胛骨后缩的训练;投掷加速期进行肩胛骨前伸的训练。这些练习可以对肩袖肌群和肩胛骨稳定肌在内的每块肌肉进行适度激活,对投掷运动很重要。

### (二) 肌肉力量训练

如果一项活动要求手臂和肩部持续地、大力量地参与动作,或肩部有遭受急性外伤的风险,则应该广泛加强肩部区域,尤其加强全关节活动范围的肩部力量训练。力量训练方案应侧重于作用在盂肱关节和肩胛胸壁关节区域的肌肉。加强冈下肌、小圆肌和肩后肌肉组织的力量在投掷过程中起很大的作用:这些肌肉可以帮助击发阶段的启动、加速阶段固定肩带,为离心收缩提供足够的肌肉张力,以便在后续阶段平稳减速。

许多慢性肩部问题都存在冈上肌减弱,特别是在投掷运动员中,而冈上肌主要在肩关节外展的前30°内发挥主动肌作用,小阻力的向心收缩和离心收缩均可以加强该肌肉。其次,可以通过俯卧撑、抗阻外旋和水平外展的对角线模式移动上肢来加强肩胛骨稳定性。

### 三、正确的投掷动作和摔倒技巧

协调的肌肉收缩对于投掷动作的执行是十分重要的，在动作过程中任何错误的动作都可能导致盂肱关节和周围软组织结构承受额外的压力。高速摄影通常用于记录投掷运动的力学特征的参数，及时发现错误的技术动作并做出调整。

除了正确的投掷技术外，对抗性和接触性运动的参与者应该学会如何正确地应对摔倒。当摔倒的瞬间，要迅速做出判断，及时用肩部接触地面，通过滚动的方法避免摔倒带来的伤害，而不是伸出手臂去承受整个身体以及快速的动作产生的冲力，肩部滚动的技巧可以减少对关节的直接冲击和压缩，并将力分散到更广泛的区域。

## 第二节 肩部损伤的评估

肩关节复合体是一个结构相对复杂的区域，在这个相对较小的区域内有许多非常重要的组织结构存在着。此外，由于我们对每个结构在单独运动过程中的生物力学还不完全了解，因此很难对这个关节复合体所有损伤的结构进行识别。因此，必须对复合体中的每个单独关节进行系统的评估，以确定任何可能出现的问题与功能限制。需要注意的是，生物力学技术不当是许多急性和过度使用导致的肩部损伤的主要原因，对个人特定活动技术的评估可以确定其生物力学或动作模式是否正常。

### 一、问诊要点

关于肩伤的问题应该集中在受试者当前的主诉，过去该区域的损伤，以及其他可能导致当前问题的因素（例如，牵涉性疼痛，姿势的改变，动作技术的改变，或过度使用导致的疲劳）。由于肩部和上臂是骨科或内脏源性牵涉性疼痛的常见部位，因此防护师不能只考虑骨骼肌肉损伤因素，需要对颈椎、胸部和腹部的内脏器官进行全面检查。

### 二、观察与检查

现场（如场地或球场）评估相比于临床检查可能会存在一定的局限性，因为受试者的运动服装和防护设备可能会使需要观察和评估的区域受到阻挡而妨碍检查者的观察。检查者可能需要将他们的检查部位暴露出来，以触诊该区域确定是否存在可能的骨折或主要韧带损伤。

在完成更加细致的局部评定之前应该完成体格检查，发现错误的身体姿势或先天性异常或可能对解剖结构造成额外压力的结构。应从前面、后面和侧面观察受试者。在检查过程中，整个肩膀和手臂应尽可能暴露。从前面来看，应该注意头部的位置。头部倾斜或旋转可能提示肌肉痉挛、颈神经根受压或颈神经拉伸。肩部高度也需要注意，疼痛的肩膀经常被抬高。胸锁关节和肩锁关节的高度和对称性也应该观察。肩锁关节远端锁骨抬高(台阶畸形)表明肩锁关节脱位。注意三角肌的对称性是很重要的,如果一侧的三角肌显得扁平应检查后胸壁的肌肉组织是否对称。浅表肌肉通常很容易辨认。冈上肌或冈下肌的萎缩导致肩胛骨的肩胛冈更加明显。然后应该注意肩胛骨在胸壁上的位置。肩胛骨脊柱基部在 T4 水平,肩胛骨下角在 T7 水平。先天性高肩胛症(即 Sprengel 畸形)是一种可能影响一侧或两侧肩胛骨的先天性畸形。两侧肩胛骨的内侧缘与脊柱棘突之间的距离应相等。应注意胸壁内侧的抬高。在慢性或急性肌肉力量减弱的前锯肌问题中,患侧肩胛骨通常有下垂(即位于胸壁较低)、延长(即离脊柱棘突较远)和上升(即呈翅状),这些表现可能都反映出肌肉无力或灵活性下降。

从侧面看,重要的是检查可能的胸后凸或肩前倾,表明竖脊肌无力和胸肌紧绷。脊柱侧弯或前凸的存在也应引起注意。应该观察手臂的位置,重要的是要注意手臂可能夹在身体旁边或手臂下垂无力。肱二头肌的形状和轮廓也应该检查,肌腱断裂的特征是肌腹向外膨出。应在特定的损伤部位进行检查,寻找是否有明显的畸形、肿胀、变色、对称、肥大、肌肉萎缩或以前的手术切口。

所有的视觉观察结果都应该结合所有的情况一起来分析,因为每个人的解剖结构都会随着其生长发育历程与环境而带有其特点,这些特点不一定会带来问题,但是在评估的过程当中应当考虑。

### 三、触诊

双侧触诊可确定体温、肿胀、穴位压痛、捻发感、畸形、肌肉痉挛和皮肤感觉。皮肤温度升高可能意味着炎症或感染,皮肤温度下降可能表明血液循环减少。在检查时应区分局部肿胀、关节外肿胀和关节积液。在肩部,关节内的肿胀会阻止手臂相对身体的完全内收,这一特征可提示肩峰下囊发炎、双头肌腱滑膜炎或关节面不规则。可在手腕桡尺动脉、臂内侧动脉或腋窝腋动脉处取血管脉冲来检测血液循环是否受阻。

检查患者是否骨折可通过触诊骨折部位疼痛、检查肱骨头是否受压于肩胛盂窝、沿肱骨长轴受压、敲击特定的骨性标志或使用音叉来评估。如果怀疑患者存在骨折或脱位,应立即评估其远端循环和神经传导通路完整性。一般来说,当触诊肩部时,检查者应站在患者身后开始双侧触诊,双侧触诊应由近端向远端移动,预计最痛的部位应最后触诊。应触诊下列结构:

(一) 正面观

胸锁乳突肌、胸锁关节、锁骨间韧带、胸锁韧带和锁骨胸骨端、锁骨和肋锁韧带、肩锁关节、肩峰、喙突、胸小肌,肱二头肌短头,喙肩峰韧带、胸大肌和三角肌前束、肱骨大结节和冈上肌、冈下肌以及小圆肌的远端附着点、肱二头肌和肌腱(肩关节处于外旋位)、肩峰下滑囊和冈上肌肌腱(肩关节处于伸展位)。

(二) 侧面观

三角肌中束和大结节;盂肱关节囊。

(三) 后面观

三角肌后束和斜方肌;肩胛骨内侧缘、外侧缘以及肩胛下角;菱形肌、背阔肌、前锯肌、肩胛提肌以及斜角肌。

双侧触诊包括肩关节的骨性和软组织结构的压痛、肿胀畸形、轻颤、感觉和其他创伤体征。

### 四、体格检查

患者应处于一个舒适的体位进行测试评估。根据病史的不同,有些检查是必需的,而其他的检查可能用于确认或排除疑似损伤或病理。在进行评估时所有的步骤都应谨慎,并始终进行健患侧比较。

(一) 功能性测试

当一个人的手可以自由移动时,手臂和肩部可以作为开放的运动链;当手固定在相对固定的物体上时,臂和肩可以作为闭合的运动链。根据运动训练基础(由个人执行的特定运动技能),当疼痛发生时,运动链的组成部分可以对肩膀产生不同的影响。首先要让受试者执行的动作是主动运动。

1. 主动运动

主动动作可以采用坐位或俯卧位。预计最痛苦的动作应该在最后进行。由于疼痛经常从颈区转至肩部,所以应首先在颈部进行活动度的测定。颈部屈曲、伸展、旋转和侧屈应评估是否有异常运动和疼痛的存在。如果颈部活动时引起疼痛,则应进行完整的颈部评估。如果在颈部运动过程中没有发现问题,则应继续进行肩部评估。患者应完成肩部的大体运动模式,并应从前方和后方观察手臂。当检查者站在病人身后时,注意肩胛骨和肱骨是否能自由协调地一起运动是很重要的。

2. 被动运动

如果一个人能够在主动的运动中完成全范围活动,应该在运动的末端施加柔和的压力,以确定末端感觉。

3. 抗阻运动

在抗阻运动测试时检查者应稳定患者的臀部和躯干,以防止任何肌肉代偿。测试开始时,检查者先拉伸患者肌肉。在做各种动作时,检查者应在整个关节活动度中保持均匀且柔和的阻力。在引导患者进行关节主动运动时应避免任何突然或剧烈的动作,因为这可能导致不适当的疼痛。任何迟滞或肌肉无力都应该引起注意。可能导致极度疼痛的肌肉活动应推迟到肌肉测试的最后阶段。

(二) 特殊试验检查

在评估中,病史、观察、触诊和功能测试应该已经对可能受损的结构做出判断。在特殊试验检查时,应只进行绝对必要的测试。在进行各种测试的过程中,检查者应该从轻柔的应力开始,反复几次,以注意到患者的任何弱点或不稳定的表现。

1. 肩锁关节

(1) O'Brien 主动挤压试验:患者处于放松坐位,肩关节屈曲 90°并水平内收 10°,然后内旋并前臂旋前将拇指指向地面。检查者在前臂远端施加向下的阻力并且患者向上对抗。在肩关节外旋手掌向上时进行相同的试验。如果内旋肩锁关节疼痛加重而外旋减轻,提示肩锁关节病理改变。

(2) Apley 绕颈试验：患者处于放松坐位或者站立位，检查者将其肩关节屈曲 90°，将手臂向前移到对侧肩部。如果肩锁关节疼痛、位移或出现咔嗒声，提示肩锁关节功能障碍。

2. 肩袖肌群损伤

(1) 落臂试验：患者处于放松坐位或站立位，检查者将患者手臂在冠状面外展 90°，然后在水平面内收 30°，嘱患者缓慢放下手臂。如果引起手臂剧烈疼痛，或无法将患侧手臂以适当控制的方式垂放下来，此试验为阳性，提示肩袖肌群撕裂或严重肌腱病变。

(2) Patte 试验：患者处于放松坐位，肘关节屈曲 90°，肩关节外展 90°，且外旋拳头朝上，试着做更大的肩关节外旋动作。检查者用一只手抵抗其外旋，用另一只手支撑其肘部。如果患者的肩部或肩胛骨部位出现疼痛，但仍保持部分肌力维持手臂外旋，提示冈下肌或小圆肌的肌腱炎；如果患者无力维持手臂外旋姿势，提示冈下肌或小圆肌撕裂。

(3) 空罐试验：患者处于放松站立位，肩关节在肩胛骨平面外展 90°，肘关节完全伸直，拇指朝下，犹如将空罐翻转朝下。检查者向其前臂远端施加向下的压力，嘱患者试着对抗。如果引发肩部疼痛，此试验为阳性，提示冈上肌的肌腱损伤。

(4) 抬离试验：患者处于放松站立位或俯卧位，上臂内旋，肘关节屈曲，手背碰到中段腰椎，嘱患者向后举起手离开背部。如果患者无法对抗自身重力或检查者施加的微小阻力，将手举起离开背部，或与对侧相比，动作明显受限，此试验为阳性，提示肩胛下肌无力。

(5) 压腹试验：患者处于放松坐位，手放于腹部，嘱患者手压腹部，如果引起肩部疼痛或与对侧相比，肌力下降，此试验为阳性，提示肩胛下肌损伤。

3. 肱二头肌腱损伤

(1) Speed 试验：患者处于放松站立位，肩关节屈曲 50°，肘关节伸直，前臂旋后，检查者在其前臂远端施加向下的力，如果肱二头肌部位出现疼痛，此试验为阳性，提示肱二头肌肌腱炎。

(2) Yergason 试验：患者处于放松坐位，上臂位于体侧，肘关节屈曲 90°，前臂旋前。检查者握住其手腕上方，抵抗其前臂主动旋后，如果肱二头肌肌腱部位疼痛，提示肱二头肌肌腱炎或肌腱损伤。

4. 盂唇损伤

(1) O'Brien 主动挤压试验：此试验步骤与肩锁关节相同，如果疼痛位于盂肱关节，此试验为阳性，提示由前向后的上盂唇损伤。

(2) 曲柄试验：患者处于放松坐位或站立位，检查者将患者肘关节屈曲 90°，在肩胛骨平面外展上肢大约 160°，检查者沿肱骨长轴施加一个力挤压盂肱关节，同时移动肱骨使之内外旋。如果肩部出现疼痛，此试验为阳性，提示盂唇损伤。

5. 胸廓出口综合征

(1) Adson 试验：患者处于放松站立位，转头朝向一侧，颈部伸展，肩关节外展 45°，肘关节自然伸展，嘱患者深吸一口气，屏气，维持最大吸气状态。检查者触诊双侧桡动脉，如果脉搏消失或拇指出现麻木或刺痛感，此试验为阳性，提示斜角肌压迫臂丛神经或大血管。

(2) Allen 试验：患者处于放松站立位，肩关节外展 90°，肘关节屈曲 60°，检查者握住患者的前臂远端，进行肩关节的被动内旋和伸展，同时触诊桡动脉搏动，如果患者转头朝向另一边时,脉搏减弱或消失,此试验为阳性,提示血管源性胸廓出口综合征。

(3) Roos 试验:患者处于放松坐位,双臂外展 90°,肘关节屈曲 90°。患者快速张开和握紧手指 3 分钟,如果手的力量下降或上肢感觉消失,此试验为阳性,提示胸廓出口综合征。

6. 肩峰下撞击综合征

(1) Neer 试验:患者处于放松站立位,肘关节伸展,前臂旋前,拇指朝下,检查者一手固定其肩胛骨,一手被动屈曲内旋其肩关节。如果患者肩部前方或外侧出现疼痛,此试验为阳性,提示肩峰下撞击综合征。

(2) Hawkins 试验:患者处于放松坐位,肘关节和肩关节均屈曲 90°,肩关节外展并内旋,检查者固定其肘关节近端,对前臂远端施加一个力,使肩关节内旋至最大范围。如果患者肩峰部位出现疼痛,此试验为阳性,提示肩峰下撞击综合征。

(三)神经系统测试

神经系统的完整性可以通过肌节、反射和皮肤模式(包括节段皮节和周围神经模式)来评估,肌节的检查在抗阻试验中完成,以下是反射和皮肤感觉的检查。

1. 反射

上肢的反射包括肱二头肌(C5/C6)和肱骨三头肌(C7)。测试肱二头肌反射时,受试者的手臂弯曲并由检查者的前臂支撑。检查者的拇指置于肱二头肌肌腱上,用反射锤快速向下用力击打拇指。正常的反应是轻微的肘部屈曲。肱三头肌反射是通过屈肘、伸直手臂来测试的。轻微拉伸肱三头肌肌腱,然后用反射锤敲击肱三头肌肌腱。正常的反应是轻微的肘部伸展。

2. 皮肤感觉

在患者的颈部、肩部、前胸壁和后胸壁以及双臂两侧进行感觉对比检查,确定感觉过敏以及消失或减退的区域。

## 第三节 肩部常见损伤的识别和处理

一、肩部急性软组织损伤及脱位

胸锁关节、肩锁关节和盂肱关节的韧带损伤可由一次性的压力、牵引力和剪切力或重复的超负荷引起。常见的损伤机制是摔倒或外部暴力直接打击肩峰外侧。外部暴力首先被传递到撞击部位,然后是肩锁关节和锁骨,最后是胸锁关节。这些环节中的任何一个都可能发生损伤。肩部急性扭伤在曲棍球、橄榄球、足球、马术和武术运动中很常见。

(一)胸锁关节扭伤

1. 病因

胸锁关节扭伤是一种相对少见的情况,但偶尔也会发生。可由直接撞击产生的挤压力造成,而更常见的原因是肱骨传递的间接暴力导致损伤。例如在手臂内收屈曲的情况下,外部暴力冲击肩部后外侧;摔倒时肩部后外侧着地,可能导致锁骨远端前移。

2. 症状和体征

胸锁关节扭伤可分为三个等级。Ⅰ级扭伤的特点是出现轻微疼痛以及压痛,但没有关节畸形。Ⅱ级扭伤显示胸锁关节半脱位,伴有明显的畸形、疼痛、肿胀、压痛,肩关节无法完成全范围的外展或水平内收至胸前,表明相关稳定韧带受损。Ⅲ级扭伤表现为完全脱位,锁骨在胸骨交界处明显移位、肿胀,表明胸锁韧带和肋锁韧带完全断裂。如果锁骨向后移位,可能会对血管、食管或气管施加压力,从而导致危及生命的情况。

3. 处理

受伤后立即应用 POLICE 原则。Ⅰ级扭伤采用休息、冰敷和非甾体抗炎药治疗,用悬臂带固定手臂 1~2 周。Ⅱ级扭伤需要更长时间的固定,大约 3~6 周。Ⅲ级扭伤需要医生立即将脱位复位,然后固定 4~6 周,可能会形成疤痕组织,但通常不会出现功能障碍。

(二)肩锁关节扭伤

1. 病因

经常参与对抗性强的运动的人群,肩锁关节非常容易扭伤。肩锁关节扭伤的机制通常是对肩峰的直接暴力撞击,迫使肩峰向下、向后或向内,同时锁骨被向下推靠在胸腔上。若摔倒时手臂处于伸直位着地,向上的力沿肱骨长轴传递至肩锁关节,也可能发生损伤。

2. 症状和体征

根据韧带受累程度,肩锁关节扭伤可分为 1 级(即轻度)、2 级(即中度)或 3 级(即严重)(表 8-1)。

表 8-1 肩锁关节扭伤的分类

| 分类 | 等级 | 受损结构 |
| --- | --- | --- |
| Ⅰ型 | 1级 | 肩锁韧带和关节囊部分拉伤 |
| Ⅱ型 | 2级 | 肩锁韧带断裂,喙锁韧带部分拉伤 |
| Ⅲ型 | 2级 | 肩锁韧带和喙锁韧带完全断裂 |
| Ⅳ~Ⅵ型 | 3级 | 肩锁韧带和喙锁韧带完全断裂,三角肌和斜方肌撕裂 |

Ⅰ型扭伤在关节处有轻微的肿胀和疼痛,随着肩外展角度超过 90°而增加。肩锁韧带和喙锁韧带没有损伤,仅受到轻微拉伸。

Ⅱ型扭伤是由于肩部受到更严重的打击而造成的。肩锁韧带撕裂,但喙锁韧带仅受到轻微拉伸。与健侧相比,锁骨外侧端有部分移位和突出。这种中度扭伤,触诊受伤部位时出现压痛,患者无法完成全范围的外展或将手臂内收至胸前。

Ⅲ型扭伤发生概率低,是肩锁韧带和喙锁韧带完全断裂,导致锁骨远端明显抬高,患者会有明显的肿胀和瘀伤,肩带凹陷或下垂。

Ⅳ~Ⅵ型扭伤是由更大的暴力造成的。肩锁韧带和喙锁韧带均完全断裂,此外可能存在斜方肌和三角肌与锁骨和肩峰的附着处撕裂。这种损伤表现为锁骨远端的严重畸形和突出、剧烈疼痛、运动丧失和肩关节不稳。

3. 处理

肩锁关节扭伤的即时治疗包括三个基本程序:①冰敷、加压控制局部出血;②通过悬臂带和绷带固定关节;③转诊给医生进行明确诊断和治疗。

Ⅰ型扭伤需要使用悬臂带固定 3~4 天;2 级扭伤需要 10~14 天的悬臂带保护;其中Ⅲ

型损伤大多数也采用保守治疗,其结果90%~100%都是令人满意的。Ⅳ~Ⅵ型损伤需要进行手术干预,术后固定需要长达4~6周的时间。

对于所有类型的损伤,在建议的保护期后,应立即开始积极的康复计划,包括关节活动度、柔韧性练习和肌肉力量训练。康复应该在患者可以忍受的范围内尽可能早开始,但不要增加疼痛或肿胀。关节也应该用适当的护具保护,直到恢复无痛、全范围的运动。

（三）盂肱关节扭伤

1. 病因

当手臂被迫强行外展时（例如,在足球运动中进行滑铲时前臂撑地）,可能会对关节囊前部造成损伤,但盂肱关节损伤更常见的机制是由于肩关节过度外旋和伸展（即过顶运动）。当手臂外旋时,关节囊前部和盂肱韧带被拉伸或撕裂,导致肱骨头向前下方滑出关节窝。将肱骨向后推的直接暴力撞击也可能导致关节囊损伤。

2. 症状和体征

患者会抱怨手臂运动时疼痛,尤其是当扭伤机制重现时。主动关节活动度略有受限,尤其是外展。

3. 处理

急性期24~48 h内需要冰敷、加压、休息和悬臂带固定。急性期后,可以增加超声波治疗和按摩,并鼓励患者进行轻度的被动和主动运动,以恢复肩关节全范围的运动。若患者能够完成肩关节全范围的活动且不产生疼痛,则可以开始进行抗阻力量训练。

（四）肩关节不稳

急性半脱位或脱位后可出现复发性肩关节不稳。反复出现的肩关节不稳可能发生在肩关节前部、后部、下部或多方向。前部不稳占所有复发性肩关节不稳的95%,通常在急性前脱位后引起。若出现肩关节前部不稳,会有很高的概率引起反复发作的肩关节前脱位。后部不稳通常以肩关节半脱位的形式复发。肩关节多方向不稳是指肩关节存在多个运动平面的不稳定,常见肩关节前下方和后下方同时松弛。

1. 病因

肩关节不稳的原因可能是创伤性、非创伤性、微创伤性（重复使用）、先天性或神经肌肉性。创伤性是指由于受到外部暴力打击导致肩关节脱位的创伤。非创伤性是指患者本身韧带松弛导致的肩关节脱位。微创伤性是指重复过度地使用肩关节导致,例如棒球、网球和自由泳等过顶运动。随着肩关节周围的支撑组织变得越来越松弛,肱骨头的活动性变大,最终导致盂唇损伤。先天性的关节囊和肌腱结构的松弛会导致更多的肩关节不稳定性,并增加复发性半脱位和脱位的可能性。

2. 症状和体征

（1）复发性前不稳

统计发现原发性前肩不稳后的复发率为21%。如果在年轻时出现原发性前肩不稳,预示着复发性前肩不稳的风险显著增加,接近80%。

在投掷运动员中,反复发生的前部不稳定可能会导致运动员在头顶投掷动作的伸展阶段出现疼痛或弹响。通常是后部出现疼痛,可能会持续几分钟,然后整个手臂无力。前部不稳会使肱骨头在关节盂上过度平移,让肩袖反复受压,从而导致喙肩弓下方的软组织受到撞击。恐惧测试可能为阳性,外旋受限。

(2) 复发性后不稳

肩后不稳损伤最常发生在接触性运动中,当肩关节处于屈曲、内收和内旋位置时,受到向后的沿着肱骨长轴方向的暴力,例如足球守门员接球时。虽然一次性的暴力接触可能会导致肩关节后方不稳定,但这种损伤更常见的是由于多次的微创伤积累引起。微创伤是由肩部受到重复的、向后的轴向负荷引起,可能导致盂唇撕裂。在过顶或投掷类运动中,重复的过顶运动最终导致关节囊受损。复发性后不稳可能导致疼痛发生在肩后部、前部或两者兼有。与前不稳一样,后不稳中的关节松弛也会产生肩峰下撞击,在某些动作中可能会出现捻发音。当肩外展90°时,可能会限制内旋。

(3) 多向不稳定性

多向不稳会导致肩关节下方松弛,表现为沟槽征阳性。一些简单的活动,例如拿起箱子或背包,可能会出现疼痛和/或轻微弹响。与前/后复发性不稳相关的症状和体征都可能出现。

3. 处理

复发性不稳定可以采用保守治疗或手术治疗。保守治疗包括加强盂肱关节周围的肌肉力量,以及加强作用于肩胛骨的肌肉力量,特别是肩袖肌群,它们提供了盂肱关节的动态稳定性,以及肩胛骨稳定性。前不稳应重点加强内旋肌和肱二头肌长头;后不稳应加强外旋肌;多向不稳则应加强内旋、外旋和肱二头肌。无论哪种类型的不稳,都应避免关节活动度和柔韧性练习,同时可以使用各种类型的肩带和护具来限制肩部活动。如果保守治疗未能改善肩部功能,则可能需要手术介入。术前应该进行一段时间的肌力训练,加强肩关节周围稳定性。

(五) 盂肱关节脱位

盂肱关节是人体最常脱位的关节。90%的盂肱关节脱位是前脱位,后脱位排在第二位。下脱位很少见,常伴有神经血管损伤和骨折。脱位可以是急性的,也可以是慢性的。在直接创伤引起的脱位中,85%~90%会复发。

1. 病因

盂肱关节前脱位可能是由于直接暴力撞击肩部的后侧或后外侧造成的,如跌倒时肩部后方着地。此外,常见的损伤机制是间接暴力引起,如运动中摔倒时肩关节处于上臂外展外旋位,手或者肘部着地,力传导至肩部致使盂肱关节前脱位。盂肱关节后脱位损伤机制通常是肩部的被迫内收和内旋导致。

2. 症状和体征

肩部剧烈疼痛,肿胀,主动和被动活动受限。三角肌塌陷呈"方肩畸形",用手触至肩关节处有空虚感,腋窝、喙突下或锁骨下可触及移位的肱骨头。患侧手不能触到健侧的肩部,肘部不能贴近胸壁,即杜加氏(Dugas)征阳性。X线检查后,可以确诊脱位方向及合并骨折情况。肩关节前脱位后常见希尔-萨克斯(Hill-Sachs)损伤和班卡特(Bankart)损伤。Hill-Sachs损伤是指肩关节发生前脱位时,肱骨头后外侧与肩胛骨关节盂前缘撞击,使肱骨头后上方产生的压缩性骨折。虽然该病变很少出现症状,但可能会导致盂肱关节的早期退行性变。Bankart损伤是指肩关节盂唇前下方发生撕裂。

3. 处理

肩关节脱位后容易出现肌肉痉挛,使复位变得困难,并且肩关节首次脱位可能合并骨折发生,因此在复位前需要拍摄 X 线片确认脱位方向以及排除骨折情况。复位后用悬臂带进行固定。前脱位,肩关节应保持内收和内旋的放松位置。后脱位,肩关节应被固定在外旋和轻微外展的位置。复位并固定后,应尽快开始康复训练。手法复位患者可在第 2～3 天开始,不需要等到完全消肿,肿胀不再加重或感觉不太疼就可以开始了。早期进行理疗和静力性收缩练习;中期在不负重的状态下完成正常活动;后期可以加快速度,若速度加快后也不会引起疼痛,就可以进行负重训练,增加负荷时以无痛为原则。

### (六) 盂唇撕裂

**1. 病因**

肩关节唇是一个纤维软骨环,排列在关节窝内以更好地容纳肱骨头。下盂肱韧带在其附着处与盂唇相连。下盂唇和下盂肱韧带撕裂称为 Bankart 损伤。这种病变与复发性肩关节前部不稳定有关。上盂唇的损伤可能从后开始,向前延伸,可累及肱二头肌长头腱附着处,称为 SLAP 损伤。SLAP 损伤可分为四型:

Ⅰ型:肩胛上盂唇磨损、变性,但尚未撕脱,有完整的盂唇缘和肱二头肌腱锚。

Ⅱ型:上盂唇及肱二头肌长头腱自肩胛盂撕脱。

Ⅲ型:上盂唇桶柄样撕脱,但部分上盂唇及肱二头肌长头腱仍紧密附着于肩胛盂上。

Ⅳ型:上盂唇桶柄样撕脱,病变延伸至肱二头肌长头腱,部分上盂唇仍附着于肩胛盂上。撕脱部分可移行至盂肱关节,有时肱二头肌长头腱可完全撕脱。

手臂受到突然的暴力牵拉,或反复的过顶运动牵拉易导致 SLAP 损伤,如投掷运动员。此外受暴力撞击也会导致 SLAP 损伤,例如摔倒时肩外展及轻度前屈位着地,肱骨头向上方半脱位直接撞击和挤压盂唇导致 SLAP 损伤。

**2. 症状和体征**

患者可能会抱怨疼痛、痉挛或无力,通常是当手臂处于外展和外旋的位置时。疼痛通常与关节内弹响有关。如果盂唇撕裂是脱位或半脱位的结果,也可能存在肩关节不稳的症状。特殊试验检查如曲柄试验、O'Brien 试验、挤压-旋转试验、后上挤压试验呈阳性,Speed 试验和 Yergason 试验也可能呈阳性。磁共振关节造影(MRA)检查是确诊 SLAP 损伤的金标准,准确率高达 70% 以上。

**3. 处理**

治疗的选择应基于盂唇撕裂的类型以及盂肱关节的稳定性。保守治疗包括休息、理疗、消炎止痛药,增加肩关节周围的肌肉力量,稳定肩关节,进而减少疼痛。若保守治疗效果不佳,需要考虑关节镜下清理术。Ⅲ型 SLAP 损伤进行切除清理手术,恢复较快;Ⅱ型或Ⅳ型 SLAP 损伤出现撕裂,需要钢钉固定。

肩关节上盂唇损伤修复后康复训练在术后 1～3 周开始,除了训练或洗澡时,患者始终都要佩戴固定带。早期进行关节活动度练习,有利于愈合并避免后期训练中的过度被动牵伸。注意早期禁止肱二头肌牵拉,限制外旋外展位的被动动作,循序渐进,控制牵拉力度。康复全过程为了避免对盂唇的过度牵伸和肱二头肌长头的过度牵拉,患者只能缓慢进行渐进性外展及外旋运动。同时辅以针灸、理疗,以及手法治疗如牵拉、按摩、淋巴引流、关节松动等。患者的整个康复计划需要 3～4 个月。

## 二、肩部过度使用导致的损伤

重复进行过顶运动的人通常会出现肩部疼痛。在肩关节外展过程中,三角肌和冈上肌向上拉动肱骨头,其余的肩袖肌肉必须通过产生相反方向的力来抵抗冈上肌和三角肌产生的拉力,从而抵消肱骨头向上的移动。如果肩袖肌群无力或疲劳,在过顶运动时,它们不能压低关节窝内的肱骨头就会产生撞击,导致肩袖损伤、肩峰下撞击综合征、滑囊炎或肱二头肌肌腱炎。

### (一)肩峰下撞击综合征

肩峰下撞击综合征是指在肩外展时,肱骨头及大结节反复撞击肩峰前缘及肩峰下结构,肩峰下滑囊受挤压,造成这些软组织发生无菌性炎症并引起疼痛,甚至发生嵌顿或撕裂,从而引起功能丢失和残疾。

1. 病因

过顶运动量过大(即过度使用)是主观病因。客观致病因素分两个方面,一方面是解剖因素,即因骨或软组织结构异常,造成出口部狭窄而发生的撞击。如钩状肩峰、韧带增厚、滑囊增厚、瘢痕组织、钙化等。另一方是动力学因素,即因为肌肉无力或肌力不平衡导致肱骨头过度上移,或是肩胛骨上回旋不够,或是过顶动作时肩胛骨内收消失,进而肩峰下间隙减小,增加肩关节撞击综合征的风险。

2. 症状和体征

初期症状轻微,活动时疼痛,在上举或持物时产生疼痛加重。中期疼痛不断发展,会发生夜间痛。上肢肌力和 ROM 减小。晚期有明显的压痛,肩峰下深部、肱骨大结节处最明显,严重的可能发展成冻结肩,各方向的运动均受限制。特殊试验检查,如疼痛弧试验、Neer 试验、Hawkins 试验可能呈阳性。

3. 处理

急性期可以应用 POLICE 原则和物理因子治疗减轻疼痛和炎症。后期康复治疗可分为三个阶段,第一个阶段是保护阶段,使用绷带制动并在疼痛阈下进行肩部轻微活动,注意相邻关节的活动,维持其活动度与肌力,防止肌肉关节僵硬。第二个阶段是改善不正常的力学特征,增强肩关节稳定性,增强肩关节周围肌肉力量,利用不稳定平面,如瑞士球、SET(悬吊系统)进行肩关节稳定性训练。同时要改善关节活动度受限,可以由各个方向的被动运动-助力运动-主动活动逐一进阶,使用关节松动术、肌肉牵拉进行辅助。第三个阶段是功能性训练,让患者参与羽毛球、游泳、篮球、棒球等运动,增加肌肉的协调性。

### (二)肩关节滑囊炎

1. 病因

肩关节滑囊炎是指滑囊部位出现积液,通常不是单独存在的损伤,它与其他损伤有关,如肩峰下撞击综合征和肩袖退行性变导致的慢性无菌性炎症。最常发炎的滑囊是肩峰下滑囊。

2. 症状和体征

患者在活动肩部时会感到疼痛,尤其是在外展、屈曲、内收和内旋时。在投掷动作的开始和加速过程中,出现突然的肩部疼痛。肩峰下间隙有压痛。无法入睡,尤其是患侧卧位,因为肩胛骨被迫前伸,导致滑囊进一步受到撞击。

3. 处理

优先使用冰敷、超声和抗炎药物来减轻炎症,如果效果不佳可以向肩峰下间隙注射皮质类固醇溶液来缓解症状。如果肩峰下撞击是诱发滑囊炎的主要机制,则应采取上节所述的措施加以纠正。

(三)肱二头肌长头肌腱炎

1. 病因

肱二头肌长头肌腱炎在从事过顶运动的人群中很常见,如羽毛球运动员、铅球运动员、棒球/垒球投手、游泳运动员和标枪运动员等。在过顶运动中反复牵拉肱二头肌可能导致其长头肌腱在通过肱横韧带下方时受到刺激。将二头肌长头肌腱固定在结节间沟中的横韧带可能发生完全断裂,或者持续的炎症可能导致退行性变。

2. 症状和体征

结节间沟上方会有压痛,当肩部内旋或外旋时疼痛加重,由于有炎症,还可能出现肿胀、发热和捻发音。进行动态过顶投掷类运动时,患者可能会抱怨疼痛。特殊试验检查,如Speed试验、Yergason试验可能呈阳性。

3. 处理

治疗包括休息,限制加剧症状的活动,每天应用冷疗、超声、非甾体抗炎药来减轻炎症。炎症得到控制后,逐步加强肱二头肌肌肉力量训练以及牵伸练习。若保守治疗效果不佳,需要考虑手术治疗,手术选择包括清创术、肌腱切断术或肌腱固定术。

(四)肱二头肌肌腱断裂

1. 病因

长时间的肱二头肌肌腱炎会使肌腱变性,在重复的过顶运动中容易断裂。在肱二头肌进行剧烈的向心或离心收缩时最容易发生,因此举重运动员或体操运动员是高发人群。肱二头肌肌腱断裂常见于退行性肌腱,因此老年人和曾经向肌腱内注射皮质类固醇的人群也易发生。

2. 症状和体征

患者通常会听到啪的一声响,是肌腱断裂的声响,并感受到突然剧烈的疼痛。在肱二头肌的断裂处可以看到明显的出血征象,有青紫、瘀斑的出现。局部肿胀、压痛。会有明显的活动受限,屈肘和肩外旋时感到明显的肌力不足,或因疼痛无法完成动作。部分断裂可能导致轻微的肌肉畸形,若完全断裂,肱二头肌向远端移动,在上臂中段部位出现肱二头肌明显的膨大,被称为大力水手征。

3. 处理

应立即冰敷控制出血,用悬臂带固定,并将患者转诊给医生。大多数情况下,患者需要进行手术修复。运动员需要进行手术修复和固定,以恢复参加竞技运动所需的屈肘和前臂旋后力量。老年人通常不建议手术修复,因为进行适当的康复训练后,在没有肱二头肌的情况下也能正常工作,可以恢复正常的体力活动。

(五)冻结肩

1. 病因

冻结肩本质是肩关节周围组织炎症,又称肩周炎、五十肩(多发于50岁左右),是肩关节囊和关节周围软组织损伤、退变而引起的一种慢性无菌性炎症。本病的多发年龄在50岁左右,女性发病率略高于男性,多见于体力劳动者。早期变化是关节囊收缩变小、关节的容积减小,晚期软组织呈普遍的胶原纤维的退行性变,纤维化、短缩与硬化,最终关节囊收缩增厚,紧紧包裹在肱骨头周围,内部几乎没有滑液。肩袖肌肉也萎缩且缺乏弹性。持续的炎症会导致主动和被动运动的疼痛,患者会因为疼痛而逐渐抵制活动肩关节,结果导致肩膀僵硬。

2. 症状和体征

疼痛是最明显的症状,具有持久性,夜间加重。疼痛可向上放射到头后部,向下放射到腕及手指向前到胸部,向后到肩胛骨区。疼痛可能引起持续性的肌肉痉挛。三角肌,冈上肌等肌肉早期可出现痉挛,后期发生失用性肌萎缩。在肩关节周围可以触及明显的压痛点。肩关节各方向的活动均受限,以外展,屈曲,内旋,外旋最为明显,严重时肘关节功能也受到影响,梳头、穿衣、洗脸等动作难以完成。

3. 处理

目标是缓解疼痛和恢复关节活动度。治疗通常包括理疗,如电疗、超声消除粘连、抑制慢性炎症;关节松动术、牵拉改善关节活动度;积极进行肩关节各个方向的活动,缓解肌肉痉挛,增加肌力。

(六) 肩胛骨动力障碍

1. 病因

肩胛骨动力障碍是指在静息位肩胛骨位置异常或者在运动过程中肩肱节律异常。肩胛骨动力障碍会引起肩胛骨回缩、前伸控制和上回旋的功能障碍,导致动力链功能缺失,增加了损伤、拉伤、撞击的风险。肩胛骨动力障碍的患者中,68%有肩袖损伤、94%有盂唇撕裂、100%有肩关节不稳等问题。肩胛骨动力障碍的发病机制包括骨性结构因素,如锁骨骨折以及肩锁关节损伤;软组织因素,主要表现为前锯肌的力量减弱、中斜方肌和下斜方肌激活不足或过晚激活、上斜方肌过度激活或过早激活(导致耸肩)。肩关节周围肌肉的柔韧性或者韧带、关节囊的弹性下降或挛缩均会影响肩胛骨的正常位置和运动,最常见的就是胸小肌以及肩胛提肌的适应性短缩。

2. 症状和体征

根据肩胛骨在静息位的位置和动态运动过程中的轨迹,将肩胛骨动力障碍分为四型。Ⅰ型(下角型):在静息位,肩胛骨下内侧缘(肩胛下角)异常(向背侧)突起,在肩关节运动时,肩胛下角向背侧突起,肩峰向胸壁部前倾,这往往和过度的肩胛骨前倾有关;Ⅱ型(内侧缘型):在静息位,整个肩胛骨内侧缘向背侧突起,在肩关节运动时,内侧缘向背侧倾斜远离胸壁,这和过度的肩胛骨内旋有关;Ⅲ型(上缘型):在静息位,肩胛骨上界发生上移或肩胛骨向前移位紧贴胸壁,在肩关节运动时,发生耸肩,这和肩胛骨过度上移有关;Ⅳ型(对称型):在静息位,肩胛骨相对对称(有可能优势侧肩胛骨较低),在肩关节活动时,肩胛骨对称性上旋。肩胛骨动力障碍试验会观察到异常的肩肱节律,即让受试者双侧上臂在负重(负荷量据体重而定)状态下完成5次重复的肩关节主动前屈及外展。观察受试者肩肱节律情况及肩胛骨位置变化情况。阳性表现包括内侧缘、下角远离胸壁(翼状隆起);肩胛骨过早或过度上抬和前伸;肩关节内收时,肩胛骨快速下旋。

3. 处理

肩胛骨动力障碍的治疗应该建立在肩胛骨处于良好位置的基础上，在此基础上进行的各种肌肉的激活或者力量训练才能达到最佳效果。鉴于常见的与肩胛骨动力障碍有关的肌肉有胸小肌、肩胛提肌以及菱形肌的适应性短缩，对于此类因素通常选择牵伸技术以及软组织放松技术来解决。此外，肩胛骨动力障碍经常存在斜方肌中/下束(LT)、前锯肌激活不足，而上斜方肌过度激活的问题。所以我们要选择尽量少激活上斜方肌的同时又能有效动员到斜方肌中/下束、前锯肌的动作来进行肌肉力量的训练。

(七) 胸廓出口综合征

1. 病因

胸廓出口综合征是指锁骨下动、静脉和臂丛神经在胸廓上口受压迫而产生的一系列症状。压迫神经和(或)血管的原因包括骨性结构异常，如颈肋、第7颈椎横突过长、第1肋骨或锁骨两叉畸形、外生骨疣、外伤引致的锁骨或第1肋骨骨折、肱骨头脱位等情况。斜角肌痉挛、纤维化、肩带下垂和上肢过度外展均可引起胸廓出口变狭窄，产生锁骨下血管及臂丛神经受压迫症状。上肢正常动作如上臂外展、肩部向后下垂、颈部伸展、面部转向对侧以及深吸气等也可使肋锁间隙狭窄，神经和血管受压迫的程度加重。

2. 症状和体征

因神经、血管或两者是否受压及其程度不同而表现各异。神经源性症状主要由压迫臂丛神经引起，较血管受压的症状常见。绝大多数患者的主要症状是疼痛和麻木感。运动无力、小鱼际肌及掌间肌萎缩约占10%，症状表现为尺侧神经支配的前臂和手的内侧、第5手指和第4手指的侧面。疼痛发生在颈肩部，也可累及前臂和手。疼痛和麻木可因过度用力，伴上肢外展和颈部过伸体位时出现或加重。体格检查无异常发现。部分患者前臂和手内侧感觉异常和麻木，小鱼际肌和掌间肌萎缩，出现第4、第5手指挛缩。在胸廓出口综合征的上臂型，臂丛的C4、C5神经受压迫，疼痛发生在三角肌和上臂的侧面。累及臂丛的C7、C8，引起正中神经在食指和中指的症状。在胸廓出口综合征病症中，颈肋可以产生C5、C6、C7、C8、T1受压的各种不同程度的症状。

部分患者疼痛不典型，累及前胸部和肩周区域，出现假性心绞痛的症状。动脉受压的症状包括上肢和手部皮肤冷、疼痛、无力或易于疲劳，疼痛的性质呈弥漫性。少见症状为静脉阻塞或闭塞的症状，表现为臂部疼痛、疲劳，伴肢体肿胀、发绀和水肿，可出现肩周前胸侧支静脉扩张。

特殊试验检查，如上肢外展试验，即上肢外展90°、135°和180°，手外旋，颈取伸展位。使锁骨下神经血管紧束压在胸小肌止点下方和锁骨与第1肋骨间隙处，可感到颈肩部和上肢疼痛或疼痛加剧。桡动脉搏动减弱或消失，血压下降2.0kPa(15 mmHg)，锁骨下动脉区听到收缩期杂音。斜角肌试验，在扪及桡动脉搏动下进行监测。病人深吸气、伸颈，并将下颌转向患侧，如桡动脉搏动减弱或消失则为阳性。

3. 处理

对于早期和轻度的胸廓出口综合征患者，可以采取保守治疗，主要原则是通过放松紧张肌肉、增强肌肉力量来纠正导致胸廓出口综合征的解剖状况。具体措施应该加强斜方肌、菱形肌、前锯肌的肌肉力量，牵伸胸小肌和斜角肌。如果保守治疗效果不佳，应该考虑手术治疗,解除对血管神经束的骨性剪刀样压迫,例如切除第 1 肋骨全长,解除压迫因素。

### 三、肩部骨折

大多数肩部骨折是由于摔倒时肩部着地,或摔倒时手部或手臂着地,间接暴力传导而致。锁骨骨折比肩胛骨和肱骨近端骨折更常见,近 80% 发生在锁骨中部区域。

(一)锁骨骨折

1. 病因

锁骨呈 S 形结构,中外 1/3 交接部位相对较细,因此近 80% 的锁骨骨折发生在锁骨的中间 1/3 处。锁骨骨折是临床上最为常见的骨折之一,常为间接暴力所致,一般为侧方摔倒,肩部着地或以手或肘部着地,暴力传导至锁骨发生骨折。儿童常常为青枝骨折,成年人多为斜行或粉碎性骨折,严重的骨折或移位可造成位于锁骨下的动脉和臂丛神经损伤。

2. 症状和体征

骨折所致的畸形和肿胀通常比较明显。典型的体征是患肩部不敢活动,骨折部位压痛。由于锁骨位置表浅,骨折后局部肿胀、皮下淤血,肩关节活动时疼痛加剧,患者多用手托住患肢肘部,以减轻肩部活动造成的疼痛,头偏向患侧,以减轻胸锁乳突肌牵拉骨折端活动而产生的疼痛。如果骨折碎片穿透局部动脉或神经,可能会出现并发症。

3. 处理

锁骨骨折后急性期局部用冷疗,骨折后 1～3 周,肩部固定,主要进行肘、腕、手的屈伸及前臂的内外旋练习,可逐渐进行抗阻力训练,如果未进行内固定术,可以用电疗法。第 4～6 周,可进行肩部的全方位主动功能练习,配合一些器械进行训练,逐渐增加抗阻力训练。第 8 周后,增加训练强度,应用关节松动术改善关节周围软组织关节囊的紧张度,恢复其柔韧性、恢复正常的关节活动范围。

(二)肩胛骨骨折

1. 病因

肩胛骨骨折是一种罕见的损伤,通常是由于直接撞击或间接暴力通过肱骨传递到肩胛骨时发生。肩胛骨关节盂、肩峰和喙突最可能发生骨折。喙突撕脱骨折是由直接创伤或二头肌小头或短头的用力收缩造成的。

2. 症状和体征

大多数骨折导致轻微移位,并表现出局部出血、疼痛和压痛。患者不愿移动患侧的手臂,更愿意将其保持在内收状态。手臂外展时疼痛加重。要注意任何潜在肺损伤的体征或症状,例如气胸或血胸。

3. 处理

应该立即用悬臂带固定,冰敷减少血肿的形成,尽快转介给医生并进行 X 线检查。手臂应该用悬臂带固定 3 周,早期活动很重要,以避免丧失活动度发展为冻结肩,通过早期的被动和主动伸展运动,通常在 2 周内,可以减少该区域软组织粘连的发生。

(三) 肱骨骨折

1. 病因

肱骨干、肱骨近端和肱骨头均可能发生骨折(骨骺骨折)。肱骨骨折通常是由于直接或间接暴力造成的。最常见的损伤机制包括高处坠落时上肢外展、摩托车车祸伤以及上臂直接遭受暴力所致。肌肉的极度收缩也可造成肱骨干骨折。由于许多肌肉的附着点均在肱骨上,所以一旦发生肱骨骨折,常会因为肌肉的牵拉,导致骨折端移位造成畸形。在肱骨下1/3后外侧桡神经沟内牵引桡神经,紧贴骨面下行,因此肱骨干骨折常损伤桡神经,导致腕部下垂和无法完成前臂旋后。肱骨近端骨折对该区域的神经和血管构成极大的危险。肱骨头骨折最常发生在10岁及以下的人群中。

2. 症状和体征

伤后上臂立即出现疼痛、肿胀、皮肤瘀血瘀斑、畸形、上肢活动障碍,用手触之有异常活动,查体时可发现上臂有假关节性活动,可触及骨擦感,拍X线片可明确骨折类型、部位和移位方向,如果伴有桡神经损伤,可出现"垂指、垂腕"征、腕关节、各手指掌指关节不能背伸,伸拇指障碍、前臂旋后障碍,手背桡侧半皮肤感觉,特别是虎口区感觉减退或消失。

3. 处理

骨折后即刻应用夹板制动,应用冰敷镇痛、减轻肿胀,尽快转诊给医生。骨折经钢板或髓内针等内固定手术后,1周内主要是休息、制动。术后3天内疼痛反应比较明显,可以做手和腕部的主动活动,逐渐过渡到上臂肌群的主动等长收缩。术后1周可以开始上肢肌群的主动等张练习。术后2~3周可做耸肩练习、前臂内外旋练习、肘关节屈伸练习。术后3~4周除肌力仍稍弱外,整个患肢功能可接近健肢。术后4~6周增加抗阻练习,加强前臂内外旋功能。术后6~8周可以借助肋木、滑轮、弹力带、体操棒等进行功能练习。未经手术内固定,采取手法复位外固定的肱骨骨折,相对来讲制动时间要长一些,其稳定性也不如内固定。若合并有桡神经损伤,应该加强伸指、伸腕肌的功能训练,辅以经皮神经电刺激疗法。

## 第四节 肩部损伤的康复

肩关节的康复计划必须满足个人的特殊需要,因人而异、针对性地制定康复计划,这便要求防护师对肩关节复杂的解剖和生物力学功能有良好的了解。肩关节具有较大的关节活动范围,灵活性相对于稳定性更好。因此,在两者之间必须取得良好的平衡,特别是对于高水平运动员。

### 一、损伤后固定

康复计划应根据患者的需求量身定制。固定期的长短取决于损伤的类型、损伤的结构部位、损伤严重程度以及医生对损伤的处理方式(保守治疗或手术治疗)等,但在大多数情况下,受伤的患者通常会在佩戴某种类型的固定器具(悬臂带或护具)时就开始进行等长训练。此外,制动的具体时间也因损伤而异。例如:某些损伤可能不需要佩戴悬臂带或护具;

某些损伤几乎需要全天 24 h 佩戴,仅在进行康复训练时才取下;还有些损伤可能仅需要在早期愈合阶段的晚上佩戴,或仅在活动期间佩戴运动限制护具,又或在最初几周不佩戴,但运动范围超过 90°时佩戴。由固定期向活动度训练和力量训练的进阶应取决于愈合的生理过程,通常由训练量增大的同时,疼痛和肿胀的变化程度决定。

## 二、心肺耐力

在整个肩关节康复过程中,运动员必须保持高水平的心肺耐力,因为在重返运动之前没有较高的心肺耐力,疲劳感会更早地产生,将加大二次损伤的风险。许多体育活动都涉及一些下肢跑动动作,所以,肩关节损伤的患者可以通过跑步、快走和骑健身车等活动来维持心肺耐力。而对于从事游泳、投掷等需要上肢耐力运动的患者,在能够耐受这些活动后,应尽快参与。虽然负重不是上肢康复考虑的重要因素,但水中运动疗法对于肩关节康复是有益的,它可以帮助保持心肺耐力且加强肩关节。

## 三、关节活动度的恢复

恢复完整的、不受限制的、无痛的关节活动范围是肩关节康复最重要的方面之一。肩关节是一个复合关节,由四个共同发挥作用的关节组成,必须确保每个关节都具备正常的关节运动力线、运动范围和肩肱节律,以使患者恢复正常的全范围关节活动度。当由肩关节囊或周围韧带的紧张,而非肌肉或肌腱紧张导致运动受限时,可以使用关节松动技术改善关节活动度,包括在胸锁关节和肩锁关节处对锁骨进行前/后和下/上的滑动。此外,肩胛骨的松动,肱骨向前、后、下的滑动可以根据需要在康复的早期阶段进行。

除了上述通过被动的方法改善和恢复关节活动度外,损伤后应立即开始轻微的主动关节活动度训练,还可以进阶到一些主动辅助关节活动度练习。在无痛的情况下,可以使用 T 型杆进行肩关节所有基本运动平面内的训练,包括肩关节前屈、后伸、外展、内收、内外旋、水平内收和外展。此外,通过绳索-滑轮训练和爬墙训练对恢复屈曲和外展活动度效果更佳。术后渐进式 ROM 练习结合肩袖和肩胛周围力量强化可有效提高内旋和外旋的力量。

## 四、肌肉力量、耐力和爆发力

肩关节康复的力量练习通常遵循等长训练、离心和向心收缩的全关节活动范围内的等长训练、等速训练、超等长训练的原则。

损伤或手术后,当手臂仍处在固定期间,应立即开始轻微的等长抗阻运动,从盂肱关节的休息姿势开始,然后在肩部的各个运动平面上施加缓慢、轻微的负荷。等长运动的一个缺点是力量的增加相对在特定的关节运动角度,因此,必须在多个位置角度进行等长收缩以加强关节。随着能力的提升,可以逐渐安排更大抗阻负荷进行等长训练。最后,包括关节活动末端在内的各个位置施加更大、速度更快的、未知的阻力。

应特别注意加强肩胛骨的稳定性,它有助于为盂肱关节高度的灵活性提供基础,已证明,具有惯性的、不稳定的训练可以明显增加肩关节周围的稳定性。通过结合抗阻练习加强肩胛骨各个方向的力量,包括肩胛骨的前伸、后缩、上提、下降、上回旋及下回旋等(图8-1),此外,也可以在瑜伽球上进行肩胛骨稳定性训练,包括Y、W和T练习(图8-2)。

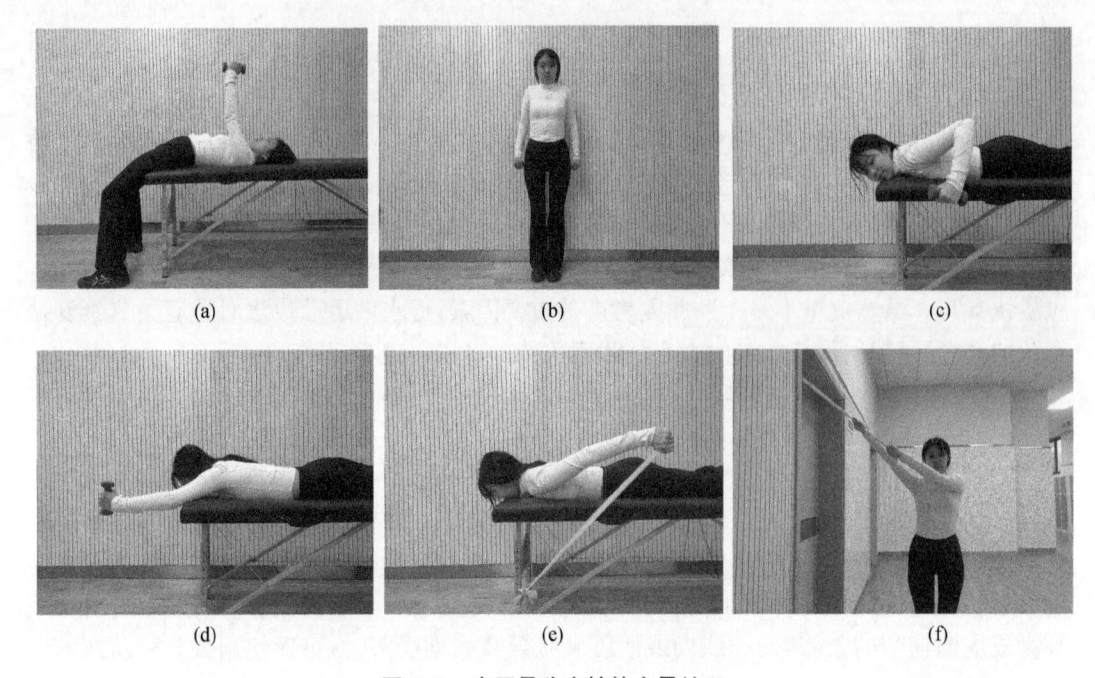

**图 8-1 肩胛骨稳定性的力量练习**
(a) 肩胛外展和向上旋转(前锯肌);(b) 肩胛骨抬高(斜方肌上段、肩胛提肌);(c) 肩胛骨内收(斜方肌中段);(d) 肩胛骨下降和内收(斜方肌下段);(e) 肩胛骨内收和下回旋(菱形肌、斜方肌下段);(f) 双手身体"插刀"PNF模式

**图 8-2 在瑜伽球上进行肩胛骨稳定性练习**
(a) Y 练习;(b) W 练习;(c) T 练习

当ROM接近正常时,可以在俯卧、侧卧、仰卧或站立位置进行等张运动的开链练习,初始阶段可以先以自重进行抗阻训练,随着力量的提高,可以进行不同类型的自由重量或器械训练,包括哑铃、杠铃、橡皮管或弹力带等器械以及PNF抗阻练习。抗阻练习应涉及肩关节所有基本运动平面。

等张和等速训练都应该强调向心和离心部分,但也要注意在向心和离心收缩期间潜在的疼痛弧,因为疼痛会进一步加重损伤,因此,应该在无痛的运动弧内以轻微的阻力运动。在投掷的减速阶段,外旋肌的离心收缩是必不可少的,因此,在训练期间不可忽视离心训练的重要性。

超等长训练涉及使用预拉长或反向动作且快速地接住重力球,以促进投球时的向心收缩。练习可以通过各种单臂和双臂胸部传球和过顶传球进行,也可以使用小型弹网来做爆发式弹跳俯卧撑。

### 五、神经肌肉控制

受伤后或一段时间的固定后,患者必须重新学习如何使用受伤的肢体,协调的、高技巧性的肩关节活动对于重返运动至关重要。患者不仅要恢复力量和关节活动范围,而且必须为执行高技巧性运动所必需的肌肉制定一个精确的神经-肌肉控制系统。同时,本体感觉训练也应及时进行,生物反馈技术可以帮助患者恢复特定肌肉的控制。

使用自由重量可以发展平衡和协调功能以及通过对角线模式提高动作技能,但是,必须将本体感觉训练转移到实际动作中。例如,就投掷动作而言,这种训练应涉及一个缓慢的、有意识的投掷动作,可以通过使用镜子或录像带等进行视觉反馈以调整动作。随着不断地训练,错误的生物力学动作得到纠正,动作不断完善,投掷的速度和距离会逐渐增加。

在急性炎症得到控制后,可以进行闭链运动。闭链运动被认为对下肢很重要,特别是对体操、摔跤和举重等运动员更加重要。可以在墙壁、桌面或不稳定的平面如瑞士球或滑板进行体重的转移和俯卧撑练习(图 8-3)。这些动作强调拮抗肌群的协同收缩,从而提高

**图 8-3 闭链运动**
(a) 在 BAPS 板上;(b) 在瑞士球上;(c) 2 点跪姿

拮抗肌群的神经肌肉控制,并促进肩关节的稳定性。建议在肩部康复中同时运用开链运动和闭链运动,因为这两种运动均可以有效改善肩关节位置觉。

## 六、功能进阶

功能进阶通常包含一些涉及过顶运动的专项运动技能。可以运用 D2 上肢 PNF 模式进行力量强化,它与过顶投掷和发球动作非常相似,或者将医用管连接到棒球或网球拍上,让患者做投掷或发球动作有助于增加患者的力量,这些动作过程中都包含了向心和离心收缩。投掷和发球动作需要很大的角速度,因此,功能进阶应该针对角速度的增加。例如,投掷过程的进阶应该通过一系列渐进的阶段来增加投掷距离和投掷速度,进阶与否则取决于前一阶段是否有疼痛和肿胀。

## 七、重返运动

让患者完全重返运动的决定应基于预先确定的功能标准,这些标准可以通过功能运动表现来体现,比如,等速测试便可以提供一些客观的力量测量,但运动防护师和教练必须清楚了解康复过程和康复所需的一般时间框架。完全重返运动应基于运动员、队医、运动防护师和教练之间的共同商议决定。

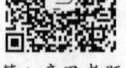

第八章思考题　　第八章参考文献

# 第九章

# 肘部常见运动损伤

【导　　读】

　　肘部损伤也是常见的运动损伤之一,尤其常见于棒球、手球等投掷类运动和网球、高尔夫球等挥拍挥杆类运动人群。肘关节是上肢重要的结构,其有效连接了肱骨与尺骨和桡骨,可将肩部及身体的力量传递到前臂和腕、手部。肘部长期频繁运动可引发过度使用性损伤,同时在运动过程中的碰撞、跌倒也会使肘部出现创伤。本章对肘部损伤的预防、评估和处理进行介绍。

【学习目标】

　　熟悉肘部损伤的预防措施和评估方法;掌握肘部常见损伤的识别与处理方法;熟悉肘部损伤康复计划的制订。

【思维导图】

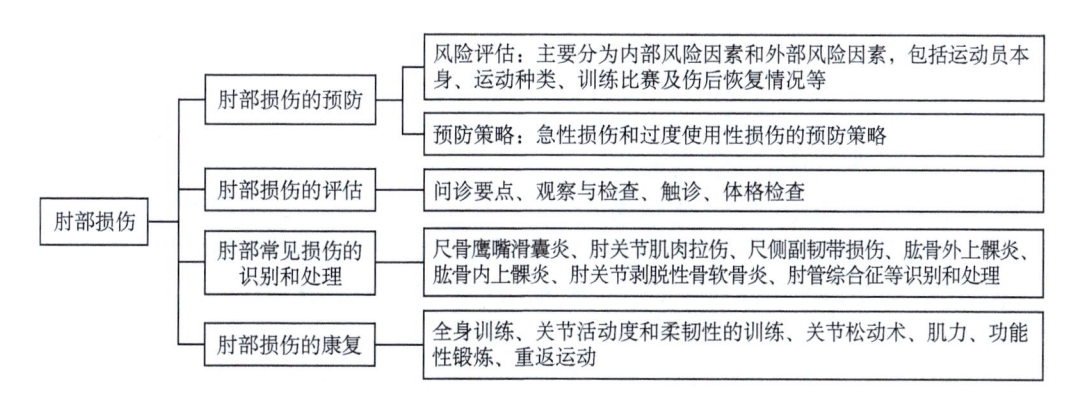

| 肘部损伤 | 肘部损伤的预防 | 风险评估:主要分为内部风险因素和外部风险因素,包括运动员本身、运动种类、训练比赛及伤后恢复情况等 |
| --- | --- | --- |
| | | 预防策略:急性损伤和过度使用性损伤的预防策略 |
| | 肘部损伤的评估 | 问诊要点、观察与检查、触诊、体格检查 |
| | 肘部常见损伤的识别和处理 | 尺骨鹰嘴滑囊炎、肘关节肌肉拉伤、尺侧副韧带损伤、肱骨外上髁炎、肱骨内上髁炎、肘关节剥脱性骨软骨炎、肘管综合征等识别和处理 |
| | 肘部损伤的康复 | 全身训练、关节活动度和柔韧性的训练、关节松动术、肌力、功能性锻炼、重返运动 |

## 第一节　肘部损伤的预防

　　肘关节的急性损伤常见于接触和碰撞类运动(如橄榄球、武术等)、高度较高的运动(如跳高、跳台滑雪，体操等）以及高速高能量运动（如高山滑雪、速度滑冰等），受伤类型可能是直接（肘部直接受到撞击）或间接（摔倒时手撑地）损伤。此外，在进行举重、拳击、铅球等运动过程中也会对肘关节产生较大负荷，长期如此可能会出现损伤。肘部的过度使用损伤比急性损伤更为常见。肘部的重复负荷会导致过度使用以及微损伤的发生，如肌腱病、应力性骨折以及韧带拉伤。长期的过度使用会弱化组织结构，当负荷超过组织结构所能承受的范围时就可能会出现损伤。肘关节的过度劳损在使用球拍、球棒（如网球、壁球、高尔夫球、长曲棍球等）或投掷（如标枪、棒球、垒球等）类等对上肢要求较高的运动项目中更为常见。由于大多数急性损伤都是难以预料的，因此肘部损伤预防的主要目标是针对过度使用性损伤。

## 一、风险评估

预防损伤时，不仅要了解特定运动的整体风险，还要识别与运动员有关的关键风险因素，并针对性地制定预防方案。风险因素可分为内部和外部，其中内部因素包括肘关节解剖、运动员骨骼的成熟程度、关节对位、力量以及动力链的协调性。性别对损伤的影响不大，而运动员肘部的运动强度和频率是最大的风险因素。外部因素则包括比赛等级、重复次数或投掷次数、比赛间的休息时间、特定运动中接触和碰撞的风险、装备（包括握把、球拍弦张力、投掷物重量和大小等）、环境和技术风格等。

（一）内部风险因素

1. 年轻运动员

年轻运动员的骨骼未成熟，其肘部有许多骨化中心和生长板，是容易损伤的"薄弱环节"。举重和拳击项目对肘关节的反复压迫、体操运动员对肘关节的负重需求或与投掷有关的外翻应力，都会使得肱骨小头的骨化中心存在血管损伤的风险。

在骨骼未成熟的肘部的内侧，肱骨内上髁的骨化中心是内侧副韧带和前臂屈肌的附着点。当肘部承受外翻应力时（如举重、投掷），该部位有可能受到过高的张力而出现撕脱的风险，骨骼未成熟的投掷者很少出现单独的尺侧副韧带损伤。

2. 年长和高水平运动员

骨骼成熟的运动员肘部外侧会出现慢性改变，包括产生骨刺、桡骨头肥大、肱骨小头扁平等。而尺侧副韧带是肘部内侧的薄弱环节，上肢负重或投掷运动会产生张力负荷，长期高负荷就可能会导致损伤的出现。年长运动员的关节则因长期磨损，会比年轻运动员更容易出现退行性病变和过度劳损。与年轻运动员相比，高水平运动员患网球肘的风险会更高。

对成熟运动员来说，强大的核心力量和协调的动力链在损伤预防中起到关键作用。在训练赛季早期应仔细评估运动员的投掷力学，确保动力链没有"薄弱环节"存在。随着运动员赛后出现疲劳，肘关节更有可能因为过度使用而成为上肢动力链中的单一"弱链环节"，导致动作的次序不协调，提升了动力链上环节的损伤风险。教练和防护师都应该敏锐观察比赛中运动员动作的生物力学和运动表现。当动力链近端环节表现出薄弱、协调性差时，会使肘部损伤的风险大大提高，此时应该让运动员停止比赛。

3. 动力链

目前肘部损伤的预防已不仅局限于肘部特定的解剖结构，而是关注动力链中力的传递效率。地面的反作用力通过身体核心及肩关节到达肘部,这一过程所涉及的完整力量传导环节即组成了上肢动力链。健康的肘部依赖于运动链近端的协调运动和力的传导等,特别是对于投掷项目人群。肩胛骨稳定肌协调功能降低(存在肩胛骨运动障碍)与肘部损伤风险的增加直接相关。同样,包括腰部、腹部和臀肌在内的核心肌肉协调性降低也与动力链力量传导不良和肘关节周围结构过度使用有关。核心不稳的投掷运动员会通过改变投掷姿势来努力保持同样的投掷速度,这种情况下肩和肘会容易出现代偿,使得肘部损伤风险增加。而肩关节损伤史或动力链上任何部位的损伤史,都会直接增加肘关节损伤风险。

(二)外部风险因素

1. 持拍类运动

发球时,许多持拍类运动都会进行过顶动作。此类运动员与投掷运动员一样,容易受过度使用损伤和运动链传递不良的影响。球拍会增加上肢的伸展力矩,会进一步增加包括肘关节在内的上肢动力链所有结构的负荷,而较长的球拍会附加更高的载荷,较紧或较硬的球拍吸收的冲击力则较少,因此使用较长、较硬且弦紧的球拍会增加运动员患网球肘的风险。拍头较大的球拍会增加"最佳落点"的面积,这样不仅更容易击到球,还不会产生前臂的扭转力矩,从理论上讲会降低损伤风险。握把大小也与损伤风险有关,可能会增加网球肘的风险。小握把会使得运动员屈肌缩短,而手指和腕伸肌则会伸长,在进行反手或伸腕动作期间增加肘部力量,而较大的握把就可以降低这种风险。此外,研究已证实与单手反手击球相比,用双手反手击球可以减少作用于肘部外侧的力量。

训练地点和场地表面的影响较小。网球的球场表面(如黏土、草地或合成材料),确实会改变球速,但与肘部损伤没有直接关系。同样,尽管在人造草皮上比在天然草地上摔倒会导致更多的皮肤擦伤,但肘部损伤的风险并未因此增加。

2. 对肘部有压缩负荷的运动

举重、拳击和体操中肘部重复性的压缩负荷是导致慢性肘部问题发展的另一关键风险因素。对于骨骼未成熟的运动员,这些重复的压缩负荷与肘部骨软骨炎、鹰嘴撞击和内上髁炎直接相关。负荷的强度和频率过大可能会增加肘部关节面退行性改变或骨软骨松散体形成的风险。而许多年长运动员的肘部外侧和后侧会容易出现退行性改变。应该尽早识别有压缩负荷并存在肘部损伤风险的运动员,并建议其要及时、适时休息。

(三)训练和比赛中的风险因素

在进行有身体接触和冲撞类运动项目的比赛期间,运动员发生急性损伤的风险增加。当运动员长时间休息后开始进行高强度训练,或在重大比赛前被突然要求增加训练时,就会容易出现过度使用性损伤。此时损伤的预防工作通常针对训练压力和强度的逐渐增加(而不是训练模式的突然改变),以避免出现过度使用性损伤。

## 二、预防策略

(一)急性损伤

1. 规则制定和执行

肘部急性损伤的预防目标是尽量减少风险暴露。这可以通过严格的规则执行、更严厉的违规处罚或规则变更来实现。比如,防止摔跤选手将对手从垫子上抬起或将对手抛向空中,柔道中禁止参赛者过度伸展肘部等,这些措施会降低运动中肘部受伤的风险。大多数急性损伤很难预防,而教育运动员如何正确跌倒(如采用肩部滚动方法)以及使用保护装备会起到一定的预防作用。

2. 运动员状态、场地环境和装备

关注运动员疲劳问题、确保设备和环境安全可以降低肘部的损伤风险。应密切关注运动员的身体状态,指导运动员疲劳时就要进行休息。比赛开始前,应检查设备和仪器的功能是否正常。如果比赛用具不稳定或放在错误高度上,可能会增加运动员跌倒的风险。大量研究表明,在滑冰运动中使用肘垫可以降低运动员肘部损伤的风险,尤其是挫伤和擦伤。而在曲棍球、长曲棍球或壁球等有直接挫伤风险的运动中,使用肘部保护可以降低这些接触性损伤的风险。此外,改进装备的减震效果有助于吸收更高的冲击力。

多种防护装备可以用来预防肘部损伤。由于标准的肩垫可能无法延伸到肘以保护上臂,因此许多足球运动员会在肩垫上加额外的二头肌垫来保护肘部。尤其是在人造草皮上进行运动时,运动员会穿着带衬垫的肘部袖套或氯丁橡胶袖子,以保护鹰嘴免受直接创伤和擦伤。而三角垫片局部加压肘束带(也称护肘带),通常适用于球拍运动的运动员,可以用来减轻导致内上髁炎或外上髁炎的肌肉张力。铰链式支架可以增加肘部压缩和支撑,以减少过度的内翻或外翻力。此外,肘部贴扎也可以有效预防过度伸展,防止肘关节活动超出正常运动范围。

(二) 过度使用性损伤

1. 风险评估和损伤治疗

肘部损伤预防最有效的目标是关注最常见的损伤,即过度使用性损伤。之前有过肘部损伤史或参加高风险运动项目(比如高尔夫、棒球、垒球、标枪、网球和摔跤等)并有肘部损伤风险的运动员,在赛前体检中应进行全面的评估。在进行训练之前,应通过适当的治疗来解决肘部僵硬或疼痛。肘部过伸、继发于发育或先前损伤导致的提携角异常等可能会导致力学异常和过度使用损伤。对于所有过顶和上肢优势运动员,还应进行包括肩部功能和运动表现在内的全面评估。

2. 训练进阶和调整

当运动员经过长时间休息或受伤后重返赛场时,其恢复训练应该是缓慢且渐进的。赛季初、重大比赛前或伤病恢复期间,训练方案的突然急剧增加与损伤复发和过度使用损伤有关。缓慢、渐进的恢复方案是成功重返赛场且不易导致旧伤复发的最有效途径。教练还应确保运动员的技能从基础到复杂的逐步发展。

3. 运动员宣教

宣教可以降低损伤发生率和严重程度。投掷类项目和举重运动员需要接受宣教,教导他们一旦出现肘部疼痛或不适时需要及时提出来,这是因为延误诊断会导致预后较差,如轻度剥脱性骨软骨炎可以通过休息治疗,其预后效果就会明显优于晚期剥脱性骨软骨炎。

## 第二节 肘部损伤的评估

投掷动作中错误的肩部生物力学会给肘部带来额外的压力。装备的使用通常与过度使用性损伤相关,因此确定运动员是否使用球棒、球拍、曲棍球、曲棍球棒或其他工具非常重要。建议评估动作技术以排除可能的影响因素。由于创伤的严重性,在评估中尽早识别可能存在的骨折和脱位是必要的。此外疼痛可能是从颈部、肩部或腕部传到手臂的,肘部只是个"受累者",此时就需要对整条运动链做整体评估。在任何评估中都需要对双侧进行检查,以便于进行双侧对比。

### 一、问诊要点

在问诊时应考虑到以下问题:
(1) 是直接创伤引起的疼痛或不适吗?例如跌倒时用手撑地或屈肘位下肘尖着地?
(2) 是因为肘部突然过度伸展或反复过度使用引起的症状吗?
(3) 疼痛的位置及持续时间?(即考虑肘部疼痛或不适是否可能来自内脏器官功能障碍、神经根激惹或神经撞击)
(4) 上肢运动或体位的改变是否会加重或减轻疼痛?
(5) 曾经是否被诊断出肘部损伤?损伤后是否得到治疗?
(6) 运动过程中是否有绞锁感或摩擦感?

### 二、观察与检查

所有的评估都建议暴露双侧上肢,以便更好地观察和后续双侧对比。

(一) 从前方观察手臂是否有明显畸形

如果关节存在肿胀,则可能无法伸直肘部而处于略微屈曲的位置。观察有无结构变化,观察肘部提携角(男性正常为 5°~10°,女性正常为 10~15°),如果提携角异常增加,表明存在肘外翻;如果提携角异常减少,表明存在肘内翻。棒球投手的投掷臂可能会出现肘外翻,以适应投掷运动期间重复的外翻应力。

(二) 观察肘关节内侧和外侧

肱骨内上髁和肱骨外上髁应该是突出的,而不应被过度肿胀覆盖。

(三) 观察肘关节屈曲和伸展的活动范围,进行双侧对比

屈曲角度减小、全范围内伸展活动受限或者伸展超出正常范围等,都提示肘关节存在问题。肘部的正常屈曲范围是 0°~140°。

(四) 在功能位(即屈肘 90°)下观察肘部

评估整个关节的对称性,是否存在异常畸形、肌肉萎缩、肌肥大或以前的手术切口,观察肿胀、皮肤颜色,尤其需要观察肘窝。肘窝是一个三角形区域,外侧是肱桡肌,内侧为旋

前圆肌,肱二头肌肌腱、正中神经和肱动脉穿过肘窝。当肘窝存在肿胀时,会压迫通过肘窝的神经血管结构。此外,还需要从后面观察确定肱骨内、外上髁和鹰嘴是否能形成一个等腰三角形,即肘后三角,而肘部伸直时上述三点在同一条直线上,若是肘关节脱位或骨折时该结构会出现异常。鹰嘴应该是清晰可见的,而不应被过度肿胀覆盖。

(五)观察患者的功能动作情况

主要是观察做哪些动作时会受到损伤的限制,或做哪些动作会存在疼痛或使疼痛加重或减轻。

## 三、触诊

触诊时应保护患侧手臂。进行双侧触诊时,要对比双侧的皮肤温度和感觉,是否存在水肿、压痛、捻发音、畸形、肌肉痉挛和皮肤感觉异常。一般来说,触诊应该从近端移动到远端,把最痛的地方留到最后。可以在腕部的桡动脉和尺动脉以及肘窝的肱动脉处感受脉搏。

## 四、体格检查

在进行体格检查时需要注意的是,如果怀疑存在骨折或脱位的情况则不应进行测试,此时应用夹板固定手臂,并启动紧急行动计划。

(一)功能性测试

应确定肘屈伸、前臂旋前、旋后和腕屈伸的活动范围。如果怀疑尺神经、正中神经或桡神经损伤,还应测试手指的关节活动度。

1. 主动运动

上臂紧靠身体,以防肌肉代偿。与之前评估一样,要进行双侧对比。可能会产生疼痛的主动活动应最后进行,以防疼痛症状会影响下一个动作。需要注意在肘关节伸展测试中,一些女性会有5°~15°的过伸,应进行双侧对比以判断是否正常。进行主动旋前和旋后动作时,肘部应该屈曲90°并紧靠身体,以避免盂肱关节出现运动。

2. 被动运动

如果主动运动能够实现全关节活动范围,则应该在关节末端施加压力,以确保终末感觉正常。肘关节伸展的终末感觉是骨与骨接触,是冠突碰撞在冠突窝上时的"骨对骨"抵抗。当治疗师给患者施加压力的过程中,患者有疼痛时,治疗师应停止施压,此时关节受限的原因可能是疼痛或肿胀。当活动未到全范围时治疗师就感觉到了关节存在骨性抵抗,则可能是肘部骨性结构的异常。若治疗师给患者施加压力时感觉到了软组织抵抗、有较大阻力但可以继续活动,此时可能是关节囊粘连或拮抗肌张力过高等。

3. 抗阻运动

肌肉测试期间,肘部应紧靠身体,以防止肌肉代偿。在进行各种测试时,测试者在全关节活动范围内应对腕部近端施加轻微阻力。为避免指屈肌和指伸肌在运动过程中用力,应指导患者放松手指。应多次评估,并关注无力或疲劳现象。对于可能导致疼痛的动作则应该放到肌肉测试的最后阶段。

（二）应力测试

表 9-1　应力测试内容及目的

| 应力测试 | 测试目的 |
| --- | --- |
| 尺侧副韧带应力测试 | 检查尺侧副韧带是否损伤 |
| 桡侧副韧带应力测试 | 检查桡侧副韧带是否损伤 |

（三）特殊试验检查

表 9-2　特殊试验检查内容及目的

| 特殊检查 | 测试目的 |
| --- | --- |
| 伸肌总腱肌腱炎测试 | 检查有无外上髁炎或网球肘 |
| 内侧上髁炎试验 | 检查有无内上髁炎 |
| Tinel 征 | 检查尺神经是否损伤 |
| 尺神经炎的肘屈曲测试 | 检查尺神经是否被卡压 |
| 旋前圆肌综合征 | 检查旋前圆肌是否被卡压 |
| 捏握测试 | 检查骨间神经是否受压 |

（四）神经测试

神经系统完整性可以通过使用肌节、反射和皮肤模式来评估，其中包括节段性皮肤节和周围神经模式。

肌节：为了测试上肢特定肌节，应进行下列动作的等长肌肉测试（表 9-3）。

表 9-3　等长肌肉测试动作对应肌节

| 动作 | 对应肌节 | 动作 | 对应肌节 |
| --- | --- | --- | --- |
| 肩胛骨上抬 | C4 | 肘伸展和（或）腕屈曲 | C7 |
| 肩外展 | C5 | 拇指伸展和（或）尺偏 | C8 |
| 肘屈曲和（或）腕伸展 | C6 | 手内收和（或）外展 | T1 |

反射：上肢反射包括肱二头肌（C5-C6），肱桡肌（C6）和肱三头肌（C7）。

皮节模式：肘部区域的节段神经皮节模式和周围神经皮节模式如图所示。用手和指甲在颈部、肩部、前后侧胸廓以及手臂和手两侧进行测试，以检查双侧有无尖锐和钝感的感觉改变。

（五）活动相关的功能测试

肘部位于上肢动力链的中间，因此只有肘部活动顺畅、功能无碍，手部才能顺利且有效地完成日常活动。梳头、扔球、举起物体或推动物体等活动应该在无痛情况下进行。应该指导患者进行日常生活活动和特定运动任务所需的技能。每个动作都应是无痛且流畅的。

（六）邻近关节检查

根据具体检查情况，对肘关节的邻近关节进行排查。检查肩关节、腕关节和颈椎各个方向的活动度，通过臂丛神经牵拉实验、Tinel 实验等观察患者是否有神经症状等。

## 第三节　肘部常见损伤的识别和处理

### 一、尺骨鹰嘴滑囊炎

尺骨鹰嘴滑囊炎是指由于外伤或劳损引起的，以尺骨鹰嘴滑囊充血、水肿、渗出和囊内积液为特征的病症，其好发部位是位于鹰嘴部的肱三头肌肌腱与皮肤之间的滑囊。该损伤容易反复发作。

（一）病因

肘部遭受外力撞击；肱三头肌反复受到暴力牵扯，肌腱断裂、出血形成瘢痕，继发滑囊损伤；肘关节频繁屈伸，滑囊反复受压和摩擦，引起滑囊炎；也可发生于急性创伤或创伤后偶尔出现的感染。

（二）症状和体征

在肘关节后方有局灶性肿胀，通常约有高尔夫球大小。偶尔在拉伸和屈曲滑囊时出现轻微疼痛或没有明显疼痛。如果滑囊炎演变成败血症，会出现肿胀，疼痛随运动增加，并在肘部周围出现红斑；如果伴有割伤或创伤，还应密切监测患者的生命体征。

（三）处理

(1) 如果情况紧急，应使用 POLICE 原则治疗。

(2) 慢性尺骨鹰嘴滑囊炎需要进行保守治疗，主要包括加压、制动、适度负荷等。

(3) 如果肿胀不能缓解，在某些情况下进行穿刺抽吸会加速愈合。

(4) 对于外伤性尺骨鹰嘴滑囊炎，在患者参加比赛时，应该用防护垫进行保护。

(5) 在感染性滑囊炎的情况下，应将运动员转介给内科医生进行抗生素治疗，并对感染的滑囊进行引流。

### 二、肘关节肌肉拉伤

（一）病因

肘部的肌肉和肌腱会发生急性或慢性损伤。肘关节周围的肌肉劳损根据解剖位置可以分为四部分。外侧筋膜室主要为腕关节的伸展肌群，旋后肌、腕长肌、桡侧腕长伸肌和共同伸肌腱均可发生劳损。在内侧筋膜室，当手腕屈曲，旋前圆肌、尺侧腕屈肌或掌长肌发力时，可能会出现劳损。前室的劳损包括屈肘时出现的肱二头肌和前臂肌群拉伤。后筋膜室的肱三头肌和肘关节则可能会因肘部伸展而拉伤。

（二）症状和体征

主动或被动活动中进行的肌肉测试会引起疼痛。肌肉或肌腱通常有点状压痛。在屈曲和旋后时出现肿胀、疼痛和无力。若肌肉完全撕裂将无法触及肌腱，肘关节会存在屈曲和前臂旋后无力。

（三）处理

(1) 使用 POLICE 原则处理，严重的损伤需用悬臂带支持。

(2) 后续治疗包括冷冻疗法、超声波和康复锻炼。

(3) 中度至重度肘关节功能丧失的情况应转诊进行 X 线检查,以排除撕脱或骨骺骨折的可能性。

### 三、尺侧副韧带损伤

(一) 病因

尺侧副韧带的损伤主要是运动时的外翻应力过大或者重复施压所致。在网球、羽毛球、排球等项目的扣球动作中,由于上臂外展前屈超过头顶,肘关节在屈曲位置时需要快速伸肘,应力施加于肘关节内侧,长期受力就容易导致韧带损伤、肌腱炎或骨附着点的病理改变。

(二) 症状和体征

(1) 在尺侧副韧带上有压痛,通常是在远端附着点,偶尔也有更广泛的分布。患者通常主诉疼痛沿肘部内侧放射。

(2) 某些情况下在尺神经分布区有相应的麻痹感,Tinel 征阳性。

(3) 在肘部 20°～30° 屈曲时施加外翻压力,评估的局部会出现疼痛、压痛和终末端松弛。

(4) 在标准的 X 线检查中,可能会出现肱骨髁和鹰嘴后内侧的肥大、肱尺关节或肱桡关节的边缘有骨质增生(或有骨赘形成)、尺侧副韧带的钙化及后关节囊有游离体。

(三) 处理

对慢性尺侧副韧带损伤患者的保守治疗应从休息和非甾体抗炎药开始。随着症状的缓解,进行康复治疗,重点是加强训练。运动防护师应该和教练一起,分析运动员的投掷力学,以纠正任何现有的错误力学模式。

如果休息制动和康复都不能解决症状,可能需要进行手术治疗。有研究认为富血小板血浆(PRP)注射对有尺侧副韧带部分撕裂的运动员是有益的,尤其是当运动员不愿意或不能接受韧带重建手术后所需的长期康复时可以考虑。

在韧带急性断裂的情况下,可以考虑手术修复。一般来说,运动员在术后 16 周左右可以开始投掷,完全恢复可能需要 12～21 个月。

### 四、肱骨外上髁炎

(一) 病因

肱骨外上髁炎,又名网球肘,是肘部一种常见的慢性损伤。常见于网球、投掷、高尔夫、标枪以及击剑等运动项目。肱骨外上髁炎是一种涉及外上髁的腕部伸肌腱疾病,是由于前臂伸展以及反复牵拉伤引起的肱骨外上髁伸肌总腱处的慢性肌筋膜炎。这种损伤通常发生在重复性伸腕和前臂上举的职业或体育活动中(如网球和击剑),技术不正确或手臂活动过多都会导致此损伤的发生。

(二) 症状和体征

(1) 症状往往逐渐出现并加重,初始为做某一动作时肘外侧疼痛,休息后缓解;之后发展为持续性疼痛,轻者不敢拧毛巾,重者提物时有突然"失力"现象。

(2) 一般在肱骨外上髁部有局限的压痛点,压痛可向桡侧伸肌腱总腱方向扩散。

(3) 局部无红肿现象,肘关节屈伸活动一般不受影响,但有时前臂旋前或旋后时会有局部疼痛。

(4) 晨起时关节有僵硬现象。

(5) 疼痛逐渐加重或向腕、手部发展。进行屈腕抗阻和完全伸肘时会有疼痛。肘关节活动范围可不变或减小。

(6) 特殊试验检查中 Mill's 试验可出现阳性,握拳抗阻伸腕试验阳性。

(7) X 线检查一般无异常表现,病程长者可见骨膜反应,在肱骨外上髁附近有钙化沉积。

(三) 处理

一般的处理方法主要是控制炎症,包括延长休息时间、冰敷、非甾体抗炎药和深度摩擦按摩。也可选择包括使用理疗、富血小板血浆和干细胞注射等治疗。

### 五、肱骨内上髁炎

(一) 病因

肱骨内上髁炎,又称高尔夫球肘,也可以被称作壁球肘、标枪肘等,均与其命名中的运动项目有关,此外体操运动员中也多出现该类损伤。肱骨内上髁炎是由反复且有力的屈腕动作以及极度肘外翻动作导致肘关节内侧结构的炎症,主要涉及旋前圆肌、桡侧腕屈肌、尺侧腕屈肌以及掌长肌肌腱。与尺神经有关的病变也可能导致这种疾病,产生疼痛并放射到前臂内侧和手指部。

年轻棒球手学习扔弧线球以及内曲线球时,可能会过度屈腕以使棒球旋转;正手击打垒球时需要爆发性地屈腕以使球达到最大速度;高尔夫球手在挥臂动作牵引手臂上抬时,会产生过度屈腕的动作;标枪手释放标枪的瞬间需要有强大的手腕屈曲力量,这些都会造成该损伤的出现。

(二) 症状和体征

(1) 肱骨内上髁周围的疼痛可在用力屈腕和发力时产生。疼痛可能以内侧上髁为中心,也可能放射到前臂近端。

(2) 肱骨内上髁炎通常有压痛点,可位于肱骨内上髁或沿旋前圆肌与桡侧腕屈肌走行(大致位于内上髁中点的前方、远端 5~10 mm 处),大多数情况下伴随着轻度肿胀和皮温升高。

(3) 90%的患者可出现被动旋前痛,70%出现前臂旋后时被动屈腕痛。

(4) 早期肘关节活动度正常,随病情发展逐渐出现屈曲挛缩,握拳抗阻屈腕试验阳性。

(5) X 线平片可排除关节其他病患,10%~20%的患者可见肱骨内上髁钙化。

(三) 处理

采用抗炎技术治疗,包括冰敷、休息和非甾体抗炎药。也可以采用富含血小板的血浆和干细胞注射、体外冲击波疗法和放疗,尝试逆转退行性过程。

### 六、肘关节剥脱性骨软骨炎

(一) 病因

关节软骨在关节活动中起着十分重要的作用,可以润滑关节面并缓解压力。急性扭伤、骨折、长期关节负荷过重可造成肘关节软骨面的损伤。该疾病是关节软骨从软骨下分离的情况,肘关节骨软骨炎多见于11~23岁的年轻患者,并且大多数是男性。在经常进行过顶或负重活动(如棒球、网球、排球、举重和体操)的人群中也很常见。在肘关节旋转、伸展和外翻应力运动中,重复性微创伤易导致桡骨头受压和桡骨关节的剪切力增大。

4~12岁儿童的骨软骨炎通常被称为Panner's病,这是一种肱骨小头的骨软骨病,其中有局部的缺血性坏死,导致小头软骨下骨质流失,引起桡骨关节面的软化和断裂,如果出现了游离体就会导致剥脱性骨软骨炎。

(二) 症状和体征

(1) 儿童或青少年患者通常主诉有外翻压力的历史,随后出现数周的疼痛和僵硬,并有一些肿胀。

(2) 活动范围在伸展时受到限制,屈曲时较少见。

(3) 症状在活动时加重,休息时缓解,可持续数月至2年。

(4) X线检查显示小头变平,有凹陷,有游离体。

(三) 处理

(1) 开始阶段需要限制活动6~12周,并使用非甾体抗炎药。

(2) 随着退行性改变,活动度进一步受限,在治疗的同时还需要使用夹板或石膏。

(3) 有稳定病变的患者偶尔会在非手术治疗下自发愈合。

(4) 对于不稳定的病变和非手术治疗失败的患者,通常建议手术治疗。如果存在反复绞锁的游离体,则需要通过手术取出。

### 七、投掷肘

投掷肘,也叫棒球肘,用于描述未成年运动员重复投掷所导致的肘部问题。主要指肘关节因为过度使用引起的软骨变性、骨唇或骨刺、滑膜出现慢性炎症、关节囊增厚、关节内出现积液及关节内游离体等一系列骨关节病变。多见于标枪、棒球等投掷项目中,在拳击、网球、体操运动员中也可出现该类损伤。该病的发生率占肘部损伤的25%,在年轻棒球投手中则为10%~25%。对运动技能的发挥及成绩提高影响很大。

(一) 病因

年轻运动员(尤其是9~14岁)出现投掷肘的损伤风险更大,因为该年龄段运动员的肘关节还没有发育完全,相关的骨骼肌肉韧带较成年人更容易因为过度使用而出现损伤。按照损伤动作的不同,投掷肘可分为伸展型和外展型两类。伸展型是由于投掷出手时的"鞭打"动作所致,由于肘过伸使鹰嘴猛烈撞击鹰嘴窝,长期重复会使关节窝中出现骨疣,鹰嘴变长、肥大,出现骨唇,再因为某次突然过伸或是累积压力造成骨唇的骨折,出现"关节鼠",

进而导致肘关节伸展功能受限。外展型多是因为投掷中突然出现的肘外翻，引起关节错动，损伤了关节软骨。此类型多累及内侧副韧带。而在运动员中，这两种类型损伤往往同时存在。

（二）症状和体征

(1) 通常缓慢发病。早期在训练后会有疼痛出现，逐步发展为训练中出现疼痛。
(2) 肘屈曲挛缩，不能完全伸直，表现为前关节囊的紧张和肱三头肌的无力。
(3) 可能主诉会有绞锁感，并且出现前臂旋前以及旋后的活动范围减小。
(4) X线检查大部分表现为骨质增生硬化，滑车边缘、内髁、冠状突及鹰嘴有骨赘。

（三）处理

初期根据需要给予冰敷、非甾体抗炎药和止痛剂。主要治疗策略是延长主动休息时间，根据诊断和症状的严重程度，休息时间从最初的4~6周到3~5个月不等。

积极休息期间应避免投掷，但可以进行渐进的力量训练。除了提高灵活性和神经肌肉控制，在指导下进行正确的投掷姿势训练对于预防青少年肘关节损伤是至关重要的。

## 八、肘管综合征

（一）病因

由于肱骨内侧髁的位置暴露，保护组织较薄弱，因此尺神经常会出现各种各样的问题。有明显肘外翻的病人可能会出现摩擦问题。尺神经也可能因为结构畸形而反复脱位。在屈曲活动中，尺神经会受到韧带的撞击，在棒球、网球、壁球、投掷标枪等运动中出现的尺神经问题中，形成肘管顶部的筋膜束会压迫尺神经。

正常情况下，以下4种因素均可能导致肘管综合征，包括外翻力矩引起的牵拉性损伤、肘管内结构不规则、因韧带松弛引起的尺神经半脱位以及韧带对神经的渐进性压迫。

（二）症状和体征

病人主诉肘关节内侧疼痛，可能在近端或远端。触诊显示肘管有压痛，主要表现为屈曲过度。有间歇性的感觉异常，表现为第四和第五指的灼痛和刺痛。

（三）处理

(1) 建议休息和固定2周，同时使用非甾体抗炎药。
(2) 可能需要夹板或手术减压。
(3) 患者必须避免肘关节过度屈曲和外翻的压力。

## 九、肘关节脱位

（一）病因

在运动员中，肘关节脱位是仅次于肩关节脱位的第二常见脱位，多见于对抗性和非对抗性项目中的意外损伤，也可见于如举重等重竞技项目中发生技术失误而造成的损伤。摔倒时手撑地会伴随肘关节过伸，或肘关节屈曲伴严重的扭转时，都可能会造成尺、桡骨向前、后和外侧脱位。肘关节后脱位：由于尺骨冠状突较鹰嘴突小，因此对抗尺骨向后移动的能力较差。所以肘关节后脱位更为常见。肘关节在伸直时,若受暴力(如跌倒时)一侧手掌着地,使肱骨下端向前移位、尺骨鹰嘴则向后移,就易形成肘关节后脱位。肘关节前脱位:少见,常合并尺骨鹰嘴骨折。其原因多为直接暴力作用于肘后,导致尺骨鹰嘴和尺骨近端向前脱位。肘关节侧方脱位:多见于青、少年运动员。肘关节处于内翻或外翻位时遭受到传导暴力,会导致侧副韧带和关节囊破裂,进而发生侧方移位。

(二)症状和体征

(1)肘关节脱位包括大部分韧带稳定组织的破裂和撕裂,并伴有大量出血和肿胀。

(2)肘关节呈半屈曲位,肘窝饱满状,肘后三角关系改变,上肢呈弹性固定。

(3)后脱位时肘后方空虚,可触及向后突出的尺骨鹰嘴,侧方脱位时有肘内、外翻畸形。

(4)脱位的并发症是正中神经和桡神经以及主要血管和动脉的损伤以及骨化性肌炎。肘关节脱位还常伴有桡骨头骨折。

(三)处理

(1)受伤后需要进行冷疗和加压处理,然后使用悬吊带,将患者转诊给医生进行复位。

(2)复位之前和之后需要评估肱动脉、正中神经和尺神经的状况。

(3)复位后,通常将肘关节固定在屈曲位并使用吊带悬挂于胸前。如果尺侧副韧带完好且稳定,则固定装置的长度应该尽量最短,时间不宜过长。

(4)在固定期内,患者应进行手抓握训练和肩部的功能活动。

## 十、肘部骨折

(一)病因

肘部骨折通常是由摔倒时伸出的手或弯曲的肘部触地,或肘部受到直接暴力引起的。儿童和年轻人发生这种损伤的比例高于成年人。

骨折可以发生在肘部的任何一块或多块骨头上。摔倒后手肘触地,常常会造成肱骨髁或髁间区域的骨折。肘部髁状突骨折可能导致枪托样畸形,是指当前臂伸展时,与上臂长轴形成一个角度,类似于枪托。尺骨和桡骨也可能受到创伤,直接作用于尺骨骨突的力或传递到桡骨头的力可能导致骨折。

(二)症状和体征

肘部骨折可能会导致明显的畸形。受伤部位通常有出血、肿胀和肌肉痉挛。

(三)处理

必须持续监测损伤部位的神经血管状况。骨折还可能伴有某些并发症,其中之一就是活动度下降。成人不稳定的骨折需进行手术治疗,并进行早期关节功能锻炼。而稳定性骨折不需要手术,佩戴夹板固定 6~8 周即可。

## 十一、前臂缺血性肌痉挛

(一)病因

肱动脉损伤易引起前臂缺血性挛缩,通常与肱骨髁上骨折有关。肌痉挛的原因是动脉搏动不足和静脉瘀血，导致肌肉缺血性变性，持续 4～6 小时后开始出现不可逆的肌肉坏死。由此产生的水肿不利于血液循环，从而最终导致了肌肉的逐渐坏死。肌肉变性在肌腹的中间 1/3 处受影响最大，而在靠近骨头处最为严重。肌肉坏死并伴有继发性肌纤维化，然后在最后阶段出现钙化。肘部严重受伤的病人必须定期监测肱骨或桡骨脉搏，以排除前臂缺血性肌痉挛的可能性。

（二）症状和体征

早期迹象是前臂的疼痛，当手指被动伸展时疼痛更加剧烈，而疼痛后就会出现肱动脉和桡动脉脉搏的停止。这种痉挛可能是永久性的。

（三）处理

对开始出现组织压迫症状的患者进行管理，包括去除弹性包扎或石膏并抬高患侧肘关节。必须对患者进行密切监测。

### 十二、旋前圆肌综合征

（一）病因

旋前圆肌综合征是指正中神经在肘部或正上方，通过旋前圆肌或指浅屈肌时神经受到卡压所致。

（二）症状和体征

神经卡压涉及前臂屈侧的感觉和运动障碍。麻木、刺痛和/或针刺感发生在拇指、食指、中指以及半个无名指。

运动障碍包括所涉及的拇指和手指失去屈伸功能。当握拳进行前臂旋前抗阻，并从 90°屈肘位慢慢伸直的过程中，麻木、刺痛和/或针刺感的症状会重现。

（三）处理

治疗方法包括服用消炎药、适当休息、改变日常活动、通过 TENS 镇痛以及夹板固定。如果这些治疗没有帮助，可以考虑进行减压手术。但是减压手术的结果往往是不能预知的。

### 十三、尺神经损伤

尺神经发于臂丛内侧束，含有第 7、8 颈神经和第 1 胸神经的纤维。初与肱动脉伴行，继而离开肱动脉向后下方，至内上髁后方的尺神经沟，在沟中尺神经位置表浅，隔皮肤可触摸到。尺神经炎或直接损伤在投掷运动员中很常见。

（一）病因

外翻应力和重复的过顶运动都会导致肘管内压力增加。尺神经损伤可能是独立发生的，但也可能会伴随着肘部内侧损伤，如尺侧副韧带不稳或肱骨内上髁炎。

由于骨或软组织结构异常，压迫主要发生在肘管内，但也可出现在尺侧腕屈肌和尺侧腕屈肌近端或远端的深腱膜处。

（二）症状和体征

肘部内侧疼痛和尺侧两个手指感觉异常。表面肌电、磁共振神经成像和超声检查用于诊断尺神经炎和肘管综合征。

（三）处理

保守治疗包括在肘关节内侧敷贴弹性绷带、肌内效贴，严重者应进行肘关节制动，服用神经营养性药物。手术治疗包括减压术和减压移位术。如果存在肘外翻，可采用截骨术。

## 第四节 肘部损伤的康复

肘部的康复取决于受伤的类型、所从事的具体运动，以及是否涉及保守治疗或术后护理和康复等诸多因素。一般来说，必须考虑整个上臂运动链以及躯干和下肢。在损伤早期，需要告知患者急性炎症的持续时间，避免过度训练；之后逐渐开始进行相应关节的主被动训练和功能训练；在达到一定的标准之后，进行重返运动的练习。

### 一、全身训练

在肘关节康复期间，患者应进行一般身体锻炼，以保持受伤前的健康水平。患者在伤后应该开始一些活动（如使用功率自行车、爬楼梯或椭圆形训练器），这可以使患者在保护肘关节的同时保持心肺耐力。一旦患者恢复了无痛的活动范围，上肢功率车不仅可以用来保持健康，还可以用来提高肌肉耐力，从而一次实现两个目标。

### 二、关节活动度和柔韧性的训练

早期进行腕部和肘部的运动有助于滋养关节软骨，且有助于胶原组织的合成和排列。只要关节适应良好，就可以应用各种方法。可以使用缓慢、力量小且持续时间长的被动伸展练习。主动辅助伸展可以在被动伸展之后进行，包括屈/伸和旋前/后，无痛位置的肘部屈肌、伸肌、前屈肌、后屈肌、腕部屈肌和伸肌的多角度肌肉训练。PNF 运动有助于恢复正常的 ROM，增加关节周围组织的灵活性。

在严重损伤后（如脱位或在外科手术后），初始康复旨在恢复或保持正常的运动范围。手术后可以进行持续的被动活动。可在前臂远端绑上合适重量的沙袋，缓慢固定位置，以提供低强度、长时间的拉伸来获得有效的拉伸效果，这也是徒手被动拉伸的一种替代方法。如果在急性症状缓解后肘部 ROM 没有改善，患者可能需要开始佩戴可调节的动态夹板，在较长时间内施加低强度的牵拉力量。

### 三、关节松动术

患侧肘部（特别是制动后的肘部），可能会因为关节周围的运动受限制而失去活动范围。这归因于关节纤维化、粘连挛缩或钙化性肌腱炎。因此，早期的活动和关节松动非常重要。松动术和牵引技术可以通过恢复关节的附属运动来增加关节活动度并减少疼痛。

## 四、肌力

通过对肱二头肌、肱三头肌长头、腕屈肌和腕伸肌等肌群进行低阻力、高频率的锻炼来实现初步的力量强化，但所有活动必须是无痛的。术后可采用两种方法来维持肘部活动，包括术后立即使用持续被动活动仪器(CPM)和使用动态夹板。

康复的初始阶段应包括亚急性期最大限度的等长练习，以促进肌肉的自主激活，减轻肌肉萎缩。随着肘部恢复被动活动，应进行强化练习以改善 AROM。在康复的早期和中期能够进行主动活动的状态下，PNF 练习对于改善 AROM 和力量非常有用。

康复开始时可以使用弹力带、沙袋或徒手施加阻力进行分级渐进的抗阻练习，包括屈伸、旋前和旋后等练习。可以使用负重球来提高手腕和肘部周围肌肉的向心和离心力量。闭链练习有助于为肘部提供静态和动态的稳定性。

## 五、功能性锻炼

为实现个人的功能目标而设计的肘部和前臂综合康复计划包括一系列精心设计的运动干预，以发展或恢复足够的活动范围、力量、稳定性、肌肉耐力和力量。因为肘部的功能主要是在同时涉及肩部和手部的活动中，所以应该采取综合的锻炼方式，以发展整个上肢的活动能力和控制能力。要注意不要为了弥补上肢运动链的薄弱环节而出现代偿动作。训练之前必须首先指导患者完成适当的热身运动。在热身过程中，患者应该以缓慢的速度和低阻力练习投掷动作。

## 六、重返运动

当达到特定标准时，患者需要恢复完全活动。肘部的屈曲、伸展、前臂的旋后和旋前的活动应在正常范围内。力量应至少与健侧肘部相近，患者在正常情况下进行活动时不应出现肘部疼痛。在训练的不同阶段要进行功能评估，以确定患者恢复情况。肘部的投掷运动在时间、重复次数、持续时间和强度方面需要遵循训练的渐进性原则。

# 第十章
# 前臂、腕、手部常见运动损伤

【导　　读】

前臂、腕、手部的损伤在日常生活中很常见,例如摔倒时手撑地,地面对上肢的冲击导致包括手、手腕、前臂、肘部、上臂和肩部出现各种损伤。这可能发生在任何人身上,尤其是老年人和从事高强度运动的成年人身上。此外,长期从事手工业的人群、网球、乒乓球等对前臂、腕、手部反复使用项目的运动员,尤其容易发生前臂、腕、手部的过度使用性损伤。该部位的损伤较为复杂,通过本章的学习可帮助运动防护师正确地识别和治疗相关损伤。

【学习目标】

熟悉前臂、腕、手部损伤的预防措施及评估方法;掌握前臂、腕、手部常见损伤的识别与处理方法;熟悉相关康复计划的内容。

【思维导图】

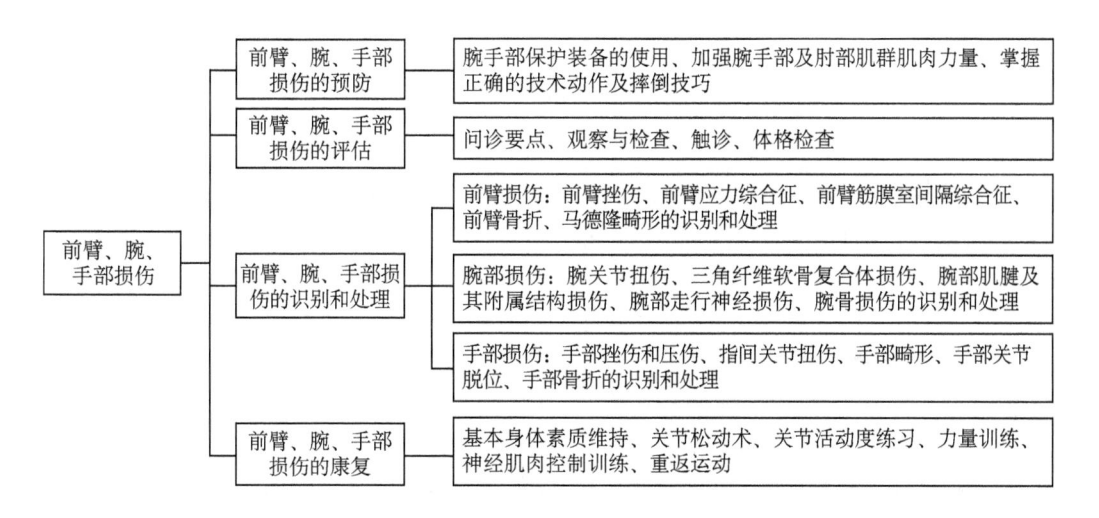

| 前臂、腕、手部损伤 | 前臂、腕、手部损伤的预防 | 腕手部保护装备的使用、加强腕手部及肘部肌群肌肉力量、掌握正确的技术动作及摔倒技巧 |
|---|---|---|
| | 前臂、腕、手部损伤的评估 | 问诊要点、观察与检查、触诊、体格检查 |
| | 前臂、腕、手部损伤的识别和处理 | 前臂损伤:前臂挫伤、前臂应力综合征、前臂筋膜室间隔综合征、前臂骨折、马德隆畸形的识别和处理 |
| | | 腕部损伤:腕关节扭伤、三角纤维软骨复合体损伤、腕部肌腱及其附属结构损伤、腕部走行神经损伤、腕骨损伤的识别和处理 |
| | | 手部损伤:手部挫伤和压伤、指间关节扭伤、手部畸形、手部关节脱位、手部骨折的识别和处理 |
| | 前臂、腕、手部损伤的康复 | 基本身体素质维持、关节松动术、关节活动度练习、力量训练、神经肌肉控制训练、重返运动 |

## 第一节　前臂、腕、手部损伤的预防

### 一、腕手部保护装备的使用

在项目规则允许的情况下,运动员可佩戴腕手部的保护装备。例如加厚手套,这些手套既可以防止运动器械的直接挤压,还可在一些冲击力强的区域设置有额外的填充物从而保护手部避免擦伤,而且佩戴手套更容易抓握器具,防止器具从手中滑出掉落。

### 二、加强腕手部及肘部肌群肌肉力量

因为活动手腕和手的外在肌肉都通过肘部,所以在加强腕部和手部的肌力时也要加强肘部肌群的训练。可以通过抗阻训练来强化腕手部肌群,例如肘关节屈伸训练、前臂的旋前和旋后训练、腕关节屈伸以及桡偏和尺偏等训练。

### 三、掌握正确的技术动作及摔倒技巧

与肩部和肘部在投掷式运动中因为过度使用造成的损伤不同,腕手部的损伤大部分为直接损伤。一部分损伤的原因是技术不当,如在卧推中,要注意保持手腕中立位,若重量过大,不能保持手腕中立位,损伤概率就会增大。因此要掌握正确的运动方式,然后能根据自身的体适能状态,学习每种训练的正确技巧来预防损伤。

但多数情况下损伤是意外发生的,例如意外摔倒,在摔倒时容易错误地用手撑地从而造成腕手部损伤。正确的做法是在摔倒时,学会用肩部接触地面然后使身体滚动。在这种技术中,冲击力被分摊到了更大的区域,大大减少了作用于手腕的轴向应力,从而降低了腕手部的损伤风险。

## 第二节　前臂、腕、手部损伤评估

在竞技体育运动中,手部和腕关节损伤非常常见。例如,篮球比赛时,手指的小关节容易被扭伤或挤伤,而摔倒后易发生腕关节损伤。本节的重点是介绍前臂、腕、手部的损伤评估流程。

### 一、问诊要点

在问诊时应考虑到以下问题:
(1)损伤是如何发生的?损伤时的动作以及有无遭受重复性创伤?

(2) 疼痛的相关问题（程度、位置、类型、深度），疼痛加重或缓解的因素？
(3) 过往有无受伤史以及诊治措施？
(4) 是否有感觉异常？
(5) 活动过程中是否有声音？

## 二、观察与检查

(1) 检查时建议患者暴露双侧上肢，从而更好地进行双侧对比和观察，以便对肘部和肩部区域进行整体评估。
(2) 观察手腕和手指有无明显畸形。如果存在关节肿胀，则可能无法完全伸展该关节，并可能伴随着轻微的弯曲。
(3) 观察患者能否将手置于功能位，做哪些动作会受到限制。
(4) 观察手掌的掌纹，是否有肿胀，掌纹的变化（可能变浅或消失）。观察左右手皮肤是否颜色不同。

## 三、触诊

如果之前评估中发现，患者报告疼痛且不能或不愿意移动腕手部，就要怀疑骨折或脱位的情况，应及时进行急性处理并去医院就诊。

触诊时应从肢体近端到肢体远端。先背侧，后掌侧，且进行双侧对比，从而确定温度、肿胀、压痛、捻发音、畸形、肌肉痉挛和皮肤感觉。触诊时包括以下结构。

（一）背侧面
主要检查桡骨茎突和桡骨小结节；尺骨茎突；手指和拇指的伸肌以及拇指外展肌。

（二）掌侧面
主要检查屈肌肌腱；腕横弓、纵弓；手掌筋膜和掌内侧肌（在大小鱼际处）等。

（三）腕骨及其体表位置
对腕骨的触诊可参考表10-1。

表10-1 骨对应位置一览表

| 骨 | 具体位置 |
| --- | --- |
| 手舟骨 | 位于桡骨茎突的远端，形成解剖鼻烟壶的底部 |
| 月骨 | 位于桡骨结节的远端，在手腕屈曲时很容易触诊 |
| 三角骨 | 位于尺骨茎突远端一指宽处 |
| 豌豆骨 | 手腕微屈时可在手掌内侧摸到 |
| 大多角骨 | 位于鼻烟壶的远端 |
| 小多角骨 | 位于大多角骨的内侧 |
| 头状骨 | 位于月骨的远端，在掌骨前有一个轻微的凹痕 |
| 钩骨 | 位于三角骨的远端，在掌面更容易触诊 |

## 四、体格检查

### (一) 功能性检查

检查者应确定前臂旋前旋后、腕关节屈伸、桡偏尺偏、手指屈伸、手指外展内收、拇指屈伸、拇指外展内收、拇指和小指对位的活动范围。注意双侧对比评估。

**1. 主动运动**

在确定腕部和手部的主动活动范围时,预计可能会产生疼痛的运动应最后进行,注意观察每个手指在整个范围内的动作流畅度。如果某一手指没有完成完整的活动,对该手指可以进行单独评估。

**2. 被动运动**

如果患者不能进行所有范围的主动运动,则应评估患者的被动运动,并在关节末端施加压力以确定终末感觉。

**3. 抗阻运动**

测试时,将患者前臂置于桌面上,以防止肌肉代偿。指导患者主动运动,检查者在整个运动范围内给予一定的阻力。注意应多次评估,关注是否有无力或疲劳现象。

### (二) 应力测试和特殊试验检查

如果已经明确存在结构损伤,应进行应力测试且双侧比较。进行应力测试时,检查者应从轻微阻力开始,随着力量逐渐增大进行多次施压。应注意有无疼痛或关节松弛。

手部常见应力测试和特殊试验检查如表 10-2 所示。

表 10-2　手部常见应力测试和特殊试验检查

| 结构或功能 | 检查方法 |
| --- | --- |
| 尺侧、桡侧副韧带 | 手腕韧带不稳定试验 |
| 手指侧副韧带 | 手指韧带不稳定试验 |
| 神经损伤 | Froment 征、夹纸试验 |
| 正中神经及腕管损伤 | 屈腕试验 |
|  | Tinel 征 |
|  | 握拳蚓部激发试验 |
|  | 轻摇试验 |
|  | 旋前圆肌试验 |
|  | 手腕比例指数(AP/ML) |
| 腱鞘炎 | Finkelstein 试验 |
| 桡动脉、尺动脉 | 艾伦循环试验 |
| 手指灵活性 | O'Connor 手指灵巧测试 |
|  | 普度钉板试验 |

### (三) 神经测试

神经系统完整性可以通过使用肌节、反射和皮肤模式来评估,其中包括节段性皮节和周围神经模式。

1. 肌节

为了测试手部特定肌节,应进行以下等长肌力测试(表10-3)。

表 10-3 等长肌力测试动作对应肌节

| 动作 | 对应肌节 | 动作 | 对应肌节 |
| --- | --- | --- | --- |
| 肩胛骨上抬 | $C_4$ | 肘伸展和(或)腕屈曲 | $C_7$ |
| 肩外展 | $C_5$ | 拇指伸展和(或)尺偏 | $C_8$ |
| 肘屈曲和(或)腕伸展 | $C_6$ | 手内收和(或)外展 | $T_1$ |

2. 反射

上肢反射包括肱二头肌($C_5$、$C_6$),肱桡肌($C_6$)和肱三头肌($C_7$)。

3. 皮节模式

用手和指甲在手的背侧和掌侧进行测试,以检查双侧各节段皮肤有无尖锐和钝感等感觉改变。

(四) 日常活动相关的功能测试

手在日常生活活动中是至关重要的,因此要评估手的灵巧性和协调性。指导患者进行勾物、捏物和抓物活动,以及梳头拿筷子、刷牙或背背包等日常活动,评估能否无痛且流畅地执行日常活动。

## 第三节 前臂、腕、手部常见损伤的识别和处理

### 一、前臂损伤的识别和处理

前臂位于肘关节和腕关节之间,其本身发生直接损伤的同时,受上下这两个关节的影响也会继发一些间接损伤。

(一) 前臂挫伤

1. 病因

在身体接触类型的运动中,经常会有前臂的挫伤发生。由于前臂的尺骨侧承受了大部分的撞击,因此更容易造成挫伤。在少数情况下急性挫伤可导致骨折。

2. 症状和体征

挫伤发生时,前臂肌肉或骨骼常见不同程度疼痛、肿胀和血肿,并形成瘀伤,如果不及时处理挫伤引起的严重血肿,血肿将纤维化,最终可能导致骨痂的形成。

3. 处理

在急性期处理前臂挫伤应遵循 POLICE 原则,并在第二天继续行冷疗处理。对于容易挫伤前臂的运动员,良好的保护很重要,建议在赛季早期使用前臂等长的海绵橡胶垫保护其前臂。

(二) 前臂应力综合证

1. 病因

在运动过程中,当肌肉反复过度牵拉前臂骨膜时,局部高应力造成前臂疼痛。这种情

况类似在小腿发生的胫骨内侧应力综合征,此类综合征较难于管理。

2. 症状和体征

其主要症状是前臂伸肌之间存在钝痛,在肌肉收缩时,可出现无力和强烈的疼痛。前臂骨间膜和周围组织存在触痛。目前造成这种问题的原因尚不清楚,考虑与肌肉重复过度收缩造成的骨间膜区域微小撕裂有关。

3. 处理

当遇到此类问题时,关键在于良好休息并在此之后增强运动员前臂力量。如果问题持续存在,应控制训练量,嘱运动员良好休息同时配合冷疗或热疗,并在运动期间使用支持性贴扎。少数情况下前臂也可能患筋膜室间隔综合征,处理方式与小腿筋膜室间隔综合征相同。

(三) 前臂筋膜室间隔综合征

1. 病因

前臂屈肌和伸肌群被前臂的深筋膜包裹并由桡骨和尺骨之间的骨间膜分隔。前臂室间隔综合征通常继发于肘部骨折或脱位、挤压伤、前臂骨折、缺血后水肿等。当出血或水肿发生时,筋膜腔室内压力增加,导致腔室内的神经血管结构和组织受压造成损伤。

2. 症状和体征

前臂室间隔综合征发作通常很迅速,包括前臂的肿胀、变色、远端脉搏缺失或减弱,以及随后出现感觉改变和无力。休息时由于腔室内肌肉的被动拉伸,疼痛可加重。

3. 处理

包括固定前臂和手腕,局部冰敷以及抬高患侧于心脏以上。注意避免施加额外压力于该区域。必要时应尽快转诊给医生,行筋膜切开术减压。

(四) 前臂骨折

1. 病因

前臂受暴力击打或跌倒时可骨折,这在运动活跃的儿童和青年中特别常见,其中桡尺同时骨折比尺骨或桡骨单独骨折常见。

2. 症状和体征

前臂骨折通常表现出长骨骨折的所有特征:疼痛、肿胀、功能受限和假关节畸形。前臂下部骨折后前臂骨通常处于中立位置,如果骨折在前臂上三分之一,可见因旋前肌牵拉出现的外展畸形。在明确的暴力损伤发生过程中,患者可能听到爆裂声,随后感受中度到重度疼痛,伴随肿胀、功能受限。骨折处有局部压痛、水肿、瘀斑以及骨擦音。

3. 处理

前臂骨折急性期处理遵循 POLICE 原则,良好固定保护,入院治疗。同时,在青少年举重运动员群体中应给予适当的指导和监督,避免发生前臂骨的应力性骨折。

(五) 马德隆畸形

1. 病因

马德隆畸形是一种腕部发育异常。

2. 症状和体征

此畸形特征是桡骨、尺骨和腕骨的解剖结构发生改变,腕骨半脱位。马德隆畸形更常见于女性,通常出现在双侧,在 6～13 岁之间其临床表现变得明显。该畸形是由于手腕和前臂的异常负荷导致桡骨远端骨骺板的改变和闭合,产生骨骼畸形,腕骨在桡骨和尺骨之间半脱位。X线片可见患者尺桡骨弓形弯曲。马德隆畸形可能有掌部半脱位,桡骨和尺骨茎突突出,导致手腕疼痛和前臂旋转功能受限,影响腕手功能。

3. 处理

通常采用物理治疗和非甾体抗炎药物控制患者疼痛。为防止手腕末端伸展,使用贴扎或腕部支具固定支持患者手腕。尽管少见,对于畸形引起慢性疼痛和残疾的患者,通常还是建议行手术矫正。

## 二、腕部损伤的识别和处理

手腕的损伤通常是发生在摔倒时或腕关节进行大量反复屈伸、旋转运动后,损伤发生在包括腕关节周围韧带、软骨、肌腱及其附属结构、腕部走行神经及骨本身。

(一)腕关节扭伤

1. 病因

手腕在摔倒时过伸撑地是手腕扭伤最常见的原因,同时剧烈的屈曲或扭转也会损伤腕关节韧带。反复的扭伤会影响腕关节的稳定性,甚至可能会破坏腕骨的血液供应,影响腕骨部循环使其病变。

2. 症状和体征

腕关节扭伤患者主诉疼痛、肿胀和手腕活动受限。查体有压痛和关节活动度受限。严重扭伤的患者应入院进行X线检查,以排查潜在骨折。手腕扭伤应注意与舟骨骨折相鉴别诊断。

3. 处理

扭伤急性期处理遵循POLICE原则、使用夹板保护并根据患者情况考虑使用止痛药。损伤发生后可立即开始手部练习。用贴扎支持固定可以帮助腕部软组织愈合,并有助于防止二次损伤。

(二)三角纤维软骨复合体损伤

1. 病因

三角形纤维软骨复合体(TFCC)位于桡尺远侧关节和桡腕关节之间,由一个三角形的纤维软骨椎间盘和连接桡骨和尺骨的韧带组成。三角纤维软骨复合体损伤好发于运动员在挥舞球棒或球拍时手腕剧烈扭曲动作,或手过伸位摔倒撑地时,可损伤该软骨复合体。

2. 症状和体征

患者主诉在手腕的尺侧有疼痛,伴随活动时出现弹响或卡顿感,手腕伸展受限且疼痛。手腕周围在伤后一段时间出现肿胀。腕尺偏挤压试验阳性。

3. 处理

保守治疗TFCC损伤手腕应固定4周,之后开始活动度练习和力量训练。如果保守治疗失败,则需行手术治疗避免发生永久性的活动丧失和残疾。

(三)腕部肌腱及其附属结构损伤

1. 肌腱炎

(1)病因:腕部肌腱炎的主要原因是手腕的过度使用。腕屈肌肌腱炎在需要重复进行手腕屈曲的运动员中很常见,同时,对手掌施加长时间压力,如骑自行车,也可能会导致指屈肌肌腱炎。

(2) 症状和体征:患者主诉在主动活动或被动拉伸时,受累肌腱感到疼痛。抗阻等长收缩时,受累肌腱会产生疼痛、无力或两者兼有。

(3) 处理:处理急性疼痛和炎症时,嘱患者充分休息,并进行冷疗,配合手法治疗,每次10 min,每天4次,持续48~72 h,可适量使用非甾体抗炎药。使用支具固定腕关节保护受伤的肌腱。在肿胀消退后,可以开始进行关节活动度练习。当患者疼痛得到控制时,行较小阻力高重复的渐进抗阻训练。

2. 腱鞘炎

(1) 病因:腕部腱鞘炎发生原因是腕关节反复屈伸,腕部肌腱在腱鞘内反复滑行,肌腱长期在此过度摩擦,发生肌腱和腱鞘的损伤性炎症,引起肿胀。

(2) 症状和体征:患者主诉在主动活动腕关节或被动拉伸前臂肌肉时疼痛。腕部肌腱上存在有压痛和肿胀。

(3) 处理:腱鞘炎处理与腱炎处理方法类似。

3. 桡骨茎突狭窄性腱鞘炎

(1) 病因:桡骨茎突部存在骨纤维性鞘管,拇长展肌腱和拇短伸肌腱通过此鞘管后,并折成一定的角度,分别止于第一掌骨和拇指近节指骨,肌腱滑动时产生较大摩擦力。当拇指和腕部活动时,此折角加大,更增加了肌腱与鞘管壁的摩擦,久之可发生腱鞘炎,致使鞘管壁变厚,肌腱局部增粗,逐渐产生狭窄性症状。手腕反复运动的患者易受累。

(2) 症状和体征:患者主诉桡骨茎突部局限性疼痛并可能辐射到手或前臂,伸拇受限。手腕的运动往往会增加疼痛,芬氏测试呈阳性。在拇指伸展和外展时有压痛点和无力,在运动过程中可能有刺痛和肌腱卡顿。

(3) 处理:固定、休息、冷疗和抗炎药物,超声也可用于治疗此种问题。

4. 腱鞘囊肿

(1) 病因:腕关节腱鞘囊肿在运动员群体中属于常见问题,其病因尚不清楚,通常在腕关节拉伤后缓慢出现。腕关节腱鞘囊肿最常出现在手腕的后部,但也可以出现在腕手肌腱上任何一点,其内存透明黏液样液体。

(2) 症状和体征:患者主诉腕部偶尔疼痛且疼痛部位有肿块。疼痛随着腕关节活动而增加。可见患者腕部有囊性结构,触之可柔软,也可有弹性,或非常硬。

(3) 处理:少数腱鞘囊肿可自行消退,也可通过挤压使囊肿破裂,并加压包扎促进囊液自行吸收,但是治疗后可能复发。也可采用穿刺方法抽出囊液,并加压按揉促排,或将囊液抽出后注入肾上腺皮质激素或透明质酸酶,局部加压包扎。使用超声可缩小囊肿。与保守治疗相比,开放式手术切除可降低其复发概率。

(四) 腕部走行神经损伤

1. 神经压迫、卡压、麻痹

(1) 病因:正中神经和尺神经因穿过腕管而最易受累,尺神经易被压迫于豌豆骨和钩状骨之间。神经麻痹由对神经的直接损伤引起,其中桡神经和正中神经最易因外伤致神经麻痹。

(2) 症状和体征：当神经受压迫时，会引起支配皮区剧烈或灼烧性疼痛，同时皮肤敏感性会增加或减少或感觉异常。腕部神经损伤有时也会导致手部畸形，如主教手畸形是由于尺神经受损致小鱼际萎缩，无名指和小指屈曲；正中神经和尺神经的压迫则会导致爪形手畸形；桡神经麻痹导致垂腕畸形；正中神经麻痹导致猿手畸形。

(3) 处理：压迫长期存在可能对神经造成不可逆损伤，当保守治疗无效时，考虑行手术解压。

2. 腕管综合征

(1) 病因：腕管综合征是常见的腕部神经受压问题。穿行于腕管中的正中神经因该间隙内的肌腱和腱鞘的炎症引起间隙狭窄、内容物压力增高导致正中神经受压。腕管综合征最常发生在腕关节需要反复屈曲活动的运动员身上，同时也可能由腕前部的直接创伤造成。

(2) 症状和体征：正中神经的压迫通常会导致手部感觉和运动障碍。感觉障碍可导致拇指、食指、中指和手掌上方的正中神经支配区刺痛、麻木和感觉异常。腕管综合征可影响拇指功能。

(3) 处理：先进行保守治疗，包括休息、固定和使用非甾体抗炎药物。如果症状持续存在，可行皮质类固醇注射和腕横韧带减压手术。

(五) 腕骨损伤

1. 月骨脱位

(1) 病因：月骨脱位常发生在手腕过伸摔倒时，被认为是最常见的腕骨脱位。当手处于腕伸位摔倒，远端腕骨和近端腕骨之间的空间被迫打开，月骨向掌侧移位脱位。

(2) 症状和体征：当脱位发生时，患者主诉疼痛、肿胀以及手腕和手指屈曲困难。由于正中神经受到脱位月骨的压迫，也可能导致正中神经所支配肌肉麻木甚至瘫痪。

(3) 处理：当脱位发生时，应立即送医复位。如果不能及早发现脱位，可能会发生腕骨坏死，需行手术切除。

2. 月骨缺血性坏死

(1) 病因：当月骨损伤后未及时发现或处理不当，月骨的血液供应长期不足时，将导致月骨坏死。

(2) 症状和体征：随着月骨坏死程度发展，患者腕部会持续疼痛，时而肿胀，腕关节活动受限，抓握无力，手腕中部存在压痛。

(3) 处理：月骨缺血性坏死的治疗取决于病程阶段。早期治疗通常用石膏固定并使用非甾体抗炎药。如果月骨持续恶化或保守治疗失败，则需要行手术治疗。早期手术治疗通过缩短前臂骨来降低对月骨的压力。在病程晚期，必要情况下对腕骨行融合或切除术。

3. 舟骨骨折

(1) 病因：腕骨骨折易发生于舟骨，损伤同样通常是由伸腕姿势跌倒撑地造成，摔倒冲击挤压桡骨和第二排腕骨之间的舟骨造成。这种情况经常被误认为是严重的扭伤，当处理不当时骨折的舟骨往往由于血液供应不足无法愈合而发生变性和坏死。因此需明确鉴别诊断腕部扭伤和舟骨骨折，当确认舟骨骨折后需要立即转诊给医生。

(2) 症状和体征：舟骨骨折时，患者腕骨区肿胀，鼻烟窝内舟骨处存在压痛，以拇指长轴施加轴向压力以及活动拇指都会引起舟骨疼痛。

（3）处理：冷敷和夹板固定保护，并转介医生进行 X 线检查和进一步治疗。

4. 钩状骨骨折

（1）病因：钩状骨骨折常见于运动员持运动器械如网球拍、棒球棒、长曲棍球棍、曲棍球棍或高尔夫球杆时的暴力接触。摔倒也可能造成钩状骨骨折。

（2）症状和体征：患者出现手腕疼痛、无力和压痛。

（3）处理：常用腕关节固定性贴扎处理，并使用环形垫片减轻该区域的压力。

### 三、手部损伤的识别和处理

手部损伤在运动人群中很常见。如果在受伤时没有得到正确的诊断和及时的处理，可能会对患者的日常生活和体力活动造成不可忽视的影响。

（一）手部挫伤和压伤

1. 病因

由于手部较少保护性填充物如脂肪和肌肉，因此受暴力冲击时容易发生挫伤和压伤等闭合性损伤。

2. 症状和体征

手部疼痛和软组织肿胀。

3. 处理

损伤发生时应立即冰敷并加压包扎，直到皮下出血停止，急性期过后可使用温热疗法促进瘀斑吸收。当挫伤手指时常导致远端指骨瘀伤，形成甲下血肿。这种情况是由于指甲下血液积聚所致。患者应将手指放入冰水中，出血停止后使用甲钻释放甲下瘀血。

（二）指间关节扭伤

1. 病因

指间关节扭伤时往往会损伤手部如侧副韧带等结缔组织，损伤程度从轻微扭伤到完全的副韧带撕裂、掌板撕裂或伸肌腱撕裂。指间关节扭伤在篮球、排球和足球等运动中很常见。

2. 症状和体征

在伸指时，外翻或内翻的应力作用于指间关节上易造成扭伤。通过患者明确的损伤史，主诉受累关节疼痛和肿胀，即在关节处特别是在副韧带区的压痛较易识别。当指间关节屈曲150°时，可能会有不稳定。外翻和内翻关节应力试验可评估侧副韧带损伤。

3. 处理

急性期遵循 POLICE 原则，入院进行 X 线检查并以夹板固定。如果扭伤很轻微，可把受伤的手指通过并指贴扎固定在未受伤的手指上以提供保护性支持。

（三）手部畸形

1. 扳机指

（1）病因：扳机指是指由于指深屈肌腱或指浅屈肌腱或拇屈肌腱的狭窄性腱鞘炎使指间关节被锁定在屈曲位置的畸形。

(2)症状和体征:患者主诉当手指或拇指弯曲后再伸展时存在阻力,产生弹响。触诊有压痛,在屈肌腱鞘底部可触及肿块。

(3)处理:该问题早期的处理包括固定、休息、冷疗和使用抗炎药物,超声也可用于治疗此种问题。类固醇注射可以缓解症状。如果保守治疗无效,建议手术松解屈肌腱。

2. 锤状指

(1)病因:锤状指常见于当手指伸肌收缩试图伸展手指时,球或其他物体击中手指末端致手指被动屈曲,导致伸肌腱于止点处撕裂,严重者可伴有撕脱性骨折。

(2)症状和体征:病人主诉远端指骨疼痛,X线检查可显示远端指骨背侧骨撕脱。患者无法伸展手指,远侧指间关节大约保持在30°角。损伤部位有压痛,有时可触及撕脱的游离骨片。

(3)处理:急性期处理同样遵循POLICE原则,如果无骨折,保守治疗使用夹板固定远端指间关节于伸直位。

3. 纽孔畸形

(1)病因:此种畸形由中间指骨背侧伸肌腱断裂引起。

(2)症状和体征:患者主诉严重疼痛,无法伸展近端指间关节,有肿胀、压痛和明显的远端指间关节过伸、近端指间关节屈曲畸形。

(3)处理

急性期处理使用冷疗,然后支具固定近端指间关节于伸直位4~8周,并鼓励患者固定期间弯曲远端指骨。

4. 球衣指

(1)病因

球衣指是指深屈肌腱在远端指骨联结处断裂形成的畸形。这种情况最常发生在运动员试图抓住对方的球衣时,无名指肌腱断裂或小块骨撕脱骨折。

(2)症状和体征

患者主诉远端指间关节关节不能屈曲,手指处于伸展的位置。

(3)处理

当断裂或撕脱发生后应行手术修复,否则将影响患者抓握能力。

5. 鹅颈畸形

(1)病因:近端指间关节的掌板被严重的过伸力损伤时,掌板从中间指骨远端撕裂造成。

(2)症状和体征:患者近端指间关节有疼痛、肿胀,可见明显异常形态:近端指间关节过伸,远端指间关节屈曲。压痛存在于近端指间关节的掌侧面。

(3)处理:急性期遵循POLICE原则处理,必要可使用止痛药。保守治疗包括在近端指间关节20°~30°屈曲处夹板固定3周,后使用并指贴扎,行渐进式抗阻训练。当掌板断裂时,需行手术修复掌板。

6. 掌腱膜挛缩症

(1)病因:掌腱膜挛缩的病因尚不清楚。考虑患者在掌侧腱膜中出现疤痕样组织,限制了手指的伸展,最终导致屈曲畸形。

（2）症状和体征：该屈曲畸形最常发生在无名指或小指，受累手指向掌侧屈曲固定，不能伸展。

（3）处理：这种类型的屈曲挛缩畸形会严重干扰正常的手部功能。治疗方案包括胶原酶注射、针刀松解术和筋膜切除术。

（四）手部关节脱位

1. 近端指间关节脱位

（1）病因：过伸暴力破坏中间指骨的掌板导致近端指间关节背侧脱位。

（2）症状和体征：患者主诉在近端指间关节上有疼痛、肿胀，活动受限。可见有明显的脱位畸形。

（3）处理：急性期处理遵循POLICE原则，使用支具固定，然后由医生复位。复位后，将手指用夹板固定于屈曲位20°~30°，持续3周。取下夹板后，使用并指贴扎支持保护。

2. 近侧指间关节掌侧脱位

（1）病因：该脱位发生于近端指间关节半屈位时受到扭转力矩。

（2）症状和体征：病人主诉在近端指间关节上有疼痛和肿胀。在近端指间关节上存在压痛，并主要在背侧。手指显示出成角的或旋转的畸形。

（3）处理：急性期处理遵循POLICE原则，使用支具固定和镇痛药的治疗，然后由医生复位。然后用夹板固定于伸直位4~6周，在6~8周活动需良好保护。

3. 掌指关节脱位

（1）病因：旋转或剪切暴力施加于掌指关节时会造成掌指关节脱位。

（2）症状和体征：患者主诉掌指关节疼痛、肿胀和僵硬。近端指骨背侧成60°~90°角畸形。

（3）处理：急性期处理遵循POLICE原则，使用支具固定配合止痛药治疗，然后由医生复位。

（五）手部骨折

1. 掌骨骨折

（1）病因：直接的轴向力或压缩力作用于掌骨可致掌骨骨折。第五掌骨颈部骨折与拳击和武术有关，通常被称为拳击手骨折。

（2）症状和体征：患者主诉有疼痛和肿胀，骨折端可成角畸形或屈曲畸形。当患者握拳时，其他三个指关节会突出，但第五个掌骨头会不明显，提示第五掌骨骨折断端移位。

（3）处理：急性期处理遵循POLICE原则，配合镇痛药治疗，进行X线检查。畸形矫正后用夹板固定。拳击手骨折不需要复位和石膏固定。佩戴夹板4周后可以开始早期的关节活动度练习。

2. 远端指骨骨折

（1）病因：远端指骨骨折较常见。年轻患者通常在运动活动中损伤，而老年患者则通常在工作中损伤。

（2）症状和体征：患者主诉有远端指骨疼痛和肿胀。常可见甲下血肿。

（3）处理：急性期处理遵循POLICE原则，使用支具固定和镇痛药的治疗，并引流甲下血肿。

3. 中间指骨骨折

(1) 病因:中间指骨骨折由于直接创伤或扭曲应力造成。

(2) 症状和体征:中间指骨有疼痛、肿胀和压痛,可能有畸形。X线检查可见骨移位。

(3) 处理:急性期处理遵循POLICE原则,使用镇痛药治疗。根据骨折部位和畸形的情况使用并指型贴扎和热塑性支具。如果有畸形,需要良好固定3~4周,再用保护性夹板固定9~10周。

4. 近端指骨骨折

(1) 病因:由于手指受到不同方向的扭转造成的,近端指骨骨折时指骨可呈螺旋状和成角状。

(2) 症状和体征:患者主诉有疼痛、肿胀,可见假关节畸形。X线检查可见骨移位。

(3) 处理:急性期处理遵循POLICE原则,使用镇痛药治疗。支具固定手腕于轻微伸展位,掌指关节70°屈曲固定,配合并指型贴扎保护。

5. 近端指间关节骨折脱位

(1) 病因:轴向载荷作用于部分屈曲的手指上时,骨折和脱位可共同发生。

(2) 症状和体征:患者主诉近端指间关节区域的疼痛和肿胀。近端指间关节上有局部压痛。

(3) 处理:急性期处理遵循POLICE原则,使用支具固定和镇痛药的治疗,然后由医生复位。如果存在小型骨折碎片,使用并指贴扎;如果存在较大碎片,则使用夹板固定近端指间关节于30°~60°屈曲位。

## 第四节　前臂、腕、手部损伤的康复

### 一、基本身体素质维持

同其他部位损伤发生后一样,运动员前臂、腕、手部损伤后需要积极地开展一系列活动以维持其身体基本素质,如心肺耐力、力量、灵活性和神经肌肉控制,目的是保持其身体运动能力。不同于下肢或其他大运动环节的损伤,前臂和腕手部损伤对于患者参与如步行、跑步、爬楼梯、骑功率车等活动限制并不大,前提是在良好保护受伤部位的前提下。同时还有其他部位的抗阻和柔韧性练习,并根据患者损伤恢复情况适时调整训练内容和计划。

### 二、关节松动术

关节松动术对于手腕和手部损伤后恢复关节活动性有良好帮助,使用关节松动术时应注意良好固定目标关节两端的骨,根据患者病程选择合适手法等级,同时注意在骨折未良好愈合时忌用关节松动术。

### 三、关节活动度练习

在前臂、手腕、手和手指受伤后，恢复完整的、无痛的关节活动度是康复的首要目标。关节活动度练习应包括被动活动、主动辅助和主动无痛运动。腕关节活动度练习活动方向包括屈、伸、尺偏、桡偏和内外旋。如果有神经反应，如刺痛、麻木或疼痛，可以通过自我牵拉以缓解神经紧张，减轻这些症状。恢复拇指关节活动度对正常的手部功能至关重要，其关节活动度练习应包括对指、屈、伸、外展和内收练习。

### 四、力量训练

遵循渐进式抗阻原则，施加适合患者当前阶段能力的阻力，腕关节运动应包括屈曲、伸展、尺偏、桡偏、旋前和旋后。恢复握力对于恢复正常的手部功能至关重要，可以使用不同的康复工具如握力球等，橡皮筋练习可以加强手指的伸展等能力。可以使用握力计来客观地测量各阶段握力并记录患者能力恢复情况。

### 五、神经肌肉控制训练

恢复正常的手部功能不仅需要恢复大肌肉运动功能，还需要恢复其精细的运动功能和控制能力。手和手指的康复需要恢复灵活性，包括扣纽扣、系鞋带、用筷子夹物和捡小物体等其他精细运动活动。动作设计时应结合功能活动特点，使患者能够早日重建手部精细功能，重返日常生活活动。

### 六、重返运动

腕部或手部受伤后恢复活动的标准是全范围关节活动度，握力等于健侧握力以及良好的灵活性和协调能力。此外，各种定制支具和贴扎材料可用于保护损伤后的手腕和手。

第十章思考题　　第十章参考文献

# 第十一章
# 大腿及骨盆周围常见运动损伤

【导　　读】

　　大腿及骨盆周围损伤是橄榄球、足球、田径等运动项目中最容易受伤的部位。骨盆由骶骨、两块髋骨及尾骨构成。骶髂关节连接骶骨和髂骨,两侧的骶髂关节能使作用在躯干上的力向双下肢均匀的传导,还能使整个骨盆具有一定的弹性,从而起到缓冲外力的作用。许多体育运动中,下肢更容易发生股直肌、腘绳肌肌肉拉伤以及股骨骨折等损伤。尽管髋关节周围拥有强韧的韧带以及有力的肌群使其成为全身最大且稳定性较高的关节,但依旧会发生许多损伤。本章介绍了大腿及骨盆周围损伤的预防,运用防护设备、功能锻炼及护具来预防运动损伤的发生,此外还介绍了损伤的评估、识别和处理、相应的康复训练方法。

【学习目标】

　　熟悉大腿及骨盆周围损伤的常用的预防措施、评估方法;掌握常见大腿及骨盆损伤的识别和处理;熟悉常见大腿及骨盆周围损伤康复训练内容。

【思维导图】

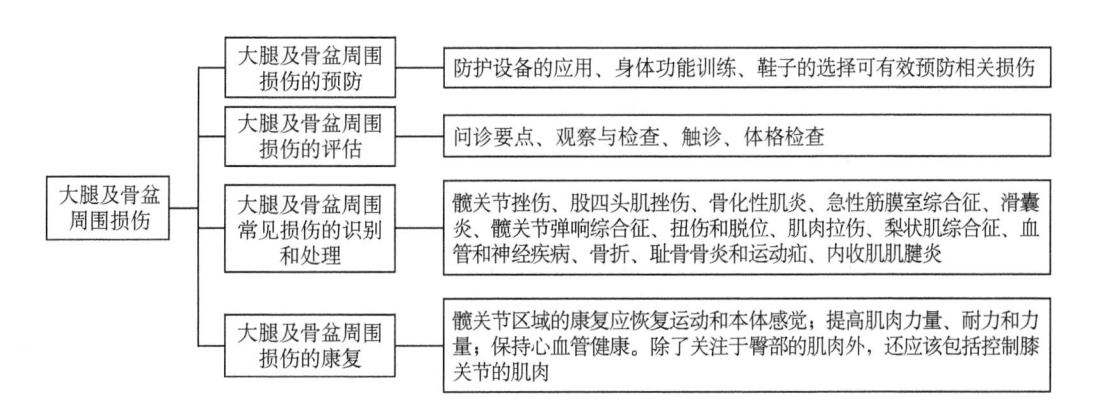

| 大腿及骨盆周围损伤 | | |
|---|---|---|
| | 大腿及骨盆周围损伤的预防 | 防护设备的应用、身体功能训练、鞋子的选择可有效预防相关损伤 |
| | 大腿及骨盆周围损伤的评估 | 问诊要点、观察与检查、触诊、体格检查 |
| | 大腿及骨盆周围常见损伤的识别和处理 | 髋关节挫伤、股四头肌挫伤、骨化性肌炎、急性筋膜室综合征、滑囊炎、髋关节弹响综合征、扭伤和脱位、肌肉拉伤、梨状肌综合征、血管和神经疾病、骨折、耻骨骨炎和运动疝、内收肌肌腱炎 |
| | 大腿及骨盆周围损伤的康复 | 髋关节区域的康复应恢复运动和本体感觉;提高肌肉力量、耐力和力量;保持心血管健康。除了关注于臀部的肌肉外,还应该包括控制膝关节的肌肉 |

## 第一节　大腿及骨盆周围损伤的预防

### 一、防护设备的应用

一些碰撞和接触类运动需要由硬质聚乙烯制成的特殊垫子，上面覆盖一层专用泡沫橡胶，以保护易受伤害的区域，如髂嵴、骶骨和尾骨以及生殖器区域。带有特殊口袋的腰带可以将垫子固定到位。男性生殖器区域最好用放在运动支架上的保护杯来保护。特殊的商用大腿垫也可用于防止大腿前部挫伤，氯丁橡胶套筒可提供均匀的压缩、治疗性保暖，并减少股四头肌或腘绳肌拉伤。

### 二、身体功能训练

运动防护师应注重对股四头肌、腘绳肌以及腹股沟区域的肌肉牵伸。在任何肌肉群中有肌肉拉伤情况的存在都会对损伤愈合有着长期影响并造成功能障碍。肌力增强训练方案应包括深蹲、硬拉、腿推举及各种核心力量增强的训练内容。核心稳定性训练的目的在于帮助运动员增强腰椎-骨盆-髋关节复合体的肌力、神经肌肉控制、爆发力和肌耐力，以此促进肌肉的功能平衡。

### 三、鞋子的选择

运动和体育活动在各种地形和地面上进行。无论地形或路面如何，在跑步的起始姿势和最后蹬离阶段，鞋子都应充分缓冲冲击力，并支撑和引导脚部运动。脚跟部位的缓冲不足会将力向腿上传递，导致髋关节发炎、股骨颈或耻骨应力性骨折或其他髋关节问题。因此购买能够提供足跟垫和鞋跟支撑物的鞋子十分必要，其在各种环境下也都能保持其形状和硬度。鞋底应针对特定类型的比赛场地进行设计，以避免滑动受伤。

## 第二节　大腿及骨盆周围损伤的评估

### 一、问诊要点

检查者应收集有关受伤机制、相关症状、症状进展、受伤可能导致的任何功能障碍以及相关病史的信息。例如，腹股沟深部疼痛可能起源于髋关节本身，也可能来自腰椎或骶髂关节。骶髂关节病变总是表现为患侧骨盆疼痛，而转子滑囊炎通常表现为大转子后部疼痛。

## 二、观察与检查

在检查室,患者应穿着短裤,以便能够看到下肢的情况。但是实际的情况往往是在现场或现场检查期间,防护设备或制服可能会阻挡视线。在这些情况下,病情的确定更多地取决于触诊和压力测试。如果患者未接受检查,则在移动患者之前,必须完成所有观察、检查和触诊,以确定是否存在骨折和脱位。

一般来说,观察应包括完整的姿势评估和步态分析。应从前方、侧面和后方位置观察患者,并注意髂骨相对于骶髂关节的位置。应观察该区域的对称性,注意任何可见的先天性畸形,如股骨过度扭转、髌骨位置异常、脚趾向内或向外。扭转角度增加大于 15°(即前倾)是以脚趾向外步态为特征的股骨外旋转的证据。当角度减小(即后倾)时,股骨内部旋转。通过膝内翻或侧位髌骨可以看到倾角增加(即髋外翻)。膝外翻或位于内侧的"斜视"髌骨可以看到该角度的减小(即髋内翻)。静态检查完成后,评估人员应观察个人行走情况。该观察应包括前、后和侧视图,注意步态的任何异常,并确定任何动作是否会导致疼痛或不适。对于异常步态,如果跛行是持续的或间歇的,那么确定跛行的开始以及使情况好转或恶化的动作非常重要。应检查损伤的具体部位是否有明显的畸形、变色、水肿、疤痕(可能表明之前进行过手术)以及皮肤的一般状况。

## 三、触诊

双侧触诊可确定体温、肿胀、穴位压痛、皱纹、畸形、肌肉痉挛和皮肤感觉。可以在腹股沟的股动脉、膝后的腘动脉以及足部的胫后动脉和足背动脉处感受血管脉冲。骨结构触诊时的疼痛可能表明移位的撕脱骨折或股骨干骨折。使用叩击在特定骨骼标志上可用于确定可能存在的骨折。例如,为了确定髋臼或股骨颈或股骨头可能发生的骨折,可以通过推动股骨髁,通过股骨纵轴向髋部施加缓慢的压缩力来进行确定,也可以通过骶髂关节挤压试验确定骨盆骨折。在触诊过程中,患者应不负重,最好坐在治疗床上。当患者俯卧在治疗床上时,应在臀部和腹部下方放置一个枕头,以减少下背部区域的压力。触诊从近端到远端进行,但预计最痛的区域应最后触诊。

## 四、体格检查

(一)功能性测试

1. 主动运动

可在坐姿或俯卧位进行主动运动。预期会疼痛的主动运动应在最后进行,以防止疼痛症状影响到下一个运动。

2. 被动运动

如果患者能够在主动运动中完成完整的 ROM,则在运动极限处施加温和的压力,以确定末端感觉。测试被动运动时,目的是再现患者的症状,而不仅仅是疼痛或不适。

### 3. 抗阻运动

在徒手肌力测试期间，稳定髋部非常重要，以防止任何肌肉代偿。检查者从初始长度的肌肉开始，在整个 ROM 中施加阻力，并注意到与未受累肢体相比是否存在任何肌肉无力的情况。使患者痛苦的动作应该推迟到最后。

### （二）关节压力测试

#### 1. 骶髂压缩（横向前应力）和牵张测试

患者处于仰卧位。检查者双手交叉用拇指对髂前上棘施加向下和向外的压力。通过髂骨前部施加向下的压力，挤压骶髂关节，重复此动作。若单侧臀肌或后腿疼痛可能表明前骶髂韧带扭伤。骨盆或其他部位剧烈疼痛并伴有向外压力，或双侧髂骨嵴受压，可能表明骨盆骨折。

#### 2. 挤压测试

患者处于仰卧位。检查者以 45°角向下和向内推动患者的髂前上棘。这一动作应力于后骶髂韧带。如果存在疼痛，则该测试被视为阳性。

#### 3. 骶髂关节（膝到肩）试验

该试验也称为骶结节韧带应力试验。患者处于仰卧位。检查者将患者的膝关节和髋部向对面的肩膀完全弯曲，并内收髋部。髋关节和膝关节必须均无病理学表现，并具有完整的 ROM。骶髂关节因髋关节的屈曲和内收而摆动。如果当膝向胸的方向运动会导致大腿后外侧疼痛，可能会刺激骶结节韧带。如果当将腿拉向对侧肩部时疼痛，疼痛在耻骨间韧带周围区域产生，表明骶髂韧带受到刺激。

#### 4. 横向后应力测试

患者侧卧位，检查者在髂骨嵴上施加向下的力。这个动作会对骶骨产生向前的压力。阳性测试会在骶髂关节上产生疼痛或压力感，表明骶髂后韧带扭伤、骶髂损伤或两者兼而有之。骨盆剧痛可能表明骨折。

#### 5. Faber 试验

仰卧位时，患腿的脚和脚踝放在对侧膝关节上。然后，将弯曲的腿缓慢降低至外展状态。应将受影响的腿放在治疗床上，或至少靠近另一条腿的水平位置来确定髋关节屈曲、外展和外旋的最终位置。受累腿的膝关节和对侧髂骨嵴受到过分的压力可能会导致受累腿一侧的骶髂关节疼痛，表明可能存在病理学改变。

### （三）特殊试验检查

#### 1. 腿长测量

骶骨的"点头"导致腿长减少，对侧的收缩也是如此。如果一侧的髂骨较低，则该侧的腿通常较长。腿的真实长度是在仰卧位测量的，双侧髂前上棘一般是等高的。双腿相互平行，自然伸直。使用卷尺测量髂前上棘远端边缘到每个踝关节内踝远端的距离。在另一侧重复测量，然后比较结果。1.0～1.3 cm 的差值视为正常。从肚脐到双侧踝关节的内踝，可测量骨盆外侧倾斜或屈曲或内收挛缩导致的明显腿长差异。

#### 2. Thomas 试验

患者仰卧在治疗床上，检查者应注意腰椎前凸的存在。如果出现腰椎前凸，检查者可以将手放在腰部下方。接下来，指示患者将未受累的腿弯曲到胸部，并将其保持在该位置。

这个动作会使腰部变平。如果试验结果为阴性,则伸直腿(即相关腿)与试验台保持接触;如果测试结果为阳性,则伸直腿从治疗床上升起。

3. Gaenslen 试验

Gaenslen 试验是 Thomas 试验的改进。Gaenslen 试验通过迫使一侧髋过度伸展,在骶髂关节上施加旋转应力,使测试髋关节延伸至治疗床的边缘。接下来,将双腿拉到胸部,然后将一条腿慢慢放下,伸直。另一条腿以类似的方式进行测试以进行比较。骶髂关节疼痛为阳性。另一种体位是让患者侧卧,大腿(即测试腿)在臀部过度伸展。接下来稳定骨盆,同时大腿的臀部伸展。疼痛加剧可能表明同侧骶髂关节病变、髋关节病变或 L4 神经根病变。

4. Kendall 股直肌挛缩试验

患者仰卧在治疗床上,双膝在治疗床边缘弯曲 90°。患者将未受影响的膝关节弯曲至胸部,并将其保持在该位置。另一膝关节应保持 90° 弯曲。如果膝关节略微伸展,则该腿可能出现股直肌挛缩。如果结果为阳性,则触诊肌肉是否紧张,以确认挛缩。由于没有明显的紧张感,这种情况可能是由紧密的关节结构(即关节囊或韧带)引起的。如果在测试过程中髋关节外展,可能是由于髂胫束紧张所致。然后,应在两侧进行 Ober 试验。

5. Patrick's(Faber)测试

患者仰卧,患腿的脚和脚踝放在对侧膝关节上。然后将弯曲的腿缓慢降低至外展状态。最终位置应将涉及的腿放在桌子上,或至少靠近与另一条腿水平的位置。如果腿不能轻松地达到这个位置并保持,则表明该侧可能出现髂腰肌痉挛或髋关节挛缩。

6. 腘绳肌挛缩试验

在治疗床上坐位,患者一侧腿屈髋屈膝,将一条腿靠在胸部,以稳定骨盆区域。接下来,指示患者触摸伸展腿的脚趾。如果不能做到这一点,则表明伸展腿上的腘绳肌绷紧。

7. 直腿抬高试验

患者仰卧,屈髋屈膝 90°,检查者扶住膝关节后面,将髋部稳定在 90°,依次伸直膝关节。完全伸展−20° 以内的膝关节伸展被认为是腘绳肌的正常柔韧性。在某些情况下,可能会产生神经根症状。

8. 直腿抬高试验

虽然该试验通常用于拉伸脊髓硬脑膜和评估可能的椎间盘损伤,但也用于排除紧绷的腘绳肌。患者处于仰卧位,保持膝关节伸直,检查者抬高患者的下肢,直到患者抱怨紧张或疼痛。随后,检查者慢慢降低腿部,直到疼痛或紧张感消失。接下来,检查者将踝关节背屈,并指示患者弯曲颈部。背屈和/或颈部屈曲增加的疼痛表明脊髓硬脑膜拉伸。不随背屈或颈部屈曲而增加的疼痛通常表明腘绳肌紧张。如果双腿同时被动抬起,并且在屈曲 70° 之前出现疼痛,则表明骶髂关节存在问题。

9. Trendelenburg 测试

要求患者先用一条腿站立并保持平衡,然后用另一条腿站立并保持平衡。当患者保持平衡时,注意到骨盆的移动。如果非稳定腿一侧的骨盆上升,则测试被视为阴性,因为对侧(即站立侧)的臀中肌会像单腿站立时一样将其抬起。然而,如果非稳定腿一侧的骨盆掉落,则该测试被视为阳性,表明髋外展肌(主要是站立侧的臀中肌)无力或不稳定。

10. 梨状肌试验

患者侧卧,未受累腿在下。受累髋关节弯曲60°,膝关节弯曲。检查者用一只手稳定受影响的髋部,并向膝关节施加向下的压力。如果梨状肌绷紧则会引起肌肉疼痛;如果坐骨神经被梨状肌压迫,患者可能会出现神经症状。

11. 长坐位试验

要求患者仰卧,双腿伸直。检查者将拇指放在双侧腿的内踝上,确定两侧内踝的位置。然后,要求受试者坐起来,同时检查者观察一条腿的内踝是否从长位置移动到短位置(即向近侧移动)。如果一条腿比另一条腿向上移动得更远,则存在功能性腿长差异,这是由于骨盆扭转或旋转导致的骨盆功能障碍所致。例如,如果右腿向近端移动,则表明右侧髂骨在骶骨上向前旋转。如果发生相反的情况(即右腿从短位置移动到长位置),则表明右侧髂骨在骶骨上向后旋转。

12. Ober 测试

患者侧卧,微微屈髋屈膝以保持稳定性。检查者用一只手稳定骨盆,以防止骨盆在试验过程中向后移动。接下来,检查者外展并稍微伸展患者髋关节,使髂胫束穿过大转子。接下来,检查者慢慢放下大腿。如果阔筋膜张肌或髂胫束绷紧,腿仍保持外展位置。虽然最初的 Ober 测试要求膝关节弯曲90°,但如果膝关节伸展,髂胫束的伸展度将会更大,股神经会承受更大的压力,这可能会导致神经症状(即疼痛、刺痛或感觉异常)。

(四)神经测试

神经学测试通过肌节、反射和皮肤模式(包括节段性皮肤和周围神经模式)评估神经完整性。肌节测试要测试特定的节段肌节:髋关节屈曲(L1、L2),膝关节伸展(L3),踝关节背屈(L4),脚趾伸展(L5),踝关节跖屈、足外翻或髋关节伸展(S1),膝关节屈曲(S2),反射骨盆或髋部区域没有需要测试的特定反射;下肢的其他反射包括髌骨反射(L3、L4)和跟腱反射(S1)。

## 第三节 大腿及骨盆周围常见损伤的识别和处理

### 一、髋关节挫伤

(一)病因

髋关节挫伤是由于外力直接撞击髋关节所致。髋关节挫伤通常指阔筋膜张肌腹部的髂骨挫伤并伴有血肿,但该术语也可用于识别腹外斜肌撕裂、转子挫伤。当直接撞击髂嵴时,大多数人都会受伤。深层、快速出血和肿胀的症状和体征可以出现在骨膜下、肌肉内或皮下。因为有许多的躯干肌和腹肌附着在髂嵴上,躯干的任何动作,包括咳嗽、大笑,甚至呼吸,对于患者来说都是痛苦的。即刻的疼痛、痉挛和功能丧失会使患者躯干旋转或向受伤侧横向弯曲躯干受限,可能出现腹肌痉挛。在 24~48 h 内,肿胀更加弥漫,瘀斑明显。在严重受伤的情况下,由于受伤部位肌肉紧张引起的剧烈疼痛,即使是拄着拐杖,患者也可能无法行走或负重。

## （二）症状和体征

Ⅰ级：正常步态和正常姿势；触诊时轻微疼痛，很少或没有肿胀，躯干活动范围完全恢复可能需要 3~7 天。

Ⅱ级：髂骨触诊时明显疼痛，可见肿胀；可能向受伤侧轻微弯曲，出现异常步态姿势；躯干活动时疼痛且活动度受限，尤其是侧向屈曲至对侧和躯干旋转时；总体恢复活动可能需要 5~14 天。

Ⅲ级：严重疼痛、肿胀和瘀斑；步态缓慢，步幅短，摆动姿势可能会向受伤侧严重倾斜；躯干运动疼痛且在各个方向受限，恢复活动可能需要 14~21 天。

## （三）处理

在受伤后的前 2~3 天内进行冰敷、加压和休息。期间对肌肉进行轻微拉伸和电刺激可减少继发性肌肉痉挛。根据需要，冰敷可持续 72 h 以控制疼痛、减轻肿胀，并且在两次冰敷之间可以用加压带缠绕。接下来可以轻柔地拉伸髋部肌肉，如果有大面积的瘀青则要推迟一周进行。如果直接在髂嵴上触诊到剧烈疼痛，应将患者转诊给医生，以排除髂嵴骨折的可能性，因为相同的损伤机制可能导致两种损伤。

轻微的髋撞伤可能会在一周内消退，让髋部和躯干可以舒适地负重和进行无痛范围的活动，然而，为了防止再次受伤，应使用垫子保护该区域，这种情况下运动员可以积极地进行重返体育运动的训练。在严重的损伤中，应使用拐杖行走，如果形成血肿或存在周围肌肉撕裂的情况，可能需要 2~4 周的愈合才能恢复无痛活动让周围肌肉恢复力量。在 48 小时后使用止痛药和非甾体抗炎药（NSAIDs）。随后的治疗可能包括热疗、超声波、经皮神经电刺激（TENS）和耐受的无痛 ROM 运动。一旦能够完成无痛主动 ROM 运动，患者应进行运动，包括下肢和躯干强化，恢复训练应循序渐进，可佩戴抗阻泡沫圈垫以保护该区域免受进一步伤害。

## 二、股四头肌挫伤

### （一）病因

股四头肌挫伤是大腿受到钝性创伤引起的，常由大腿前侧、内侧或外侧受到直接撞击所致。股四头肌挫伤最常见的部位是大腿前外侧，如果挫伤位于肌间隔附近，疼痛和出血往往会更快地消失。最初症状可能看起来微不足道，但是在接下来的 24 h 可能出现明显的肿胀和疼痛以及活动范围受限，受伤的严重程度几乎总是被低估，导致治疗不及时、不充分。肌肉本身的挫伤通常与更大的撕裂、出血和疼痛有关，钝性创伤通常导致与骨头相邻的肌肉层受损，因此股四头肌挫伤可能会比拉伤对肌肉的损伤更深层。这种损伤在美式橄榄球、英式橄榄球、空手道、柔道、足球、曲棍球和长曲棍球中很常见。

### （二）症状和体征

撞击后，疼痛和肿胀可能会立即扩大。在轻度（Ⅰ级）挫伤中，患者有轻度疼痛和肿胀，能够行走而不跛行。被动屈曲超过 90° 可能会感到疼痛。在中度（Ⅱ级）挫伤中，患者可以将膝关节弯曲 45°~90°，走路时明显跛行。肿胀可妨碍膝关节完全弯曲。在严重（Ⅲ级）挫伤中，最初几乎看不到擦伤的迹象，但在 24 h 内，会出现渐进性出血和肿胀，限制膝关节弯曲超过45°,严重者可能有明显的、坚硬的血肿,导致股四头肌无法收缩或直腿抬高。患者需要拐杖才能行走。初始的X线片可以排除骨折。在受伤2~4周后还可以通过X线片来排除创伤性骨化性肌炎。核磁共振成像能显示出具体的损伤以及它的大小及确切位置。

### (三) 处理

在最初的24~48 h内,治疗包括冰敷和加压包扎,在膝关节最大弯曲的姿势进行固定,这种姿势可以保持所需的屈曲,并限制肌肉内出血和痉挛。24 h后可以拆除护具或绷带,进行冰敷、电刺激和被动无痛股四头肌拉伸运动。鼓励运动员在全天内频繁地做这些被动拉伸运动,运动员要使用拐杖直到他们可以无痛进行股四头肌等长收缩。48 h后重新评估,可能需要继续理疗、加压和屈曲12~24 h。在有适当的急性护理方案的情况下,如果患者出现持续肿胀表明有持续出血的情况,出现这样的症状,需要立即转诊给医生以评估出血程度。

随着运动能力的提高,应开始部分负重。本体感觉神经肌肉促进训练模式可用于加强、放松或获得ROM。股四头肌等长训练和腘绳肌阻力训练可进展为主动拉伸以及渐进式阻力强化计划。早期应避免持续超声波、水疗和按摩,因为它们可能会刺激炎症过程,但可在后期使用以帮助恢复。当完全ROM恢复后,应恢复完全负重步态,可加入渐进式强化计划,并可结合自行车、慢跑、跑步和与项目相关的特定功能性活动。

## 三、骨化性肌炎

### (一) 病因

大腿部受到严重的撞击或反复受到撞击,通常会引起股四头肌内出血或血肿,长此以往易导致骨化性肌炎或异位骨化的发生,发炎的组织会产生类似于骨或软骨的钙化。骨化性肌炎(肌肉周围的骨骼异位或错位)就是一种涉及肌肉组织内骨沉积的异常骨化。通常发生在Ⅱ级和Ⅲ级的股四头肌挫伤中,常发生于股骨附近。同一部位的再损伤常见部位为大腿前部和外侧。虽然骨化性肌炎形成的确切机制尚不清楚,有研究认为,在血肿消退期间,例如损伤后一周内,参与修复过程的现有成纤维细胞开始分化为成骨细胞,在2~4周后X线片可见钙化迹象。随着钙化的继续进行,可以在深层组织中感觉到可触及的坚实肿块。6~7周后,肿块通常停止生长,并发生再吸收。然而,可能出现不完全吸收的情况,留下可见的皮质型骨质病变。

股四头肌挫伤后的几个风险因素可能使个体易患此种疾病,包括:受伤后继续运动;急性期按摩、水疗或热疗;被动、强力拉伸;康复计划进展过快;过早重返赛场。

### (二) 症状和体征

在挫伤发生3~4周后,如果出现一个坚硬的肿块,可能就是骨化性肌炎。可通过X线片确诊,X线片中它显示为白色的聚集物。这堆聚集物可能连接到股骨也可能不连接。一般来说,肌炎肿块成熟需要3~6个月,并在此时停止生长。一般表现为皮肤升温、与健侧对比明显肿胀。

### (三) 处理

骨化性肌炎的治疗方法和挫伤基本一样,如果不加以治疗就会导致活动范围持续变小,出现疼痛的肿块可能严重影响运动功能。超声波有助于击碎肌炎结块。其他治疗措施包括冰敷、加压、抬高、使用拐杖和保护性休息。非甾体抗炎药仅在 48 h 后使用,因为非甾体类抗炎药会抑制血小板功能并促进出血。在异位骨化成熟之前进行定期 X 线片检查,通常在 6~12 个月内发生肿块不能完全重新吸收的情况,需要使用足够的保护措施以减少后续的伤害。只有在罕见的情况下,如疼痛严重限制活动、ROM 减少的情况下需要手术。在肿块成熟之前切除可能会导致复发,可能会出现新肿块比原来的肿块大的情况。发生骨化性肌炎之后重返体育运动的时间可能比挫伤更久,重返时间应由医生或防护师决定。

### 四、急性筋膜室综合征

（一）病因

筋膜室是指筋膜或包裹股四头肌肌肉群的覆盖物。在接触类体育运动中,筋膜室综合征是指封闭的筋膜室内组织压力增加,从而影响该筋膜室内神经和肌肉的循环,筋膜不能承受巨大的压力而极度膨胀,进而压迫肌肉而使肌肉供血不足,引起肌肉内的氧气和营养物质缺乏,如果该过程继续下去可能会导致肌肉坏死。当膝关节、头盔或其他硬物大力撞击到股四头肌或大腿前部肌群时,就可能引发筋膜室综合征。一般是股四头肌挫伤的严重并发症。这种情况通常发生在大腿严重钝性创伤之后,但也可能发生在挤压伤或股骨骨折之后,需要及时进行临床诊断和治疗。

（二）症状和体征

临床上表现为疼痛和损伤程度不相符、休息时疼痛、被动屈曲膝关节时疼痛、出现弥漫性压痛和感觉大腿紧绷可能暗示着筋膜室综合征。患者抱怨股四头肌被动运动和等长收缩时出现进行性剧烈疼痛,同时因为疼痛,患者较为抗拒弯曲膝关节。随着腔室内压力的增加,可能会出现感觉减弱和运动无力。可导致永久性损伤的临界压力的持续时间是 4~8 h。

（三）处理

急性大腿压迫的治疗方法是筋膜切开术,即通过手术切开筋膜,让肌肉获得充足的血液供应。在肿胀消退之后,再次通过手术缝合筋膜。由于股神经的运动功能在存在大量血肿的情况下很难评估,因此诊断是基于医生测量的腔室压力做出的。外科干预包括前或前外侧皮肤切口、筋膜切开术和血肿清除术。手术减压后要开始早期康复,以抑制肿胀、疼痛和肌肉萎缩,增加活动范围。未经治疗的腔室综合征可导致肌肉坏死、纤维化、瘢痕和肢体挛缩,而神经损伤可由直接外力或腔室压迫引起。

### 五、滑囊炎

髋关节滑囊炎较为常见,特别是在年轻运动员和长跑运动员中,它包括髋关节周围任何滑囊的炎症。髋关节滑囊炎通常是活动期间肢体姿势的变化引起的,比如内收(下肢向身体运动)或髋关节内旋时,滑囊感受到异常压力,从而引发刺激和炎症发生。滑囊炎通常与下肢其他病症有关,比如骨关节炎、类风湿性关节炎、髂胫束过紧和双腿长短不一等。

（一）大转子滑囊炎

大转子囊位于大转子与臀大肌和阔筋膜张肌(髂胫束)之间。由于女性的骨盆更宽,Q

角更大,所以更常见于女性,也见于跑步时双脚交叉在中线上的跑步者。

1. 病因

大转子滑囊炎是相对常见的股骨大转子病症。尽管一般被称为滑囊炎,但这种病症也可能是臀中肌止点或髂胫束跨过大转子处的炎症。损伤常见于过度使用以及骨盆或步态异常的人群。

2. 症状和体征

大转子滑囊炎的特征是大转子尖上方或后方的烧灼或疼痛,随着步行或运动而加剧。这种情况由髋外展肌对抗阻力的收缩或髋关节在负重时的屈曲和伸展而加剧。所述疼痛也可向大腿外侧远端移动。如果在某些运动过程中伴有突然的剧烈疼痛,则可能继发于髋关节骨折问题。

(二) 髂腰肌滑囊炎

1. 病因

主要是腰部反复的受力活动,导致髂腰肌部位的滑囊受到反复的刺激,引起滑囊炎性水肿的情况,可能与髋关节撞击综合征有关。

2. 症状和体征

疼痛位于关节内侧和前部,不易触及。当臀部和膝关节弯曲,腿部向外旋转做拉伸髂腰肌的动作时,可能会引起疼痛。髋关节的被动旋转运动和髋关节的抗屈、外展和外旋也可能导致疼痛加剧。髂腰肌滑囊炎也可能与髋关节撞击综合征的症状有关。

(三) 坐骨滑囊炎

通常情况下,患者有久坐病史,尤其是双腿交叉或坐在坚硬的地面上,本病须与肌腱附着处的腘绳肌撕裂或骨骺骨折相鉴别。

1. 病因

跌倒时臀部直接着地可导致坐骨滑囊受压。发病与久坐及臀部脂肪组织缺失有关,特别是体质较瘦弱者,又称脂肪臀。由于坐骨结节滑囊长期被压迫和摩擦,囊壁渐渐增厚或纤维化而引起症状。

2. 症状和体征

久坐、上坡、跑步,甚至裤子后口袋放置物品都会加剧疼痛。当髋关节弯曲时,可直接在坐骨结节上方触诊穴位压痛。被动和抗阻髋关节伸展会增加疼痛。

(四) 滑囊炎的处理

治疗方案可分为肌肉骨骼治疗和药物治疗。肌肉骨骼治疗包括适当休息、局部热敷和治疗性超声波,以减轻疼痛和促进周围组织的伸展,拉伸运动和纠正肌肉力量失衡。使用超声波或干扰电可能也有帮助。由专业人员对跑步运动进行姿势检查和生物力学分析,可以用来确定是否存在某些因素导致疾病的发生。不同的鞋子、矫形器或跑步技术的改变可以纠正问题,避免复发。药物治疗包括止痛药物、消炎药物和皮质类固醇针剂。要想长期受益通常需要兼顾肌肉骨骼治疗和药物治疗。如果病情没有迅速改善,应进行骨扫描以排除股骨颈应力性骨折的可能。保守治疗无效的患者可能需要局部注射麻醉剂和可的松,仍然无效者可能需要手术。

### 六、髋关节弹响综合征

**(一)病因**

慢性滑囊炎可导致髋关节弹响综合征,在舞者、跑步者和啦啦队中非常普遍,可能继发于关节内和关节外的各种原因。"啪"声通常是髂胫束经过大粗隆时发出的。发生的主要原因是髂胫束的后缘或臀大肌肌腱部的前缘增厚,在髋关节作屈曲、内收、内旋活动时,增厚的组织在大粗隆部前后滑动而发出弹响。其他原因包括骨盆狭窄、外展活动度异常增加,和外旋活动度过小或内旋肌紧张。关节内因包括存在游离体、髋臼盂唇撕裂和关节半脱位。

可分为三种类型的弹响。

外部:最常见的原因是在髋关节屈曲时,髂胫束或臀大肌在大转子上弹响,导致大转子滑囊炎。

内部:髂腰肌卡在肌肉腱单位的深层结构上,如髂腰肌滑囊、股骨头或小转子。

关节内:关节损伤,如盂唇撕裂,可导致这种情况。

在所有这些病症中,运动形成"弓弦效应",引发可听到或感觉到的响声或弹响。

**(二)症状和体征**

髋关节弹响综合征的特征是在髋关节的某些运动中听到或感觉到的是弹响感,而不是疼痛。它通常发生在侧向旋转和髋关节屈曲的同时单腿保持平衡时。如果髂腰肌滑囊受到影响,患者可能会抱怨腹股沟内侧的股骨三角出现弹响、慢性疼痛或两者兼而有之。

**(三)处理**

髋关节弹响综合征的治疗重点是拉伸和加强髋外展肌和内收肌、屈髋肌和髂胫束。运动员应该休息,避免进行与弹响有关的活动。治疗疼痛或相关滑囊炎时,可能需要采用消炎药物。如果症状长期存在,可能需要向滑囊或弹响部位注射可的松,如果髋关节问题仍然存在,可能需要手术康复。通过参加积极的拉伸与力量训练计划,大多数患者的症状会减轻,而且在2到3周内可重返体育运动。

### 七、髋关节扭伤和脱位

**(一)病因**

髋关节扭伤常因超过正常活动范围的过度运动导致髋部周围组织撕裂而发生。髋关节为杵臼关节,周围有坚韧的韧带以及强大的肌肉保护,因而十分稳定。只有在间接暴力的作用下,才会通过韧带之间的薄弱区脱位。损伤人群多为青壮年,在劳动中或车祸时遭受强大暴力的冲击而致伤。扭转、杠杆或传导暴力均可引起。髋关节脱位会造成关节囊和韧带结构撕裂。此损伤常伴随骨折发生,还有可能损伤坐骨神经。

**(二)症状和体征**

轻度或中度髋关节扭伤的症状和体征与滑膜炎或髋关节周围应力性骨折的症状相似,并涉及髋关节旋转时的疼痛。严重的髋关节扭伤和脱位会导致即刻的剧烈疼痛,甚至无法行走或移动髋关节。髋关节保持在典型的弯曲和内旋位置，表明后上脱位。

（三）处理

处理过程中应解决特定的异常，包括肌肉紧绷、肌肉失衡、训练技术差或运动生物力学异常。轻度至中度扭伤的康复治疗是有效的，包括冷冻疗法、非甾体抗炎药、休息和拐杖保护性负重，直到行走没有疼痛为止。为了排除退行性关节病、股骨头骨骺滑脱和股骨应力性骨折，通常需要进行X线检查或骨扫描。在急救人员到达之前，一般不得移动伤者。髋臼后缘或股骨头骨折时，运动可能会损害股骨头的血液供应，导致缺血性坏死或周围软组织结构进一步受损。应经常监测生命体征，并对休克患者进行现场治疗。由于坐骨神经可能受损，应通过确定患者是否有完全或部分感觉来评估神经功能。

## 八、肌肉拉伤

（一）股四头肌拉伤

股四头肌拉伤不如腘绳肌拉伤常见。最容易拉伤的为股直肌。股外侧肌和股内侧肌很少受伤，但一旦受伤，通常会累及腹部肌肉的中上1/3。

1. 病因

股四头肌拉伤通常发生在当髋关节处于伸展位，突然屈髋屈膝时。动作即刻，肌肉产生强有力的收缩，从而造成股四头肌拉伤。股直肌爆发的肌肉收缩可导致髂前下棘近端附着处的撕脱骨折，但撕裂更常见于肌腹中部。因为股直肌是股四头肌中最浅的肌肉，所以它的连续性很容易被破坏。

2. 症状和体征

Ⅰ级损伤：患者抱怨大腿前部紧绷，但步态正常。虽然在被动屈膝超过90°可能会感到疼痛，但未触及肿胀或疼痛。

Ⅱ级损伤：患者报告在跳跃、踢腿或奔跑的爆发性运动中出现撕裂感，随后立即出现疼痛和功能丧失。作为保护受伤部位的一种手段，膝关节可以伸直。评估显示有压痛、肿胀、连续性中断时可能会触及凹陷、观察到变色、出现被动膝关节屈曲45°～90°时疼痛，以及膝关节抗阻伸展时的疼痛和无力。

Ⅲ级损伤：非常痛苦，无法行走。触诊肌肉有明显缺陷。膝关节伸展受阻，ROM严重受限。等长收缩可出现股四头肌，尤其是股直肌的肌肉隆起或缺损。

（二）腘绳肌拉伤

1. 病因

腘绳肌是体育运动中最常见的肌肉拉伤。腘绳肌拉伤通常是由突然运动或剧烈拉伸时肌肉的快速收缩引起的。急性拉伤常见于需要减速和变换方向的运动。慢性拉伤可能与肌肉无力、疲劳和生物力学异常有关。在步态的初始摆动阶段，腘绳肌的作用是使膝关节弯曲，在此阶段会出现拉伤。在摆动后期，腘绳肌离心收缩，以减缓膝关节伸展，并重新伸展臀部，为站立阶段做好准备。

2. 症状和体征

轻微拉伤时，患者抱怨肌肉紧张。被动拉伸腘绳肌可能会很痛。在Ⅱ度和Ⅲ度拉伤中,患者可能会报告有撕裂感或感觉"爆裂",导致即刻疼痛和膝关节屈曲无力。在更严重的情况下,可能会出现大腿后部剧烈疼痛,患者跛行,无法完全伸展膝关节。主动屈膝时会引起疼痛和肌肉无力。如果及早评估,可能会触诊到肌腹明显凹陷。通常损伤后1至2天,腘窝可见大量肿胀和瘀斑。虽然坐骨腘绳肌起点的完全断裂很罕见,但当膝关节伸直,腘绳肌有力收缩时,髋关节会突然强力弯曲,从而导致坐骨处腘绳肌起点的完全断裂。腘绳肌拉伤是一种慢性和复发性疾病。康复应侧重于恢复灵活性和增强肌肉,另外需要注意的是保持股四头肌和腘绳肌之间适当的力量平衡。

(三)内收肌(腹股沟)拉伤

1. 病因

内收肌拉伤通常在需要快速改变方向以及加速的活动中很常见。更严重的拉伤通常发生在臀部肌肉的近端附着处,尤其是长收肌,较轻度的拉伤往往发生在较远的肌肉肌腱交界处。髋外展肌和内收肌之间的力量不平衡可能是许多此类损伤的易感因素。

2. 症状和体征

患者通常会先经历腹股沟处"刺痛",并且由于剧烈的疼痛而无法行走。随着病情发展,髋关节内收和屈曲的疼痛、僵硬和无力加剧变得明显。向前或向后的直向跑步可能是可以忍受的,但任何侧向运动都会导致更多的不适和疼痛。坐骨支、小转子或肌腱交界处可触及局部压痛。在髋关节伸展、外展和外旋以及髋关节内收的被动拉伸过程中,会感觉到疼痛加剧。如果发现明显的凹陷,表明损伤严重。

(四)肌肉拉伤的处理

采用分阶段的方法治疗拉伤。

第1阶段,目标是减少局部出血、肿胀、疼痛和炎症。非甾体类消炎药物可以帮助抑制炎症反应和加快康复,但是只能在受伤后使用3~7天,它们会延缓肌肉再生和干扰愈合。建议使用PRICE原则,包括立即保护、休息、冰敷、加压、抬高。开始冰敷并尽快使用布织绷带轻轻压迫患处,尽可能将受伤的肌肉应保持在伸展位。如果患者不能以正常步态行走,应使用拐杖。如果病情在2~5天内没有改善,则有必要转诊给医生,以排除其他潜在疾病。

第2阶段,受伤后第7~8天,该阶段可以引入电刺激、被动活动范围、肌筋膜放松、等长训练等治疗方法。脉冲超声波按摩疗法可能会进一步减轻肿胀和促进康复。一旦运动员已经获得肌肉的自主控制就可以开始轻柔拉伸和运动了。当运动员恢复70%~80%的活动范围就可以开始抗阻拉伸技术练习,比如等长收缩放松、主动拉伸、本体感觉神经肌肉促进技术(PNF),尽量不要做离心抗阻训练,离心抗阻训练可能会使患者发生再次损伤。在疼痛范围内可以进行游泳和功率车练习,注意所有的训练都应在无痛范围内进行。

第3阶段,功能重塑阶段。无痛静态拉伸受伤肌肉仍然是康复计划的重要内容。此阶段应引入离心增强力量训练、等速增强力量训练和本体感觉神经肌肉促进训练。在此阶段需要增加旋转性运动,目标是让运动员重返体育运动,逐渐从慢跑提升到冲刺,不仅要做变向和原地旋转动作,还要训练快速加速和减速能力。

非创伤性诊断可能包括撕脱骨折、耻骨骨炎、骨化性肌炎、髋关节疾病、神经卡压、疝气相关疾病、泌尿系统疾病和妇科问题。当急性炎症期进展到血肿消退时,可以结合冷疗和电疗法进行无痛的温和拉伸和等长收缩。穿着紧身短裤可以缓解症状,加快恢复。如果没有紧身短裤,则可以使用臀围紧身衣或紧身衣提供支撑。活动伸展、渐进性抗阻练习、软组织放松,以及游泳、骑自行车、轻度慢跑和爬楼梯都可以在无疼痛时开始。在患者能够实现全范围活动、无痛的运动之前,禁止进行快速启停和转向运动。在达到正常肌肉力量之前,患者不得恢复活动。

## 十、梨状肌综合征

### (一) 病因

梨状肌综合征是引起急慢性坐骨神经痛的常见疾病。一般认为,腓总神经高位分支自梨状肌肌束间穿出或坐骨神经从梨状肌肌腹中穿出,因而出现的一系列临床症状和体征称为梨状肌损伤综合征。大约有10%~15%的人,神经从梨状肌中间穿出,易使神经受到梨状肌创伤、出血或痉挛的压迫。据报道,梨状肌综合征在女性中的发病率是男性的六倍。由此产生的症状可能类似于伴有神经根撞击的腰椎间盘突出症。对于椎间盘突出症,咳嗽、打喷嚏或排便时拉伤通常会加剧疼痛,表明硬膜外受累;梨状肌综合征中未发现这种疼痛。当梨状肌受到损伤,发生充血、水肿、痉挛、粘连和挛缩时,该肌间隙或该肌上、下孔变狭窄,挤压其间穿出的神经、血管。如梨状肌本身存在病变,如肌筋膜痛,肌肉肥大,创伤或骶髂关节功能障碍等都可导致坐骨神经疼痛。久坐、爬楼、反复蹲起、活动增加或臀部受伤,会增加梨状肌综合征的发病率。

### (二) 症状和体征

虽然患者可能会抱怨中臀区域有隐痛,但腰痛并不常见;夜间疼痛加剧,尤其是在床上从一侧转向另一侧时;上楼梯或在斜坡上行走困难;以及从腿后部向下延伸的麻木。评估显示坐骨大切迹上方的中臀区域有压痛。存在髋关节外旋、髋关节屈曲、内收和内旋以及髋关节外旋阻力增加的疼痛和无力。仰卧位髋关节屈曲、内收和内旋(即反向帕特里克试验)会引起疼痛,因为此时会拉伸到梨状肌。患者直腿抬高可能受到限制。

### (三) 处理

非甾体类抗炎药物,肌肉松弛药,镇痛药按需给予。运动疗法:髋关节屈曲、内收、内旋体位下牵伸梨状肌,髋外展、外旋肌和其他核心肌群肌力练习,腰背部稳定性练习。理疗:热疗、超声波。

## 十一、血管和神经疾病

任何无明显特殊症状的下肢损伤,没有身体检查结果支持的损伤,都应怀疑血管疾病。如果存在急性循环系统问题,小腿和足部可能会变得苍白或发绀,皮肤温度降低,脉搏减弱或完全消失。在这些情况下,需要固定肢体并将其运送到最近的医疗中心。其他血管问题更为隐蔽,但也可能同样严重。神经卡压在髋部罕见。

### (一) 骨盆神经损伤

1. 病因

在接触类体育运动中比如美式橄榄球或英式橄榄球,腹壁遭到创伤性打击可能导致骨盆神经损伤,比如引起髂腹股沟神经或生殖股神经疼痛。运动员在受伤一段时间后,当结疤或纤维化开始时,症状可能会显现。造成髋关节疼痛的神经卡压并不常见,它通常会影响到臀部神经和股外侧皮神经。

2. 症状与体征

髂腹股沟神经损伤的症状包括下腹部有灼烧感,可能会放射到大腿和生殖器。生殖股神经损伤可能导致大腿内侧或生殖器有麻痹或灼烧感。伸展臀部或大腿可能导致症状加剧,保持屈曲的姿势可能缓解症状。需要通过神经阻滞来明确诊断。股外侧皮肤损伤可导致大腿前侧、外侧有麻痹或灼烧感。

3. 处理

骨盆神经损伤的康复分为急性期和非急性期。在急性期,康复的主要目标是减轻疼痛,预防并治疗并发症,维持关节的活动度,并减少肌肉萎缩。防护师可采用冷热敷和物理治疗(如电刺激、超声波和磁疗)来减轻疼痛和改善血液循环。同时,患者也需要进行被动关节活动以防止关节僵硬,并进行呼吸锻炼预防肺部并发症。心理支持在此阶段也是非常重要的,以鼓励患者面对损伤。非急性期的康复目标是恢复患者的运动功能,提高生活质量,并预防二次损伤。这一阶段,患者将进行更多的功能锻炼,如肌力训练、平衡训练和步态训练,并继续接受物理治疗。对于功能受限的患者需要学习如何使用助行器或轮椅,并进行日常生活技能培训。

(二)静脉疾病

髋部遭遇直接打击可能会损伤静脉,导致血栓性静脉炎或静脉血栓形成。血栓性静脉炎是静脉的急性炎症;静脉血栓形成是指静脉内没有明显炎症迹象和症状的血栓形成或凝血。浅表血栓性静脉炎是浅静脉问题的首选术语,而深静脉血栓形成(deep venous thrombosis,DVT)是深静脉问题的首选术语。浅表血栓性静脉炎往往比深静脉血栓更痛苦,几乎总是与静脉曲张有关。

1. 病因

髋部受到撞击,其他易感因素包括肥胖、吸烟、手术、住院、癌症和创伤。60岁以上、男性、有深静脉血栓病史或长期卧床、双侧浅表血栓性静脉炎和患腿感染的患者中,该疾病的并发症发生率增加。

2. 症状和体征

浅表血栓性静脉炎可在浅静脉过程中表现为急性、红色、发热、可触及的条索状压痛带。浅表血栓性静脉分别通过近端长隐静脉和短隐静脉延伸至股静脉和腘静脉,并通过穿通静脉延伸至深静脉系统。最可靠的体征是受累肢体的慢性肿胀和水肿,以及阳性的霍曼斯征。短暂的炎症状态的特征是髋关节疼痛,伴有止痛步态和跛行。

3. 处理

急性期患者需要卧床休息,将患肢抬高,以此减轻患肢水肿;穿戴压缩袜或弹性绷带的外部支撑;避免过量运动,避免按摩挤压患侧肢体;防止血栓脱落;避免剧烈翻身,注意避免久坐或久站,以降低肺栓塞发生率;可以进行步行和下肢运动,推荐水疗。急性期过后的患者,应尽早下床活动,必要时穿弹力袜或弹力绷带辅助。如果接受手术治疗,注意保持患肢清洁,避免损伤,预防感染。

### 十二、骨折

骨盆带和髋部的主要骨折通常是由严重的直接创伤引起的。在一些运动中(如足球和冰球),骨盆区域通常由衬垫充分保护,以防止此类损伤。该区域可能发生的骨折包括撕脱骨折和隆起性骨折、骨骺骨折和应力性骨折等。

#### (一) 撕脱骨折

撕脱骨折是一种撕裂损伤。骨盆撕脱性骨折主要发生在青少年身上,主要发生在3个部位上:跳跃类体育运动比如篮球和排球,可以引起缝匠肌强烈收缩从而导致髂前上棘撕脱;踢球类运动比如美式橄榄球或足球,强大的股直肌收缩可能引起髂前下棘撕脱;跑步类体育运动可能会因为强有力的腘绳肌收缩而引起坐骨结节撕脱。

1. 病因

进行快速、突然加速和减速动作的个体有发生撕脱骨折的风险。

2. 症状和体征

患者抱怨突然、急性、局部的疼痛,可能会辐射到肌肉。检查发现骨性标志物上的肌腱附着处有剧烈疼痛、肿胀和变色。在完全移位的撕脱骨折中,可触及肌腱附着体与骨骼之间的间隙。被动拉伸受累肌肉、主动 ROM 和被动 ROM 都会增加疼痛。

3. 处理

急性期撕脱性骨折的治疗包括:石膏或夹板固定、消炎药、活动限制、冰敷患处、物理治疗与锻炼。在疼痛消退后,由物理治疗师监测下进行 ROM 练习,并逐渐恢复肌力、本体感觉、协调功能等。如果患者过早恢复剧烈活动,撕脱处可能会形成骨性突起。

#### (二) 股骨干骺滑脱

股骨干骺是股骨头处的生长板。这一部位的骨折,常见于12~15岁的青春期男孩。随着股骨近端生长板的退化,患者开始出现腹股沟疼痛的跛行。疼痛也可能发生在大腿或膝关节前部。这种情况可能导致髋关节滑膜炎和伴随的腰大肌痉挛。

1. 病因

常见于性征不明显的肥胖青少年,偶尔也见于快速成长的、体型瘦高的男孩。在股骨干骺滑动的情况下,股骨头在骺板处滑动,并相对于股骨颈向下和向后移位。

2. 症状和体征

早期症状和体征可能无法被检测到。通常,唯一的主诉是弥漫性膝关节疼痛。在后期阶段,患者会感觉腿部略微弯曲时更加舒适。患者无法用大腿触碰腹部,因为髋关节屈曲外旋位。患者也无法在内旋股骨或单腿站立。如果闭孔神经在骨折过程中受损,腹股沟、大腿内侧或膝关节可能会感到疼痛。

3. 处理

护理人员应为患者配备拐杖,并将其转诊给医生进行进一步评估。髋关节的 X 线片是确认股骨干骺滑脱的必要手段,可以帮助排除其他可能的情况,如肿瘤、骨囊肿和潜在的骨软骨瘤。早期发现预后良好,但严重滑脱的患者可能有残余畸形和进行性残疾。几乎所有病例都需要手术治疗。

### (三) 骨盆应力性骨折

骨盆的构造和强度决定了需要极大的力量才能导致其骨折。青少年和闭经女性最容易发生骨盆病理问题。骨盆应力性骨折通常发生在耻骨支(骨盆前部的4块骨头)。股骨颈骨折在所有下肢应力性骨折中只占到10%,而股骨干应力性骨折则更少见,应力性骨折可发生于股骨干内侧的任何部位,但最常发生在近端交界处和中间1/3处。股骨在此交界处是向前外侧弯曲的,这里也是股内侧肌的起点和内收肌群的附着处。股骨颈应力性骨折的原因目前还不清楚,但是生物力学、激素影响和骨矿物质含量的变化都可能起到推动作用。

1. 病因

损伤的原因被认为是由于腿部传来的力量反复冲击骨盆,参与耐力类体育运动的运动员会发生这种损伤。股骨颈和股骨干应力性骨折的危险因素包括增加跑步的里程、强度和频率、新的跑道或新的跑鞋、低骨密度、股骨干短且薄、股骨对位不良、双腿长度不一、下肢肌肉无力、超重、闭经。髋关节畸形可能是增加股骨颈应力性骨折的风险因素。

2. 症状和体征

股骨颈骨折的并发症发病率极高,越早诊断越好。一般表现为负重活动期间腹股沟或大腿前部的疼痛,疼痛在休息时减轻、活动时加重,通常具有弥漫性或局限性,可能存在止痛步态。尽量使用影像学检查,防止二次损伤。腹股沟区的深度触诊会产生不适,也可能出现弥漫性或局限性肿胀。髋关节旋转末端疼痛加剧、外展倾斜和患侧腿无法单腿站立(即 Trendelenburg 征或单腿跳跃试验阳性)可能表明股骨颈应力性骨折。

3. 处理

应力性骨折有必要转诊给医生,发生在内侧或应力侧的股骨颈骨折被认为更稳定,可以采取保守治疗。治疗方法包括休息,根据需要使用镇痛药,以及解决导致损伤的根本问题。纠正营养不良和激素缺乏。如果再次出现应力性骨折则需要做彻底的新陈代谢检查。对于女性建议做骨密度检查,以诊断潜在的骨质疏松症。对于发生应力性骨折的女运动员,应筛查排除女运动员三联征这个潜在原因。三联征包括闭经、骨质疏松症以及饮食不当或饮食失调。运动员通常使用拐杖来避免肢体负重。骨扫描或磁共振成像经常用于早期诊断或帮助监测愈合情况。发生在应力侧(外侧)的股骨颈骨折有较高的位移概率,因此建议进行内部固定。手术内固定常常需要把钢钉放入骨折部位对其进行固定,以防止完全骨折和股骨头缺血性坏死。如果诊断足够早,则需要休息至少1~4周,在骨折完全愈合之前不要进行负重活动。坐骨和耻骨应力性骨折可能需要2~3个月的休息。骑自行车和游泳可以帮助患者保持心血管健康,但是,应避免鞭踢和剪刀踢类的运动。

### (四) 骶骨和尾骨骨折

尾骨由4个融合的骨块组成,分别通过骶尾韧带连接到骶骨最底部和通过骶棘韧带连接到骨盆。骶骨和尾骨骨折在运动中很少发生。

1. 病因

它们通常是由臀部跌倒后直接击打骶尾部区域引起的。尾骨骨折在一些情形中并不少见,比如体操运动员从平衡木上坠下或跌落在单杆边缘上,或骑自行车的人尾骨撞在车把上。

2. 症状和体征

尾骨骨折通常与骶尾韧带损伤有关联。受伤时,尾骨骨折可能导致患者极其痛苦,并且受伤部位有瘀青和肿胀。刚开始由于疼痛,简单步行都非常困难,但这种情况通常在一两天内消退。接下来,患者在坚硬的表面上或转动臀部时都会感到尾骨部位的疼痛,排便时可能也会出现疼痛。在极少数情况下,会发生持续剧烈的疼痛。这种情况很难治疗,因为该区域有丰富的疼痛感受器。

3. 处理

稳定的骶尾骨骨折患者,可以保守治疗为主。严重疼痛者,影响生活和坐立姿势,需用消炎镇痛药物,尽量不要坐在硬凳子上,可选择中空的坐垫以减轻压力。

(五) 股骨骨折

股骨干骨折的后果可能非常严重,是因为骨碎片对神经血管结构的潜在损伤。股骨干骨折是由巨大的冲击力引起的,如高山滑雪者摔倒时的剪切力或扭力,或由直接的压缩力引起的,如足球、冰球或橄榄球中的铲球。骨折可能是开放性的,也可能是闭合性的,但无论哪种情况,骨折部位都会发生严重出血。

1. 病因

股骨骨折通常是由于巨大冲击或直接的压缩力引起的。导致股骨发生骨折的危险因素包括错误训练,如突然增强训练强度或训练量;性别,如女性损伤风险要高于男性;内在因素,如下肢力线排列不良、骨量减少以及代谢性疾病等。

2. 症状和体征

患者主诉疼痛剧烈,无法站立或行走。患者的肌肉由于保护作用强直性收缩,无法活动。

3. 处理

如果怀疑骨折,应启动应急行动计划。这种骨折最好用牵引夹板固定,只能由受过培训的人员使用。在等待急救人员到达时,检查人员应评估生命体征,并在必要时进行休克治疗。应使用干燥、无菌敷料覆盖外部出血的区域,以保护该区域免受进一步污染。

大腿大出血导致低血容量性休克并不罕见,类似于骨盆骨折。血管损伤可能导致损伤远端的循环受损,导致下肢苍白、冰冷、无脉搏跳动。应立即评估远端神经血管功能,并定期监测;这可以通过触诊胫后动脉和足背动脉的脉搏,观察足部皮肤是否苍白,并感受低于正常的皮肤温度来实现。感觉测试可以在双脚的背部和足底来进行。

十三、耻骨骨炎和运动疝

耻骨骨炎是耻骨联合(左、右耻骨在骨盆前部的交汇点)发生炎症或退行性疾病。包括由于内收肌反复过载或重复跑步活动对耻骨联合持续施加压力。运动疝是导致该部位疼痛的另一个原因,而且与附着并作用于骨盆的许多肌腱的拉伤或撕裂或肌肉的无力有关,这会造成骨盆的不稳定。耻骨骨炎和运动疝可以单独发生,但其中一种病症可以影响另一种病症的发展。运动疝是疼痛的一种病症,耻骨骨炎的疼痛可能存在,也可能不存在。

1. 病因

耻骨骨炎损伤的原因可能是耻骨联合反复受到应力或剪切力。当用一条腿短暂支持骨盆,另一条腿有力地摆动时,就会给耻骨联合带来剪切力,比如在足球、跑步、曲棍球或滑冰中突然转向或冲刺,以及在花样滑冰的跳跃中。

一般认为运动疝更多地发生在一部分精英运动员身上。他们可能出现腹肌连接到骨盆前部的肌腱拉伤,例如腹直肌肌腱。当臀部外展后伸时反复进行各种躯干旋转动作,比如挥动球棒或用力向后伸展躯干都可能造成腹直肌肌腱受伤。

2. 症状和体征

耻骨骨炎最常见的症状是内收肌肌肉组织逐渐疼痛,踢腿、跑步和单腿旋转时疼痛加剧。仰卧起坐等腹部肌肉强化练习会增加下腹部肌肉和耻骨联合的疼痛。疼痛也可能向腹股沟或大腿内侧放射。患有耻骨骨炎的运动员通常反映在尝试快步走、慢跑或跑步时出现疼痛,尤其是抗阻内收髋关节或仰卧位抗阻单腿有腿抬高时,类似的动作会给耻骨联合施加应力从而引起疼痛。

运动疝最初是在中下腹部出现急性的而非慢性的不适,如果放任不管可能演变为一侧或双侧大腿内侧和腹股沟部位的持续疼痛。在男性运动员中,若出现睾丸的疼痛,通常是骨盆部位的髂腹股沟神经损伤所致。踢、跑、急转方向或跳跃会让疼痛加剧,而且可放射到腹股沟韧带、腹直肌内收肌和睾丸,强力闭气呼气动作,比如咳嗽、打喷嚏或排便可使症状恶化,运动员可出现腹股沟压痛和内收肌痉挛。

3. 处理

耻骨骨炎和运动疝的初始治疗都需要限制患者参与引发问题的活动,例如用力侧踢、极度旋转躯干、冲刺和跳跃。治疗以冰敷、保护性休息和非甾体抗炎药为主,直到病情得到缓解。然而,延长 2～3 个月的休息时间可能是缓解症状的必要条件。在使用理疗的同时,拉伸内收肌和髋关节可能有助于恢复这些结构的柔韧性和灵活性,从而减轻对耻骨联合和下腹部肌肉的拉力。一旦症状开始消退就可以开始适应性训练,水疗练习可能有助于康复。也可以进行固定自行车练习和低强度慢跑运动。如果运动员可以连续几天做抗阻髋关节内收训练,并且没有疼痛或次日残留疼痛,那么就可以加强髋部和腹部肌肉的训练。

## 十四、内收肌肌腱炎

下肢肌腱炎在运动员中相当常见,这是因为在许多体育运动中,下肢受到更大的张力。虽然传统上将这些下肢损伤归类为肌腱炎,但是许多临床医生现在将这些损伤视为退行性过程的结果。肌肉起点的轻微撕裂并不足以引起出血,因而没有触发愈合过程,从而导致损伤慢慢加重。随着运动员继续参加比赛,曾经轻微的损伤将导致功能丧失。发展到后期,甚至肌腱起点受到最小的应力也会产生疼痛。常发生在足球、冰球、体操和马术等项目的运动员身上。

(一)病因

内收肌肌腱炎通常是与髋关节内收肌起点反复拉伤相关的慢性损伤。

(二)症状与体证

内收肌肌腱炎的诊断主要依据运动员的病史和体检。体检时髋关节内收肌起点沿线和耻骨内侧边缘沿线(大腿和腹股沟)有明显压痛。如果诊断仍然存在可疑之处,超声或磁共振成像可能有助于确定损伤的精确位置和严重程度。

（三）处理

传统治疗方法包括物理治疗、止痛剂、消炎药物以及局部注射麻醉剂和皮质类固醇。如果采用保守治疗方法 6 个月后仍没有改善，可能需要考虑手术（切开主要肌腱附着处并重新将它连接到骨上）。物理治疗通常包括按摩、拉伸、经皮神经电刺激和主动加强髋周肌群练习。症状消退一般需要长达 6 个月的时间，症状完全消退后，运动员才可以重返体育运动。

## 第四节　大腿及骨盆周围损伤的康复

髋关节区域的康复应恢复运动和本体感觉；提高肌肉力量、耐力；保持心血管健康。康复训练除了专注于臀部的肌肉外，还应该包括控制膝关节的肌肉。髋关节区域运动范围的恢复训练应侧重于髋屈肌、伸肌、外展肌、内收肌、内侧和外侧旋转肌、股四头肌和腘绳肌。伸展性练习和肌肉练习可以是主动的，也可以是被动的，它们应该包括本体感觉神经肌肉促进拉伸技术。

（一）本体感觉和平衡

本体感觉和平衡可在运动的早期阶段得到恢复，包括拄着拐杖时转移体重、单腿负重时进行直腿抬高以及使用生物力学踝关节平台系统（BAPS），滑板，或迷你滑板。将弹力带连接到另一侧肢体上，可以在加强一侧肢体的同时发展另一侧肢体的平衡。

（二）肌肉力量、耐力和力量等长练习

可早期用于加强肌肉群。开链运动，如直腿抬高，可以在单平面或多向模式下完成，还可以脚踝处负重进阶。闭链运动可能包括改良弓箭步，并应进阶到完成完全蹲起和弓箭步。可使用手持式哑铃、杠铃或抗阻器械增加阻力。各种等张和等速机器可用于使用开链和闭链技术加强单个肌肉群。

（三）心血管健康

心血管健康锻炼包括早期使用上肢功率车或水疗锻炼。在水中进行特定运动的练习或专项技能练习可以使患者在非负重姿势下保持特定运动的功能技能。当 ROM 足够时，可以使用固定自行车，从轻到中等负荷开始，并在允许的情况下增加负荷。也可以使用滑板。轻度慢跑可以从四分之一的最大速度开始，进阶到二分之一速度、四分之三最大速度和全速冲刺。患者只有在双侧的 ROM、平衡、肌肉力量、耐力相等，以及特定运动的心血管健康水平达到适当水平后，才能获准参加正式的训练。

第十一章思考题　　第十一章参考文献

# 第十二章

# 膝部常见运动损伤

【导　　读】

膝关节是篮球、足球、田径等运动项目最易发生损伤的关节。膝关节损伤常累及的结构包括韧带、肌腱、软骨、半月板、滑囊、皮肤及皮下软组织等。不同解剖结构的损伤都有其对应的常见病因，如膝关节外翻内旋扭伤可能导致前交叉韧带损伤、内侧半月板损伤、内侧副韧带损伤，不恰当的跑步习惯可能导致跑步膝等。本章介绍了膝部损伤的预防、评估、识别和处理，并给出康复训练的基本原则。

【学习目标】

熟悉膝关节常用的预防措施和评估方法；掌握常见膝关节损伤的识别和处理；熟悉常见膝关节损伤的康复内容。

【思维导图】

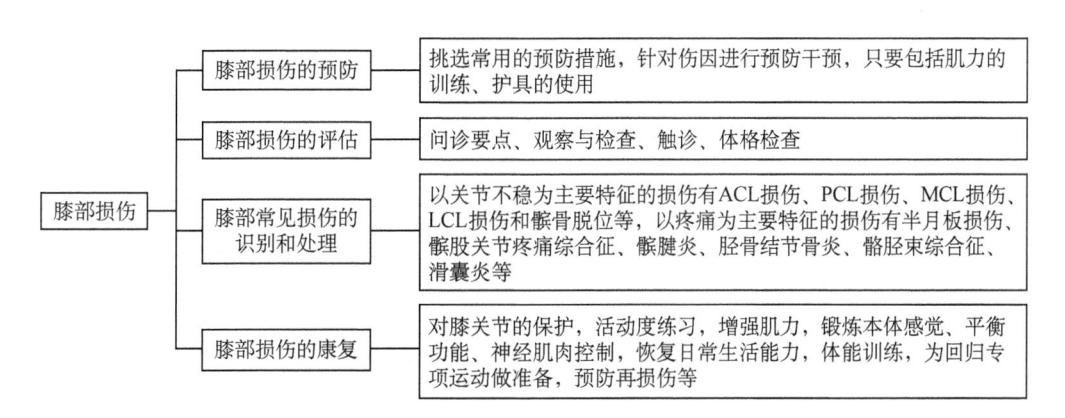

```
                  ┌─ 膝部损伤的预防 ──── 挑选常用的预防措施，针对伤因进行预防干预，只要包括肌力的
                  │                     训练、护具的使用
                  │
                  ├─ 膝部损伤的评估 ──── 问诊要点、观察与检查、触诊、体格检查
                  │
 膝部损伤 ────────┤                     以关节不稳为主要特征的损伤有ACL损伤、PCL损伤、MCL损伤、
                  ├─ 膝部常见损伤的 ─── LCL损伤和髌骨脱位等，以疼痛为主要特征的损伤有半月板损伤、
                  │   识别和处理        髌股关节疼痛综合征、髌腱炎、胫骨结节骨炎、髂胫束综合征、
                  │                     滑囊炎等
                  │
                  └─ 膝部损伤的康复 ─── 对膝关节的保护，活动度练习，增强肌力，锻炼本体感觉、平衡
                                        功能、神经肌肉控制，恢复日常生活能力，体能训练，为回归专
                                        项运动做准备，预防再损伤等
```

## 第一节　膝部损伤的预防

膝关节是下肢运动链的一个环节，因此构成此运动链的关节和周围软组织的状况都

可能成为膝关节损伤的危险因素。常见的膝关节急性损伤有膝关节韧带损伤、膝关节半月板损伤、急性创伤性髌骨脱位等，这些损伤的病因包括直接暴力损伤和间接暴力损伤。基于运动康复技术的预防主要针对间接暴力损伤。多数慢性膝关节损伤都是反复应力性损伤。但也有部分患者慢性损伤的发生与下肢力线的异常有关，如膝内翻、膝外翻、扁平足均可引起慢性膝关节疼痛继发膝关节软骨病变等；或继发于其他未愈的膝关节损伤，如前交叉韧带损伤继发内侧半月板 ramp 区损伤，膝关节游离体继发膝关节软骨损伤等。

（一）纠正下肢力线

急性或慢性的膝部损伤的预防措施都包括针对性康复锻炼或体能锻炼，包括膝关节的不良运动纠正训练、落地姿势纠正训练、下肢平衡训练、适应性体能训练、运动专项技术的拆解练习等。使用运动防护用品也是预防膝关节损伤的重要措施之一，如肌贴、各种材质和弹性的运动贴布、髌骨带、膝关节支具等。对于足踝力线异常的患者，可以合理地使用矫形鞋垫也能起到保护膝关节的作用。

（二）肌力训练

非接触性膝关节损伤与肌肉功能相关。因此，所有胫股关节损伤的常规训练应该包括躯干外侧屈肌、臀大肌和臀中肌的力量训练。存在膝关节损伤的运动员的力量训练通常遵循从等长收缩练习到等张收缩练习，再到等速练习，最后进展到增强式训练的原则。

（三）护具的使用

膝关节护具一般分为预防性和功能性两种。预防性膝关节护具通常用于预防前交叉韧带和内侧副韧带的损伤或降低损伤的严重程度，功能性膝关节护具最常用于前交叉韧带重建术后的康复过程中，目的是为术后的膝关节提供稳定。其他的一些膝关节护具通过限制膝关节内翻或外翻来增加对膝关节韧带的支撑，但目前对于这些护具预防损伤的效果仍存在争议。

# 第二节　膝部损伤的评估

## 一、问诊要点

询问病史的内容包括了解患者的受伤情景、症状表现、诊疗经历、患者的个人基本信息和运动习惯。其中，受伤情景指有无明显的受伤经历，若存在受伤经历，需要了解受伤时的动作和姿势。症状表现包括疼痛、肿胀、屈伸受限、不稳、绞锁等。疼痛要了解疼痛的具体位置。此外，还要了解每次疼痛或发生其他症状的诱因或加重因素和缓解方式。诊疗经历有时能为我们提供直接的诊断信息，但有时既往的伤病和目标的伤病可能不一致。需要了解患者是否做过影像学检查或其他特殊检查，如果有，要求提供图像资料，相比文字描述能提供更多的信息。诊疗经历还必须包含接受过的治疗内容和疗效。患者的个人信息包括性别、年龄、既往病史和相关手术史。运动习惯分为伤前运动习惯和伤后运动习惯。

## 二、观察与检查

体格检查按照视诊、触诊、活动度检查、肢体测量和特殊查体的方式进行。每位患者都应该尽可能进行视触动量的检查,肢体测量可以在视诊的同时完成。特殊查体按照初步考虑的损伤进行选择性检查。为了减少患者的体位变动次数,实际检查时是在每个体位下分别按照视触动量和特殊查体的顺序进行的。

检查时,分别在站立位、坐位、仰卧位、俯卧位等体位下进行,此外还要对步态进行观察。

### (一) 站立位

下肢力线、成角和旋转畸形:分别从前、后和侧面观察膝关节外翻、内翻、屈曲挛缩、股骨或胫骨的旋转等情况。

足踝力学情况:高足弓、扁平足。

下肢长短:观察站立位骨盆水平。

腿粗细:双侧对比。

### (二) 坐位

髌骨位置与髌骨轨迹:主动屈伸过程中髌骨的运动轨迹,注意"J"形征或反"J"形征,髌骨脱位时的屈伸膝角度。

胫骨结节骨软骨炎:又称奥斯古德-施拉特(Osgood-Schlatter)改变,胫骨结节变大。

股内侧斜肌:主动维持屈膝 45°时,股内侧肌远端 1/3 到 1/2 髌骨内侧,股内侧斜肌发育不良时可见此处空虚,及股外侧肌的相对肥大。

### (三) 仰卧位

活动度:主动和被动的活动度及关节的附属运动,注意双侧对比。

肌肉围度:测量下肢肌肉围度,注意双侧对比。

Q 角:髂前上棘到髌骨中心与髌骨中心到胫骨结节中心两条连线的夹角,男性正常为 10°,女性 15°,也可坐位屈膝 90°测量。

皮肤表现:关节肿胀等。

### (四) 俯卧位

活动度:同仰卧位的检查。

腘窝肿物:检查膝关节后方是否有肿物。

### (五) 步态

步态包括行走和跑步时的步态,双侧对比,注意站立及摆动期的稳定性(如内翻步态),旋转不良等。

## 三、触诊

触诊主要在仰卧位进行,部分情况可以在坐位完成,主要内容有:①关节肿胀,注意区分可移动的关节内水肿与相对固定的关节外的肿物,平卧时关节液会积蓄在髌上囊,进行浮髌试验充分挤压,通常阳性意味着关节液大于 50 mL。②压痛:针对性检查,半月板:内外侧关节线;韧带:从股骨内上髁/内收肌结节/股骨外上髁到胫骨近端;肌腱:髌腱、股四头肌肌腱、腘肌腱、腘绳肌腱、小腿三头肌腱;髌骨表面。③摩擦:屈伸膝或研磨试验中,髌股关节粗糙关节面、骨折或软组织增厚造成的捻发音/感或疼痛。④肌肉体积:伤后腿围正常时,肌肉体积也可能下降。

### 四、体格检查

#### (一) 活动度检查

主动和被动活动度通常一致,默认正常值为 −5°或 0°到 140°或 150°,膝过伸、肥胖等人群差异,可导致屈伸范围不同,注意双侧比较。

#### (二) 特殊检查

膝部损伤的特殊查体方式不止一种,常见特殊查体的损伤及对应的查体方式如下。

1. 前交叉韧带(anterior cruciate ligament,ACL)损伤

(1) 拉赫曼(Lachman)试验:仰卧位,屈膝 15°~20°,一手扶住股骨远端,一手托住胫骨近端,给予胫骨前向应力。胫骨过度前移,且终末点软或无为阳性,提示 ACL 损伤。敏感性为 81.8%~100%,特异性为 96.8%,麻醉下敏感性较高。

(2) 前抽屉试验:仰卧位,屈膝 90°,双手扶住胫骨近端,拇指位于髌腱两侧,给予胫骨前向应力,前向位移较大和终末点软或无时,为阳性。屈膝 90°时,胫骨前向限制结构还有半月板后角和骨性阻挡等。前抽屉试验的敏感性为 62%到 96.4%,特异性为 95.2%,麻醉下和慢性 ACL 损伤时,敏感性较高。

(3) 轴移试验:仰卧位,髋关节轻度外展屈曲,膝关节近伸直位(5°左右),一手扶胫骨近端,一手握胫骨远端或足,在外翻内旋应力下缓慢屈膝,胫骨外侧前向半脱位逐渐增大,屈膝 16°左右时胫骨内旋达到最大,进一步屈膝到 20°~30°时,出现胫骨复位为阳性,Ⅰ度阳性为滑动,Ⅱ度阳性为跳动,Ⅲ度阳性为猛烈的跳动或需要手动复位才能进一步屈膝。轴移试验是诊断 ACL 损伤和合并损伤的检查方式,麻醉下检查能显著提高轴移试验的敏感性,敏感性为 81.8%,特异性为 98.4%。

2. 后交叉韧带(posterior cruciate ligament,PCL)损伤

(1) 后抽屉试验:与前抽屉试验姿势相同,PCL 损伤后,重力等因素的作用下,胫骨会自动向后半脱位,所以先施加前向应力复位,再施加后向应力。值得注意的是,PCL 常合并其他膝关节韧带损伤,合并 ACL 损伤时,开始抽屉试验的中立位将难以确定。后抽屉试验是诊断 PCL 损伤最精准的查体方式,敏感性 90%,特异性 99%。单侧绝对值分度为Ⅰ度<5 mm,Ⅱ度 6~10 mm,Ⅲ度大于 10 mm。

(2) Clancy 征:仰卧位,屈髋 45°,屈膝 90°,触诊,胫骨平台较股骨髁的正常前内侧及外侧凸出消失。

(3) 胫骨后沉试验:仰卧位,双侧屈髋 45°,屈膝 90°,从侧面观察比较双侧胫骨结节的后移。然后支撑足踝,屈髋 90°屈膝 90°和 0°,再次观察。

(4) 股四头肌收缩试验:双侧屈髋 45°屈膝 90°胫骨后沉试验后,双手固定患者踝关节,

再嘱患者主动收缩股四头肌,后沉的胫骨结节会前移。

3. 内侧副韧带(medial collateral ligament,MCL)损伤

MCL损伤的体格检查实际是对膝关节内侧结构的体格检查。膝关节内侧结构分3层,由浅至深,第一层为深筋膜或股筋膜,第二层包括内侧副韧带浅层(superficial medial collateral ligament,SMCL)、内侧支持带和内侧髌股韧带(medial patellofemoral ligament,MPFL),第三层包括内侧副韧带深层(deep medial collateral ligament,DMCL)和膝关节囊。

(1) 外翻应力试验:仰卧屈膝30°位和0°位,一手置于膝关节外侧作为杠杆,一手置于足部施加外翻应力,根据相较对侧的开口大小判断。屈膝30°时,主要限制结构为MCL,其次为关节囊,屈膝0°时,MCL、后内侧角、ACL和PCL都起到限制作用。可利用Telos装置进行应力下X线检查。

(2) 拨号试验/胫骨旋转试验:仰卧或俯卧屈膝30°位和90°位,髋关节旋转中立位,被动旋转足部,内旋增加提示MCL与PCL损伤(屈膝15°到45°时);屈膝30°或90°时,外旋角度增加7°提示ACL损伤;ACL损伤时,外旋增加超过15°提示后外侧角(posterolateral corner,PLC)损伤。屈膝90°时,外旋增加超过10°,提示PLC和PCL损伤。

4. 外侧副韧带(lateral collateral ligament,LCL)损伤

外侧副韧带损伤的体格检查也是对膝关节外侧的稳定结构的检查。膝关节外侧和后外侧的初级稳定结构包括外侧副韧带或腓侧副韧带(fibular collateral ligament,FCL),腘肌腱韧带单元(popliteus muscle-tendon-ligament unit,PMTL),后者包括腘腓韧带(popliteofibular ligament,PFL)和后外侧关节囊,共同组成PLC,共同限制膝关节的内翻、外旋和过伸。

(1) 内翻应力试验:检查方法类似外翻应力试验,屈膝30°和0°,施加内翻应力。屈膝30°时,相关结构为LCL;屈膝0°时,相关结构有LCL、PLC、PCL。

(2) 外旋反屈试验:仰卧位,提起大脚趾,观察患者的对膝关节反屈和外旋,胫骨向前半脱位,阳性提示PLC和ACL损伤。研究发现134例膝关节后外侧损伤中,仅10例外旋反屈试验阳性,且均为PLC和ACL损伤,而在PLC和ACL损伤中,外旋反屈试验阳性率为30%。

(3) 后外抽屉试验:仰卧位,屈膝90°,足外旋30°,检查者用大腿压住固定足部,对胫骨近端施加后向应力,阳性表现为胫骨外侧向后半脱位,提示PLC损伤。

(4) 反轴移试验:仰卧位,屈膝90°,外翻应力,足外旋,缓慢伸膝,近伸直位时,出现胫骨从后向半脱位到复位的跳动感为阳性,提示PCL、LCL、PLC损伤。

5. 半月板损伤

半月板诊断最可靠的查体方式是沿关节间隙的压痛,其次为各种特殊体格检查。

(1) McMurray试验:仰卧位,最大屈膝角度,分别维持外旋(内侧半月板)和内旋(外侧半月板)缓慢伸直膝关节,出现疼痛或伴有弹响时为阳性。

(2) Apley试验(研磨试验):俯卧位屈膝90°,给予向下的垂直应力,内外旋胫骨,内外旋范围减小或引起疼痛提示半月板损伤。牵拉试验:相同体位,将向下应力改为向上牵拉,内外旋疼痛提示韧带损伤。

6. 髌骨脱位

急性创伤性髌骨脱位复位前可以通过视诊直接判断。下列查体都是针对已经复位的髌骨脱位，检查其韧带和支持带松紧状态的。对于复发性髌骨脱位和习惯性髌骨脱位，视诊仍然是最重要的查体方式。

(1) 髌骨外/内推试验：仰卧位，伸膝或屈膝20°～30°，用拇指向外/向内推髌骨。正常外移度不超过髌骨宽度的1/2，达到3/4说明活动度过大；内移时，小于1/4说明外侧结构紧，达到3/4说明活动度过大。

(2) 髌骨恐惧试验：与髌骨外推试验手法相同，如果试验中患者出现不适和恐惧，股四头肌收缩对抗髌骨半脱位，并且试图屈膝，牵拉髌骨复位，为阳性。

(3) 髌骨倾斜试验：仰卧位，膝关节伸直，检查者拇指和其余四指分别放在髌骨的外缘和内缘，比较髌骨内外缘高度，如果不能使髌骨外侧关节面提升至水平则表明髌骨外侧支持带过紧。

除了上述的查体方式以外，考虑肌肉肌腱损伤的时候，根据肌肉的功能，还需要进行不同屈膝屈髋角度下的屈伸膝抗阻活动检查。

### 五、影像学检查

(1) 膝部运动损伤的影像学检查方式包括X线平片检查、CT检查、MRI检查、超声检查。

(2) 不是所有运动损伤都需要进行影像学检查。需要MRI检查的损伤有ACL损伤、PCL损伤、MCL损伤、LCL损伤、半月板损伤。MRI检查可能有帮助的有髌骨脱位、髌腱炎、肌肉肌腱损伤、滑膜皱襞综合征等。

(3) X线检查可帮助有ACL损伤，以及膝关节疼痛或绞锁的患者进行初步筛查。

(4) CT检查可帮助诊断ACL损伤、髌骨脱位等问题。

(5) 超声检查可帮助诊断肌肉肌腱损伤、滑囊炎、髌腱炎等问题。

## 第三节 膝部常见损伤的识别和处理

常见急性膝部损伤的识别中，明确的膝关节损伤史很重要。以下是膝部常见损伤的症状、体征和处理。

### 一、ACL损伤

(一) 病因

小腿近端的直接或间接前向应力，近伸直位过度外翻内旋导致损伤。

(二) 症状和体征

膝部损伤史，伴或不伴膝关节不稳感，满足以下条件中至少一条：Lachman试验和/或前抽屉试验阳性;轴移试验阳性;MRI 检查发现 ACL 断裂。膝关节 X 线正位片发现 Segond 骨折,也提示 ACL 断裂。

(三) 处理

ACL 部分损伤可以尝试保守治疗,伤后即刻开始,包括理疗,抗感染治疗,活动度训练,加强股四头肌、腘绳肌、髋外展肌、核心力量及神经肌肉控制训练。ACL 手术指征包括参与轴移运动的运动员、高水平运动员、合并其他损伤的运动员以及保守治疗后持续膝关节不稳定的患者等。部分损伤需要在伤后即刻、保守治疗 6 周、12 周等时间点评估手术指征。ACL 损伤有手术指征的患者可以在急性期手术,合并半月板损伤的应尽早手术。

## 二、PCL 损伤

(一) 病因

屈膝时直接后向应力,膝过伸时的间接后向应力可导致损伤。

(二) 症状和体征

膝部损伤史,伴或不伴膝关节不稳感,满足以下条件中至少一条:后抽屉试验阳性;Clancy 征阳性;胫骨后沉试验阳性;股四头肌收缩试验阳性;MRI 检查发现 PCL 断裂。

(三) 处理

急性单纯 PCL 损伤的治疗方式取决于损伤的程度,可能需要麻醉下检查。保守治疗适于Ⅰ度、Ⅱ度 PCL 损伤,和无移位的撕脱骨折,撕脱骨折的保守治疗和术后康复速度都较 PCL 损伤快。Ⅲ度损伤的治疗存在争议,建议综合评估,可试行保守治疗。保守治疗包括 RICE,支具固定(注意向前支撑胫骨平台近端,避免胫骨后沉),逐步负重,活动度练习从俯卧位开始,拉伸腘绳肌和腓肠肌,加强股四头肌肌力,髌骨手法松解,逐步负重屈膝,以及本体感觉训练等其他功能锻炼。

手术指征包括多发韧带伤、后外侧角损伤、保守治疗效果不佳——持续疼痛或不稳定等。PCL 断裂的术式为 PCL 重建,PCL 撕脱骨折为修复手术。

## 三、MCL 损伤

(一) 病因

膝关节外翻外旋的间接应力和膝关节外侧的直接应力可导致损伤。

(二) 症状和体征

膝部损伤史,伴或不伴膝关节不稳感,满足以下条件中至少一条:外翻应力试验阳性;MRI 检查发现 MCL 损伤。

(三) 处理

不同程度的 MCL 损伤,治疗方式不同。保守治疗适用于大多数急性 MCL 损伤,包括Ⅰ度和Ⅱ度,及部分Ⅲ度 MCL 损伤,包括休息、冰敷、加压固定、逐步负重、力量和功能锻炼等。值得注意的是合并 ACL 损伤需要手术时,可先保守治疗 MCL 损伤 3~6 周,再做

MCL 重建。

手术治疗适用于急性内侧稳定结构全层断裂，撕脱骨折，慢性损伤伴膝关节不稳。手术方式根据损伤类型选择修复或重建。

## 四、LCL 损伤

### (一) 病因

过度的膝关节内翻、外旋、过伸应力可导致损伤。

### (二) 症状和体征

膝部损伤史，伴或不伴膝关节不稳感，满足以下条件中至少一条：内翻应力试验阳性；轴移试验阳性；MRI 检查发现 LCL 断裂。

### (三) 处理

保守治疗适用于Ⅰ度和Ⅱ度损伤，及Ⅲ度仅有 LCL 完全撕裂，PMTL 和关节囊无撕裂的情况。治疗方式与 MCL 保守治疗类似，Ⅰ度不用支具，Ⅱ度需加上支具，Ⅲ度需加上管形支具贴附固定，逐步负重。

急性损伤治疗的黄金时间是伤后 7~14 天。慢性损伤常合并步态异常或肌萎缩，需术前康复。

## 五、半月板损伤

### (一) 病因

高龄患者和磨损退变有关，年轻患者常见于创伤，常见的病因是屈膝时受到内翻或外翻应力。

### (二) 症状和体征

高龄患者多有膝关节扭伤史；中老年患者无明显膝关节损伤史。临床表现为膝关节关节线固定位置的疼痛，可能和特定姿势有关，伴或不伴关节交锁。查体满足以下条件中至少一条：膝关节线压痛，McMurray 试验阳性，Apley 研磨试验阳性。MRI 发现半月板撕裂。需要注意的是盘状半月板撕裂与一般半月板撕裂临床表现相似，但年轻患者无明显扭伤史也可能出现撕裂，高发年龄为青春期。

### (三) 处理

稳定的半月板撕裂保守治疗可能有效，目的是减轻症状，维持肌力，改善膝关节功能。

手术适应证为稳定的半月板撕裂保守治疗无效，不稳定的半月板撕裂，合并 ACL 等韧带损伤的半月板损伤，盘状半月板和有症状的半月板囊肿。半月板损伤的手术方式包括半月板部分切除、半月板缝合和半月板移植。术后康复包括冰敷、保护、活动度锻炼、NSAIDs、肌力和柔韧性锻炼、功能锻炼。

### 六、髌骨脱位

（一）病因

个体因先天或后天因素影响,在外力作用下致髌骨脱出股骨滑车,从而造成髌骨脱位。

（二）症状和体征

损伤发生时能感觉到髌骨脱出,髌骨外侧脱位时会感觉膝关节前内侧有东西突出感,是因为内侧股骨髁相对前凸。急性创伤性髌骨脱位会出现关节血肿。接诊时髌骨可能脱位,或已复位。一般通过病史即可诊断急性创伤性髌骨脱位。对于反复发作的髌骨脱位,则需要通过查体鉴别复发性髌骨脱位和习惯性髌骨脱位。前者在伸膝时脱位,后者在屈膝时脱位。

（三）处理

保守治疗适于不合并骨软骨骨折的初次急性髌骨脱位,包括复位、固定、POLICE、NSAIDs、加强活动度、肌力锻炼。

初次急性创伤性髌骨脱位合并骨软骨骨折或 MRI 上明显的 MPFL 撕裂,或者患者有滑车形态异常、高位髌骨、年龄小于 25 岁等复发脱位高危因素时,可以进行修复或重建治疗,同时修复骨软骨骨折。复发性髌骨脱位的治疗目的除了修复受损的内侧稳定结构和骨软骨骨折,还包括纠正髌骨运动轨迹,后者包括纠正高位或低位髌骨,胫骨结节的位置异常,冠状位和轴位的下肢力线等。

### 七、髌股疼痛综合征

（一）病因

病因不明,可能和肌肉的力量不平衡、下肢力线异常、滑车发育畸形、髌骨轨迹异常等有关。目前对髌股疼痛综合征（patellofemoral pain syndrome, PFPS）的具体病因仍不清楚,但大多数学者支持髌骨运动轨迹的异常是引起 PFPS 的重要病因。引起髌骨运动轨迹异常的原因有:解剖结构异常（如 Q 角加大、髌骨结构异常）、膝关节周围或邻近关节肌肉力量的下降、膝关节周围软组织紧张、超负荷及创伤等。

（二）症状和体征

膝前痛;查体按压髌骨或滑车可能引起疼痛。排除其他引起膝前痛的器质性病变后,考虑此诊断。

（三）处理

常用的模式为理疗联合康复锻炼,包括力量锻炼,负重练习,神经肌肉辅助联合有氧运动和拉伸,姿势稳定性训练等。此外,运动后冰敷可以减轻疼痛和炎症,肌贴、NSAIDs、髌骨功能支具、足踝矫正器（鞋）等方法也可以起到一定的防治效果。保守治疗无效时,寻找其他膝前痛的病因,可以考虑手术外侧松解或伸膝装置重建,以及对髌股关节高压症的治疗。

## 八、髌腱炎

(一)病因

髌腱炎是一种常见的过度使用损伤,由髌腱的反复受力引起。髌腱炎的发生使伸膝装置功能明显减弱,是运动员常见运动损伤之一。

(二)症状和体证

从髌上极到胫骨结节范围,严重时可能局部肿胀,疼痛范围扩大。查体髌腱压痛,抗阻伸膝痛。

(三)处理

根据病程的阶段调整治疗方案,保守治疗包括活动调整,冷疗,NSAIDs,注射糖水、激素或 PRP,冲击波,拉伸髋膝屈伸肌群、髂胫束,髌骨支持带,闭链离心训练,运动专项本体感觉训练和增强式训练。保守治疗无效时可考虑手术治疗。

## 八、胫骨结节骨骺炎

(一)病因

胫骨结节骨骺炎是青春期前的过度活动导致的损伤,与反复股四头肌收缩对生长中胫骨结节骨骺应力刺激有关。

(二)症状和体证

青春期胫骨结节疼痛,常见发病年龄为女童 8~12 岁,男童 12~15 岁。跑步、跳跃、上下楼等活动相关的胫骨结节疼痛。胫骨结节肿胀、压痛、增大或凸起,抗阻伸膝能诱发疼痛。

(三)处理

胫骨结节骨骺炎呈自限性,90%的患者 1 年内自愈,约 10%的患者经保守治疗后成年仍未愈。保守治疗包括活动调整、冰敷、NSAIDs、保护垫、股四头肌和腘绳肌力量锻炼、拉伸腘绳肌和跟腱。

## 九、髂胫束综合征

(一)病因

跑步、滑雪、举重等反复屈伸膝活动造成髂胫束对股骨外侧髁的过度摩擦,从而引起髂胫束内的炎症变化,导致膝外侧囊肿或滑囊炎。

(二)症状和体证

患者跑步等屈伸膝活动过程中,膝关节外侧疼痛。股骨外上髁压痛,髂胫束紧张。

(三)处理

髂胫束牵拉练习,抗感染治疗,超声波,局部注射激素;极少数情况下需要手术松解。

### 十、滑囊炎

**（一）病因**

髌前滑囊炎也叫主妇膝，常见于反复摩擦，或直接暴力导致滑囊内出血。骨关节炎、髋关节过度前倾、膝外翻畸形、股内侧肌无力和脚过度内旋时，会导致炎症的发生。

**（二）症状和体征**

髌前滑囊炎为髌骨前方红肿热痛，鹅足滑囊炎、内侧副韧带滑囊炎均为膝关节内侧疼痛，前者主动屈膝时疼痛加重，后者可能伸膝受限。髌前滑囊炎常伴皮肤损伤，髌前压痛性包块，髌骨变得不易触及。鹅足滑囊炎、内侧副韧带滑囊炎均为关节内侧压痛，前者在平台下方，后者在关节线。MRI 和超声下可发现滑囊炎性改变。

**（三）处理**

急性滑囊炎按 RICE 原则治疗，可能需要穿刺抽液。慢性滑囊炎采用服用 NSAIDs、加压、超声波等治疗方法，可能穿刺抽液或注射激素。顽固的慢性滑囊炎需要手术治疗，切除病变滑囊。肌腱下方的滑囊炎，如鹅足滑囊炎，需要提高相应肌肉的柔韧性。职业相关的滑囊炎，如主妇膝，则需要一些活动调整或使用保护垫或支具等。

## 第四节　膝部损伤的康复

膝部损伤的康复内容包括对膝关节的保护，活动度训练，肌力训练，本体感觉、平衡功能、神经肌肉控制训练，恢复日常生活能力，并为回归专项运动做准备，预防再损伤。其中，膝关节的保护包含限制负重和活动度、使用支具、限制运动类型和运动强度，活动度练习包括主动活动和被动活动度训练，不要忽略髌骨活动度的训练。膝关节保护在不同损伤中都有相对严格的康复原则，其余内容则主要根据患者的恢复情况和预期目标进行个性化调整。

第十二章思考题　　第十二章参考文献

# 第十三章

# 踝和小腿常见运动损伤

【导 读】

小腿包括胫骨和腓骨及其周围的组织结构。踝关节扭伤在运动过程中发病率非常高,主要是由于滑车关节面前宽后窄,当足背屈时,较宽的前部进入窝内,关节稳定;但在跖屈时,如走下坡路时较窄的滑车后部进入窝内,踝关节松动且能作侧方运动,此时踝关节容易发生扭伤,其中以内翻损伤最多见,因为外踝比内踝长而低,可阻止距骨过度外翻。本章介绍踝和小腿损伤的预防,及损伤的评估、识别和处理,并给出相应的康复训练方法。

【学习目标】

熟悉踝和小腿损伤的预防和评估方法;掌握踝和小腿损伤的识别和处理;熟悉常见踝和小腿损伤的康复内容。

【思维导图】

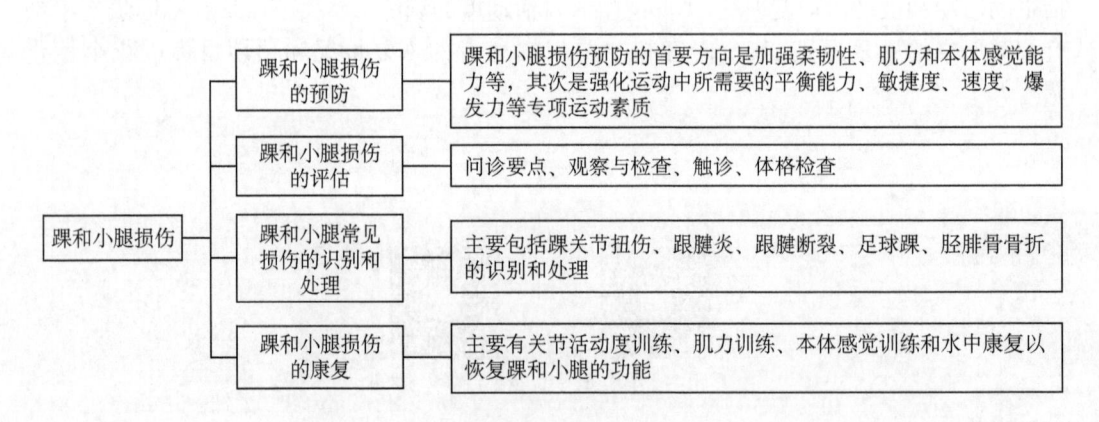

| 踝和小腿损伤 | 踝和小腿损伤的预防 | 踝和小腿损伤预防的首要方向是加强柔韧性、肌力和本体感觉能力等,其次是强化运动中所需要的平衡能力、敏捷度、速度、爆发力等专项运动素质 |
|---|---|---|
| | 踝和小腿损伤的评估 | 问诊要点、观察与检查、触诊、体格检查 |
| | 踝和小腿常见损伤的识别和处理 | 主要包括踝关节扭伤、跟腱炎、跟腱断裂、足球踝、胫腓骨骨折的识别和处理 |
| | 踝和小腿损伤的康复 | 主要有关节活动度训练、肌力训练、本体感觉训练和水中康复以恢复踝和小腿的功能 |

## 第一节 踝和小腿损伤的预防

踝和小腿损伤预防的首要方向是加强柔韧性、肌力和本体感觉能力等,其次是强化运动中所需要的平衡能力、敏捷度、速度、爆发力等专项运动素质。

### 一、柔韧性训练

运动时,身体柔韧性若未达到运动项目的技术要求,很容易造成运动损伤。下肢柔韧性训练的目的包括降低肌肉黏滞性,提高软组织延展性及关节灵活度,增加肌肉中的血流量,改善肌肉紧绷状态,缓解疼痛等,也有研究显示在训练时拉伸肌肉能够同时提高活动范围及肌肉力量,从而降低运动损伤风险。在进行柔韧性训练时,注意要在无痛范围内缓慢拉伸,拉伸形式主要包括静态拉伸、动态拉伸及本体感觉神经肌肉促进(PNF)技术等。柔韧性和肌力训练的重点肌肉包括腓肠肌、比目鱼肌、胫骨前肌等。

### 二、本体感觉训练

本体感觉训练是有效预防踝关节损伤等下肢损伤的手段之一,是通过在不稳定的平面上有意识地控制身体姿势以保持稳定的训练方法,通常可利用弹力带、BOSU球、平衡垫(板)、瑜伽球等完成。在进行本体感觉训练时要遵循循序渐进的原则,根据实际情况选择不同难度的训练强度和方法,亦可通过增加训练次数、组数等提高训练难度。

### 三、运动贴扎及护具

运动前,可选择非弹性贴布(白贴)、肌内效贴、弹性绷带等贴扎材料进行贴扎。例如,为预防踝关节外侧副韧带扭伤,可选择白贴进行踝关节闭合式编篮贴扎,以增强踝关节稳定性,减少扭伤的发生;亦可根据踝关节稳定程度及运动需求,选择相应的轻弹贴、肌内效贴等进行预防性贴扎。此外,在跟腱及小腿三头肌处进行Ⅰ型、Y型等肌内效贴扎,能够在一定程度上预防跟腱及小腿三头肌拉伤等运动损伤。

合理选择护具是减小踝和小腿损伤的另一种预防策略。例如在足球运动中,佩戴护腿板能够有效地分散施加在小腿处较强的冲击力,起到缓冲减震的作用,并且可以防止骨折的发生。为了预防踝关节扭伤,也可选择护踝等运动护具,减少踝关节处损伤的发生。

## 第二节 踝和小腿损伤的评估

### 一、问诊要点

防护师要询问患者有无踝和小腿损伤史,包括损伤时间、部位、程度、处理措施、恢复情况等;另着重询问本次损伤的经过(有无身体接触、弹响等)、部位、时间(发生时间、持续时间)、机制(受伤经过、动作)、症状(有无疼痛、肿胀、无力、感觉异常、功能障碍等)。

## 二、观察与检查

### （一）小腿急性损伤

明显的肌肉撕裂和跟腱完全断裂一般能够在损伤处观察到凹陷，凹陷处被血液和渗出液充盈形成肿胀。随后，在重力作用下局部区域出现瘀斑，提示有肌肉损伤的发生（血液从肌腹流出来并沿着筋膜表面扩散，渗透到皮肤）。如果患者的胫骨前部挫伤，骨膜会损伤，并很快会出现局部疼痛和肿胀，最终出现皮肤瘀斑。

### （二）小腿慢性损伤

如果是过度使用造成的慢性损伤，则需要观察患者在站立位下是否有脊柱侧凸、双侧下肢不等长、膝关节外翻和内翻、髌骨位置、足过度旋前、扁平足等症状，以及观察运动员的基本身体姿势。

### （三）踝关节急性损伤

踝部骨折可见踝关节局部肿胀、畸形。外侧韧带损伤常常引起外踝前下方的肿胀，肿胀一般进展迅速且较为明显。跟腱损伤时，可出现"小腿三头肌软弱步态"，患足后蹬无力，足跟离地延迟，导致支撑后期患侧髋下垂，身体向前推进速度减慢等。

### （四）踝关节慢性损伤

对位不良是踝关节过度使用损伤的重要诱发因素。应在患者站立位和行走时检查足弓，以及有无足过度内翻/外翻。双侧明显不对称、后足单侧明显外翻以及该侧有阳性"多趾"征，提示存在胫后肌功能障碍。

## 三、触诊

触诊踝和小腿部位以确定有无疼痛、压痛、肿胀、畸形、软组织连续性中断等问题。例如胫腓骨骨折后，触诊时通常出现疼痛、肿胀和畸形等。出现胫骨内侧应力综合征时，沿着胫骨内侧缘触诊，在远端2/3处会引起疼痛。患有跟腱炎症者有压痛且可触及跟腱处增厚。跟腱或踝关节韧带断裂时，可触诊到肌腱或韧带连续性中断；跟腱不完全断裂的典型临床表现是断裂的跟腱在其附着点附近有几个厘米"消失不见"，再向近端靠近几厘米即靠近小腿三头肌—肌腱交界区触摸时能够"再度发现"肌腱。

## 四、体格检查

### （一）活动度测试

1. 踝关节背屈/跖屈

（1）正常范围：背屈0°～20°，跖屈0°～45°(50°)。

（2）体位：仰卧位或坐位（坐位时膝关节屈曲90°），踝关节处于中立位。

（3）量角器摆放：轴心位于踝中点下约2.5 cm，固定臂与腓骨长轴平行，移动臂与第5跖骨平行。

2. 踝关节内翻/外翻
(1) 正常范围：内翻 0°～35°，外翻 0°～35°。
(2) 体位：坐位或仰卧位，膝关节屈曲，踝关节处于中立位。
(3) 量角器摆放：测量内翻时轴心位于邻近跟骨的外侧面，外翻时轴心位于跖趾关节内侧面的中点。固定臂与胫骨长轴平行，移动臂与足底跖面平行。

（二）肌力检查

1. 胫骨前肌

被检查者坐位，检查者一手固定胫骨远端，另一手握住足中间内侧以施加阻力。被检查者对抗检查者的阻力以使踝背屈和内翻。

2. 腓骨长、短肌

被检查者对侧卧位，被检查者踝以下部位悬于床外，检查者一手固定小腿远端，另一手置于足外侧缘以施加阻力。被检查者对抗检查者的阻力以使踝关节跖屈和外翻。

3. 小腿三头肌

被检查者俯卧位，测试腓肠肌时伸膝，测试比目鱼肌时屈膝。检查者一手固定小腿，另一手置于足底前侧以施加阻力。被检查者对抗检查者的阻力以使踝关节跖屈。

4. 胫骨后肌

被检查者同侧卧位，检查者一手固定小腿远端，另一手置于足内侧缘以施加阻力。被检查者对抗检查者的阻力以使踝关节跖屈和内翻。

（三）特殊检查

1. 踝关节前抽屉试验

目的：检查前距腓韧带有无损伤。

被检查者体位：坐位或仰卧位，踝关节悬于治疗床外。

检查者体位：位于检查侧。

检查过程：检查者一手固定小腿远端，注意不要阻挡关节，另一手握住距骨前侧，在踝关节轻微跖屈姿势下从后向前拉动距骨。注意双侧对比。

阳性体征：两侧对比，若患侧活动度较大，则该试验为阳性，提示前距腓韧带损伤。值得注意的是，急性期疼痛、肿胀或被检查者恐惧等因素可能产生假阴性结果，不要使用过大力量去试图消除这种反应。可通过视诊或触诊检查前距腓韧带的连续性。

2. 被动内翻试验（距骨倾斜试验）

目的：检查跟腓韧带有无损伤。

被检查者体位：坐位或仰卧位，踝关节悬于治疗床外且位于中立位。

检查者体位：位于检查侧。

检查过程：检查者一手固定小腿远端，另一手握住跟骨并施加使踝关节内翻的作用力。注意双侧对比。

阳性体征：两侧对比，若患侧出现疼痛、不适或异常内翻活动，则该试验为阳性，提示跟腓韧带损伤。

3. 被动外翻试验

目的：检查三角韧带有无损伤。

被检查者体位：坐位或仰卧位，踝关节悬于治疗床外且位于中立位。

检查者体位：位于检查侧。

检查过程：检查者一手固定小腿远端，另一手握住跟骨并施加使踝关节外翻的作用力。注意双侧对比。

阳性体征：两侧对比，若患侧出现疼痛、不适或异常外翻活动，则该试验为阳性，提示三角韧带损伤。

4. 外旋试验（Kleiger 试验）

目的：测定三角韧带或远端下胫腓联合的损伤。伤及的结构决定疼痛的位置。外旋距骨会在腓骨上产生一个侧向应力，会通过联合韧带传递并牵拉三角韧带。

被检查者体位：坐位，膝关节在治疗床边缘屈曲。

检查者体位：位于患者前面，一只手固定腿，注意不要压到远端下胫腓联合，另一只手抓住足的中间部位并使脚踝维持中立位。

检查过程：足和距骨外旋，同时保持腿的稳定；给联合韧带施压，同时脚踝保持背伸位；给三角韧带施加应力时踝关节保持中立位或轻微的跖屈。

阳性体征：三角韧带受累：关节内侧痛；韧带联合受累：远端下胫腓联合处，内踝的前外侧疼痛。

结果提示：内侧疼痛是三角韧带损伤的标志。

5. 小腿三头肌挤压试验（Thompson's 试验）

目的：检测跟腱是否断裂。

被检查者体位：俯卧位，踝关节悬于治疗床外。

检查者体位：位于检查侧。

检查过程：检查者挤压小腿三头肌以观察踝关节是否能产生跖屈的动作。注意双侧对比。

阳性体征：如小腿三头肌在受到挤压的过程中无法产生踝关节跖屈活动，则该试验为阳性，提示跟腱断裂。

## 第三节 踝和小腿常见损伤的识别和处理

### 一、踝关节扭伤

#### （一）踝关节外侧韧带扭伤

踝关节外侧韧带包括距腓前韧带（前束）、跟腓韧带（中束）以及距腓后韧带（后束）三束。踝关节外侧韧带损伤占踝关节扭伤的 77%，其中 73% 为距腓前韧带断裂或撕裂。Malliaropoulos 等基于患者踝关节软组织肿胀、瘀青情况，踝关节活动度以及患者能否负重，将踝关节扭伤分为 3 级：Ⅰ级为距腓前韧带拉伤与韧带纤维撕裂，但没有明显的韧带撕裂，踝关节轻度肿胀，踝关节活动度无受限或轻度受限。Ⅱ级为外侧韧带复合体损伤，距腓前韧带撕裂和跟腓韧带部分撕裂，踝关节肿胀及存在瘀青，活动度存在受限。Ⅲ级为距腓前韧带和跟腓韧带完全撕裂和(或)距腓后韧带部分撕裂。

1. 病因

与内侧韧带相比,踝关节外侧韧带较为松弛,且内外踝具有高度差,外踝比内踝长约1 cm,当踝关节跖屈时(足尖着地)自然伴踝内翻(旋后)。距骨体前宽后窄,当足背伸时,较宽的距骨体前部进入踝穴中,此时踝关节较稳固;但当足跖屈时,较窄的距骨体后部进入踝穴内,允许有一定的侧向运动和较大的内翻运动,导致踝关节较不稳定。因此,当快速行走、跳起落地等时,如果足部未能及时调整位置(比如踩在别人足上或踩在两垫子之间等),极易造成足跖屈、内翻位着地,使外侧副韧带遭受超过生理限度的强大张力而发生损伤。当足在跖屈位受内翻应力时,距腓前韧带最先被撕裂,其次是跟腓韧带,最后是距腓后韧带。距腓前韧带是防止距骨前移的重要结构,在足跖屈内翻时受到的张力最大,因此也最容易受到损伤,断裂后易发生向前不稳。单纯内翻损伤时,则容易累及外侧的跟腓韧带。

2. 症状和体征

一般患者有明显外伤史,受伤后踝关节外侧可出现不同程度的疼痛、肿胀及关节不稳定;如关节囊撕裂或合并出现撕脱性骨折,局部可见皮下瘀血;Ⅱ度以上损伤发生时,患者通常无法负重,且行走困难。肿胀及压痛:距腓前韧带损伤肿胀以外踝前下明显,而跟腓韧带损伤以外踝下方明显。外踝前、下方均可触及压痛,腓骨的距腓前韧带附着点、跟骨的跟腓韧带附着点可有压痛点,如果肿胀严重,压痛点可能不显著。跟腓韧带完全断裂可在外踝顶端下方触及沟状凹陷。压痛点亦可帮助定位诊断以及鉴别是单纯韧带损伤还是合并有骨折,前者压痛多在外踝下方,后者压痛多在外踝或外踝尖部。X线检查可帮助排除骨折的可能性,MRI可以确诊韧带损伤的位置及程度。

3. 处理

急性处理采用POLICE原则。立即停止患肢负重活动,检查韧带损伤情况,休息并抬高患肢,以减轻肿胀渗出。用冰袋或冷冻气雾剂冷冻,使局部血管收缩,减轻肿胀程度缓解疼痛。急性期进行加压包扎固定时,使用U形垫有助于消肿。若疼痛剧烈,可选择止痛消炎药或药物痛点注射剂进行缓解。Ⅲ度扭伤应在绷带包扎固定后,立即送医院进行手术修复。

急性期过后应尽快开始运动康复锻炼,注重踝关节柔韧性、力量、本体感觉功能的重建与恢复。同时可辅以温热敷、针灸、按摩、物理因子治疗等手段提高康复效果。在进行运动康复锻炼时,可选择佩戴护具或进行运动性贴扎予以保护,避免产生二次损伤。

(二)踝关节内侧韧带损伤

踝关节内侧副韧带损伤发生率显著低于外侧副韧带损伤,通常只有3%的踝关节韧带损伤发生在内侧。但由于受强烈暴力作用,经常可合并腓骨骨折和下胫腓联合损伤。

1. 病因

踝关节内侧副韧带主要结构为三角韧带,由于三角韧带的组成部分是连续的且很难区分,目前大多数研究将其划分为浅层和深层,之间由脂肪垫分割。整体上,三角韧带为胫、距、跟关节复合体提供稳定性,阻止踝外翻和距骨侧向移位。功能上,浅层主要帮助维持距骨和内踝的对齐,并对抗距骨外旋。深层主要是对抗距骨外旋和侧向移位。同时三角韧带深层、下胫、腓韧带和外踝是维持"踝穴"稳定最基础的结构。由于三角韧带较为坚韧,因此损伤多为不完全撕裂,完全断裂少见,当踝关节突然强制外翻或外旋,如高处坠落,患足突然被动外翻、外旋应力等易引起内踝的撕脱性骨折。严重的暴力可造成外踝骨折、下胫腓韧带复合体和骨间膜损伤,踝关节显著不稳定,多需要手术治疗。韧带深层断裂可引起距骨半脱位,影响踝穴的稳定性。

2. 症状和体征

包括负重及活动踝关节时疼痛,内踝肿胀、皮下淤血等。内踝前下方或内踝尖压痛明显,屈伸轻度受限,强力外翻踝关节时则内踝下方剧痛。若三角韧带完全断裂,常能够触及韧带上的缺损。胫腓远端关节前方压痛多提示下胫腓韧带损伤,且触诊腓骨全长,注意是否伴有高位腓骨骨折。距骨倾斜试验、外旋试验、站立提踵试验、前抽屉试验等可用于评估三角韧带的力学稳定性。

3. 处理

可参考踝关节外侧韧带扭伤。

## 二、跟腱炎

### (一) 病因

跟腱是小腿三头肌的肌腱,也是人体中最坚韧的肌腱,其起止点分别为小腿中 1/3 处和跟骨后结节。跟腱炎常发生在 2 个部位:跟腱局部纤维断裂并发肿胀、增厚和瘢痕化;跟腱在跟骨广泛止点上的退变和慢性炎症。跟腱炎的主要发病原因为过度使用跟腱引起的慢性损伤,具体原因包括:热身活动不充分而导致的小腿三头肌柔韧性差,在进行诸如篮球、网球等需要频繁制动、启动、变向以及跳跃的运动时,易发生跟腱炎;不科学的运动方式,如锻炼计划不当,负荷过大或者次数过于频繁。扁平足、低足弓等会导致运动时跟腱处应力增加,从而提高了发生跟腱炎症的风险。大多数跟腱炎比较难治愈,加上运动者经常超限训练,易出现复发情况。

### (二) 症状和体证

初期表现为在运动开始后跟腱疼痛明显,疼痛随着运动的进行逐渐缓解,该症状易受到患者忽视。后期表现为患者通常主诉跟骨止点上方处疼痛或僵硬,上坡跑、上楼梯、爬山等运动时疼痛加剧,放松腓肠肌和比目鱼肌后能够在一定程度上缓解跟腱疼痛或僵硬。病程较长者可触及跟腱变粗增厚。与健侧相比,触诊时可见患侧跟腱处发热、疼痛甚至增粗。踝主动跖屈和背屈时偶有捻发音。小腿三头肌肌力下降。超声和 MRI 检查可进一步明确诊断。

### (三) 处理

急性期按照急性闭合性软组织损伤进行处理,例如采用冰敷可帮助缓解疼痛和炎症反应。慢性跟腱炎患者应选择合适的鞋或足部矫形器以减轻跟腱压力,拉伸跟腱对于减轻跟腱炎症状具有较好的效果,此外,要注意要循序渐进地进行小腿三头肌肌力训练,同时可通过按摩、超声波疗法等促进血液循环、减少软组织粘连。

### 三、跟腱断裂

(一) 病因

跟腱断裂(achilles tendon rupture，ATR)是运动损伤中较为常见的外伤。跟腱断裂的病因多为踝关节极度背屈时突然用力，使跟腱受到强力牵拉所致。当跟腱受力突然剧增时，跟腱被急剧拉伸，若小腿肌群收缩的合力超过跟腱的承受范围，则跟腱达到拉伸极限而发生跟腱断裂。如负重足蹬离地面同时伸膝(如加速起跑时)；突然而意外地踝背屈(如跌入坑内)；跖屈位的踝遭受背屈的暴力(如高处跌落)。跟腱劳损也是导致跟腱退化的重要原因之一，由于机体退变、疾病或创伤等因素，导致跟腱产生退行性改变，加之踝关节频繁而急速的跖屈动作及反复的应力作用，跟腱发生微小撕裂，由于跟腱处血供减少不能有效对损伤进行修复，所以在外力作用下最终会导致断裂的发生。

(二) 症状和体征

有典型的受伤动作，常见于剧烈跑、跳时自觉"被人在小腿后侧踢了一脚"，且大多数在损伤时有撕裂感或听到撕裂声。根据损伤程度不同，可从轻微不适至剧烈疼痛。肌腹拉伤时肿胀明显，且随后出现皮下瘀斑。

患处压痛明显，跟腱断裂时触诊可发现跟腱连续性中断。重复受伤动作和提踵时疼痛，休息后，小腿三头肌和足跟部分僵直。踝关节跖屈力量明显下降。损伤至一定程度可出现跛行，Thompson试验、O'Brien试验等可见阳性。超声检查能辅助明确诊断跟腱断裂及确定跟腱损伤的具体位置及程度。

(三) 处理

急性期根据POLICE等原则进行处理，必要时可选择非甾体类消炎药以缓解疼痛。跟腱完全断裂者需进行手术修复治疗使跟腱断端充分对位以恢复原有长度。跟腱部分断裂者可采取保守治疗方式，即在石膏固定或支具保护下开始早期功能康复，以早期负重和踝关节关节活动度锻炼为主，后期可逐渐开展小腿三头肌肌力训练以及走、跑、跳等活动。

### 四、足球踝

(一) 病因

足球踝又称踝前撞击综合征，是指由于踝关节创伤和/或踝关节退变引起踝关节胫骨前唇与距骨胫骨赘相互撞击，引起以踝背屈疼痛、受限为主要表现的综合征，因好发于足球项目而得名，在篮球、标枪、跳跃、体操等项目中也较为常见。踝前撞击综合征以踝前外侧撞击最为常见，是慢性踝关节疼痛的主要原因之一。其病因包括：踝关节跖屈和旋后时产生的应力易引起踝关节前外侧关节囊撕裂，可进一步引起滑膜增生和瘢痕形成，使踝关节背屈时在踝前外侧沟内产生反复撞击；踝关节过度背伸时，胫骨下唇与距骨胫骨面产生急性或反复性撞击形成骨刺；骨刺在踝关节跖屈时撞击距骨关节软骨也会引起踝前撞击综合征。

(二) 症状和体征

患者通常有反复强迫背屈和跖屈创伤史或踝关节扭伤史。疼痛与活动的方式与时间有关,长时间走、跑及运动后疼痛加剧,通常伴有踝关节肿胀、僵硬和活动受限。

踝关节前方压痛明显,肿胀,踝背屈、患侧单腿支撑下蹲时疼痛;踝关节前方撞击试验阳性;X线检查显示骨赘形成,有时可见关节游离体;MRI可明确诊断距骨关节软骨损伤。

（三）处理

早期可以采用保守治疗,以减轻疼痛,消除炎症反应,必要时选择非甾体类消炎药。具体治疗包括适当控制运动强度,减少患者主、被动踝背屈活动,严重者需进行患肢的制动休息。可根据实际情况采用超短波理疗。保守治疗无效且骨赘过大患者可以考虑关节镜下清理手术。

急性期过后应在佩戴护具的前提下尽早开始踝关节康复训练,包括踝关节肌力训练、本体感觉训练、稳定性训练等,以降低踝关节扭伤的发生概率。初次发生踝关节扭伤后应积极配合治疗及康复训练,避免造成慢性踝关节不稳等并发症的发生。

### 五、胫腓骨骨折

（一）病因

胫、腓骨骨干骨折是运动中常见的损伤之一,分为开放性骨折和疲劳性骨折,前者多见于足球、冰球等项目中,后者在长跑等项目中多见。多为直接暴力或间接暴力引起,包括受到重物撞击或被迫强力扭转等。直接暴力多导致开放性或粉碎性骨折,扭转暴力多导致螺旋形或斜形骨折。胫骨急性骨折主要发生在远端1/3处,腓骨急性骨折是最为常见的腿部骨折之一,常位于腓骨中段1/3处。

胫腓骨疲劳性骨折的发生多与足部结构性异常有关。胫骨疲劳性骨折多见于高足弓者,腓骨应力性骨折多见于足部过度旋前者。训练中的动作不当、营养不良、月经不调等均与胫腓骨疲劳性骨折有关。

（二）症状和体征

外伤性骨折:伤者多有外伤史,如撞伤、扭伤或高处坠伤等,受伤后局部出现急性剧烈疼痛、肿胀、畸形、功能障碍等,严重时可见骨折断端暴露在体表。

疲劳性骨折:患者常主诉运动后疼痛,运动中疼痛不明显。

压痛是反映骨折存在部位的基本体征。如已有局部异常活动,乃至出现成角外旋畸形,无须再查压痛,只需拍摄X线片确定骨折的程度与类型。疲劳性骨折严重者可出现纵向叩击痛。

观察患肢的肤色、感觉、皮温、足背动脉的搏动、脚趾的活动等来判断有无软组织损伤及损伤程度,同时观察有无重要神经的损伤、血管损伤和小腿筋膜间隔综合征等。

常规X线正、侧位检查,有助于了解骨折的类型和骨折端移位的情况。对于怀疑可能有动脉损伤的病例要及时行血管彩超检查。考虑有神经损伤时行肌电图检查。

（三）处理

根据不同的损伤程度和有无并发症,大多数小腿急性骨折需要手法复位及采用夹板、石膏、支具固定。对于手法复位效果不佳,严重骨折和/或合并血管或神经损伤者,需进行手术治疗。

胫腓骨骨折患者应停止长跑或其他引起应力作用的活动,疼痛剧烈者可选择拐杖辅助步行或佩戴石膏进行固定。疼痛缓解后可逐步进行负重活动。运动时应注意控制运动强度,同时注意纠正小腿和足部异常的生物力学,保证正确的动作模式。

## 第四节　踝和小腿损伤的康复

### 一、关节活动度训练

关节活动度的恢复对于损伤后早期康复至关重要。可利用毛巾、墙壁等进行踝背屈和跖屈肌肉的牵拉以改善关节活动度,随后可逐渐进行踝内翻和外翻角度的柔韧性训练。关节活动度训练应缓慢地在无痛范围内进行,可重复进行多组。此外,PNF技术、关节松动技术等也可帮助改善踝和小腿部柔韧性。PNF技术已广泛应用于肌肉骨骼损伤中,包括"收缩-放松"技术和"保持-放松"技术在内的基本技术在提高踝关节神经肌肉控制能力、前反馈能力、平衡能力及踝和小腿整体功能方面具有良好效果。在关节松动技术方面,距骨前向滑动和胫骨后向滑动可用于改善踝跖屈活动度,距骨后向滑动和胫骨前向滑动可改善踝背屈活动度,距下关节内侧和外侧滑动可增加踝内外翻活动度。

### 二、肌力训练

传统的肌肉力量训练以提高踝关节肌群力量为主,应重点关注踝周肌群肌力的均衡性。早期康复以踝跖屈和背屈肌的等长收缩肌力训练为主,后期可增加踝内翻和外翻肌力训练,以及从等长收缩训练过渡至等张肌力训练。等张肌力训练形式为渐进式抗阻训练,可选择弹力带等工具从小负荷多组数训练开始,根据患者康复情况逐渐增加阻力。后期可提升肌力训练难度,将离心收缩肌力训练和快速伸缩复合训练纳入康复训练方案中。近年来,髋周肌力训练逐渐被应用于踝关节损伤中,研究结果表明,增强臀中肌、臀大肌肌力可提高踝关节稳定性和平衡能力,强化髋内收肌肌力在直接影响髋关节动态稳定性的同时能够改善踝关节的动态稳定性。

### 三、本体感觉训练

良好的本体感觉对保持关节在运动中的动态稳定性和功能能力至关重要。本体感觉训练不仅能有效预防踝和小腿运动损伤,同时也是踝和小腿损伤后的重要康复治疗手段之一。本体感觉训练主要通过利用平衡垫、毛巾等在不稳定的平面上进行,训练形式包括单足站立、单足下蹲、双人抛接球等,通过不断地调整身体姿态以适应不稳定平面的变化,不仅能够刺激深层肌肉中的本体感受器而改善踝关节的位置觉,还能够提高肌肉力量、灵活性及神经肌肉协调能力,纠正足底压力分布异常,从而有效改善本体感觉和提高姿势控制能力。本体感觉训练既可以单独应用,也可联合关节松动技术、肌内效贴扎、肌力训练、体外冲击波等治疗方法应用于包括踝关节扭伤、功能性踝关节不稳、踝关节骨折术后等多种踝和小腿运动损伤中,其在预防和康复运动损伤方面具有重要的应用价值。

### 四、水中运动

近年来,水中运动逐渐被应用于多种运动损伤与慢性疾病的康复治疗中。利用水的静水压力、浮力、涡流效应等特性,可令踝和小腿损伤患者在水中进行康复锻炼,能够在一定程度上改善其损伤症状,帮助其重建运动功能。通过改变水深数,可以使患者下肢承重大大降低。与陆地承重相比,水深在患者胸骨剑突水平时,下肢承重可减少80%。水中运动可缓解踝和小腿损伤引起的疼痛,促进血液循环,刺激本体感觉,降低在康复训练过程中二次损伤的风险。在水中运动初期,可以多进行水中步行训练,直至恢复至正常的关节活动度,水的浮力减小了下肢应力,保证了康复训练的安全性。随后可逐渐增加水中运动难度,例如水中弓箭步行走、水中慢跑等。由于运动难度提升和水的阻力作用,踝和小腿的肌肉力量和耐力等能够得到有效提高。因此,相较于传统康复训练方式,水中运动具备一定的康复治疗优势,得到了广大患者和运动康复师的青睐,但其在踝和小腿具体运动损伤干预效果方面的循证医学依据还有待补充。

第十三章思考题　　第十三章参考文献

# 第十四章

# 足部常见运动损伤

## 【导 读】

足在人体行走和跑动时承重、保持身体平衡并适应不同的平面。在包括步行、跑步、跳跃和改变方向的许多活动中,脚与地面直接接触,这些运动动作所产生的力量给足部的结构施加了很大的压力及地面反作用力。足部形成了整个动力学链的基础,不同类型和结构的足部可以影响整个动力学链的运动、稳定性和生物力学。由于这些运动给足带来的压力,以及这个部位解剖结构的复杂性,识别和处理足部损伤对运动防护师来说是一个重大挑战。本章介绍了足部损伤的预防,损伤的评估、识别和处理,并给出相应的康复训练方法。

## 【学习目标】

熟悉足部的运动防护措施;掌握足部损伤的评估、识别和处理方法;熟悉常见足部损伤的康复内容。

## 【思维导图】

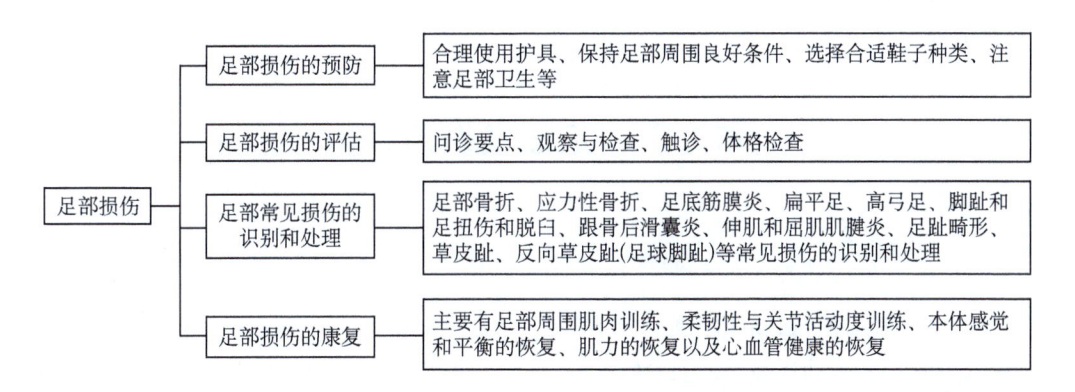

| 足部损伤 | 足部损伤的预防 | 合理使用护具、保持足部周围良好条件、选择合适鞋子种类、注意足部卫生等 |
|---|---|---|
| | 足部损伤的评估 | 问诊要点、观察与检查、触诊、体格检查 |
| | 足部常见损伤的识别和处理 | 足部骨折、应力性骨折、足底筋膜炎、扁平足、高弓足、脚趾和足扭伤和脱臼、跟骨后滑囊炎、伸肌和屈肌肌腱炎、足趾畸形、草皮趾、反向草皮趾(足球脚趾)等常见损伤的识别和处理 |
| | 足部损伤的康复 | 主要有足部周围肌肉训练、柔韧性与关节活动度训练、本体感觉和平衡的恢复、肌力的恢复以及心血管健康的恢复 |

## 第一节　足部损伤的预防

运动时足反复受到应力刺激和牵拉是急性损伤和过度使用损伤的易发因素。挑选合适的鞋或矫形鞋垫、注意足部卫生和护理可有效预防足部损伤的发生。

### 一、合理使用运动护具

合理使用运动护具和保护带可以有效地减少运动损伤的发生。根据足部状况可以用各种产品进行衬垫和支撑,包括内底、半刚性矫形器、刚性矫形器、抗冲击鞋跟、鞋跟杯可用的衬垫等。毛毡和泡沫也可以切割成类似的垫,以保护特定区域。

### 二、足部周围条件

良好的身体条件是抵抗受伤的最强大的防御之一,但足部经常被忽视。例如,跟腱过紧会导致足底筋膜炎、跟腱炎和踝关节外侧扭伤。胫骨前肌过弱或腓骨长肌、踇长屈肌、趾长屈肌过于紧张会导致扁平足。

### 三、鞋子的种类

某一特定活动的需要要求在鞋的设计和选择上有所调整。对于有足弓问题的人,鞋子应该包括足够的前足、足弓和足跟支撑。在任何情况下,个人都应该根据活动的需要选择鞋子。

### 四、注重足部卫生

运动员进行常规的日常足部保养,有助于减少足部损伤的发生。例如:及时修剪脚指甲;刮除局部增生的角质;保持双脚清洁,穿干净、合适的袜子,尽可能保持足部干燥从而预防足癣的发生等。

## 第二节　足部损伤的评估

### 一、问诊要点

为有效控制损伤,运动防护师必须进行快速的伤情评估,以便确定受伤的程度和类型。除询问运动情况、运动环境、场地设施之外,还要询问既往足部损伤史及处理结果,既往损伤发生过程、原因和症状。除患者的主诉和病史外，详细询问疼痛类型、程度，以及疼痛与运动的关系等，有助于损伤程度的评估。

## 二、观察与检查

在第一次观察患者足部时，应注意以下内容并进行记录，注意双侧对比。

（1）观察足的形态，除正常足外，常见的足部异常主要有扁平足、高足弓。还有下垂足、仰趾外翻足畸形和锤状趾等。观察足部在承重和不承重时是否有足弓。柔性平足在负重时显得扁平，但在非负重时产生明显的足弓。相比之下，刚性平足在承重和不承重时均表现为扁平。同时需要注意的是脚是否处于内旋、中立或内旋的位置。

（2）观察是否有行走困难，如一瘸一拐或不能负重行走。防护师应指导患者赤脚行走，并从前、后、侧位观察患者，以更全面地观察患者的步态异常；也可在穿着鞋子和矫形器的情况下重复进行步态分析。

（3）观察两侧对称性，受伤部位是否有发热、严重的畸形、变色、肿胀、疤痕（可能表明以前做过手术），皮肤的颜色和结构是否正常？肌肉是否萎缩？

## 三、触诊

患者坐在检查台上，脚和脚踝伸出桌子的边缘。进行双侧触诊以确定温度、肿胀、压痛、捻发感、畸形、肌肉痉挛和皮肤感觉。触诊应从近端到远端进行，预计最痛的区域应留到最后进行。如果怀疑骨折，应在肢体活动前进行叩击、压迫和牵拉。

### （一）骨触诊

应触及下列骨性标志：内踝、距骨头、舟骨结节、外踝、骰骨、跟骨结节、腓骨小头、腓骨体、胫骨平台、胫骨体和跟骨等。

### （二）软组织触诊

应触及下列软组织结构：跟腱、姆长屈肌腱、三角韧带、内侧纵弓、横弓、距腓韧带、跟腓韧带、腓骨长肌腱、胫骨前肌、趾长伸肌和小腿三头肌等。

### （三）血管触诊

可触诊内踝后方的胫后动脉和足背侧的足背动脉搏动。足背动脉触摸点在内踝和外踝连线的中点，胫后动脉在内踝与跟腱之间后侧的凹陷处。

## 四、体格检查

体检时应以舒适的姿势进行，患者仰卧于治疗床上，双脚悬空，或在坐位下进行。双侧比较用于评估正常功能水平。

### （一）功能测试

通过足部肌肉在主动运动、被动运动和抗阻运动中的反应来评估其疼痛和运动范围。

主动运动：需要评估的运动和每个运动的正常关节活动度如下：踝关节背屈（20°）、踝关节足底屈曲(30°～50°)、旋前(15°～30°)、旋后(45°～60°)、脚趾背伸、脚趾屈曲、脚趾外展和内收。

被动运动：如果在主动活动时能够执行完全关节活动度，可在运动的末端施加轻微的压力来确定末端感觉。背屈、跖屈、内旋、外旋和脚趾屈伸的末端感觉是组织拉伸感。如果患者不能进行完全的主动运动，则应进行被动运动，以确定可用的关节活动度和末端感觉。

抗阻运动：评估从肌肉拉伸位开始，阻力作用贯穿整个活动期间。与未受累肢体相比，检查者应注意是否存在肌肉无力。

（二）特殊测试

莫顿(Morton)征：病人取仰卧位，将脚伸过桌子的一端。检查者对跖骨进行横贯压缩。如果发生剧烈疼痛，则测试呈阳性，表明跖骨痛或莫顿神经瘤。

（三）神经系统测试

神经系统的完整性通过肌节的等长肌肉测试、反射测试和节段皮节和周围神经皮肤模式的感觉来评估。

为了检测节段性肌节，应在以下动作中进行等长肌肉测试：膝关节伸展(L3)、踝关节背屈(L4)、脚趾伸展(L5)、踝关节足底屈曲、足外翻或髋关节伸展(S1)。

检测反射：小腿区域的反射包括髌骨(L3、L4)和跟腱反射(S1)。

（四）叩击和挤压检查

跖骨挤压试验：在足的中间位置，将跖骨的跖骨头向跖侧横向挤压，在前脚可产生疼痛伴有骨擦音、表明跖骨骨折。

## 第三节 足部常见损伤的识别和处理

### 一、足部骨折

（一）病因

足部骨折多发于跖骨，其常见于接触性运动或含有高冲击性着地和碰撞动作的运动。此外，营养不良、骨质疏松等原因造成骨密度偏低的运动员更易发生足部骨折，女性运动员月经紊乱、闭经也是原因之一。引起跖骨骨折的原因常见于三种情况。

直接暴力：在大多数情况下，重物击打、车轮碾压等直接暴力是跖骨骨折的主要原因，骨折类型多为斜形、横形或粉碎性骨折，以跖底部骨折多见，骨干骨折次之。第2～4跖骨发生率较高，可几根跖骨同时骨折或合并其他足骨骨折。

肌肉牵拉暴力：足部内翻、旋后扭转时，附着于第5跖骨粗隆的腓骨短肌和第3腓骨肌强烈收缩，肌肉牵拉而使第5跖骨粗隆骨折。

应力积累：此类骨折又称为疲劳骨折或行军足。多由长期慢性劳损（如长途行走或缺乏训练的人参加长跑等情况）致第2或第3跖骨干发生疲劳骨折。第2跖骨发生率高于第3跖骨。主要是由于肌肉疲劳过度，足弓下陷，第2、3跖骨负荷增加，应力的积累超过了骨皮质及骨的承受能力，而逐渐发生骨折。

(二) 症状和体征

有明显外伤史或长途步行、跑步史。

伤后局部疼痛、肿胀、压痛、纵轴叩击痛及骨擦音,功能活动障碍。

疲劳骨折最初为前足痛,劳累后加剧,休息后稍减,2～3 周后在局部可摸到骨性隆凸。有的负重时疼痛,甚至无法行走;脚或脚趾可有麻木。

X 线检查正、斜位片可确诊。第 5 跖骨粗隆撕脱骨折应注意与第 5 跖骨粗隆骨骺未闭合、腓骨长肌腱籽骨相鉴别,后两者肿胀、压痛不明显,骨片光滑、规则,且为双侧性。疲劳骨折早期 X 线检查常为阴性,2～3 周后跖骨颈出现骨膜反应,骨折线多不明显。晚期可见骨折线。

(三) 处理

立即停止运动;冰敷,抬高患肢,必须在用夹板固定骨折部位后,将运动员转诊至医生处置或到急诊室就诊,进行 X 射线检查和支具固定。

## 二、应力性骨折

(一) 病因

应力性骨折经常发生在那些参加跑步和跳跃运动的人身上,特别是在显著增加训练里程或改变训练强度或鞋型之后。原因主要是持续、长期反复的应力作用于受力的骨;此外,骨本身的强度也是重要原因。常见于足部的应力性骨折是第二跖骨、跟骨、距骨、腓骨、舟状骨。

(二) 症状和体征

应力性骨折的疼痛开始于不知不觉中,随活动增加,随休息减少;疼痛通常局限于骨折部位。疼痛可以通过敲击引起。当用手环绕前脚或跟骨并加压时会产生不适。

(三) 处理

按照标准的急性处理后,患者应转诊给医生。早期 X 线片通常为阴性,但 2～4 周后可发现骨膜反应或皮质增厚。CT 和磁共振图像更敏感,通常比 X 线片更早发现骨折。治疗包括休息直到症状消失(即 4～8 周或更长时间)、冰疗、非甾体抗炎药、拉伸和加强锻炼、纠正异常的生物力学模式。偏硬的鞋、矫形器、石膏可用于跖骨、跟骨或胫骨骨折。患者应在完全无症状后再重新参与运动。

## 三、足底筋膜炎

(一) 病因

足底筋膜炎是临床的常见病、多发病,是导致足跟痛的主要原因,占全部跟痛症患者的 80%。该疾病在跑动较多的专项运动员和长跑爱好者中常发生,其患病率明显高于普通人群,故有"跑步者足"之称。足底筋膜炎损伤机制未完全清楚,研究表明慢性足底筋膜炎可能与体重过快增长、高足弓、扁平足、小腿肌肉紧张、长时间站立、肥胖、年龄、外伤、过度运动和不合适的鞋子等因素有关。多数研究学者推测足底筋膜炎的发生与跖筋膜因反复牵拉过程中受到的微损伤和微撕裂有关或因继发性跖筋膜微撕裂和微出血,并在损伤处产生局部的无菌性炎症反应引起。

(二) 症状和体征

病史:有典型的运动史,运动中发生踝关节重复跖屈动作。

疼痛:足底、内侧脚跟疼痛,活动后缓解,但休息后复发。疼痛随着负重而增加。在早晨的前几步尤其严重,但在 5~10 min 内减少。

肿胀:跖筋膜增厚,足底出现肿胀。

压痛:压痛点位于跟骨内侧结节上方或远端,随着被动脚趾的伸展而增加。如果累及外侧足底神经,近端小趾展肌也有压痛。

动作筛查:做跖屈动作抬起时疼痛加重。被动伸展大脚趾和踝关节背屈会增加疼痛和不适。大约 70% 有单侧症状的患者会出现后跟束紧伴踝关节背屈减少的情况。

(三) 处理

紧急处理:休息、冰敷、超声疗法,可使用消类药、"8"字形弓带或夜夹板可以缓解急性症状,医生可以给足底筋膜注射可的松。

治疗:炎症阶段结束后,可以用冰疗、深层摩擦按摩、超声和肌肉电刺激等方法缓解症状,同时也可以添加跟腱拉伸练习、脚趾屈肌腱拉伸,腓骨肌和胫骨后肌的加强练习,非甾体抗炎药和用减震的软脚后跟垫或软足弓垫提踵。对于慢性足底筋膜炎的痛性结节或条索,以及严重影响行走的足跟骨刺,须进行手术修复。

## 四、扁平足

(一) 病因

扁平足是常见的足部畸形。由于某些原因造成足纵弓塌陷或弹性消失,或出现足骨形态异常、肌肉萎缩、韧带挛缩以及慢性劳损等临床症状的疾病称为平足症。扁平足患者常有跖骨痛、足跟痛等足痛症,且长时间站立或步行时足部易感疲劳,但早期可无明显临床症状。足弓的塌陷和消失是导致扁平足的直接因素,肥胖和穿着不合适的鞋靴也有可能导致扁平足,有先天性因素、后天足底软组织劳损、双足缺乏锻炼所造成足的跖骨、舟骨、楔骨的畸形,以及踝关节外移也是扁平足形成的原因。

先天因素:遗传。

后天因素:关节退变、创伤、糖尿病、类风湿性关节炎、神经性病变、肿瘤、胫后肌腱功能不全。

其他:经常站立引起韧带长时间承受体重而过度伸展形成扁平足。

(二) 症状和体征

扁平足典型的临床症状为前足外展、后足外翻、足弓降低或消失,并可伴有疼痛。单纯的扁平足一般没有症状,只有长时间走、跑时,才会发生足部不适和疼痛。

平足症患者的症状:

疼痛:足底内侧疼痛,长时间站立或行走后加剧。

肿胀:尤其是足舟骨结节处。

步态异常:膝关节、髋关节代偿。

(三) 处理

保守治疗:足垫,通过足跟行走、跖屈运动、提踵外旋、跳绳、缩足运动等来预防扁平足。日常注意选择有良好足弓支撑的鞋子,避免长时间站立。

手术治疗:若长时间保守治疗无效,严重影响生活,则应该选择手术处理。

### 五、高足弓

(一) 病因

高足弓是各脚趾跖趾关节过伸,趾间关节过屈,足纵弓异常凸起所致的足部畸形。运动员中高足弓也较为常见,常表现为跖趾关节过伸、近侧和远侧趾节间关节屈曲畸形。高弓足常合并其他一个或多个部位的复合畸形,如爪形趾、前足的旋转、内收,中足的跖屈、背侧骨性隆起,后足的内翻或轻度外翻,伴或不伴马蹄足等。高足弓因缺少足底与地面的接触面积,足底大多区域峰值压强远高于正常足,从而增加了足部损伤的概率。

(二) 症状和体征

高足弓患者足部的减震功能较差,因此易发足部疼痛、跖痛症、爪形趾、槌状趾等问题,通常伴随结构性前足外翻畸形和跟腱异常短缩;足底跖骨头部皮肤会出现胼胝的现象。

(三) 处理

决定高足弓症状及治疗方法的关键因素并不是病因和年龄,而是解剖结构的柔韧性。对于轻度、关节活动度仍较灵活的患者,可以先尝试规范的保守治疗,主要包括牵伸训练、矫形鞋、矫形支具,保守治疗在一定程度上可以延缓病程发展、改善症状。

### 六、脚趾和足扭伤和脱臼

(一) 踇趾扭伤

1. 病因

踇趾帮助运动员在踢球、行走或奔跑时蹬地以及保持平衡。当过大的作用力作用于踇趾时,例如使踇趾被迫屈曲或伸展,韧带可能出现扭伤。研究认为人造草皮比天然草皮更容易引起踇趾扭伤。

2. 症状和体征

无论是哪种原因,受伤部位都会出现疼痛、肿胀、变色,运动员无法正常行走或跑动。

3. 处理

急性期建议休息、冰敷、加压包扎和抬高患肢。当运动员重新参与运动时,运动防护师应对踇趾进行贴扎并放置防护垫以提供支撑和减少疼痛。

(二) 中足扭伤

1. 病因

通常由严重的背屈、跖屈或足内旋引起。虽然这种情况在篮球和足球运动员中常见,但在那些参加没有脚部支撑的活动的人更常见,如体操或舞蹈(通常穿拖鞋)或穿着平底鞋的田径运动员。

2. 症状和体征

疼痛和肿胀在足的内侧很深,负重痛。如果情况没有改善,应先排除跗骨关节可能的撕脱性骨折。

3. 处理

根据疼痛的位置和严重程度,急性期需要适当的固定、足弓支撑和限制负重。运动防护师应注重关节活动度训练和足部的内在肌肉训练。

## 七、跟骨后滑囊炎

(一) 病因

跟骨后滑囊位于跟骨与跟腱之间,起到减少跟腱与足跟之间摩擦的作用。该滑囊在足的反复屈伸运动如走、跑或跳等时承受较大压力。在进行反复蹬地动作时,脚趾主动屈曲,此时该滑囊可被肌腱重复摩擦和挤压,充血水肿,由此引发无菌性炎症,即跟骨后滑囊炎。此外,运动持续时间过长和运动强度过大、不合适的鞋或走、跑、跳等姿势不正确均可导致跟骨后滑囊炎。

(二) 症状和体证

触诊跟腱的软组织会引起疼痛,可触及皮肤增厚,尤其是外侧。蹬离时主动屈曲足底会压迫肌腱和骨之间的滑囊,从而导致疼痛。

(三) 处理

保守治疗:包括紧急制动、使用非甾体抗炎药,跟腱拉伸运动,鞋子改造或脚跟提升以减轻滑囊的外部压力。

手术治疗:如果保守治疗失败,可以考虑切除滑囊,不建议注射类固醇治疗。

康复和预防:加强腓肠肌力量并对小腿肌肉进行拉伸能有效促进损伤愈合。进行一些不会刺激受伤区域的运动,可以维持整体的健康水平。保持肌肉的力量和柔韧性,在运动前进行适宜的热身活动,有助于预防滑囊炎。

## 八、伸肌和屈肌肌腱炎

(一) 病因

踇长伸肌和趾长伸肌是使脚趾伸的主要肌肉,其肌腱经过踝关节前侧和足的背面并附着于脚趾背面。该肌群的功能是使足背屈,与足跖屈肌群起相反的作用。过度使用、拮抗肌紧张或足部畸形等原因,将造成足部屈、伸肌群的肌腱的疼痛、发炎。其中伸肌肌腱炎比屈肌肌腱炎更为常见。

(二) 症状和体证

伸肌肌腱炎:足背疼痛、脚趾背屈时疼痛或出现肌力减弱。

屈肌肌腱炎:在足弓部位的肌腱疼痛及踝关节后内侧疼痛。

（三）处理

治疗：停止引起疼痛的运动；冰敷肌腱；使用消炎药。

康复和预防：在让足部休息的同时，确定引发炎症的原因是非常重要的。拉伸腓肠肌和胫骨前肌可缓解肌腱所受张力；适宜热身并逐渐增加运动负荷，有助于预防肌腱炎的发生；恢复运动之前可能需要矫形器来矫正足弓问题。

长期预后：经过简单的休息和病因的纠正，大多数患者的肌腱炎可完全康复，少数情况下可能需要进行手术来减少肌腱的张力以减轻炎症。

### 九、脚趾畸形

（一）拇趾关节炎

第一跖趾关节退行性关节炎，伴有疼痛和活动受限，称为拇趾僵硬。

1. 病因

由于直接损伤、过伸性损伤或内翻/外翻压力导致的退行性改变，涉及跑步和跳跃的活动可能会增加患病的风险。

2. 症状和体征

患者表现为第一跖趾关节疼痛且增大，活动能力丧失，穿高跟鞋困难。一个显著的标志是脚趾伸展受限（背屈受限），通常小于60°，沿着跖骨头背侧可以很容易地触诊到骨赘。

3. 处理

保守治疗包括冰敷、穿有足够宽度和深度的低跟鞋以容纳增加的关节体积、服用非甾体抗炎药等。可在矫形器上增加延伸装置，或者穿着坚硬的鞋垫或鞋子来减少关节的压力。如果存在慢性炎症，类固醇注射可能会有帮助。如果保守治疗在6个月内仍不能解决症状，则需要手术治疗。大多数脚趾畸形是轻微的，可以保守治疗。一些畸形需要外科手术来纠正严重的结构异常。

（二）拇外翻

1. 病因

拇外翻是指大脚趾向外侧偏移，可能与第二脚趾重叠的一种异常现象。内侧可形成肿大、伴发疼痛，长时间压迫第一跖趾关节内侧可导致拇囊炎，即大脚趾严重外翻畸形。可能由遗传、跖骨内翻、扁平足、类风湿关节炎和神经系统疾病等因素引起。最常见的原因是穿不合脚的鞋子，鞋头狭窄。

2. 症状和体征

许多畸形患者是无症状的，有症状的患者主诉跖趾关节疼痛，由于内侧突出和相关的重叠脚趾畸形，穿鞋困难。这种情况也可能导致第二跖骨承受更多的重量，导致第二跖骨头下出现老茧。

3. 处理

治疗方法根据畸形的程度和症状的严重程度有所不同。选择宽而软的鞋头和合适的鞋垫以及使用支撑纵弓和重新分配压力区域的矫形器，能够缓解相应症状。如果保守措施失败，手术可以纠正畸形，但并不一定能改善活动功能。康复过程通常需要4～6个月。

### (三) 爪状、锤状和槌状脚趾

爪状趾指跖趾关节过伸,远侧趾间关节和近侧趾间关节屈曲的一种畸形;锤状趾指跖趾关节过度伸展,近侧趾间关节屈曲挛缩,远侧趾间关节过度伸展的一种畸形;槌状趾指跖趾关节过伸,近侧趾间关节过屈的一种畸形。

**1. 病因**

大多是由于不合适的鞋子、神经肌肉疾病、关节炎或创伤造成的。

**2. 症状和体征**

脚趾呈爪状、锤状或槌状;疼痛,无法移动脚趾;患趾出现鸡眼和胼胝。

**3. 处理**

穿着更宽松的鞋子;使用消炎药;拉伸及强化脚趾力量可帮助恢复;选择合适的鞋子并有规律地拉伸脚趾有助于延缓畸形发展;使用绷带和填充垫来缓解疼痛。若脚趾不能弯曲,且其他治疗亦不起作用,则需要进行手术治疗。

## 十、草皮趾

### (一) 病因

最初由于足球运动员在人工草皮上比赛时,容易发生𝼇指的软组织损伤,提出了"草皮趾"这一概念。后来该疾病泛指所有的第一跖趾关节扭伤,无论是否在人工草皮上发生。第1跖趾关节的足底囊韧带扭伤,是由于大脚趾被迫过伸或过屈造成的。重复的超负荷也会导致损伤,特别是当与外翻应力相关时。

### (二) 症状与体征

患者的第一跖趾关节足底面有疼痛、压痛和肿胀,大脚趾伸展时非常疼痛。由于籽骨位于𝼇短屈肌肌腱内,这种情况有时与屈肌腱撕裂、籽骨骨折、骨挫伤和跖骨头软骨骨折有关。

### (三) 处理

轻度扭伤的初始治疗包括标准的急性护理(如冰敷、压迫、抬高和休息)、非甾体抗炎药和防止过度运动。使用绷带限制跖趾关节的活动以及跖骨垫减少第一跖骨的应力可能会有所帮助。在中度至重度病例中,患者可能需要限制活动直到症状消失(即通常为3~6周)。

## 十一、反向草皮趾(足球脚趾)

### (一) 病因

常由于脚背击球时跖趾关节的强制过度屈曲造成。足球运动员经常刺激第一跖趾关节的背囊结构。这种情况可以是急性的,也可以是慢性的。

### (二) 症状和体征

表现出与传统草皮趾相似的症状与体征,此外还有关节背侧明显疼痛和脚趾被动屈曲疼痛。

(三）处理

处理方法也与传统的草皮趾相似,但是使用绷带时应该限制跖趾关节的屈曲,而不是伸展。

## 十二、嵌甲

(一）病因

嵌甲是一种常见病,甲板侧缘长入附近的软组织中,像异物似的插入甲沟而引起疼痛。指甲护理不当,鞋的尺寸不合适,以及脚在鞋内不断滑动会损伤指甲,导致其边缘生长到外侧甲襞和周围的皮肤。

(二）症状和体征

指甲边缘发红并出现疼痛,容易继发感染,引起甲沟炎,伴持续疼痛,严重时可影响患者的工作与日常生活。

(三）处理

将脚趾浸泡在温热水中,直到甲床变软。抬起指甲的边缘,在指甲下面放一小块棉花或纸巾,使指甲脱离皮肤褶皱。对该区域进行消毒,并用无菌敷料覆盖。每天重复这个步骤,保持区域清洁和干燥。如果出现化脓性感染,应转诊给医生,使用抗生素并引流感染。

## 十三、跖骨痛

(一）病因

跖骨痛一般指跖骨头周围的不适。通常与参加体育运动和身体活动有关,但其他因素,如随着年龄的增长,关节炎、痛风、糖尿病、循环系统疾病和一些神经系统疾病也会引发跖骨疼痛。其内在因素包括:体重过重、腓骨三头肌复合体伸展受限、跖弓下垂、足外翻足、锤状趾、扁平足或高弓足。其外在因素包括:鞋头狭窄、鞋钉放置不当、技术不当(例如,骑自行车时,脚的位置不佳)、从不恰当的高度落地、重复跳跃或过度跑步、对前脚掌施加过多压力的跑步方式。

(二）症状和体征

韧带的持续超载导致横弓变平,导致中间三个跖骨头,特别是第二跖骨头形成老茧。

(三）处理

治疗包括通过活动矫正、选择舒适的鞋、使用跖骨垫等来减轻跖骨头的负荷,并加强足部固有肌肉的力量。

## 十四、𣎴囊炎

(一）病因

通常发生在第一跖趾关节的内侧,但也可能发生在第五趾的外侧(即𣎴囊炎或裁缝踇囊炎）。脚内旋、步态中内旋时间延长、跟腱挛缩、关节炎以及第一跖骨头和第二跖骨头之间的韧带普遍松弛会导致第一跖骨头内侧增厚，因为第一跖骨头不断与鞋内侧摩擦。

（二）症状和体证

随着病情恶化，大脚趾可能向外侧移位并与第二脚趾重叠，导致僵硬、无功能的踇外翻畸形。高跟鞋和尖头鞋会加剧这种情况，这是女性发病率高于男性的原因。

（三）处理

一旦畸形发生，几乎不可能采取任何措施来纠正。尽量将大脚趾固定在合适的解剖位置，穿更宽的鞋子可以缓解疼痛，但严重的情况需要手术矫正。

### 十五、足部挫伤

（一）病因

中足受压会损伤伸肌腱或导致跖骨或趾骨骨折。在负重的过程中，前足跖部的挫伤可能是因为松动的钉鞋或钉鞋刺激脚掌造成的。后足的挫伤可能是由于软组织在奔跑、跳跃和改变方向过程中不断受到极大的压力而导致的。

（二）症状和体证

疼痛：与暴力的性质和程度、受伤部位神经的分布及炎症反应的强弱有关。

肿胀：因局部软组织内出血或(和)炎性反应渗出所致。

功能障碍：引起足部功能或活动的障碍。

（三）处理

轻度挫伤的处理方法：48小时内冰敷，急性期后再进行热敷，期间多卧床休息、抬高挫伤部位，若疼痛严重，可服用消炎镇痛类药物。

重度挫伤的处理方法：若轻度挫伤按照上述方法进行处理而无任何好转，甚至疼痛加剧，应马上去医院拍摄X线诊断有无骨折发生，若发生骨折，需要进行石膏外贴及支撑架进行固位处理。

### 十六、甲下血肿

（一）病因

甲下血肿是由损伤或甲床感染引起的指甲下出血。造成压迫甲床和疼痛的挤压性创伤是该类损伤最常见的机制。趾甲下的血块可能较小，亦可能覆盖整个甲下区域。

（二）症状和体证

甲下的疼痛和压迫；甲下呈现红色，褐红色或其他深暗的颜色。

（三）处理

紧急处理：休息、冰敷、抬高患处；若趾甲脱落、要特别注意覆盖和保护甲床；若在挤压性损伤中存在骨折的可能性，则应及时就医。

康复和预防：在治疗期间，可能需要移除趾甲或其自身发生脱落，进而造成甲床暴露。

因此要注意保护该区域并预防感染。在损伤愈合过程中,应注意保护患趾,必要时可在脚趾上加填充垫。避免碰撞并在运动时注意保护脚趾,将有助于预防此损伤的发生。

长期预后:在伤及 25% 以上的甲床或在初始损伤产生的压力未得到缓解的情况时,需要医生将瘀血从甲床中排出,但多数甲下血肿比较容易治愈。若引起感染,则需要口服或外用抗生素。

### 十七、莫顿神经瘤

(一)病因

足底趾间神经瘤(即莫顿神经瘤)是前脚疼痛的常见来源,尤其是在中年妇女中,有时是双侧的。由于穿紧身鞋或足内翻造成的创伤或重复压力会导致跖趾神经受到跖骨头和跖间横韧带之间的压迫,从而引起异常的压力。它通常发生在第三和第四跖间隙之间,较少发生在第二和第三跖间隙之间。

(二)症状和体征

患者最初可能会主诉感觉鞋子里有石头,站立时症状加重。通常会有刺痛或灼烧感,放射到脚趾,当活动停止或脱鞋时疼痛减轻。检查者可以触诊疼痛的肿块,触诊跖骨头之间会引起疼痛。

(三)处理

保守治疗包括在跖骨头的近端放置一个跖骨垫,穿着宽的、软底的低跟鞋。保持和最大限度地屈曲第五跖趾关节,以预防和治疗这种情况。局部皮质类固醇注射或手术切除神经可能是治疗持续性疼痛的必要手段。

### 十八、跗骨窦综合征

(一)病因

跗骨窦综合征主要由于踝关节内翻扭伤时伴随踝关节旋后所造成,其他原因还包括先天性或后天性足部畸形、局部滑膜炎、局部肿瘤等。损伤后会造成窦腔内出血,周围纤维组织增生包绕或压迫血管导致窦腔压力增高,造成胫后神经或其分支的卡压。外侧足底神经分支比内侧神经分支更易受影响。这种情况通常与过度的内旋或过度的外翻畸形有关。

(二)症状和体征

患者主诉内踝放射至足底和足跟的疼痛(特别是伴有足底外侧神经卡压),胫后神经分布区域感觉异常或亢进。过度背屈、外旋和外翻可重现与腕管综合征诱发试验相似的症状。最可靠的提示之一是 Tinel 征阳性,即沿着神经分布区域轻拍引起的刺痛感。

(三)处理

保守治疗包括休息、非甾体抗炎药、矫形器(尤其是过度内旋的患者)和逐渐恢复活动。可在跗骨隧道内一次性注射可的松和利多卡因(不含肾上腺素),但如果症状持续存在,以及消除了其他引起足跟疼痛的原因后症状仍存在,则可能需要手术治疗。

## 第四节 足部损伤的康复

在急性炎症期，只要病情没有进一步恶化，足部的康复训练就可以开始。例如，在冰敷脚踝的同时开始加强足内在肌的锻炼。疼痛和肿胀决定了可耐受的运动量，可能需要限制负重。康复计划应该注重恢复运动和本体感觉，保持心血管健康，以及提高肌肉力量和耐力。

（一）足内在肌肉训练

足底筋膜拉伸：在脚趾周围放一条毛巾，慢慢背伸脚趾，背伸脚踝，拉伸跟腱。

脚趾卷曲：把脚放在毛巾上，慢慢地卷曲脚趾，把毛巾卷在脚下。

拾物：用脚趾捡起一些小物件，如大理石或骰子，并将它们放在附近的容器中。

单侧平衡运动：站在凹凸不平的地面上，先睁眼再闭眼。

（二）柔韧性的强化

运动时，柔韧性对完成专项技术动作至关重要，若柔韧性不达标，很容易造成运动损伤。柔韧性得到充分发展后，人体关节的活动范围将明显加大，关节灵活性也将增强。这样做动作时就会更加协调、准确、优美，同时在体育活动和日常生活中可以减少由于动作幅度加大、扭转过猛而产生的关节、肌肉等软组织的损伤。

（三）本体感觉与平衡功能的恢复

必须重新获得本体感觉和平衡功能，才能安全地重返运动。早期的练习可以包括拄着拐杖转移体重，可以坐着使用 BAPS(biomechanical ankle platform system)板。随着平衡能力的提高，BAPS 板练习可以逐步发展到在桌子的支撑下部分负重，然后再到完全负重练习。在小斜坡上跑步和使用滑板是闭链练习，也可以改善本体感觉和平衡功能。

（四）肌肉力量的恢复

早期的重点放在加强足部的内在肌肉，负重抬起脚趾，深蹲和弓步，等速运动可以继续加强小腿肌肉。在后期，慢跑、左右跑和多角度增强式运动可以帮助患者逐渐恢复运动参与。

（五）心血管健康的恢复

可在受伤后立即开始使用上身测力仪或水疗运动来保持心血管健康。在水中跑步和进行特定的运动可以在非负重环境下提供适度的阻力。

除了训练以外，防护师应评估生物力学是否有异常，并应制作适当的矫形器来纠正存在的关节对位不良。

# 第十五章

# 脊柱常见运动损伤

【导　　读】

　　脊柱是人体运动系统最重要的组成部分之一,也是最容易受伤的部位之一。常见的脊柱运动损伤包括颈、胸或腰椎区域的扭伤或拉伤、脊柱骨折等急性损伤,也包括各年龄段可见的慢性颈腰痛等劳损问题。在本章中,我们就脊柱损伤的预防、评估和处理方法进行学习。

【学习目标】

　　熟悉脊柱损伤的预防措施及评估方法;掌握常见脊柱损伤的预防、识别与处理方法;熟悉脊柱损伤康复计划的内容。

【思维导图】

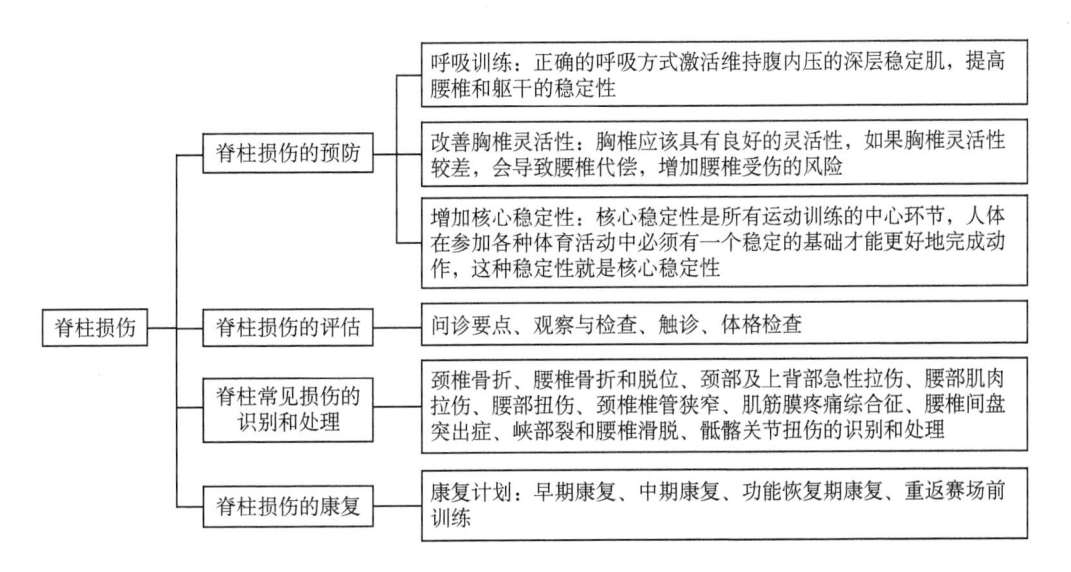

| 脊柱损伤 | 脊柱损伤的预防 | 呼吸训练：正确的呼吸方式激活维持腹内压的深层稳定肌，提高腰椎和躯干的稳定性 |
| --- | --- | --- |
| | | 改善胸椎灵活性：胸椎应该具有良好的灵活性，如果胸椎灵活性较差，会导致腰椎代偿，增加腰椎受伤的风险 |
| | | 增加核心稳定性：核心稳定性是所有运动训练的中心环节，人体在参加各种体育活动中必须有一个稳定的基础才能更好地完成动作，这种稳定性就是核心稳定性 |
| | 脊柱损伤的评估 | 问诊要点、观察与检查、触诊、体格检查 |
| | 脊柱常见损伤的识别和处理 | 颈椎骨折、腰椎骨折和脱位、颈部及上背急性拉伤、腰部肌肉拉伤、腰部扭伤、颈椎椎管狭窄、肌筋膜疼痛综合征、腰椎间盘突出症、峡部裂和腰椎滑脱、骶髂关节扭伤的识别和处理 |
| | 脊柱损伤的康复 | 康复计划：早期康复、中期康复、功能恢复期康复、重返赛场前训练 |

## 第一节 脊柱损伤的预防

脊柱损伤与核心稳定性和胸椎灵活性有着密切的关系,而核心训练不但能够改善机体的协调与平衡能力,而且能够在一定程度上预防运动损伤。一般来说,防护师可以通过增加呼吸训练、改善胸椎灵活性、进行核心稳定性的训练来预防脊柱相关的损伤。

### 一、呼吸训练

在正确的呼吸方式下可以同时激活维持腹内压的多裂肌、腹横肌、膈肌和盆底肌等深层稳定肌,而腹内压的增加可以提高腰椎和躯干的稳定性,因此为了预防脊柱损伤,有必要进行呼吸训练。各种呼吸训练中,腹式呼吸是以膈肌运动为主的呼吸运动方式,对维持核心的稳定有着重要的意义。

### 二、改善胸椎灵活性

在各节段脊柱的活动中,胸椎应该具有较好的旋转、伸展灵活性,以便我们完成躯干的伸展、屈曲、旋转,而腰椎则负责保持躯干的稳定性。如果胸椎灵活性较差,无法正常发挥其功能,就会导致腰椎代偿,从而增加受伤的风险。胸椎周围软组织张力释放、猫式伸展等胸椎灵活性训练以及手法治疗能够改善其灵活性。

### 三、增强核心稳定性

核心稳定性是所有运动训练的中心环节,人体在参加各种体育活动时必须有一个稳定的基础才能更好地完成动作,而这种稳定的基础就是核心稳定性。平衡球支撑、平衡球仰卧挺髋、悬吊训练等方法是常见的核心稳定性训练方法。

## 第二节 脊柱损伤的评估

### 一、问诊要点

进行脊柱损伤的评估时,首先要明确导致损伤的原因以排除脊髓损伤的可能性。运动防护师应询问以下问题:
(1) 受伤时发生了什么?
(2) 你的头顶是否与别的物体相撞,还是直接接触地面?
(3) 你是否出现了意识不清或丧失的症状?

(4) 你的两侧上肢肌肉力量是否一致？

(5) 你是否能活动踝关节和脚趾？

在前期进行病史采集过程中值得注意的是，如怀疑脊髓损伤，在搬运和转移伤者时要非常小心。如排除脊髓损伤，运动防护师需继续询问伤者以获取有关损伤性质的信息，可采用OPQRST方式进行采集，包括：

(1) O(Onset)：什么时间发生的损伤？

(2) P(Palliative/Provocative)：①你做什么事情会引起疼痛？例如站立、坐着、弯腰或身体扭转等。②什么姿势或动作会使疼痛加剧？③什么姿势或动作能够缓解疼痛？

(3) Q(Quality)：①你的肩部、手臂或手是否出现麻木、刺痛或灼烧感？②髋部或大腿后侧是否有麻木感或疼痛感？

(4) R(Radiating/Referred)：①是什么样的疼痛？②是放射痛还是牵涉痛？（由防护师来判断）

(5) S(Site)：①什么部位有疼痛感？②你的颈部是否有疼痛感？③以前出现过任何背部疼痛吗？注意引起背部疼痛的原因有很多，可能是肌肉骨骼系统的原因，也可能是内脏系统的问题导致的牵涉性疼痛。

(6) T(Time)：①疼痛是突然出现的吗？②疼痛持续了多长时间？

## 二、观察与检查

（一）姿势评估

姿势评估是通过观察人体的姿势，判断是否存在结构或功能异常，分析其产生的原因以便及时纠正。在进行姿势评估时，要分别从前面、后面和侧面进行观察。可根据需要选取垂线、姿势网格坐标等辅助设备进行测量，保证姿势评估的准确性。在进行姿势观察时，要着重观察重要解剖标志点的位置。观察前面和后面时，运动防护师还应着重观察左右两侧的解剖标志点是否不对称或不在同一水平线上。常见姿势问题包括：

1. 驼背

驼背被定义为脊柱胸段过度向后凸、头部前倾，颈曲深度超过5 cm以上。其分为姿势（功能）性驼背和结构性驼背两种，其中姿势（功能）性驼背多数是因不良的姿势习惯导致的，结构性驼背通常由脊椎病变所造成。因此，在诊断时需进行鉴别诊断，如休门氏症（Scheuermann Disease），好发于青春期男性，引起疼痛和渐进性胸椎或胸腰椎后凸，初期易被误认为是姿势性驼背。

2. "头前伸"姿势

"头前伸"姿势从侧面进行观察，耳垂位于肩峰的前方，下颌向前探出。可由颈部肌肉不均衡导致，如：出现驼背症状后，头颈部为了保持水平视线需要伸展颈椎，使颈部伸肌收缩，屈肌被拉长，使头颈部产生的代偿性改变。可采用头前伸角度（forward head angle, FHA）进行评估，即以第七颈椎（C7）棘突为参照点，向下画一条垂线，耳屏到C7棘突的连线与C7棘突垂线的夹角即为FHA。

### 3. "摇摆背"和脊柱前凸

要分清"摇摆背"和脊柱前凸之间的差异,需要对骨盆的前倾、髋关节的位置和肌肉失衡的情况进行区分。"摇摆背"是指骨盆前移引起髋关节后伸、胸椎后移,表现为腰椎曲度减小,胸椎后凸角度增加,髂腰肌肌力不足。脊柱前凸表现为腰椎曲度增加、骨盆前倾及髋关节屈曲,但髂腰肌肌力较强。

### 4. 脊柱侧弯

脊柱侧弯是指脊柱某一节段的一侧出现明显的异常弯曲,而对侧出现反向、代偿性弯曲。分为由脊椎骨性结构的缺陷或障碍引起的结构性脊柱侧弯和由下肢不等长、两侧肌肉不平衡等非脊柱缺陷引起的功能性脊柱侧弯。在视诊时应注意观察双肩是否高低不平,脊柱是否偏离中线,肩胛骨是否一高一低,前屈时双侧背部是否等高。

### 5. 平背

平背表现为矢状面上的脊柱畸形,即腰椎曲度减小,看上去相对较平坦。

## (二)颈椎视诊

进行颈椎视诊时,运动防护师应着重观察伤者的头部、颈部及肩部姿势及头颈部活动度,如伤者头部位置是否在两肩正中央,两侧肩膀是否等高,伤者能否主动活动头颈部等。检查颈部活动度时,注意分别检查颈部主动、被动和抗阻时屈曲、伸展、侧屈和旋转活动范围。还需观察伤者肌肉的状况,如三角肌是否有萎缩(提示腋神经麻痹)或头部倾斜(提示胸锁乳突肌痉挛)。

## (三)胸椎视诊

进行胸椎视诊时,运动防护师应先观察伤者脊柱胸段是否存在异常姿势,如脊柱后弯、脊柱侧弯、胸部畸形。同时应观察伤者的呼吸形式,来判断伤者呼吸时的状况。如伤者是采用腹式呼吸还是胸式呼吸,在呼吸时是否有身体部分的疼痛(将下巴靠近胸部或深吸气时胸部疼痛增加,提示可能存在胸椎椎间关节功能障碍/紊乱)。引起胸椎疼痛的最常见原因是一个或多个胸椎关节功能障碍,如椎间关节等。

## (四)腰椎和骶髂关节视诊

因腰椎与骨盆、骶骨的协调运动具有维持腰部正常功能的作用,肌肉或关节囊损伤、椎间盘突出或病变等都会使患者腰部在站立或运动时产生异常姿势。在进行视诊时,运动防护师应根据需要分别观察伤者在站立位、坐位、仰卧位和俯卧位时的姿势。如观察伤者肩部及骨盆两侧是否处于同一水平线上,脊柱两侧的骨性和软组织结构是否对称,在行走时是否存在异常步态等。

## 三、触诊

运动防护师应注意患者诊断部位的皮肤、骨骼及软组织的质感等。触诊应从近端开始,至远端结束,触诊脊柱两侧肌肉是否存在压痛、叩击痛或肌卫现象等问题。脊柱部位的触诊通常以椎体棘突作为解剖定位点,正常情况下棘突应从上到下呈直线排列。如发现棘突偏移,代表某个椎体发生了一定角度的旋转,提示可能发生了椎体错位,常见于颈椎、腰椎。患者俯卧位,向下按压棘突以确定中心性疼痛或周围性疼痛;触诊棘突间隙以确定压痛点的情况及位置,如有压痛,提示可能发生了韧带或椎间盘相关问题,牵涉性疼痛常存在压痛点。椎体横突也是常用的触诊定位点,在横突处施加压力使椎体产生旋转,增加痛感。由于椎旁肌肉的存在,很难触诊到椎间关节和椎板等。触诊颈部时,在仰卧位及颈部肌群处于放松状态时易触及颈椎侧方与前方解剖标志点,在颈椎后方触诊时,要用双手支撑患者头部进行触诊。触诊腰部时,可在患者髋关节下方垫一软垫提高舒适感。评估腰椎时,运动防护师应同时触诊腹部肌肉,患者应做部分仰卧起坐使腹部肌群收缩,从而帮助运动防护师评估双侧肌群的对称性及肌肉紧张度。触诊骶髂关节,应重点寻找是否存在压痛点,如疼痛累及骶髂关节,在骶骨后侧施加压力可能会增加痛感。

## 四、体格检查

### (一) 脊柱活动度

评估脊柱活动度时,应让患者做前屈、后伸、侧弯、旋转等动作,以观察脊柱的活动情况以及有无异常改变。正常人脊柱有一定的活动度,颈椎、腰椎活动度最大,相比之下胸椎活动度较小,骶椎、尾椎几乎无活动度。

### (二) 肌力

肌力是指随意运动时肌肉收缩的最大力量,详细检查肌力对诊断和预后都有重大意义。主要评估脊柱旁肌肉情况,如斜方肌、背阔肌、菱形肌、后锯肌、髂腰肋肌、多裂肌、回旋肌、棘间肌等,深部肌群在腰椎稳定中具有重要的作用,但肌力检查时主要以浅层肌肉为主。

### (三) 功能检查

1. 腰椎-骨盆节律

躯干屈曲是腰椎屈曲和骨盆前倾在矢状面上同时发生的一种联合运动。在膝关节伸直状态下弯腰触碰脚趾的活动就取决于腰椎-骨盆节律,在脊柱疾病中,腰椎-骨盆节律可受到局部或部分干扰。

(1) 用于站立位躯干的正常运动学策略,包括:脊柱腰段呈 40°屈曲,髋关节呈 70°屈曲(骨盆相对于股骨)。

(2) 当髋关节屈曲运动受限时(例如,由于腘绳肌腱牵拉所致),脊柱腰段和胸段下部需要进行更大幅度的屈曲运动。

(3) 腰椎活动受限,髋关节需要进行更大幅度的屈曲运动。

2. 核心稳定性

核心稳定性是维持身体平衡的功能,通过腰部周围的组织肌肉来维持腰椎的稳定和平衡,特别是在运动的过程中将腰部四周的肌肉组织进行协调进而保障脊柱的稳定性。脊柱损伤时可通过评估核心稳定性来判断腰椎情况。

(1) 双腿下降测试:该试验是有效评估神经肌肉控制和核心力量的一种方法,仰卧位,并在腰椎下方 L4～L5 位置平放一个压力带。压力带压力为 40 mmHg。双腿保持完全伸直,同时髋关节屈曲 90°(或屈曲至不会造成骨盆后倾的程度)。保持"吸入"动作(将肚脐压向脊柱),同时保证腰椎始终与压力带接触。向着桌子的方向下放双腿,同时保持"吸入"动作。当压力带内压力减小（腰大肌协同主导导致下背部反弓），或当腹壁突出并允许腹直肌和腹外斜肌协同代偿，导致压力带的压力增大时，测试结束。用量角器测量髋关节角度。核心稳定性力量水平由以下分数决定：50%为较差；60%为一般；80%为较好；100%为标准。

（2）索伦森竖脊肌测试：主要用于评估神经肌肉控制和脊柱伸展肌群的耐力，俯卧位，双手置于头部下方，掌心向下（内旋），量角器的移动臂与躯干侧面对齐，固定臂与股骨对齐，伸展腰椎至30°，并且在测试者计时期间尽可能久地保持这个姿势，正常测试时长是30 s。

（3）戴维斯测试：评估上肢敏捷性和稳定性。不适用于合并肩关节损伤的脊柱损伤患者。在地面上贴两块胶带，间距约91 cm。患者呈俯卧撑起始姿势，双手分别置于胶带上，快速移动右手来触碰左手，双手交替触碰并持续15 s。双手触碰的次数记录下来，重复3次并记录。

（4）八级腹桥：既是核心力量与核心稳定性的评定方法也是训练方法的一种，共分为八级，起始动作为俯卧屈肘撑于地面，完成八级共持续3 min。

第一级 1 分：起始动作保持 1 min。

第二级 3 分：在此基础上抬起右手向前平伸，保持 15 s。

第三级 5 分：放下右手抬起左手，保持 15 s。

第四级 6 分：放下左手，抬起右腿向后平伸，保持 15 s。

第五级 10 分：放下右腿，向后平伸左腿，保持 15 s。

第六级 15 分：保持左腿平伸，同时抬起右手，保持 15 s。

第七级 25 分：放下左腿与右手，然后抬起左手与右腿，保持 15 s。

第八级 35 分：回归起始动作保持 30 s。

## 五、辅助检查

当发生脊柱损伤时应首先进行查体判断基本情况，再联合辅助检查明确损伤部位及类型，才能准确制定治疗方式，辅助检查主要包括 X 线、超声、CT、MRI、肌电图检查等。

## 第三节 脊柱常见损伤的识别和处理

### 一、颈椎骨折

（一）病因

颈椎骨折多数是由于暴力作用于头顶所致，力量通过颅骨传到颈椎使之屈曲，造成颈椎前侧压缩性骨折或脱位。此外，颈部受到突然的过伸暴力时也可能引发骨折，如面部遭受来自正前方暴力的冲击，使头颈向后过伸而造成颈椎损伤。颈椎骨折的发生率在颈椎损伤中占比相对较少，在体操、跳水、橄榄球等项目中可能出现，严重者可能会引起脊髓损伤导致瘫痪,因此运动防护师需要做好处理颈椎骨折的准备。

（二）症状和体征

可能出现颈胸部和上肢疼痛、颈部压痛、活动受限;颈椎畸形;颈部肌肉痉挛;躯干和/或肢体麻木、无力或瘫痪;大小便失禁等表现。

（三）处理

保证伤者呼吸道通畅并控制出血,及时用护颈和脊柱板进行固定,无意识的患者在未摆正体位和固定之前减少被移动,避免脊髓的二次伤害。

颈部损伤合并下肢无力、麻木时,在由专业医护人员确认排除脊髓损伤之前需按照严重的颈部损伤来处理。

## 二、腰椎骨折和脱位

（一）病因

腰椎骨折多见于创伤如高空坠落、车祸等或骨骼疾病,常见类型有压缩性骨折和横突、棘突骨折,压缩性骨折主要由于来自头、足方向的传导暴力使脊柱骤然过度屈曲,其产生的脊椎碎片突入骨髓时可能会损伤脊髓或马尾神经,背部受到冲击时易造成横突、棘突骨折,而腰椎脱位较罕见,急性腰部扭伤可以引起腰椎小关节发生脱位。

（二）症状和体征

损伤表现为腰背部局部疼痛、压痛、叩击痛,椎旁肌紧张,通常伴随局部肿胀及肌肉保护性痉挛。

（三）处理

怀疑骨折时,需用脊柱固定板进行伤者的搬运和转移,以限制骨折部位的活动。

经诊断为稳定骨折或无神经损伤者可采取保守治疗如硬板床卧床,并防止卧床期间并发症的发生。

## 三、颈部及上背部急性拉伤

（一）病因

头颈部突然扭转,肌肉无准备地受到强烈收缩和牵拉,导致颈部肌群、韧带等软组织发生撕裂或损伤,较多受累的部位为斜方肌、肩胛提肌及胸锁乳突肌或颈部筋膜和韧带组织等。

（二）症状和体征

主要症状为局部疼痛及活动受限,肌肉保护性痉挛,转头时两肩随之转动,受损肌肉明显压痛,局部软组织肿胀。

（三）处理

发生损伤后,立即采取 POLICE 原则,让患者休息放松,必要时佩戴护颈,减少低头、扭头、仰头等颈部活动,避免肌肉用力和牵拉。

急性期过后,根据实际情况循序渐进开始进行关节活动度练习、等长收缩和等张收缩练习,也可以通过药物、理疗或者是针灸等方式进行辅助治疗。

## 四、腰部肌肉拉伤

(一) 病因

腰部肌肉拉伤是腰部肌肉、筋膜、韧带等软组织因外力作用而发生突然的过度牵拉,超出正常身体负荷所引起的局部急性损伤。

(二) 症状和体证

对于急性腰部损伤,症状主要表现为腰痛、腰肌痉挛并且腰部活动受限。

(三) 处理

发生肌肉拉伤后,采用卧床休息来限制腰部的受力,从而缓解疼痛和给损伤的肌肉恢复创造条件。根据个人情况可早期开展渐进性拉伸和力量练习,侧重于腰屈肌和伸肌的拉伸以及腰伸肌的力量训练。

## 五、腰部扭伤

(一) 病因

弯腰举起或移动重物同时腰部旋转时容易引起腰椎小关节急性扭伤。慢性、反复性腰部扭伤的严重程度会随着体力活动逐渐加重。常见于青壮年、体力工作者和运动员。

(二) 症状和体证

受伤后立即出现腰部疼痛,呈持续性剧痛,次日可因局部出血、肿胀使腰痛更为严重,腰部活动受限,不能挺直,咳嗽、喷嚏、大小便时可使疼痛加剧。严重者可出现腰部畸形、肌肉痉挛和局部压痛。

(三) 处理

初期应采取 POLICE 原则缓解疼痛,患者应佩戴护具或支持带以限制活动;关节松动术也可有一定帮助;应在无痛范围内进行腹部和腰部伸肌的拉伸及力量练习;患者应在运动防护师的指导下进行躯干稳定性练习;尽量避免出现引起腰部扭伤的动作或姿势。

## 六、颈椎椎管狭窄

(一) 病因

主要原因为退行性改变出现椎间盘的膨出、骨赘形成、黄韧带松弛和异常椎间活动以及骨性狭窄。

(二) 症状和体证

颈椎椎管狭窄症的初期症状为四肢麻木、过敏或疼痛,运动障碍多在感觉障碍之后出现,表现为锥体束征、四肢无力、僵硬不灵活。上述症状一般会在 10~15 min 内消失。当神经功能恢复后,颈部可能会达到全范围的关节活动。

(三）处理

由于颈椎椎管狭窄初期症状相对不明显，因此需要谨慎处理。患者必须进行 X 线、MRI 等诊断性检查以确定损伤程度。对症状较轻患者可采用理疗、制动及对症处理。大多数患者可以通过非手术治疗得到缓解。对症状较重者则应尽快行手术治疗。

### 七、肌筋膜疼痛综合征

(一）病因

肌筋膜疼痛综合征是一种常见的与软组织损伤或发育不良有关的局部慢性疼痛综合征，其特征是当按压或触诊某块肌肉的压痛点或扳机点时，引起另外一个部位的牵涉痛。扳机点是指肌肉紧张带上的压痛点，常见于颈部、上背部和腰部。

(二）症状和体征

患部出现慢性持续性酸胀痛或钝痛，疼痛呈紧束感或重物压迫感，腰、背、骶等部位均可发生。一侧或局部肌肉紧张、痉挛、隆起、挛缩或僵硬，出现小结节和条索状硬物，条索状硬物受刺激时出现颤动，触摸扳机点时出现牵涉痛，肌肉或邻近关节活动受限。触诊腰方肌的扳机点时会引起腰部侧面或腹部侧面锐痛和酸痛。

(三）处理

改善肌筋膜疼痛的重点是通过拉伸和力量练习将肌肉拉伸至原本正常的静息长度，以缓解因产生扳机点造成的刺激，可配合针灸、手法治疗。

### 八、腰椎间盘突出症

(一）病因

腰椎间盘常因异常的生物力学作用、创伤或持续、异常的压力作用等造成纤维环的退行性变化、撕裂和破裂，当腰部异常前屈或扭转时，引起老化的椎间盘突出或膨出，即髓核突入纤维环或完全穿过纤维环。如髓核与椎间盘分离且开始游离，则形成椎间盘脱出。其突出的常见原因是反复弯腰扭转、重体力劳动或外伤。

(二）症状和体征

患者临床表现为腰痛，且有向臀部或腿部放射痛，下肢麻木、无力，可能出现脊柱侧凸、腰椎活动度减少、肌肉萎缩或肌力下降等。患者躯干前屈和坐位时疼痛加剧，躯干后伸时疼痛缓解。

(三）处理

(1) 初期应以卧床休息为主，以缓解疼痛为目标，可进行针灸或电刺激疗法，手法治疗以肌肉松弛类手法为主；应避免腰背部的等张运动训练。

(2) 当疼痛缓解和姿势恢复正常后，应及时开始背部伸肌和腹肌的力量练习，改善腰椎稳定性。

(3) 避免可能加重症状的体位和姿势，减少腰背受力。

### 九、峡部裂和腰椎滑脱

**（一）病因**

峡部裂是指腰椎的上下关节突与横突移行区骨质不连续或骨质缺损，峡部裂是脊椎出现退行性改变的一种表现。峡部裂主要由先天因素造成，发育过程峡部没有闭合或薄弱，后天因素中多与外伤及劳损有关，如瞬间暴力或腰椎反复震动、后伸等动作，以及腰椎峡部频繁应力等。峡部裂通常为单侧，如向两侧发展，一个椎体可能会在另一个椎体上产生滑动，即椎体滑脱，被认为是峡部裂的并发症，引起一个椎体产生过度运动。值得注意的是，峡部裂好发于男性青少年，而椎体滑脱好发于女性青少年。

**（二）症状和体征**

很多峡部裂患者并无症状，仅在 X 线或 CT 下被发现，峡部裂患者主要表现为下腰部疼痛，腰部后伸时症状明显，但进行身体活动过程中无疼痛出现。患者主诉需频繁变换姿势可缓解疼痛。少部分患者会出现坐骨神经痛，疼痛向臀部及大腿后侧放射，峡部裂继发椎体滑脱者，下腰部疼痛常在行走与站立发生，卧床休息时缓解，伴有间歇跛行。站立或行走一段时间后出现疼痛、麻木、酸胀、无力等症状，严重时可产生马尾神经损伤。

**（三）处理**

腰部疼痛急性期可佩戴腰围、卧床休息1～3天，支持带固定可帮助减轻疼痛。出现过度活动的椎体部位应进行稳定性或控制性练习，包括渐进性力量练习、核心肌群的动态稳定性练习等。电疗、热疗等对体表部位理疗也可以促进恢复。

### 十、骶髂关节扭伤

**（一）病因**

当姿势不正、肌力失调、韧带松弛时，扭转外力可使凸凹不平的骶髂关节面排列紊乱，间隙加宽，在关节腔负压的情况下将滑膜吸入关节间隙，产生嵌顿，引起剧烈疼痛。根据扭伤的方向不同可引起骶髂关节前脱位或后脱位。双足着地的同时身体扭转、单足猛烈着地、搬举重物时伸直膝关节向前弯腰、下坡跑、重复的单足活动等可能会造成骶髂关节扭伤，常见于高尔夫挥杆时身体过度扭转、撑竿跳高、跨栏或体操等动作或项目中。

**（二）症状和体征**

少数患者可无明显外伤史，急性发作时下腰部一侧可出现疼痛。大多较为严重，放射至臀部或腹股沟区；患者常取侧卧位或俯卧位，翻身时疼痛加剧。拒绝站立或下肢屈曲姿势。步行时，患侧常呈臀沟下垂状跛行步态。体格检查时，骶髂关节处可有局限性压痛，直腿抬高患侧受限，并有骶部疼痛。运动防护师进行检查时，可发现两侧髂前上棘/髂后上棘不对称，可能是由于一侧骨盆相对旋前或旋后所致，同时也可能发现两侧下肢不等长等问题。

**（三）处理**

卧硬板床休息、理疗、局部按摩及局部封闭等方法可缓解多数症状；运动防护师可施以手法治疗进行纠正并辅以力量训练维持治疗效果，对同时伴有腰椎或腰骶关节退变或椎间盘突出者,需加以相应处理。

## 第四节　脊柱损伤的康复

### 一、早期康复

本阶段以减轻疼痛、改善姿势、改善活动度、加强躯干伸肌、改善躯干控制、指导健康教育为目标。可进行呼吸训练和灵活性训练为主。最终达到全范围关节活动度无痛,恢复正常活动和提高核心稳定性。在急性期阶段进行改善疼痛、抗炎药物、物理因子治疗、外周或轴向注射、改善腰椎活动度。

### 二、中期康复

恢复全范围关节活动和正常的生物力学机制,配合呼吸训练,增强核心稳定性。中期的临床康复主要包括手法治疗和核心稳定性训练。手法治疗包括软组织推拿和关节松动术等治疗方式。手法治疗影响患者预后的机制,包括骨骼运动学的改变、神经生理学效应和安慰剂止痛效果。核心稳定性训练增加核心肌力和脊柱稳定性。

### 三、功能恢复期康复

增强神经肌肉控制和本体感觉,进行肌肉力量训练,可配合悬吊训练改善本体感觉和灵活性,提高核心肌力,为重返赛场做好准备。功能恢复阶段加强活动度训练,纠正柔韧性和力量不足、软组织动员、伸展运动以提高躯干和四肢的柔韧性、加强运动以改善颈椎或腰椎的稳定性和颈腰部的肌肉力量。

### 四、重返赛场

专项训练是在重返赛场之前的重要阶段,此阶段涉及专项运动的特定活动方式,但未达专项运动的强度,因此完善的训练可以加快安全重返赛场的进程。

目前,对于脊柱受伤后重返赛场,由于各个节段容易受到的损伤情况没有一致性,因此脊柱损伤没有标准化的共识指南。但是,对于运动员重返运动场必须满足的 4 个基本标准达成了良好的普遍共识:即运动员应该是无痛的,有充分的运动范围,充分的力量,并且没有神经损伤的证据。

第十五章思考题　　第十五章参考文献

# 第十六章 其他常见运动损伤

【导　　读】

　　头部、面部、眼睛、耳朵、鼻子和喉部的损伤在体育运动中是比较很常见的运动损伤。学习体育运动中常见的头面部损伤、皮肤损伤、牙齿损伤、鼻和喉部损伤、耳部损伤、眼睛损伤、胸腹腔损伤的损伤原因,症状和处置方法,了解运动损伤的损伤起因、症状、预防措施、急救处理等知识,对运动防护师来说非常重要。

　　通过对运动中常见的头面部损伤、皮肤损伤、牙齿损伤、鼻和喉部损伤、耳部损伤、眼睛损伤、胸腹腔损伤等内容的介绍,可帮助防护师更清楚地认识这些部位损伤的损伤。

【学习目标】

　　熟悉体育运动中其他常见运动损伤的损伤原因;掌握体育运动中其他常见运动损伤的表现;掌握体育运动中其他常见运动损伤的处置方法。

【思维导图】

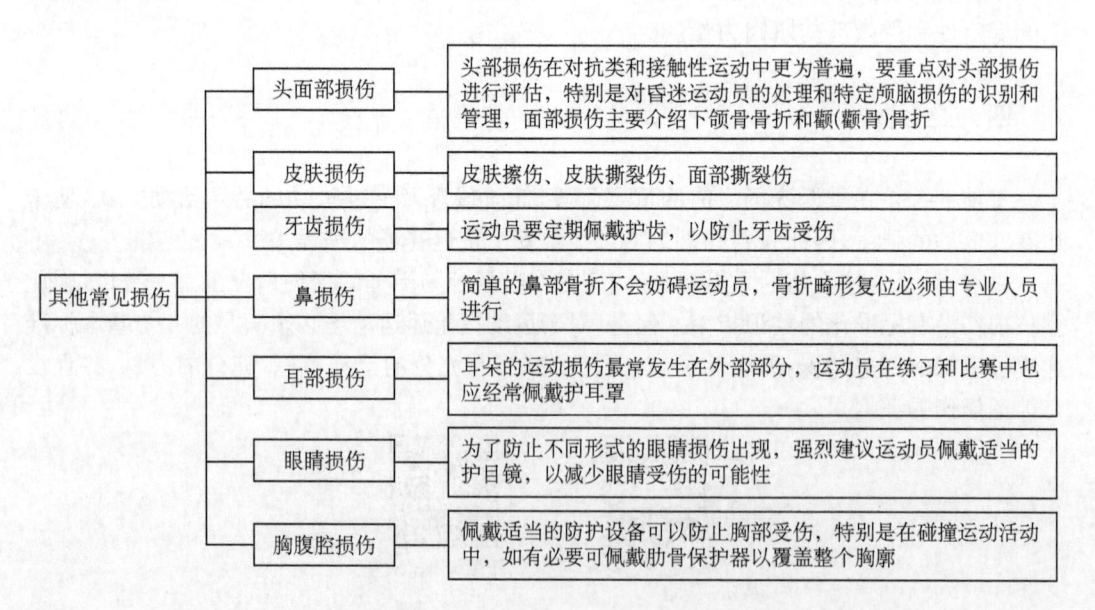

| 其他常见损伤 | 头面部损伤 | 头部损伤在对抗类和接触性运动中更为普遍,要重点对头部损伤进行评估,特别是对昏迷运动员的处理和特定颅脑损伤的识别和管理,面部损伤主要介绍下颌骨骨折和颧(颧骨)骨折 |
|---|---|---|
| | 皮肤损伤 | 皮肤擦伤、皮肤撕裂伤、面部撕裂伤 |
| | 牙齿损伤 | 运动员要定期佩戴护齿,以防止牙齿受伤 |
| | 鼻损伤 | 简单的鼻部骨折不会妨碍运动员,骨折畸形复位必须由专业人员进行 |
| | 耳部损伤 | 耳朵的运动损伤最常发生在外部部分,运动员在练习和比赛中也应经常佩戴护耳罩 |
| | 眼睛损伤 | 为了防止不同形式的眼睛损伤出现,强烈建议运动员佩戴适当的护目镜,以减少眼睛受伤的可能性 |
| | 胸腹腔损伤 | 佩戴适当的防护设备可以防止胸部受伤,特别是在碰撞运动活动中,如有必要可佩戴肋骨保护器以覆盖整个胸廓 |

## 第一节 头面部损伤

头部、面部、眼睛、耳朵、鼻子和喉咙区域的损伤在运动中很常见。该区域受伤的严重程度可以从流鼻血到剧烈脑震荡不等。虽然头部和面部损伤在对抗类和接触性运动中更为普遍,但头部损伤其实存在于所有运动中。橄榄球、冰球、曲棍球、拳击、散打和棒球等运动中戴上头盔或防护面具在某些情况下可以大大降低头部、脸、眼睛、耳朵和鼻子受伤的发生率。运动防护师应教育运动员正确使用头盔等护具避免或减少伤害的发生。

### 一、头部损伤

（一）评估头部损伤

创伤性脑损伤在对抗性运动中很常见,例如足球、橄榄球、曲棍球、拳击、散打、冰球和摔跤,但在非对抗性运动中也有头部创伤的报道,例如田径,棒球,体操,垒球和排球。头部受到直接打击或身体对抗导致头部向前、向后或侧向倾斜,发生这些意外状况时,必须仔细评估大脑是否损伤。这些损伤最好定义为轻度创伤性脑损伤,它们代表了最常见的头部创伤类,脑震荡是一种轻度创伤性脑损伤。脑震荡可能导致意识不清、失忆或健忘症、运动、协调或平衡缺陷和认知缺陷。

（二）处理昏迷的运动员

大多数头部受伤不会导致意识丧失,如果发现运动员出现无意识状态,处理头部受伤时,应优先急救任何危及生命的情况,尤其是呼吸困难。在处理失去知觉的运动员时,应始终怀疑颈部是否受伤并相应地处理,已经失去意识的运动员必须使用脊柱板固定移出场地。

如果不存在危及生命的情况,请注意运动员昏迷时间长短,在恢复意识并且救援队到达之前不要试图移动他或她。一旦运动员恢复意识或者在运动员未失去意识前,向运动员询问受伤史。

受伤史:头部受伤的运动员可能无法回答发生了什么导致意识丧失。此时可以提出以下问题：

(1) 你知道你在哪里吗？
(2) 你能告诉我你发生了什么事吗？
(3) 你能记得你是否被打昏过去吗？
(4) 你的头疼吗？
(5) 你的脖子有什么疼痛吗？
(6) 你可以移动你的手和脚吗？

观察应提出以下问题：

(1) 运动员是否迷失方向,无法分辨他或她在哪里,现在是什么时间,是什么日期,对手是谁？

(2) 是否有空白或空洞的凝视？运动员是否难以睁开眼睛？
(3) 是否有含糊不清或不连贯的言语？
(4) 是否有延迟的言语和运动反应？（回答问题或缓慢听从指令？）
(5) 协调是否受到严重干扰（即磕磕绊绊，无法走直线，不能用手指触摸鼻子）？
(6) 是否无法集中注意力，且运动员容易分心？
(7) 是否似乎存在记忆缺陷-反复问同样的问题或不知道发生了什么？
(8) 运动员是否具有正常的认知功能（连续 7 s）？
(9) 运动员是否有正常的情绪反应？
(10) 运动员的情绪异常持续了多长时间？
(11) 耳道和/或鼻子中是否有透明的稻草色液体（颅骨骨折引起的脑脊液渗漏）？
对颅骨进行系统触诊，以确定可能表明存在颅骨骨折的颅骨压痛点或畸形区域。

特殊测试神经系统检查包括测试五个主要领域：评估认知功能的大脑测试、脑神经测试、评估协调和运动功能的小脑测试、感觉测试和反射测试。神经系统检查必须由有执照的医疗保健专业人员进行。首先要观察眼睛功能是否异常，眼睛功能异常通常与头部受伤有关，应进行以下观察：①瞳孔应该是对等的、适应的、圆的、有对光反应的；②眼睛转动流畅，如眼球持续不自主地来回、上下或旋转运动称为眼球震颤；③视力模糊是指困难或无法阅读比赛规则或记分牌。其次，还要进行以下的测试。

平衡测试：如果运动员能够站立，可以使用改进的昂白试验（Romberg Test，闭目直立试验）来评估静态平衡。当运动员开始摇晃、不能闭上眼睛或明显失去平衡时，即视为阳性。

协调性测试：许多测试已用于确定头部受伤是否影响协调性。这些测试包括手指触摸鼻子测试、脚跟贴脚趾行走测试和直立跟-膝试验。无法执行任何这些测试可能表明小脑受伤。

认知测试：认知测试的目的是确定头部外伤对各种认知功能的影响，并获得客观的衡量标准来评估运动员的状态和进步。现场常用的简易认知测试有"100-7 测试"。一些被称为神经心理评估的认知测试已被开发用于现场和非现场评估。目前，评估脑震荡相关体征最广泛使用的是脑震荡评估工具 5（SCAT5）可现场测试运动员的症状、认知、平衡和协调。SCAT5 代表了评估受伤运动员脑震荡的标准化方法，可用于 13 岁及以上的运动员。一旦运动员因被怀疑是脑震荡而被拉下赛场，运动防护师可以在场边或室内对其进行评估。

神经心理学评估，如 ImPACT 和 ANAM 也被广泛用于评估轻度创伤性脑损伤的恢复情况。这些测试在季前赛期间作为基线测试进行管理。如果发生脑震荡，可以重新安排他们将当前结果与基线测试中获得的结果进行比较，以帮助决定是否让脑震荡的运动员重返赛场。

（三）特定颅脑损伤的识别和管理

颅骨的直接钝力导致颅骨损伤，头部受伤严重的还会发生死亡。

1. 颅骨骨折

(1) 损伤原因：颅骨骨折最常发生于钝性创伤，例如棒球击中头部或高处跌落砸伤。
(2) 症状：运动员会有严重的头痛和恶心。触诊时可能会出现颅骨凹陷等异常。中耳可能出血、耳道里有血、鼻子流血、眼睛周围有变色称为"浣熊眼"或耳后出现"打斗伤痕迹"。耳道和鼻子中可能出现脑脊液(稻草色)。

(3) 处理：导致最严重问题的不是颅骨骨折本身，而是由颅内出血、嵌入大脑的骨碎片和感染引起的并发症。这种损伤需要立即住院并转诊给神经外科医生。

2. 脑震荡(轻度创伤性脑损伤)

(1) 损伤原因：脑震荡是一种轻度创伤性脑损伤，伴发创伤引起的精神状态改变，可能涉及也可能不涉及意识丧失。尽管在运动员脑震荡的发生率和流行率越来越高，但对其评估没有统一的定义或标准。

当运动员头部被某些物体(例如，拳头、鞭腿、球、棒球棍或与其他球员接触)击中头部时，就会发生直接打击。当运动员的移动过程中头部撞击某些固定物体(例如地板、门柱)时，也可能发生直接打击，从而冲击大脑。对头部的冲击可以是在接触点处造成伤害，此外，挥鞭样损伤可对大脑造成伤害，其加速、减速特别是旋转力会导致颅内大脑的震动损伤。

(2) 症状：急性脑震荡相关的症状和体征较多，主要包括以下表现：躯体(如头痛)、认知(如感觉"在雾中")、情绪(如异常情绪化)、体征(如意识丧失、健忘症)、行为改变(如易激惹)、认知障碍(如反应时间减慢)、睡眠障碍(例如嗜睡)。

如果存在任何一种或多种这些体征或症状，应怀疑脑震荡并制定适当的管理策略。多年来，整个医学界，尤其是运动医学从业者，试图通过主要观察身体症状(包括意识水平和创伤后健忘症)将脑震荡分为不同等级。一般认为评估脑震荡的严重程度应基于脑震荡时和受伤后最初15分钟内出现的体征和症状。同时，评估还应通过症状、神经心理学测试和姿势稳定性测试，而不只是通过使用分级量表，运动防护师应将注意力集中在患者的康复上。

(3) 处理：对遭受脑震荡或轻度创伤性脑损伤的运动员及时进行处理是非常重要的。任何遭受脑震荡的运动员必须立即退出比赛，并且在未得到医生许可之前不得恢复体育活动。一般要求任何表现出脑震荡迹象的青少年运动员必须立即退出比赛，并且在当天或第二天都不允许训练，直到再次健康评估合格并获得此类参与的书面许可。

如果运动员因任何原因失去意识时，必须立即停止进一步的活动。同时，怀疑其伴有颈椎损伤的应该召集救援队使用脊柱板将运动员从场上移开。

关于脑震荡运动员重返赛场时间还存在争议。即使是轻度颅脑损伤后的恢复期也可能比过去想象的要长，至少需要3~5天才能无症状。遭受脑震荡的运动员不允许进行任何类型的运动，除非自我报告或观察到所有脑震荡后症状都已消退。一旦运动员没有脑震荡后症状，也不应立即回到训练或比赛中。在医生的允许下，运动防护师应指导运动员渐进式进行有特定标准的身体活动逐步重返赛场。

3. 头皮损伤

(1) 损伤原因：头皮损伤的原因通常是钝性暴力所致。头皮撕裂伤可能与严重的颅骨或脑损伤一起存在。

(2) 症状：根据不同的损伤性质出现擦伤、挫伤、撕裂伤相应的血肿或出血等表现，需要注意的是一般头部被击中，出血通常很广泛，同时头发和污垢也会掩盖实际的损伤点。

(3) 处理：头皮撕裂伤的治疗是一个特殊的问题，应及时转诊给医生进行治疗。在不太严重的伤口中，应控制出血并使用消毒药物，然后把胶带贴敷在皮肤区，并确保胶带粘在皮肤上。由于头皮下血运比较丰富，小的裂口如果处理得当一般不易感染，比较深的长伤口需要外科缝合。

## 二、面部损伤

### （一）下颌骨骨折

1. 损伤原因

下颌或下颌骨骨折最常发生在碰撞运动中，在所有面部骨折的发病率中排列第二。因为下颌骨周围软组织较少且轮廓清晰，所以下颌很容易受到直接击打的伤害。最常骨折的区域是下颌角附近。

2. 症状

下颌骨骨折的主要症状是畸形、牙齿正常咬合丧失、咬合时疼痛、牙齿周围出血和下唇麻木。

3. 处理

下颌骨骨折需要用弹性绷带临时固定，然后由医生复位并固定上下颌，吸管流质饮食。恢复期间可以进行轻度重复性活动，例如轻量级举重、游泳或骑自行车。固定时间为4～6周。可在2～3个月内恢复全部活动但建议使用合适的头部及牙齿保护措施。

### （二）颧骨复合体（颧骨）骨折

1. 损伤原因

颧骨骨折是第三常见的面部骨折。受伤的机制是对颧骨的直接击打。

2. 症状

脸颊区域出现明显的畸形，或者在触诊时可以感觉到骨骼差异。通常会鼻出血，运动员通常会说看到双重画面（复视）。脸颊也有麻木感。

3. 处理

通常包括冷敷以控制水肿并立即转诊给医生。愈合需要6到8周。恢复活动时必须佩戴适当的防护装备。

# 第二节　皮　肤　损　伤

## 一、皮肤擦伤

擦伤是由于钝器（略有粗糙）机械力摩擦的作用，造成表皮剥脱、翻卷为主要表现的损伤。

### （一）损伤原因

运动员在粗糙或硬地上摔倒（或滑行）。

（二）症状

疼痛，在破损处有绷紧或牵拉感，出现灼热感、皮肤损伤等。

（三）处理

可用0.9%的生理盐水冲洗，没有条件也可用自来水、井水边冲洗边用干净棉球擦洗，将泥灰等脏污洗去，用碘伏消毒伤口。如果运动员需要继续训练或比赛，可用消毒纱布或清洁布块包扎伤口。为了促进伤口的愈合，告知运动员在日常活动中尽量让伤口自然暴露在空气中干燥愈合。如果无法帮助运动员把伤口清理干净，或由于开放性伤口已经感染，则需要医生来处理。

## 二、皮肤挫裂伤

挫裂伤主要是由于撞击等暴力动作导致的皮肤及皮下组织不规则性开放性损伤，一般见于额头，眉弓等部位。

（一）损伤原因

运动员由于身体接触或与物体碰撞造成。

（二）症状

疼痛，伤口大量出血，真皮层撕裂，甚至波及皮下组织。

（三）处理

可用0.9%的生理盐水清洗，没有条件也可用自来水边冲洗边用干净棉球擦洗，将泥灰等脏污洗去。用消毒纱布或清洁布块包扎伤口，压迫止血。如果血流不止，需送医院做进一步处理。为了避免感染，严重污染的伤口需要清创处理，然后进行缝合，并注射破伤风抗毒血清和抗生素。告知伤者最好每天进行伤口消毒和更换无菌纱布，并保持伤口的干燥。如果伤口出现发热、红肿、疼痛加重和流脓等感染症状，必须马上送医院处理。

# 第三节 牙齿损伤

## 一、牙齿损伤的识别和管理

（一）牙齿断裂

1. 损伤原因

上颌或下颌的直接创伤可能会使牙齿断裂。牙齿基本上有三种类型的断裂：单纯的牙冠断裂，复杂的牙冠断裂和根部断裂。

2. 症状

在单纯的牙冠断裂中，一小部分牙齿断裂，但骨折没有出血，牙髓腔没有暴露。在复杂的牙冠断裂中，牙齿的一部分断裂并且骨折出血，牙髓腔暴露在外，并且有严重的疼痛。由于牙根断裂发生在牙龈线下方，因此诊断很困难，可能需要X线检查。根部断裂仅占所有断裂的10%~15%。牙齿可能看起来处于正常位置，但牙齿周围的牙龈出血，牙齿的牙冠可能会被推回或松动。任何足以导致牙齿断裂的冲击都可能导致下颌骨骨折，甚至脑震荡。

3. 处理

单纯或复杂的牙冠断裂都不需要立即转诊牙医治疗。断裂的牙齿可以放在塑料袋中，运动员可以在比赛后24~48 h内转介牙医。如果有出血，可以在断裂处放置一块纱布。为了外观的考虑，断裂的牙齿可以黏合到位或使用合成复合材料封盖。

在根部断裂的情况下，运动员可以继续比赛，但应该在比赛结束后尽快去看牙医。如果牙齿被向后推，不要试图迫使它向前移动，因为这样做可能会使断裂恶化。牙医将重新定位牙齿并应用牙套佩戴3~4个月。在比赛时应佩戴护齿器。

（二）牙齿半脱位、脱位和撕脱

1. 损伤原因

导致牙齿断裂的相同机制也可能导致牙齿松动或脱落。

2. 症状

牙齿可能轻微脱落或完全脱落。在半脱位的情况下，牙齿仍然处于正常位置，只是略微松动，几乎没有任何疼痛，但牙齿感觉不同；对于脱位而言，牙齿没有断裂，但非常松动；撕脱情况下，牙齿被完全从嘴里脱出。

3. 处理

对于半脱位，不需要立即进行治疗，但运动员应在48 h内转诊至牙医进行评估。对于脱位，只有当牙齿易于移动时才应将其移回其正常位置。如果运动员无法将牙齿放回正常位置应尽快转诊至牙医处。对于撕脱，尝试重新植入牙齿是安全的。撕开的牙齿可以冲洗，但不应该刮掉或擦洗以清除污垢。如果无法种植牙齿，则应将其储存在"保存牙齿"液体中，包含Hank的平衡盐溶液（HBSS），或牛奶或盐水。牙齿越早重新植入，预后越好。如果牙齿可以在30 min内重新植入，那么很有可能可以挽救它。

## 第四节　鼻和喉部损伤

### 一、鼻损伤的识别和处理

（一）鼻骨折和软骨分离

1. 损伤

鼻部骨折是面部最常见的骨折之一。对鼻子的打击力可能来自侧面，也可能来自正面。横向力比直接打击更会导致造成变形。

2. 症状

鼻部骨折的症状经常表现为上颌前突分离、外侧软骨分离或两者的结合。在鼻部骨折中，由于黏液内层撕裂，大量出血，一般会立即肿胀。如果鼻子受到横向打击，通常会出现畸形。轻触可能会发现活动异常并发出骨擦音或捻发音。

3. 处理

控制出血,然后将运动员转诊给医生进行 X 线检查和骨折复位。简单且不复杂的鼻部骨折不会妨碍运动员,对运动员来说相对安全,他或她可以返回几天之内的比赛。骨折畸形复位必须由专业人员进行。可以通过夹板和佩戴防护面罩提供充分的保护。

(二) 鼻中隔偏离

1. 损伤原因

与骨折一样,隔膜损伤的机制是受压或侧向损伤。

2. 症状

受伤后必须仔细评估鼻子。损伤通常会导致出血,在某些情况下会导致间隔血肿。运动员主诉鼻痛,也可能呼吸困难。

3. 处理

在可能发生血肿的部位,施加压力。当出现血肿时,必须立即通过鼻中隔黏膜的手术切口将其引流。手术引流后将鼻子紧紧塞住,以防止血肿重新形成。如果血肿被忽视,就会形成脓肿,导致骨骼和软骨损伤,最终导致难以矫正的畸形。

(三) 流鼻血(鼻出血)

1. 损伤原因

运动中的流鼻血通常是直接打击的结果,导致鼻中隔不同程度的挫伤。鼻出血可分为前部或后部。前鼻出血起源于鼻中隔,后鼻出血起源于侧壁。迄今为止,前鼻出血更为常见,可能由直接打击、鼻窦感染、空气过度干燥、过敏、异物卡入鼻腔或其他一些严重的面部或头部损伤引起。

2. 症状

损伤出血的迹象最常见于鼻中隔血管丰富的前部。在大多数情况下,流鼻血只是一个小问题,并且会在短时间内自动停止。

3. 处理

急性鼻出血的运动员应坐直,冷敷鼻子和同侧颈动脉,同时用手指按压患侧鼻骨/鼻孔 5 min。也有人建议在上唇和牙龈之间放置一块卷起的纱布,从而对供应鼻黏膜的动脉施加直接压力。如果上述过程未能在 5 分钟内止血,则需要采取更广泛的措施。可使用纱布提供软木塞作用并促进血液凝固。如果使用塞子,两端应从鼻孔突出至少 12 英寸,以便于移除。鼻塞应该完全适合鼻孔,出血停止后,运动员可以恢复活动,但应提醒运动员在任何情况下,至少在最初损伤后的 2 h 内都不要擤鼻涕。

## 二、 喉咙损伤的识别和管理

1. 损伤原因

在运动中有时运动员可能会受到喉部的打击。运动员的喉咙区域被击中的力量可能会损伤颈动脉,导致形成凝块,阻塞流向大脑的血液。同样的凝块可能会脱落并迁移到大脑,可能导致严重的脑损伤。

**2. 症状**

喉咙受伤后,运动员可能会立即感到剧烈疼痛和痉挛性咳嗽,说话声音嘶哑,并抱怨吞咽困难。喉部骨折很少见,但有可能发生,并且可能表现为无法呼吸和咳出泡沫状血液,也可能存在发绀。喉咙挫伤非常不舒服,而且常常让运动员感到害怕。

**3. 处理**

最直接的问题是判断气道的完整性。如果运动员出现呼吸困难,他或她应立即送往急救机构。在大多数情况下,可以间歇性地使用冷敷来控制表面出血和肿胀,并在24小时休息后使用湿热敷。对于最严重的颈部挫伤,使用填充良好的颈托固定是有益的。

## 第五节 耳部损伤

### 一、耳损伤的识别和管理

**(一)耳部耳血肿(菜花耳)**

**1. 损伤原因**

耳朵血肿损伤的原因在拳击、橄榄球和摔跤中很常见。血肿最常见于不戴防护头盔的运动员。这种情况通常发生在耳郭的压迫或剪切损伤(单次或反复)中,导致皮下出血进入耳软骨。

**2. 症状**

损伤创伤的体征可能将上覆组织从软骨板上撕开,导致血栓和液体积聚。血肿纤维化导致瘢痕疙瘩(过度瘢痕),其表现为升高,圆形,白色,结节状和坚硬,类似于花菜。它通常在螺旋窝或孔隙区域形成;一旦形成,瘢痕疙瘩只能通过手术切除。

**3. 处理**

为了防止这种毁容情况,应在易患这种情况的运动员耳朵上涂抹一些减少摩擦的润滑剂,例如凡士林。在练习和比赛中也应经常佩戴护耳罩。戴头盔明显降低了患血肿的概率。如果耳朵因过度摩擦或扭曲而变得"热",则立即在受影响的部位冷敷可以减轻出血。一旦耳朵出现肿胀,应特别注意防止液体凝固;应立即将冷敷袋放在耳朵上,并用弹性绷带紧紧压住至少20 min。如果肿胀仍然存在,则由医生重新抽吸引流后,将压力绷带固定到该区域以防止血肿复发。

**(二)鼓膜破裂**

**1. 损伤原因**

鼓膜破裂常见于接触和对抗运动,拳击、散打、水球和潜水。跌倒或拍打无保护措施的耳朵或突然的水下压力变化可使鼓膜破裂。

**2. 症状**

运动员会诉响亮的砰砰声,然后是耳朵疼痛,恶心,呕吐和头晕。可表现出听力损失,医生可以通过耳镜看到鼓膜的破裂。

**3. 处理**

鼓膜的小到中度穿孔通常在1~2周内自发愈合。但可能会感染,所以须持续监测。

鼓膜破裂的个体在病情消退之前不应坐飞机。

(三) 泳者耳(外耳道炎)

1. 损伤原因

从事水上运动的运动员常见情况是外耳道炎。由于囊肿、骨骼生长、耳垢塞或过敏引起的肿胀造成的阻塞,导致水可能会被困在耳道中。

2. 症状

运动员可能会诉瘙痒,有分泌物,甚至部分听力损失;也可表现为局部疼痛和头晕。

3. 处理

预防耳部感染的最佳方法是用软毛巾彻底擦干耳朵,在每次游泳前后使用含有温和酸(3%硼酸)和酒精溶液的滴耳液,避免可能导致耳朵感染的情况,例如将异物插入耳朵。当游泳者出现外耳道炎的症状时,必须立即转诊至医生排除鼓膜破裂。轻度耳部感染的运动员可用抗生素治疗。如果鼓膜穿孔,则必须使用定制的耳塞。

(四) 中耳感染(中耳炎)

1. 损伤原因

中耳炎损伤的原因是中耳中液体积聚,由局部和全身炎症和感染引起。

2. 症状

通常有耳朵剧烈疼痛,液体从耳道排出,短暂的听力丧失,可能还有头晕。此外,全身感染还可能引起发热、头痛、烦躁、食欲不振和恶心。

3. 处理

医生可以选择从中耳抽取少量液体,确定最合适的抗生素治疗和过氧化氢清洗。镇痛药可用于帮助减轻疼痛,尽管疼痛可能持续 72 h,但问题通常会在 24 h 内开始解决。

(五) 耵聍

1. 损伤原因

由于耳道外侧的腺体分泌,过量的耳垢可能会累积,堵塞耳道。

2. 症状

当耵聍过多时,通常会出现一定程度的听力损失。然而,由于不涉及感染,因此通常很少或没有疼痛。

3. 处理

最初可以通过用温水冲洗耳道来尝试去除多余的耵聍。运动员不应尝试用棉签去除耵聍,因为这可能会增加嵌塞的程度。如果灌溉失败,受影响的耵聍必须由医生使用刮刀物理去除。

# 第六节 眼睛损伤

一、眼部损伤的识别和管理

在条件允许的情况下,强烈建议运动员佩戴适当的护目镜,以减少眼睛受伤的可能性。

(一) 眼眶血肿(黑眼圈)
1. 损伤原因
虽然保护得很好,但在拳击、散打等体育活动期间眼睛可能会瘀伤。眼部损伤的严重程度从轻度瘀伤到影响视力的极其严重的疾病,再到眼眶腔骨折不等。幸运的是,在运动中遭受的大多数眼部损伤都是轻微的。对眼睛的打击最初可能会损伤周围组织,并导致毛细血管出血进入组织间隙。如果出血不受控制,结果可能是典型的"黑眼圈"。
2. 症状
更严重挫伤的体征可能表现为结膜下出血或视力缺陷。
3. 处理
眼挫伤的处理需要至少半小时的冷敷,如果运动员视力扭曲,还要休息 24 h。在任何情况下,运动员都不应在急性眼损伤后擤鼻涕,这样做可能会增加出血,特别是伴有眼眶骨折的患者。

(二) 眼眶骨折
1. 损伤原因
眼眶周围骨架骨折可能发生,当对眼球的打击迫使眼球向后,压迫眼眶脂肪,直到眼眶底部发生爆裂或破裂。脂肪和下直肌都可以通过这种骨折凸起。
2. 症状
眼眶骨折的运动员经常表现出复视;一只眼睛停留在向上的凝视中,个体无法将眼球移动到下方即眼睛向下移位;伴有软组织肿胀和出血的疼痛。眶下神经损伤可能出现麻木。必须进行 X 线检查以确认骨折。
3. 处理
医生应预防性使用抗生素,以降低感染的可能性。眼眶底骨折会与上颌窦相通,上颌窦可能含有潜在的感染性细菌。大多数眼眶骨折通过手术治疗,也可随访观察症状是否自行消退。

(三) 眼中异物
1. 损伤原因
眼睛中异物在运动中经常发生,并且具有潜在的危险性。
2. 症状
异物产生可考虑的疼痛和残疾。不应尝试通过摩擦或使用手指来移除物体。
3. 处理
让运动员闭上眼睛,直到最初的疼痛消退,然后尝试确定物体是在上眼睑下还是在下眼睑下。下眼睑中的异物相对容易通过压下组织然后用无菌棉签擦拭来去除。上眼睑区域的异物通常更分散,无法定位。轻轻地将上眼睑拉过下眼睑,同时患者向下看,这可能会将物体挤到下眼睑上。如果这种方法不成功,轻轻地将眼睑向上拉,然后抓住睫毛并向后翻转眼睑。用一只手将眼睑固定到位,使用无菌棉签轻拍并粘起异物。除去异物颗粒后,应用生理盐水溶液清洗患眼。通常去除异物后会有残留的酸痛,这可以通过应用凡士林或其他一些温和的软膏来缓解。如果在移除异物方面存在极度困难,或者它已经嵌入眼睛本身,则应闭上眼睛并用纱布垫覆盖,纱布垫由胶带固定到位并应尽快转诊运动员至医生处。

（四）角膜擦伤

1. 损伤原因

如果运动员的眼睛里有异物通常会试图将其擦掉，但这样做角膜可能会磨损。

2. 症状

运动员诉眼睛剧烈疼痛和流泪，畏光（对光敏感）和眼睑球状肌痉挛。

3. 处理

运动员应该被送到医院检查，可涂抹医生开出的抗生素软膏，并用纱布覆盖。

（五）视网膜脱落

1. 损伤原因

对运动员眼睛的打击可以部分或完全地将视网膜与其附着物分开。视网膜脱落在近视运动员中更常见。

2. 症状

视网膜脱落是无痛的；早期症状包括看到斑点漂浮在眼前，闪光或视力模糊。随着分离的进行，运动员主诉视野上有缺损。任何有视网膜脱落症状的运动员必须立即转诊至眼科医生。

3. 处理

初始治疗是卧床休息，双眼都用纱布覆盖，并把运动员应立即转诊至眼科医生，以确定是否需要手术。

（六）急性结膜炎

1. 损伤原因

结膜在眼睑后部，急性结膜炎通常由各种细菌或过敏源引起。它可能始于风、灰尘、烟雾或空气污染引起的结膜刺激。它也可能与普通感冒或其他上呼吸道疾病有关。

2. 症状

运动员诉眼睑肿胀，有时伴有脓性分泌物。瘙痒与过敏有关。眼睛可能灼热或瘙痒。

3. 处理

急性结膜炎感染率极高，应转诊至医生处进行治疗。

## 第七节 胸腹腔损伤

### 一、特定胸部损伤的识别和处理

（一）肋骨挫伤

1. 损伤原因

对肋骨的打击可能会挫伤肋骨之间的肋间肌肉，甚至导致骨折。因为肋间肌对呼吸至关重要，所以当它们擦伤时，呼气和吸气都会变得非常痛苦。

2. 症状

最明显是呼吸时有剧烈疼痛，有压痛点，胸腔受压时疼痛。可进行 X 线常规检查。

3. 处理

通常进行 PRICE 原则处理和抗炎剂消炎处理。与大多数肋骨损伤一样,胸部挫伤是自愈性的,应及时停止体育活动休息。

(二) 肋骨骨折

1. 损伤原因

肋骨骨折在运动中并不少见,尤其对于对抗性运动而言。骨折可能由直接撞击(如踢腿或拳击)或肋骨受压(如足球或摔跤)引起。第 5～9 肋骨最常骨折。肋骨骨折有可能对肺部造成损伤或刺穿肺部。

2. 症状

肋骨骨折通常很容易被发现。运动员诉吸气时剧烈疼痛,触诊时伴有剧烈的疼痛。

3. 处理

如果有任何骨折迹象,应将运动员转诊至医生处进行 X 线检查。肋骨骨折通常进行支撑固定和休息处理。简单的骨折在 3～4 周内愈合。肋骨支持带可以为运动员提供一些胸部稳定性和舒适性。

(三) 肋软骨损伤

1. 损伤原因

肋软骨损伤的发生率高于骨折。这种伤害可能是由于对胸部的直接打击,也可能是由于突然扭转或摔倒在球上,从而压迫了胸腔。肋软骨损伤表现出与肋骨骨折相似的迹象,但疼痛一般位于肋骨软骨和肋骨交接处。

2. 症状

运动员抱怨躯干突然运动时剧烈疼痛和深呼吸困难。触诊显示有肿胀的压痛点。在某些情况下会出现肋骨畸形,且肋骨在移动时发出噼啪声(骨擦音)。

3. 处理

与肋骨骨折一样,肋软骨损伤是通过休息和肋骨支架固定来控制的。愈合需要 1～2 个月,禁止任何体育活动,直到运动员症状消失。

(四) 运动员猝死综合征

1. 损伤原因

在 35 岁及以下的运动员中,运动诱发性猝死的最常见原因是一些先天性心血管疾病。其他三个最常见的原因是肥厚型心肌病、冠状动脉异常和马凡氏综合征。

2. 症状

与心源性猝死相关的常见症状和体征可能包括劳累时的胸痛或不适、心悸或颤动,昏厥、恶心、大量出汗、心脏杂音、呼吸急促、全身不适和发热。

3. 处理

这种情况是一种危及生命的紧急情况,需要救援人员立即准备进行心肺复苏,直到医疗救护人员到达。

通过在全面体格检查期间进行咨询、筛查和早期识别可预防的猝死原因,可以避免大量死亡。

(1) 有医生曾经告诉过你,你有心脏杂音吗?

(2)您在运动时是否出现胸痛？
(3)您在运动时晕倒了吗？
(4)您家中是否有35岁以下的人突然死亡？
(5)您家中是否有人被诊断出心肌增厚？
(6)您家中是否有人患有马凡氏综合征？

如果这些问题中的任何一个的答案是肯定的，则应进行更深入的体检。可能需要静息和运动心电图和超声心动图来确定现有的病理诊断。

（五）腹部损伤的识别和处理

虽然腹部损伤仅占运动损伤的10%左右，但它们可能需要较长的恢复期并且可能危及生命。在所有接触性运动中腹部区域特别容易受伤。打击可能会产生浅表甚至深部的内伤，具体取决于其位置和强度。在运动中发生的腹部内伤中，最常受累的是实质脏器。强壮的腹肌在收缩时能起到很好的保护作用，但在放松时，内部的器官可能很容易受伤。适当保护运动员躯干区域免受碰撞是非常重要的。

1. 腹部拉伤和挫伤

(1)损伤原因：腹部肌肉拉伤发生在躯干突然扭转或抬高手臂时。腹直肌是最常拉伤的腹肌。这些类型的伤害可能会导致丧失工作能力。

(2)症状：腹肌拉伤或腹直肌挫伤可能会导致短期残疾。严重的打击可能会导致在该肌肉周围的筋膜组织下形成血肿。出血导致的压力会导致受伤区域的疼痛和痉挛。

(3)处理：最初应使用冰块和冰袋冰敷，还要寻找可能的内伤迹象。治疗应保守，运动应保持在无痛范围内。

2. 脾脏损伤

(1)损伤原因：脾脏损伤不常见，但最常出现于摔倒或左上腹的直接被击打。当一些感染性疾病导致脾脏肿大时，受伤的概率便会增加。传染性单核细胞增多症是脾脏肿大的最可能原因。

(2)症状：必须识别脾脏破裂的严重指征，以便立即就医。指征包括腹部严重击打史，以及急性休克、腹压过高、恶心和呕吐。受伤后约30 min可能会发生反射性疼痛，称为Kehr征，其放射到左肩和左上臂三分之一。破裂的脾脏可以缓慢出血进入腹腔，导致运动员在受伤后几天或几周内死于内部出血。

(3)处理：如果需要手术修复则运动员将需要3个月才能恢复运动，而切除脾脏则需要6个月才能恢复运动。如果是单核细胞增多症，脾脏没有肿大或疼痛并且没有发热，运动员可以在发病后3周恢复训练。

3. 肾挫伤

(1)损伤原因：由于运动中血管正常扩张肾脏可能容易受伤。施加在运动员背部的外力会导致充血的肾脏异常伸展从而导致受伤。

(2)症状：肾脏挫伤的运动员可能会出现休克、恶心、呕吐、背部肌肉僵硬和血尿等迹象。与其他内脏器官损伤一样，肾损伤可能导致牵涉痛。疼痛可能从躯干周围向前放射到下腹部。

(3)处理：任何报告腹部或背部受到严重击打的运动员都应观察小便2~3次，看尿液中是否有血。如果尿液中有任何血液迹象必须立即转诊至医生。医疗处理通常包括 24 h 医院观察，随着液体摄入量的逐渐增加如果出血未能停止可能需要手术。可控挫伤通常需要卧床休息 2 周，恢复运动后进行密切监测。

**4. 肝脏挫伤**

(1) 损伤原因：在体育活动中，对右侧肋骨的重击可能会造成肝脏损伤。

(2) 症状：肝脏损伤可引起出血和休克，需要立即进行手术干预。肝损伤通常产生牵涉痛，该疼痛位于右肩胛骨、右肩、胸骨下区域，有时还伴有左侧胸部的前侧疼痛。

(3) 处理：肝挫伤需要立即转诊至医生处进行诊断和治疗。

**5. 膀胱损伤**

(1) 损伤原因：在极少数情况下，下腹部的钝力可能会损伤膀胱，特别膀胱已被尿液膨胀。尿液中红细胞的出现(血尿)通常与跑步时膀胱挫伤有关，被称为"跑步者膀胱"。

(2) 症状：运动对于腹部区域的任何伤害必须要考虑内部损伤的可能性，并且在这种创伤之后运动员应定期检查尿液中是否有血液。膀胱损伤通常导致下腹部的牵涉痛包括大腿前侧的上部。如果膀胱破裂运动员将无法排尿。

(3) 处理：轻度膀胱损伤一般无须特别处理，嘱多饮水，适当休息，严重者需要立即转诊至医生处进行诊断和治疗。

**6. 阴囊/睾丸挫伤**

(1) 损伤原因：由于阴囊和睾丸相当敏感和特别脆弱可能会遭受挫伤，导致剧烈疼痛、恶心或致残的情况发生。

(2) 症状：跟任何挫伤或瘀伤的特征一样有出血、积液和肌肉痉挛，其程度取决于对组织的伤害强度。

(3) 处理：在挫伤后立即处理，运动员应侧躺、大腿弯曲靠近胸部。随着疼痛的减轻冷敷阴囊。15~20 min 后疼痛加重或未缓解需要立即转诊至医生处进行评估。

**7. 妇科损伤**

(1) 损伤原因：一般来说女性生殖导管器官在运动中损伤的发生率较低。到目前为止，女性运动员中最常见的妇科损伤涉及外生殖器或外阴的挫伤，其中包括阴唇和阴道的损伤。血肿由挫伤引起，最常发生的原因是直接击打或碰撞该区域。该区域的挫伤也可能损伤耻骨联合导致耻骨炎。

(2) 症状：跟任何挫伤或瘀伤的特征一样，有疼痛、出血、积液和肌肉痉挛等，其程度取决于对组织的影响强度。

(3) 处理：在生殖器挫伤后立即应用冷敷，15~20 min 后疼痛加重或未缓解需要立即转诊至医生进行评估。

第十六章思考题　　第十六章参考文献

# 第三部分 中医运动防护技术与应用

# 第十七章

# 常用中医运动防护技术

**【导　　读】**

　　中医学是以中医理论与实践经验为主体,研究人类生命活动中健康与疾病转化规律以及预防、诊断、治疗、康复和保健的综合性学科。在我国运动防护的发展历史中,传统中医药在运动伤病方面的应用占据重要的位置。其中,针灸、推拿、拔罐、正骨等中医运动防护技术在各种急慢性运动损伤的治疗和康复中都有着广泛的应用。同其他中医技术方法一样,中医运动防护技术是在阴阳、五行和藏象学说的基础上发展起来的传统疗法,整体观念和辨证论治是其基本特点。传统中医基础理论及经络腧穴理论是指导中医运动防护临床实践的理论基础,中医运动防护技术是中医理论在各种急慢性运动损伤的治疗和康复中的具体应用。掌握中医运动防护的基础理论是正确使用中医疗法治疗和预防运动损伤的基础和前提。

　　在长期的运动损伤防治临床实践中,历代医家总结出了多种有效的中医运动防护方法,沿用至今。其中,针刺、艾灸、推拿、拔罐、刮痧和正骨疗法等在各种急慢性运动损伤的预防和治疗上具有独特的优势,是目前临床中常用的运动防护技术。对我国的运动防护师来说,学习并传承常用的中医运动防护方法至关重要。

**【学习目标】**

　　了解常用的中医运动防护技术;熟悉针刺、艾灸、推拿、拔罐、刮痧、正骨疗法和导引疗法在运动损伤防治中的应用。

【思维导图】

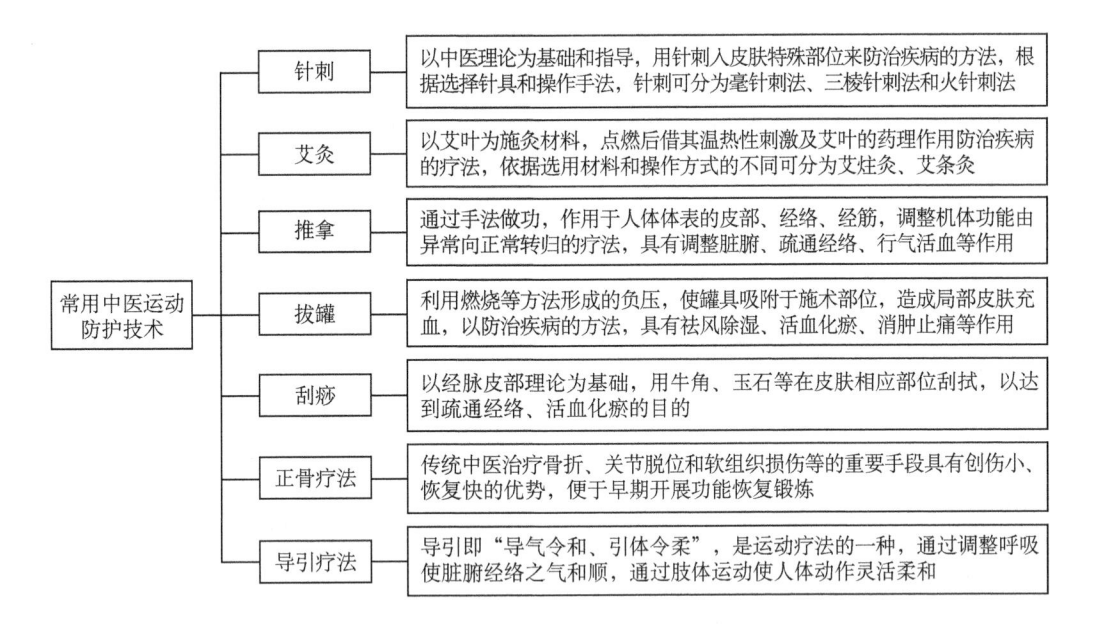

```
                    ┌─ 针刺 ─── 以中医理论为基础和指导，用针刺入皮肤特殊部位来防治疾病的方法，根
                    │           据选择针具和操作手法，针刺可分为毫针刺法、三棱针刺法和火针刺法
                    │
                    ├─ 艾灸 ─── 以艾叶为施灸材料，点燃后借其温热性刺激及艾叶的药理作用防治疾病
                    │           的疗法，依据选用材料和操作方式的不同可分为艾炷灸、艾条灸
                    │
                    ├─ 推拿 ─── 通过手法做功，作用于人体体表的皮部、经络、经筋，调整机体功能由
                    │           异常向正常转归的疗法，具有调整脏腑、疏通经络、行气活血等作用
  常用中医运动 ──┤
     防护技术       ├─ 拔罐 ─── 利用燃烧等方法形成的负压，使罐具吸附于施术部位，造成局部皮肤充
                    │           血，以防治疾病的方法，具有祛风除湿、活血化瘀、消肿止痛等作用
                    │
                    ├─ 刮痧 ─── 以经脉皮部理论为基础，用牛角、玉石等在皮肤相应部位刮拭，以达
                    │           到疏通经络、活血化瘀的目的
                    │
                    ├─ 正骨疗法 ─ 传统中医治疗骨折、关节脱位和软组织损伤等的重要手段具有创伤小、
                    │           恢复快的优势，便于早期开展功能恢复锻炼
                    │
                    └─ 导引疗法 ─ 导引即"导气令和、引体令柔"，是运动疗法的一种，通过调整呼吸
                                使脏腑经络之气和顺，通过肢体运动使人体动作灵活柔和
```

# 第一节　针　　刺

针刺疗法是以中医理论为基础和指导，用针刺入皮肤特殊部位来防治疾病的方法，在我国已经有数千年的应用历史。针刺疗法具有操作方便、疗效显著、经济安全、适应证广泛等优点，在全世界受到了广泛的欢迎和认可。目前，针刺已经在193个国家和地区使用，被纳入18个国家的医保体系，有29个国家或地区建立了针刺相关法律。此外，部分国家的物理治疗师也常常以解剖为基础，用"干针"作为日常的治疗方法。

根据选择针具和操作手法的不同，针刺可分为毫针刺法、三棱针刺法和火针刺法。

## 一、毫针刺法

(一) 操作方法

1. 针刺前准备

选择合适的体位，完成双手和施术部位消毒。

2. 进针手法

(1) 插入法：用拇指和食指持针，中指端紧靠穴位，指腹抵住针体中部，拇、食指向下用力，迅速将针刺入腧穴皮下。

(2) 捻入法：针尖抵于腧穴皮肤，运用指力稍加捻动将针尖刺入腧穴皮下。

(3) 指切进针法：用押手指甲切按腧穴皮肤；刺手持针，针尖紧靠押手指甲缘，将针迅速刺入。

（4）夹持进针法：押手拇指、食指持消毒干棉球，裹于针体下端，露出针尖，刺手持针柄，两手同时用力将针刺入腧穴。

（5）舒张进针法：用押手的拇指和食指将所刺腧穴部位的皮肤撑开绷紧，刺手持针，使针从刺手拇指和食指之间刺入。

（6）提捏进针法：押手拇指、食指将所刺腧穴两旁的皮肤提捏起，刺手持针，从捏起的腧穴上端将针刺入。

3. 行针手法

（1）提插法：将针刺入腧穴一定深度后，施以上提下插，幅度以 3～5 分为宜，频率为 60～90 次/分。

（2）捻转法：指将针刺入腧穴一定深度后，施以向前、后的捻转动作，使针在腧穴内反复前后来回旋转，频率为 90～120 次/分。

3. 留针

将针留在腧穴内 10～30 min，每隔 5～10 min 行针 1 次。

4. 出针

以押手持消毒干棉球轻轻按压针刺部位，刺手将针缓缓推至皮下，再迅速取出，然后用消毒干棉球按压针孔。

（二）针刺异常情况的预防与处理

1. 晕针

晕针是指在针刺过程中患者发生晕厥的现象。

（1）预防：消除患者紧张情绪；取穴宜精，手法宜轻；患者取舒适体位；保持室内空气的流通。

（2）处理：立即停针，迅速出针；患者平卧，头部放低，松解衣带；重者按压水沟、素髎、内关并配合急救措施。

2. 滞针

滞针是指在行针或出针时，医师捻转、提插、出针感到困难，且患者感觉到疼痛或疼痛加剧的现象。

（1）预防：选择合适体位，避免留针时变换体位；行针时手法宜轻，捻转幅度小；留针时间尽量短。

（2）处理：体位变化者，可恢复原来体位；捻转过度者，可向反方向捻转；此外，可用手指在滞针邻近部位做循按手法，或在针刺邻近部位再刺一针。

3. 弯针

弯针是指在针刺过程中，针身在患者体内出现弯曲的现象。

（1）预防：选择适当体位，留针期间保持体位不动；手法轻巧，避免操作过于用力；防止意外触碰针刺部位和针柄。

（2）处理：体位变化者，恢复原来体位；随弯针的角度将针慢慢退出。

4. 断针

断针是指在针刺过程中，针身折断在患者体内的现象。

（1）预防：针刺前仔细检查针具是否完好；避免操作过于用力；如果发现有弯针、滞针等异常情况,不可强力硬拔。

(2) 处理:尚有部分露于皮肤之外,可用镊子钳出;若残端与皮肤相平或稍低,用拇指和食指垂直向下挤压针孔两旁皮肤,使残端露出皮肤之外,再用镊子将针拔出;若残端深入皮下,则须采用外科手术方法取出。

5. 出血和皮下血肿。

出血是指出针后针刺部位出现异常出血;皮下血肿是指针刺部位因皮下出血而引起继发肿痛的现象。

(1) 预防:针刺时避开血管,避免针刺手法过重;出针时立即用消毒干棉球按压针孔。

(2) 处理:出血者,可用干棉球长时间按压;若局部肿胀疼痛较剧,在 24 小时内先冷敷止血,24 小时之后,再做热敷或在局部轻轻按揉以促进瘀血消散。

(三) 常见运动损伤的毫针治疗

1. 膝关节运动损伤

血海、阴陵泉、犊鼻、三阴交和足三里斜刺,阿是穴直刺,行捻转补泻,以出现酸胀感为度,留针 30 min,每 10 min 行针 1 次。

2. 肩部运动损伤

针刺肩髃、肩髎、肩贞,行提插捻转手法,以得气为度,留针 20 min。

3. 腰部运动损伤

针刺双侧 L3~L5 夹脊穴、肾俞、后溪、环跳、委中、大肠俞、阿是穴,得气后留针 30 min。

## 二、三棱针刺法

运用三棱针刺破血络或腧穴,放出适量血液/液体,或挑断皮下纤维组织的治疗方法。

(一) 操作方法

1. 点刺法

针刺前,在施术部位上下推按,使血液积聚于点刺部位;常规消毒后,左手夹紧被刺部位,右手持针,直刺 2~3 mm,快进快出,轻轻挤压针孔周围,挤出血数滴或少量液体,然后用消毒干棉球按压针孔。

2. 刺络法

(1) 浅刺:常规消毒后,垂直点刺浅表小静脉,快进快出,出血量少。

(2) 深刺:先用橡皮管结扎近心端,然后局部消毒;针刺时左手夹紧针刺部位下端,右手持针对准较粗大静脉,刺入静脉 1~2 mm;出血停止后,用消毒棉球按压针孔。

(3) 挑治法:清洁消毒后,左手捏起施术部位皮肤,右手持针以一定角度刺入皮肤,然后上挑针尖,挑破皮肤或皮下组织。

(二) 注意事项

(1) 严格消毒,防止感染。

(2) 手法宜轻、稳、快,不可用力过猛、刺入过深,损伤其他组织或动脉。

(3) 对体弱、贫血、低血压、孕妇和产妇等,要慎重使用三棱针刺法;凡有出血倾向和血管瘤的患者,不宜使用本法。

(4) 刺血治疗一般隔 2~3 天进行 1 次,出血量较多者可间隔 1~2 周 1 次。

(三) 常见运动损伤的三棱针治疗

1. 腰肌劳损

触摸按压、查找腰部骶棘肌周围的压痛、结节、条索等病理反应点;常规消毒后,左手拇、食、中三指捏紧被刺部位,右手持三棱针刺入 2~3 mm,随即将针迅速退出,轻轻挤压针孔周围,使出血 1~3 mL,然后用消毒棉球按压针孔。

2. 踝关节扭伤

常规消毒后,左手拇指、食指、中指捏紧患者被刺部位,右手持三棱针刺入踝关节局部压痛点,内翻扭伤可加至阴、足窍阴穴,外翻扭伤可加隐白、大敦穴,踝前肿痛加厉兑穴。

## 三、火针刺法

将特制金属针具烧红,迅速刺入人体特定部位或腧穴,并快速退出,常用于持续性疼痛、寒性、慢性疾病,多以病灶局部选穴为主,具有选穴少、奏效快、治疗次数少的优势。

(一) 操作方法

(1) 针刺部位常规消毒。

(2) 将针烧红,先烧针身,后烧针尖;若针刺较深,需烧至白亮,速进疾出;若针刺较浅,烧至通红,速入疾出,轻浅点刺;若针刺表浅,烧至微红,在表皮部位轻而稍慢地烙熨。

(3) 出针后用无菌干棉球按压针孔,以减少疼痛并防止出血。

(二) 注意事项

(1) 除治疗痣、疣外,面部禁用火针;大血管、神经干处禁用火针。

(2) 针刺后针孔局部若出现微红、灼热、轻度疼痛、瘙痒等表现,不宜搔抓,以防感染。

(3) 针刺较浅,出针后可不做特殊处理,若针刺较深,出针后用消毒纱布敷盖针孔,用胶布固定,以防感染。

(4) 孕妇、产妇及婴幼儿慎用;糖尿病、血友病,以及凝血机制障碍者禁用火针。

(三) 常见运动损伤的火针治疗

1. 膝关节运动损伤

常规消毒皮肤,将针在酒精灯外焰上烧至白亮,迅速刺入压痛点,速进疾出,深度 1 cm 左右,严重者可点刺 2~3 针,针眼处可外用辅料避免感染。

2. 腰肌劳损

取阿是穴、肾俞、大肠俞、关元俞,皮肤消毒后烧针迅速点刺,深度 1~2 mm,并快速出针,用消毒干棉球重压针孔片刻。

# 第二节 艾 灸

艾灸是指以艾叶为施灸材料,点燃后借其温热性刺激及艾叶的药理作用防治疾病的一种中医传统疗法。依据选用材料和操作方式的不同可分为艾炷灸和艾条灸。

## 一、艾炷灸

将艾绒搓成一定大小、形状的艾炷,放在穴位或患处施灸,称为艾炷灸。艾炷灸又可进一步分为直接灸和间接灸。

（一）直接灸

不间隔物品,将艾炷直接置于皮肤上施灸的方法。根据施灸的程度不同（灸后有无烧伤化脓）,又分为化脓灸和非化脓灸。

1. 化脓灸

化脓灸法灼伤较重,可使局部皮肤溃破、化脓,并留永久瘢痕。

（1）选择适宜体位,并找准穴位。

（2）在施术部位涂抹少许大蒜汁,将艾炷黏附在穴位上点燃;待艾炷自然燃尽,用镊子除去艾灰,换炷依法再灸。

（3）为了减轻患者的烧灼疼痛,术者用手指于施术部位两旁处用力按压,或用力拍打。

（4）对灸疮的处理,可于灸后立即贴敷玉红膏;如发现有灸疮不愈合者,可采用外科手段予以处理。

（5）灸后应注意休息,避免过度劳累,多食富含蛋白质的食物;注意局部清洁,以防感染。

2. 非化脓灸

发挥艾灸的温烫作用,使施术部位局部皮肤发生红晕或轻微烫伤的方法。灸后不化脓,不留瘢痕。

（1）选择适宜体位,并找准穴位。

（2）在施灸部位涂抹少量凡士林,将艾炷粘在穴位上点燃;当患者感到灼痛时,即用镊子将艾炷移去,更换艾炷再灸。

（二）间接灸

1. 隔姜灸

（1）切取 0.2 cm 厚生姜片,用针穿刺数孔,上置艾炷,放在穴位上点燃;艾炷燃尽后另换一炷依前法再灸,直到局部皮肤潮红为止。

（2）若病人感觉灼热不可忍受,可将姜片向上提起,稍待片刻,重新放下再灸。

2. 隔盐灸

（1）用食盐将肚脐填平,上置艾炷点燃。

（2）如病人感到灼痛时即用镊子移去残炷,换炷再灸。

3. 隔蒜灸

（1）取独头蒜切成 0.2 cm 厚蒜片,中心用针穿刺数孔,上置艾炷,放在穴位上点燃。

（2）当患者感到灼痛时,另换一炷再灸,以灸处泛红为度。

4. 隔附子饼灸

将生附子末用黄酒调和制饼,厚约 0.3～0.5 cm,中心处用针穿刺数孔,上置艾炷,放于穴位或患处皮肤上,点燃艾炷施灸,当病人感到灼痛时另换一炷再灸。

## 二、艾条灸

使用点燃的艾条在穴位皮肤或特定部位上温熨的施灸方法,可以分为悬起灸和实按灸两类。

### (一)悬起灸

悬起灸是将点燃的艾条悬置于施灸部位之上的一种灸法,与皮肤保持一定距离,又可分为温和灸、雀啄灸和回旋灸。

1. 温和灸

将艾条的一端点燃,对准施术部位,固定悬于皮肤 3~5 cm 处,使患者局部有温热感而无灼痛为宜,至施术部位皮肤泛红为度。

2. 雀啄灸

将艾条的一端点燃,距离皮肤 5 cm 左右,像鸟雀啄食一样,将艾卷一上一下地移动。

3. 回旋灸

将艾条的一端点燃,与施灸皮肤保持在一定的距离,均匀地、反复地旋转施灸。

### (二)实按灸

在施术部位垫上数层纸,然后将艾条点燃,趁热按到施灸部位上,使热力透达深层。

## 三、艾灸注意事项

(1)体位舒适,便于操作。
(2)颜面部和关节肌腱部禁用瘢痕灸;妊娠期妇女腰骶部和小腹部慎灸。
(3)肢体麻木或感觉迟钝的患者,应注意灸量,以避免烧伤。
(4)灸后起大疱者,可用针刺破灸疱,外敷消毒纱布。
(5)施灸时,应保持室内通风;施灸完毕,须把艾火彻底熄灭,以防发生火灾。
(6)空腹、过饱、极度疲劳时不宜施灸。

## 四、常见运动损伤的艾灸治疗

腰肌劳损:命门、腰阳关、肾俞、大肠俞、气海俞、关元俞、膀胱俞、上髎、次髎、秩边、环跳、承扶、殷门、髀关、伏兔、阴市、梁丘灸至局部发热,发红,微有出汗为止。

# 第三节 推 拿

推拿是通过手法做功,作用于人体体表的皮部、经络、经筋,调整机体功能由异常向正常转归的传统中医治疗手段,具有调整脏腑、疏通经络、行气活血、理筋整复的作用。

## 一、施术原则

### (一) 持久
手法能持续地规范运用一定的时间,即在一定时间内手法的动作保持不变,具有一定的稳定性。

### (二) 有力
具有一定的刺激量,使施术部位达到刺激阈值,以激发机体的应答反应。

### (三) 均匀
手法动作要节律恒定,操作过程避免时快时慢,忽轻忽重。

### (四) 柔和
手法用力要重而不滞、轻而不浮,要刚柔并济,不可生硬粗暴;手法动作变换要自然流畅。

### (五) 深透
用力须掌握一定的方向和力量,使其深入体内、直达病所,发挥治疗的作用。

## 二、常用推拿手法

### (一) 滚法
手握空拳,以食、中、无名、小指四指的近侧指间关节背侧的突起部着力,前臂作连续的周期性内外旋转,并带动着力点在治疗部位上往复摆动的手法。

操作要点:沉肩、垂肘,前臂在旋内约45°位置,腕关节自然屈曲120°左右,并略尺屈,手握空拳,四指自然屈曲,指间关节的突起部全部贴附在治疗部位上。前臂在着力点支撑的条件下,在起始位两侧做均匀的内、外摆动,动作频率140~200次/分。

### (二) 揉法
以指、掌、掌根、大鱼际、四指近侧指间关节背侧突起部、前臂尺侧肌群肌腹或肘尖为力点,在治疗部位带动受术皮肤一起做轻柔缓和的回旋动作,使皮下组织层之间产生内摩擦的手法。

操作要点:①大鱼际揉法,拇指与第1掌骨内收,四指自然伸直,用大鱼际附着于治疗部位,稍用力下压,以肘关节为支点,前臂做主动摆动,带动腕部,使大鱼际在治疗部位上做轻柔缓和的回旋运动或内外摆动,并带动该处的皮下组织一起运动,频率为100~160次/分。②臂揉法,在前臂尺侧肌肉丰厚处着力,手握空拳或自然伸直,通过肩关节小幅度回转发力,并借助上身前倾时的自身重力作用,在治疗部位回旋运动,并带动该处皮肤及皮下组织一起运动,频率100次/分左右。

### (三) 按法
以指、掌或肘尖着力,先轻渐重,由浅而深地反复按压治疗部位的手法称按法。

操作要点:①指按,以拇指或中指指端或指面着力按压3~10 s后慢慢抬手至起始的位置,反复操作2~3次。②掌根按,术手腕关节背伸,以突起之掌根部着力,掌心对准主治穴点,以全掌着力按压 3～10 s 后慢慢抬手至起始的位置,反复操作 2～3 次。③肘按,术手屈肘至功能位,用肘尖在治疗部位上着力按压 3～10 秒后慢慢抬手至起始的位置,反复操作 2～3 次。

（四）点法

以指峰或近侧指间关节背侧突起部或肘尖部着力,用重力按压人体深层组织的手法。

操作要点:①指点:腕关节伸直或屈 60°～90°,拇指伸直,四指握拳,拇指内侧紧贴于食指桡侧并用力捏紧,以拇指端垂直用力按压治疗穴点 3～5 次,使压力充分向下传递至组织深部。②肘点,肘关节屈曲至功能位,以其肘尖部着力,先轻渐重,由浅而深地缓缓向下用力至一定深度,令受术穴下产生强烈的得气感后,术手在原处稍作停留,或加以小幅度回转揉动,5～10 s 后,慢慢抬起术手至起始位置,每次治疗按点 3～5 次。

（五）拍法

用虚掌拍打体表的手法。

操作要点:①术手抬起,腕部腕关节放松呈掌屈蓄势,用虚掌对准治疗部位以背伸位向下拍打,随即"弹起",并顺势将术手抬起到动作开始的位置,蓄势进行下一个拍打动作。②拍击时动作要平稳而有节奏,要使整个手掌边缘同时接触体表,患者感觉刺激量深透而无局部皮肤的刺痛感,以皮肤轻度发红、发热为度,一般不超过 10 次。

（六）拿法

用拇指与食、中二指,或其余四指缓缓对称用力,将治疗部位夹持、提起,并同时捻搓揉捏的手法。

操作要点:①沉肩、垂肘,肩关节外展 30°～45°,腕关节略屈,拇指与食、中二指或其余四指各指间关节伸直,掌指关节曲 110°～120°左右。②用指面夹持住治疗部位的筋腱或肌束,然后夹持、提起、放下,如此反复操作。

（七）推法

用指、掌或肘部着力,紧贴体表,运用适当的压力,做单方向的直线推压移动摩擦的手法称为推法。

操作要点:①拇指推法,沉肩垂肘,肘关节屈曲 90°～120°,腕部略偏向尺侧微屈;以拇指桡侧面或螺纹面着力于治疗部位,拇指及腕部主动施力,做短距离的单方向直线擦拭。②掌推法,沉肩,肘关节微屈,腕部略背伸;以全掌着力,按放于治疗部位,以肩关节发力,通过肘关节屈伸带动前臂、腕,使全掌在治疗部位做单方向直线擦拭。③肘推法,沉肩,肘关节屈曲 45°～90°;用肘关节的尺骨鹰嘴突起部位着力,术者上身前倾,以自身重力按压在治疗部位,以肩关节为支点,使肘尖做单方向的直线擦拭。

三、注意事项

(1) 选择适当体位,便于操作。

(2) 运动防护师要密切观察对方的反应。

(3) 手法操作必须具备一定的力量,达到一定的刺激阈值,新病、剧痛宜轻柔,久病宜深重。

（4）手法操作有一定的顺序，一般从头面→肩背→上肢→胸腹→腰骶→下肢，自上而下，先左后右，从前到后，由浅入深，循序渐进；强度的控制要遵循先轻渐重、由重转轻、最后结束手法的原则；针对运动员的治疗中，四肢部位的手法通常按向心的原则进行。

（5）每次治疗一般以 10～20 min 为宜，对内科、妇科疾病可适当增加。

（6）术者手上不得佩戴戒指及其他装饰品，以免擦伤患者的皮肤，影响治疗；推拿前后均应洗手，防止交叉感染；天气寒冷时，要注意双手的保暖，以免冷手触及皮肤时引起患者的不适或肌肉紧张。

（7）传染病、恶性肿瘤、皮肤破损者禁用；出血倾向，妊娠期妇女腰骶部和腹部不宜使用推拿手法。

### 四、常见运动损伤的推拿治疗

（一）腰部损伤

采用滚、推、揉、弹拨及擦法作用于臀部、腰骶部及下肢；拇指按揉病变节段的夹脊穴、腰阳关、委中，强度以患者能够耐受为度。

（二）腕部损伤

患部上下左右施以轻柔缓和的揉法，操作 3～5 min，配合运用小鱼际滚法上下往返操作数遍；再进行腕关节摇法和拔伸手法，幅度由小到大，力量由轻到重，使腕关节做被动的环绕、背屈、掌屈等动作；最后用小鱼际或手掌搓擦患部，以透热为度。

## 第四节 拔 罐

拔罐是利用燃烧等方法形成的负压，使罐具吸附于施术部位，造成局部皮肤充血，以防治疾病的传统中医疗法，具有祛风除湿、温经散寒、活血化瘀、消肿止痛、祛腐生新、拔毒吸脓的作用。

### 一、操作方法

将 95％乙醇棉球点燃后，伸入罐内摇晃数圈随即退出，迅速将罐扣于施术部位。

（1）闪罐：将罐吸拔于施术部位，随即取下，反复数次至局部皮肤潮红；动作要迅速、准确，适用于肌肉松弛，吸拔不紧之处。

（2）留罐：将吸拔在施术部位上的罐具留置 5～15 min，使局部皮肤和肌肉潮红，或皮下瘀血呈紫红色。

（3）走罐：施罐部位涂上凡士林等润滑剂，将罐吸住后，立即用手握住罐体，略用力将罐沿一定路线反复推拉，至皮肤紫红为度。

（4）排罐：沿某一经脉循行路线或某一肌束的体表位置，按照顺序排列成行吸拔多个罐具。

(5) 起罐方法:用拇指按压罐口边缘皮肤,使罐口与皮肤之间产生空隙,空气进入罐内即可将罐取下。切不可生硬拉拔,以免拉伤皮肤,产生疼痛。

## 二、注意事项

(1) 选择肌肉丰满、皮下组织充实之处作为施术部位。

(2) 老年、儿童,体质虚弱的患者,留罐时间宜短,拔罐数量宜少;妊娠妇女及婴幼儿慎用拔罐疗法。

(3) 用于点火的酒精棉球不宜吸含乙醇过多,以免滴落皮肤造成烧烫伤。

## 三、常见运动损伤的拔罐治疗

### (一) 膝关节半月板损伤

在双侧血海、梁丘、足三里、地机拔罐,并配合双膝关节屈伸运动,保持肌肉紧张度,每次时间约 7 min。

### (二) 踝关节扭伤

消毒后,用三棱针点刺施术部位出血;在出血皮肤上拔罐 5 min,拔出暗红色血液,用干棉球擦拭干净后,使用碘伏消毒。

# 第五节 刮 痧

刮痧法是以经脉皮部理论为基础,用牛角、砭石等材质的刮痧板在皮肤相应部位刮拭,以达到疏通经络、活血化瘀的目的,具有疏通经络、活血化瘀、开窍泻热、通达阳气、排除毒素等功效。

## 一、操作方法

用手握住刮痧板,刮痧板的底边横靠在手掌心部位,拇指与另外四个手指自然弯曲,分别放在刮痧板的两侧;在操作部位涂上刮痧油后,操作者手持刮痧板,在施术部位按一定的力度刮拭,直至皮肤出现痧痕为止。

## 二、注意事项

(1) 由于刮痧时皮肤汗孔开泄,风寒之邪可从开泄的毛孔入里,诱发疾病,故刮痧时要注意保暖。

(2) 严格消毒,防止交叉感染;刮拭前须仔细检查刮痧工具,以免刮伤皮肤。

(3) 勿在患者过饥、过饱,以及过度紧张的情况下进行刮痧治疗。

（4）刮拭手法要用力均匀，以患者能忍受为度，达到出痧为止；婴幼儿及老年人，刮拭手法用力宜轻。

（5）不可一味追求出痧而用重手法或延长刮痧时间。

（6）刮拭过程中，如遇晕刮（即精神疲惫、头晕目眩、面色苍白、恶心欲吐、出冷汗、心慌、四肢发凉或血压下降、昏迷等症状），应立即停止刮痧，抚慰患者紧张情绪，让其平卧，饮温开水或糖水。

（7）刮痧治疗后，为避免风寒之邪侵袭，须待皮肤毛孔闭合恢复原状后，方可洗浴，一般为 3 h 左右。

### 三、常见运动损伤的刮痧治疗

（一）膝关节半月板损伤

以两侧血海、梁丘的横断面各上 2 寸为上界，以 45°～90°由上至下刮拭，轻重适宜，不可反向操作；逢关节处紧刮慢移，以患者耐受为度，以足三里横断面为下界，注意下肢胫骨内侧面手法宜轻，角度宜小于 30°；上下界之间均刮，在膝关节内外两侧胆经与脾经循行处手法稍重。

（二）肩袖损伤

刮颈椎：在颈椎区域，涂上刮痧活血剂，取刮痧板以 45°斜度，平面朝下刮拭。

刮肩上：刮肩上颈侧至肩井部位。

刮肩胛：刮魄户、膏肓、天髎、天宗、膈关一带。

刮肩前、肩后：刮肩贞、中府。

刮三角肌：刮肩髃、压痛点。

以上部位以刮出红痧为度。

## 第六节 正骨疗法

正骨疗法是传统中医治疗骨折、关节脱位和软组织损伤等的重要手段；具有创伤小、恢复快的优势，便于早期开展功能恢复锻炼，减轻关节僵硬、肌肉萎缩等并发症。对于运动员，除了有利于伤病恢复、减轻并发症外，正骨疗法还有助于运动员尽早恢复训练，避免停训综合征的发生。

### 一、操作方法

（1）拔伸：克服肌肉拮抗力，沿肢体纵轴作对抗牵引。

（2）旋转：术者手握远段，在拔伸下围绕肢体纵轴向左或向右旋转，以恢复肢体的正常生理轴线。

（3）屈伸：术者一手固定关节的近段，另一手握住远段，沿关节的冠状轴摆动肢体，以整复骨折脱位。

（4）提按：术者两手拇指向下按突出骨折的一端，其余四指突然向上提下陷骨折的另一端，使骨折复位。

（5）端挤：术者一手固定骨折近端，另一手向近端挤骨折远端，使骨折复位。

（6）摇摆：两手固定骨折部，由助手在维持牵引下轻轻地左右或前后方向摆动骨折的远段，待骨折断端的骨擦音逐渐变小或消失，则骨折断端已紧密吻合。

## 二、注意事项

（1）根据病史、受伤机制和X线检查结果做出明确诊断，分析骨折发生移位的机制，选择有效的整复手法。

（2）对气血虚弱、严重骨折发生失血性休克，以及脑外伤重症等，均需暂缓整复，待病情好转后再考虑骨折整复。

（3）骨折断端发生移位后，应尽力整复，争取达到解剖和接近解剖学对位；若某些骨折不能达到解剖对位，也应根据病人年龄、职业及骨折部位的不同，达到功能对位。

（4）整复时间越早越好。

（5）选择适当麻醉，尽量不采用全身麻醉。

（6）术者精力要集中，观察伤处外形的变化，留意患者的反应，以判断手法的效果，并防止意外事故的发生。

（7）拔伸牵引须缓慢用力，恰到好处，勿太过或不及，不得施用猛力，切忌使用暴力。

（8）尽可能一次复位成功，以免增加局部软组织损伤，加重肿胀，造成骨折迟愈或关节僵硬。

## 三、常见运动损伤的正骨治疗

桡骨头半脱位：左手握持伤肢手腕部并将伤肢沿纵轴方向做牵引，右手大拇指于肘中部向外、向后捏压脱出之桡骨头，使患肢前臂后旋同时屈肘。

# 第七节 导引疗法

导引，即"导气令和、引体令柔"，是传统运动疗法的一种，导引以自身肢体运动为主，并辅以呼吸、意念三者相结合的运动形式，来达到调身、调息、调心的作用。对肌肉和骨关节疾病、非疼痛性损害（功能障碍）均有积极作用。且对肌肉骨关节、内脏功能、代谢与免疫功能有理想的预防和改善作用。导引是中医康复技术的重要组成部分，是"不治已病治未病"的重要手段。导引功法融合了对机体力量、柔韧、平衡、协调等体能素质的训练，其中，有很多动作与防护技术中的动态伸展等常用技术相似，形式上更加系统

## 一、太极拳

太极拳是中华武术的著名拳种之一,是综合了历代各家拳法,结合了古代的导引术和吐纳术,吸取了古典哲学和传统的中医理论而形成的一种内外兼练、柔和、缓慢、轻灵的拳术,为中华武术中的内功拳。太极拳不是一人所创,它是在前人不断开创、总结、整理、修改和完善的基础上逐步形成的。目前,太极拳有以下五个主要流派:陈式、杨式、吴式、武式、孙式。太极拳中蕴含了丰富的技击技巧和养生功效,成为现代人喜爱的运动项目。太极拳内含八种基本技法:掤、捋、挤、按、采、列、肘、靠,五种步法:进步、退步、左顾、右盼、中定。各流派太极拳各有其风格和特点,我们在此介绍杨式的简化二十四式太极拳。简化二十四式太极拳是原国家体育运动委员会于1995年组织创编的,它动作柔和、优美大方,适合少年、中年、老年以及亚健康人群等不同人群进行练习,并且适合各个季节和时间习练。简化二十四式太极拳具有心静体松、呼吸自然、圆活连贯、柔缓均匀、上下相随、周身协调的特点。

## 二、健身气功

健身气功的种类繁多,如八段锦、五禽戏、易筋经等,注重意念、呼吸、动作三者的协调配合,具有松紧结合、动静相间、柔和舒缓、连贯圆活、神形合一、气寓其中等特点。这些功法与中医理论相结合,对促进身心健康和帮助伤后康复功效显著。比如,从基本的身体素质上来说,通过五禽戏的练习能增强下肢肌肉力量、提高平衡功能来预防跌倒;八段锦可以促进身体协调、控制与平衡功能,改善心肺功能与肌肉力量等。

在运动防护的技术中,通过主动运动增强肌力、柔韧性及神经肌肉控制能力的训练技术是运动防护和损伤康复的重要内容。在中医运动防护技术中,经典的导引疗法也有同样的作用。以动态伸展练习为例,动态伸展练习是运动之前准备活动的主要内容之一,可以激活稳定关节小肌群的能力,增强运动过程中各关节的稳定性,预防运动损伤。导引疗法与动态牵伸等技术有异曲同工之妙,在运动开始前,导引疗法中的牵伸动作可以使关节获得更大的伸展幅度、激活和调动肌肉的功能,从而有利于运动损伤的预防。其动作缓慢柔和,持续牵拉以达到"抻筋拔骨"的作用,并且可以提高组织的温度,保持神经系统兴奋性,增加运动表现力。

总之,无论是在前沿的运动康复领域,还是在中医康复治疗体系中,导引疗法都有无可替代的鲜明特色和明确疗效。

第十七章思考题　　第十七章参考文献

# 第十八章

# 中医运动防护技术的应用

【导　　读】

在长期的临床和运动队实践过程中,传统医学积累了大量的运动防护和治疗经验,尤其在抗运动疲劳、运动损伤防治和康复方面具有独到的优势,通过相关技术的应用能够帮助运动员改善机体功能,促进运动损伤的恢复,为运动损伤的治疗提供了中医思路和经验。

【学习目标】

了解中医领域运动疲劳与运动损伤的相关概念;熟悉传统医学在抗运动疲劳和运动损伤方面的作用与应用。

【思维导图】

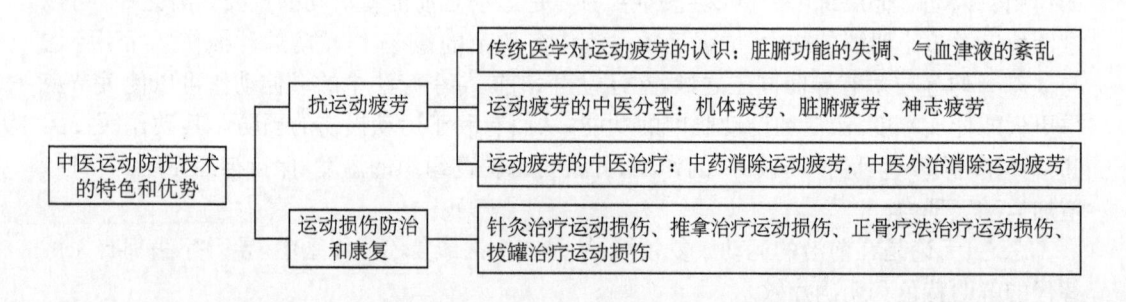

```
                          ┌─ 传统医学对运动疲劳的认识:脏腑功能的失调、气血津液的紊乱
                ┌─ 抗运动疲劳 ─┼─ 运动疲劳的中医分型:机体疲劳、脏腑疲劳、神志疲劳
中医运动防护技术 ─┤              └─ 运动疲劳的中医治疗:中药消除运动疲劳,中医外治消除运动疲劳
的特色和优势      │
                └─ 运动损伤防治 ── 针灸治疗运动损伤、推拿治疗运动损伤、正骨疗法治疗运动损伤、
                    和康复            拔罐治疗运动损伤
```

## 第一节　抗运动疲劳

运动疲劳主要表现为疲乏无力、精神不振、体力下降等,是由于体力透支、代谢基质耗竭,以及代谢产物堆积等原因所致。传统医学在长期的临床实践中积累了大量的抗运动疲劳临床经验,并以中医整体观、阴阳、五行、经络、气血津液等理论对运动性疲劳的本质、分

型,以及诊断和治疗提出了独到的见解。

## 一、传统医学对运动疲劳的认识

中医学的整体观念贯穿在生理、病理、诊断与防治等各个方面,是构筑中医学思想体系的主导思想。在整体观念的指引下,传统医学认为运动性疲劳主要与脏腑功能的失调和气血津液的紊乱有关。

中医认为,五脏正常的生理功能是人体活动的基础;五脏功能的异常是导致运动疲劳的根本原因。脾为后天之本,气血生化之源,机体摄入的食物须经脾的运化才能转化为气血津液等营养物质;若脾运化功能失调,气血生化能力不足,就会影响人体的运动功能。此外,脾主肉,机体肌肉与脾的功能有直接的联系;脾虚则肌肉痿软无力。肝主疏泄,对人体的气机有疏通调控作用;一旦肝失疏泄,就会影响到脾胃的消化吸收功能,进而影响气血津液的生成和肌肉的活动能力。中医理论认为肾藏精,为先天之本,是体能的原动力;肾精不足,会导致运动能力降低。心主血脉,心气推动血液在经脉中运行,发挥着滋养肌体的作用。心气不足,会导致运动时气血不能有效濡养机体。肺主气、司呼吸。如果肺的功能出现异常,会导致清气摄入不足,影响运动能力。

此外,气为血帅,如果气虚,则会导致血液运行不畅,进而使五脏六腑的机能减弱,运动能力受损。中医还有"汗血同源"的说法,高强度运动会导致汗液大量流失,进而引起血虚,同样会造成气血功能的紊乱,表现为心悸心慌、健忘失眠,以及精神疲倦等运动疲劳症状。

## 二、运动疲劳的中医分型

根据传统中医理论和运动疲劳的不同症候特点,中医将运动疲劳分为形体疲劳、脏腑疲劳和神志疲劳三大类型。

### (一) 机体疲劳

机体疲劳又称形疲,主要指人体肌肉与骨骼、关节的劳损疲劳;症状表现为关节周围肌肉、肌腱酸痛、疼痛或压痛等。形疲发生的外因主要与伤病、运动前后不注意保暖有关;其内因则是由于中气(脾气)虚,肝肾不足所致。

### (二) 脏腑疲劳

脏腑疲劳主要指脏腑器官功能的下降与失调;症状表现为排便次数增多、厌食及吐酸腐食物等。脏腑疲劳主要是由于大强度运动训练导致的脾胃功能下降;肺脾气虚、脾阴阳两虚、肾阴阳不足是其发病的内在因素。

### (三) 神志疲劳

神志疲劳又称神疲,头晕、头痛、失眠多梦、心烦气躁、抑郁焦虑等是其主要症状表现。高强度训练或比赛时,精神高度紧张、心理压力大是造成神志疲劳的主要外在因素;内因是心血不足及神志失调。

### 三、运动疲劳的中医治疗

（一）中药消除运动疲劳

辨证施治是中医治疗疾病的基本原则。在中医辨证论治的观点下，运动性疲劳具有明显的项目特点；不同的运动项目发生疲劳的机理迥异，故在治法治则上也各不相同。以力量为主的训练容易导致肾虚，一般应以补肾为主；耐力项目疲劳，类似于中医的脾肾两虚，故要脾肾双补；射击、击剑等项目容易发生中枢性疲劳，与中医的心气虚有关，故宜养心安神补气为主；水上项目长期接触冷水，还要考虑湿邪，宜散寒祛风湿；以神经系统为主要症状的疲劳，宜补气提神；以肌肉系统为主要症状的疲劳，宜强筋壮骨，补益脾气；以消化系统为主要症状的疲劳，则要注意补益脾胃。

具体到不同的中医分型和证候类型，通过中药干预运动疲劳主要有以下几种情况。

1. 形体疲劳

临床表现：四肢乏力，肌肉酸痛、压痛（尤其是在关节周围）；并伴有不同程度的外感风寒，手足厥冷，肢体麻木，舌淡苔白，脉沉细等。

治法治则：以温经散寒，养血通脉，活血祛瘀为主。

常用方剂与中药：当归四逆汤、黄芪桂枝五物汤等；常用中药有当归、桂枝、黄芪、生姜、大枣等，若血瘀较重者可加川断、桃仁、红花等活血祛瘀通络之品。

2. 脏腑疲劳

（1）脾胃气虚

临床表现：食欲减退，肢体无力，少气懒言，气短乏力，自汗，面色㿠白，大便稀溏、舌淡、脉弱等。

治法治则：以补中益气，健脾行气为主。

常用方剂与中药：四君子汤、补中益气汤等；常用中药有人参、黄芪、白术以及茯苓等。

（2）心脾两虚

临床表现：心悸心慌、健忘失眠、多梦易醒、精神疲倦、食欲下降、面色萎黄、腹胀、大便稀溏、舌淡苔白、脉细弱等。

治法治则：以健脾养心，益气补血为主。

常用方剂与中药：归脾汤、四物汤、当归补血汤等；常用中药有黄芪、白术、龙眼、当归及酸枣仁等。

（3）肾阳虚

临床表现：头目眩晕、腰膝冷痛、身疲乏力、精神不振、畏寒发凉、小便清长、耳鸣耳聋、舌淡而胖、脉虚弱等。

治法治则：以补肾助阳，益气填精为主。

常用方剂与中药：右归丸、肾气丸等；常用中药有鹿茸、杜仲、附子、肉苁蓉、山茱萸、牛膝等。

（4）肾阴虚

临床表现：五心烦热、骨蒸潮热、腰膝酸疼、眩晕耳鸣、失眠多梦、遗精、舌红少苔、脉细数等。

治法治则：以滋阴补肾，填精益髓为主。

常用方剂与中药：左归丸、六味地黄丸、大补阴丸等；常用中药有熟地黄、山药、丹皮、鳖甲、泽泻、枸杞等。

（5）肝肾阴虚

临床表现：腰膝酸软、头晕目眩、胸胁疼痛、肢体麻木、吞酸吐苦、咽干口燥、舌红少津、脉细弦等。

治法治则：以疏肝理气，滋阴补肾为主。

常用方剂与中药：逍遥散、一贯煎等；常用中药有沙参、麦冬、生地黄、枸杞、川楝子等。

3. **神志疲劳**

临床表现：心悸心烦、神疲乏力、失眠健忘、五心烦热、口舌生疮、气短易汗、头晕头痛、舌红少苔、脉细数等。

治法治则：以滋阴补肾，养心安神为主。

常用方剂与中药：酸枣仁汤、柏子养心丸、天王补心丹等；常用中药有柏子仁、酸枣仁、麦冬、人参、茯苓、枸杞、熟地黄等。

（二）中医外治消除运动疲劳

1. **针刺消除运动疲劳**

针刺有行气活血、舒经通络、调和阴阳、健脾益气的功效，能够显著减轻运动疲劳症状，促进疲劳恢复。大量的研究证实，针刺可以通过改善机体能量代谢，调节肌糖原、肝糖原以及血红蛋白水平，从而缓解运动疲劳。此外，针刺还可以通过清除血清乳酸和自由基，增强超氧化物歧化酶活性。调节神经-内分泌系统，改善个体心理和精神状况也是针刺抗运动疲劳的重要机制。

2. **艾灸消除运动疲劳**

灸法是利用艾绒的温热刺激，通过经络和穴位的作用，来调整机体生理功能，促进血液循环和物质代谢的一种中医传统外治疗法。在运动性疲劳的防治中，艾灸可以疏通经络，调达脏腑，调整阴阳、扶正固气，使后天之本健运，从而提高机体对运动的适应能力，减轻运动疲劳。现代研究证实，艾灸可以降低运动员机体血清肌酸激酶的活性，同时能稳定超氧化物歧化酶水平。

3. **推拿消除运动疲劳**

推拿可以消除运动后的肌肉僵硬和局部疲劳感，促进血液循环，加速乳酸等代谢产物的排出。推拿还可以改善高强度运动训练后的中枢疲劳症状，如头晕头痛、反应迟钝、失眠多梦等。此外，推拿的镇痛作用还可以有效缓解运动导致的肌肉紧张或痉挛。现代研究认为，力学作用、生物学作用和神经调节作用是推拿抗运动疲劳作用的主要机制。

## 第二节　防治运动损伤

运动损伤是指运动导致的机体生理结构破坏或紊乱，属于中医伤科学范畴。中医药在我国运动损伤的治疗中发挥着十分重要的作用,不仅操作简便,价格低廉,且疗效独特,无毒副作用。临床实践证实,中医传统技术,如针灸、拔罐、刮痧、艾灸、推拿等对运动损伤的恢复作用优于某些理疗设备。

针灸舒筋镇痛的作用不仅可以缓解运动员的伤病,还可以镇静、镇痛,为运动竞技中运动员坚持比赛提供了可能,这是针灸防治运动损伤的独特优势。推拿有缓解痉挛、肌紧张,防治韧带拉伤的作用,是治疗急性运动损伤的重要手段。正骨疗法对于关节脱位、软组织损伤等有立竿见影的效果,是中医治疗骨关节损伤的重要方法。拔罐是消肿止痛、舒筋活络的重要治疗方式,在国内外都有广泛应用。中药熏蒸是利用中药的药性起到局部治疗作用的方法,能够有效地缓解运动损伤。此外,中药贴剂、膏剂和酊剂等中药制剂在运动损伤的临床中也有非常广泛的应用。

## 一、针灸治疗运动损伤

针灸是传统中医疗法的重要组成部分,以操作简便、刺法灵活等优点备受大众喜爱。早在秦汉时期的《黄帝内经》中就有"人有所堕坠,恶血留内,腹中满胀,不得前后,先饮利药,此上伤厥阴之脉,下伤少阴之络,刺足内踝之下,然骨之前,血脉出血,刺足跗上动脉,不已,刺三毛上各一痏,见血立已,左刺右,右刺左。善悲惊不乐,刺如右方",详细描述了坠落伤的治疗方法。在中医的传承发展过程中,针灸逐渐发展成为治疗运动性损伤的主要方法。《贞观政要》记载"道宗在阵损足,帝亲为针灸",描述了足运动损伤后的针灸治疗。《诸病源候论》记载"从高顿仆,内有血,腹胀满。其脉牢强者生,小弱者死。得咨掠,内有结血。脉实大者生,虚小者死。其汤熨针石,别有正方。补养宣导,今附于后",描述了运动高坠伤的针灸治疗方法。

针刺具有疏通经络、调和气血、扶正祛邪、调和阴阳的作用,在运动损伤治疗中有明显的优势。运动损伤多见于生理结构破坏或紊乱,导致经络、气血不通;不通、不荣则痛。针灸能疏通经络、活血化瘀、消肿止痛,减轻局部症状;同时,针灸还可以提高机体免疫能力,加速损伤的修复。此外,现代研究亦发现针刺在镇静、镇痛、调节机能等方面效果显著。这些作用在治疗运动损伤同时,还有助于运动员继续坚持比赛,是针灸治疗运动损伤的一大特色。

## 二、推拿治疗运动损伤

推拿是指在中医基本理论的指导下,通过在人体体表特定部位施以各种手法来防治疾病的一种方法,是最为常用中医外治法之一,最早可追溯到上古时代。在远古时期,人们在自然生活中,时常会因劳作或捕猎受到外伤,古人们通过用手去抚按患处,起到缓解疼痛的作用,这是推拿技术的萌芽。在后来数千年的实践总结中,传统医学逐步发展形成了独特的推拿按摩理论和治疗方法。

推拿具有疏通经络、滑利关节、调节脏腑气血、增强机体免疫能力的功效,是缓解痉挛、肌紧张、韧带拉伤等急性运动损伤的重要手段和方式。由于操作简便,安全有效,不受设备和器械等条件限制，推拿在运动损伤防治中的运用十分广泛。在运动损伤导致机体生理结构发生改变、经脉壅塞、气滞血瘀的情况下，推拿能够迅速地改善肌肉的营养代谢，促进组织修复，解除肌肉痉挛，加快炎症介质的分解和水肿的吸收。此外，推拿以穴位为基础，结合手法作用，还可长期服务于运动损伤，辅助生理结构的恢复。

### 三、正骨疗法治疗运动损伤

正骨疗法是传统中医治疗骨折、关节脱位和软组织损伤等的重要手段。《黄帝内经》提出"肝主筋，肾主骨"是正骨疗法的理论基础。在此基础上，历代医家逐步建立了以手法复位为主要治疗手段的正骨治疗体系。《备急千金要方》记载："一人以手指牵其颐，以渐推之，则复入矣。推当疾出指，恐误啮伤人指也"。这是有记录的最早的下颌复位手法，沿用至今。除了治疗，正骨手法在运动性损伤的诊断中也有独到的应用。如《医宗金鉴》所载："此所以尤当审慎者也。盖正骨者，须心明手巧，既知其病情，复善用夫手法，然后治自多效。"

创伤小、恢复快是正骨疗法的特点和优势。对轻度骨折、关节脱位、软组织损伤等，运用小的辅助工具或者徒手进行正骨治疗，便于患者早期开展功能恢复锻炼，可以减轻关节僵硬、肌肉萎缩等并发症。对于运动员，除了有利于伤病恢复、减轻并发症外，正骨疗法还有助于运动员尽早恢复训练，避免停训综合征的发生。因此，中医正骨疗法在运动损伤的防治中有独特的优势，受到教练和运动员的广泛认可。

### 四、拔罐治疗运动损伤

拔罐最早见于汉代《五十二病方》，是中医治疗疼痛性疾病的一种重要方式，通过罐内负压吸附皮肤来达到治疗目的。拔罐除了治疗疼痛性疾病，还有祛瘀除湿的功效。因此，拔罐在水中运动损伤的防治中有独特的疗效，受到国内外运动员的欢迎。美国、日本和澳大利亚游泳名将菲尔普斯、南场昭、查尔莫斯等都曾使用拔罐疗法来防治运动损伤。

传统中医理论认为拔罐有消肿止痛、祛瘀除湿、疏通经络、调节阴阳之功效，在现代运动损伤的防治中有非常广阔的应用。尤其针对瘀血、肿胀、痉挛等运动损伤，拔罐疗法能够有效地消除病因。现代研究指出，拔罐通过负压使红细胞破裂出现溶血，产生的组胺进入血液循环，改善器官生理功能，同时促进白细胞的吞噬作用，增强机体的免疫能力。负压的吸附还可以使毛孔充分张开，促进汗腺和皮脂腺功能，有助于机体产生的毒素和代谢废物的排出。

### 五、中药治疗运动损伤

在运动损伤的治疗中，中药的内服和外用被广泛地运用到损伤的各个时期。中医理论认为，运动损伤治疗以活血化瘀、清热解毒、凉血为主。在运动损伤早期，中药治疗的作用为消除肿胀，加快炎性物质排泄，抑制炎性渗出与浸润，减少局部疼痛，减轻肌纤维变性或坏死；在中后期运动损伤的治疗中，中药的作用是促进损伤局部血液循环，促进肌纤维再生,加快坏死细胞运输,为组织再生创造条件,同时加快再生肌纤维的成熟,减少纤维结缔组织增生。

除了汤剂外,中药在运动损伤的治疗中还常使用膏剂、酊剂、酒剂和散剂等外用剂型。根据不同的病情,选择适宜的剂型和方药,是中药治疗运动损伤的特点;如《伤科补要》记载:"重者,筋断血飞,掺如圣金刀散,用止血絮扎住,血止后,若肿溃,去其前药,再涂玉红膏,外盖陀僧膏,止痛生肌。"中药治疗运动损伤疗效显著,疗法丰富,形式多样,适应证广,受到患者的广泛认可和欢迎。

### 六、导引运动预防运动损伤

动态牵拉和功能训练在运动防护中占有重要的地位。该领域的知识在中国传统的运动防护中也有丰富的理论和悠久的实践应用,这就是中国的传统体育运动中的导引疗法。

传统导引运动是中华民族几千年来与疾病做斗争并伴随中医药文化发展而来的导引养生运动体系,它以中国传统文化为载体,以中医理论为指导,以强身健体、祛病延年为目的各种导引养生健身功法。通常包括健身气功、太极拳、八段锦、五禽戏、易筋经、健身气功六字诀等功法。其种类繁多,内容丰富。"导"有疏导,通导的意思,是指导气;"引"有引伸、引导的意思,是指引体。《庄子·刻意》曰:"导气令和,引体令柔。"也就是说通过导引,我们的呼吸能变得细、匀、深、长,使我们的肌肉变得柔软如婴儿,使我们的关节变得灵活如初。导引是中医康复技术的重要组成部分,《黄帝内经》讲"不治已病治未病",而导引便是防治疾病的重要手段,其核心是"调心、调身、调息"。神形兼练、首重养神,强调意、气、形的有机统一。习练时强调天人合一、神形一体、内外结合、动静互涵。因此在国际学术研究中,有学者将"中国传统体育运动"称为"中国传统身心运动",比较客观地体现了中国传统体育运动的特点。

同时,导引功法具有强筋壮骨、调和气血、疏通经络、协调脏腑、平衡阴阳、扶正祛邪的作用,通过意念与姿势的配合,使人体全身气血顺畅,消除疲劳,改善机体功能,促进运动损伤的恢复。

除了上述疗法,刮痧和耳穴疗法也在运动损伤的治疗中有广泛的应用。刮痧有疏通经络、活血化瘀的作用,能够扩张毛细血管,促进血液循环,加强局部炎症物质的吸收。耳穴疗法在整体调节促进运动疲劳恢复、干预运动员赛前焦虑、改善运动员睡眠质量等方面都有独特的优势。

在长期的临床和运动队实践中,我国传统医学总结出的各种行之有效的运动损伤防治方法,在运动损伤的康复中形成了独特的优势,传承和发展"中西结合、优势互补"相关理论和技术也是运动防护师的责任和使命。